Nikolaus Posch

RECHTSKUNDE
FÜR DEN LANDWIRT

10. neu bearbeitete Auflage

LEOPOLD STOCKER VERLAG
GRAZ – STUTTGART

Umschlaggestaltung:
DSR Werbeagentur Rypka GmbH, 8143 Dobl/Graz, www.rypka.at
Bildnachweis Umschlagvorderseite: Fahne Österreich und EU © Freepik.com

Bibliografische Information der Deutschen Nationalbibliothek
Die Deutsche Nationalbibliothek verzeichnet diese Publikation in der Deutschen Nationalbibliografie; detaillierte bibliografische Daten sind im Internet unter http://dnb.d-nb.de abrufbar.

Hinweis: Dieses Buch wurde auf chlorfrei gebleichtem Papier gedruckt.

Auf Wunsch senden wir Ihnen gerne kostenlos unser Verlagsverzeichnis zu:
Leopold Stocker Verlag GmbH
Hofgasse 5/Postfach 438
A-8011 Graz
Tel.: +43 (0)316/82 16 36
Fax: +43 (0)316/83 56 12
E-Mail: stocker-verlag@stocker-verlag.com
www.stocker-verlag.com

Buch-Nr. **46-0445**
Posch **Rechtskunde** Leopold Stocker Verlag
© Copyright 1997 by Leopold Stocker Verlag, Graz; 10. Auflage 2015
ISBN 978-3-7020-1574-9

Layout und Repro: DSR Werbeagentur Rypka GmbH, 8143 Dobl/Graz
Druck: Druckerei Theiss GmbH, 9431 St. Stefan

Inhaltsverzeichnis

Rechtlicher Stand: Mai 2015

Vorwort

Recht und Gerechtigkeit sind zwei Begriffe, die sich nach Möglichkeit decken sollen, in der Unvollkommenheit der menschlichen Praxis aber so manches Mal voneinander abweichen. Eine absolute Gerechtigkeit wird es auf dieser Welt niemals geben. So stellt das geschriebene Recht jeweils das Spiegelbild des Kulturzustandes, aber auch der jeweiligen Zeitepoche, der Machthaber und Gesetzgeber eines Volkes dar.

Aus dieser Sicht heraus muss die bestehende Rechtsordnung betrachtet werden, die der Staat im Interesse des geordneten Zusammenlebens und zum Schutz seiner Bürger durch Gesetze und Verordnungen aufstellt.

Die bäuerliche Bevölkerung ist in diese Rechtsordnung ebenso eingegliedert. Die gesetzlichen Bestimmungen, die den Landwirt berühren, sind sehr zahlreich.

Dieses Buch soll dem Landwirt auf rechtliche Fragen, mit denen er im Zusammenhang seiner Tätigkeit immer wieder konfrontiert wird, in groben Zügen Auskunft geben. Es kann aber im Einzelfall nicht die Einholung ergänzender Informationen und den Rat eines Fachmannes ersetzen; ausgenommen in sehr einfachen und eindeutigen Fällen. Ebenso kann es nicht Anspruch auf umfassende und vollständige Behandlung der rechtlichen Materie erheben; einerseits deswegen, da mir bewusst ist, dass trotz möglichster Sorgfalt ein vollkommenes Freisein von Mängeln oder Unvollständigkeiten kaum erreichbar ist. Aus diesem Grunde nehme ich Hinweise, Berichtigungen und Vorschläge jederzeit dankbar entgegen; andererseits deswegen, da der Großteil der für die Land- und Forstwirtschaft maßgebenden Gesetze und Verordnungen in den einzelnen Bundesländern durch eigene Landesgesetze zum Teil abweichend geregelt ist; eine Behandlung im Einzelnen würde den Rahmen dieses Buches sicherlich überschreiten. So kann nur im Allgemeinen auf die rechtlichen Probleme eingegangen werden. Dafür soll in Fußnoten auf die maßgeblichen Bundes- und Landesgesetze sowie Verordnungen hingewiesen werden. Jedenfalls soll der Landwirt durch die Kenntnis der grundlegenden Begriffe eine Stütze erhalten und dadurch so manche Differenz und Schwierigkeit oft von vornherein vermieden werden.

Die einzelnen rechtlichen Gebiete, die in diesem Buch behandelt werden, habe ich aus meiner Beratungs- und Lehrtätigkeit der bäuerlichen Bevölkerung so ausgewählt und darzustellen versucht, dass sie sowohl dem ratsuchenden Landwirt Antwort geben mögen als auch als Lehr- und Lernbehelf an Landwirtschaftsschulen verwendet werden können.

Graz, im September 1981 *Nikolaus Posch*

Vorwort zur 10. Auflage

In diese Auflage habe ich die Änderungen in sämtlichen Rechtsbereichen dieses Buches seit dem Jahre 2011 eingearbeitet.

Wie schon in den bisherigen Auflagen sind auch diesmal die stärksten Veränderungen in den Kapiteln XX bis XXII erfolgt. Laufende und oftmalige Änderungen der Rechtslage finden sich insbesondere in den Bereichen der Marktordnung und Agrarpolitik. Daher müssen diese Bestimmungen im Bedarfsfall auf ihre noch bestehende Aktualität im „RIS" bzw. „EUR-Lex" (siehe Seite 16) überprüft werden.

Als Beispiel sei die „Schulmilch-Höchstpreis-Verordnung 2010" der vorigen Auflage angeführt. Ich habe sie auf die neue Verordnung 2014 aktualisiert, aber bereits mit Erscheinen dieser Auflage ist die bis 2015 befristete Verordnung schon wieder außer Kraft.

In Ergänzung zum Kapitel V Eigentum und Besitz habe ich aus Aktualitätsgründen das neue Kapitel XXIV Urheberrecht eingefügt, in welchem aufgezeigt wird, dass nicht nur das „handfeste" Eigentum, also der unbewegliche Grund und Boden des Bauern oder eine bewegliche Landmaschine, eines zivil- und strafrechtlichen Schutzes bedarf, sondern auch das „geistige" Eigentum eines Schöpfers – Musik, Literatur, Computerprogramme und Datenbanken –, dessen Schutz im Internet kaum jemand beachtet! Eigentumsdelikte, wie Diebstahl und Betrug, in den neuen Medien sind leider an der Tagesordnung. Mit der Wiedergabe dieser Bestimmungen erfolgt eine Information und soll ein Denkanstoß gesetzt werden.

Die neue Verwaltungsgerichtsbarkeit wurde im Kapitel XXVI berücksichtigt.

Das Kapitel „Wasserbewirtschaftung" habe ich in XII/E neu eingefügt.

Die Rechtsbereiche

- Grundbuch,
- Miete und Pachtung,
- Umwelt – Förderung, Programme, Information und Haftung –,
- Marktordnung ab 2014 (neue gemeinsame Marktordnung),
- Agrarpolitik 2014–2020 – Finanzierung, Förderung des ländlichen Raumes, Direktzahlungen etc. –,
- Vermarktungsnormen – Qualitätsregelungen für Agrarerzeugnisse und Lebensmittel –,
- Lebensmittel-Informationspflicht gegenüber dem Verbraucher und
- Urheberrecht und Verwaltungsgerichte

wurden sowohl im Text als auch in den Fußnoten zur Gänze neu gefasst. Weitere im österreichischen Recht berücksichtigte Änderungen betreffen den Verbraucherschutz, Fern- und Auswärtsgeschäfte, die Tierversuche, Lebensmittelhygiene-Direktvermarktung und das Veterinärwesen. Die geplanten neuen erbrechtlichen Bestimmungen wurden nach dem derzeit bekannten Entwurf berücksichtigt.

Im Zuge der Überarbeitung tauchen immer wieder juristische Stilblüten auf. Die im Winter 2014/15 gültige Verordnung der „zeitlich befristeten Festlegung eines Düngemittelausbringungsverbotszeitraumes" ist ein solches Wort-Monstrum!

Graz, im Mai 2015 *Nikolaus Posch*

I. Rechtsgrundlagen

Die Rechtsordnung ist die Gesamtheit der Regelungen, welche das Zusammenleben in einer Gemeinschaft bestimmen. Sie berechtigt und verpflichtet einerseits die jeweiligen Organe der Gemeinschaft (Europäische Union als übernationale Gemeinschaft; Republik Österreich als nationale Gemeinschaft sowie Länder und Gemeinden als regionale Gemeinschaften im Bundesstaat), für ihren jeweiligen Zuständigkeitsbereich Regelungen (Rechtsnormen) zu schaffen, die ihre Mitglieder berechtigen und verpflichten. Andererseits räumt die Rechtsordnung den Mitgliedern der jeweiligen Gemeinschaft bestimmte Rechte und Befugnisse, aber auch Verpflichtungen ein. Die bestehenden Rechtsnormen können sowohl von der Gemeinschaft als auch von den einzelnen Mitgliedern mit der jeweils in der Rechtsordnung vorgesehenen Zwangsgewalt durchgesetzt werden.

Die Gemeinschaftsrechtsordnung ist von Österreich so übernommen worden, dass sie ein Teil der innerstaatlichen Rechtsordnung wurde. Durch den Beitritt Österreichs zur Europäischen Union* wurde die bisher allein geltende österreichische Rechtsordnung durch die bereits bestehende Rechtsordnung der EU erweitert. Österreich hatte seine Rechtsordnung der bestehenden EU-Rechtslage anzupassen, was bis heute noch nicht vollständig geschehen ist. Die österreichische Rechtslage wird sich daher auch in Zukunft durch EU-Anpassungsgesetze verändern.

Sowohl der Mitgliedsstaat Österreich als auch die Bürger des Staates (Unionsbürger) haben die EU-Bestimmungen in den Bereichen zu beachten, in denen derartige Bestimmungen bestehen. Die nationalen österreichischen Rechtsbestimmungen haben sich in dem Bereich, wo EU-Bestimmungen bestehen, diesen anzupassen, und dies bedeutet einen Teilsouveränitätsverlust. Hiezu ist aber zu bemerken, dass in der EU nur Teilbereiche des Rechtswesens durch Verordnungen, Richtlinien und Entscheidungen etc. geregelt sind. Dazu zählen im landwirtschaftlichen Bereich insbesondere die Bewirtschaftung und der Wettbewerb.

Die Zivil- und Strafrechtsgesetzgebung der Mitgliedsstaaten wird kaum berührt und bleibt somit fast ausschließlich nationales Recht.

* EU-Beitrittsvertrag, BGBL 1995/45 idF 1996/680
Vertrag über die Arbeitsweise der EU – AEUV, BGBl III 1999/86 idF III 2013/314

A. Europarecht

Der gesamte Rechtsbestand der Europäischen Union gilt auch in Österreich als Vollmitglied. Die Verfassung der EU ist nicht in einer zusammenhängenden Verfassungsurkunde niedergelegt, sondern ergibt sich aus der Summe der Bestimmungen und Grundwerte, an die sich die Mitglieder halten. Zum Teil sind sie in den Gründungsverträgen enthalten oder in den von den Gemeinschaftsorganen gesetzten Rechtsakten. Dieser Rechtsbestand, auch Gemeinschafts- oder Europarecht genannt, umfasst zwei Rechtsbereiche, das so genannte primäre und sekundäre Gemeinschaftsrecht.

1. Das primäre Gemeinschaftsrecht

umfasst die drei Gründungsverträge (EWG = Europäische Wirtschaftsgemeinschaft, EAG = Europäische Atomgemeinschaft, EGKS = Europäische Gemeinschaft für Kohle und Stahl), Beitrittsverträge, bestimmte allgemeine Rechtsgrundsätze aufgrund der Rechtsprechung des Europäischen Gerichtshofes (EuGH) und Änderungsverträge, wie z.B. den EU-Vertrag (so genannter Maastricht-Vertrag).

Es gilt unmittelbar und direkt in sämtlichen Mitgliedsstaaten. Dieses primäre Gemeinschaftsrecht wird durch weitere Rechtsakte, das folgende sekundäre Gemeinschaftsrecht nicht abgelöst, sondern ergänzt und abgeändert.

2. Das sekundäre Gemeinschaftsrecht

umfasst alle Rechtsakte der Gemeinschaftsorgane zur Erreichung der in den Gemeinschaftsverträgen festgesetzten Ziele, wie z.B. Verordnungen, Richtlinien, Entscheidungen, Empfehlungen, Stellungnahmen und Verträge.

a) **Die Verordnung (VO)**
schafft, wie z.B. ein österreichisches Gesetz, unmittelbares und einheitliches Recht im gesamten EU-Raum und gilt auch in Österreich direkt, ohne dass der österreichische Gesetzgeber tätig werden muss. Darüber hinaus verdrängt die Verordnung sogar ein nationales österreichisches Gesetz, das mit der Verordnung im Widerspruch steht!

b) **Die Richtlinie (RL)**
hat das Ziel, die Rechtsordnung der Mitgliedsstaaten innerhalb festgesetzter Fristen anzugleichen. Sie richtet sich nur an die Mitgliedsstaaten und bindet sie nur hinsichtlich des Zieles. Die Form und Mittel zur Erreichung des Zieles bleibt dem Mitgliedsstaat überlassen, der auch strengere Regelungen beschließen kann. Bei Verzug der Umsetzung in staatliches Recht kommt der Richtlinie unmittelbare Wirkung zu, auf die sich jeder Unionsbürger dann direkt berufen kann.

c) **Die Entscheidung (E)**
regelt den Einzelfall durch ein Gemeinschaftsorgan, wie z.B. ein österreichischer Bescheid einer Verwaltungsbehörde, und richtet sich entweder an einen Mitgliedsstaat, wodurch auch dessen Gerichte, Behörden oder Bürger gebunden sind, oder an eine bestimmte Person, wodurch nur diese Person betroffen ist.

d) **Die Empfehlung und die Stellungnahme**
dienen als Hilfe der Entscheidungsfindung bzw. als Maßnahme für spätere Rechtshandlungen oder Rechtsauffassungen und sind rechtlich nicht verbindlich.

Ob es sich im Einzelfall um eine Verordnung, Richtlinie, Entscheidung oder einen Beschluss handelt, kann aus der Zitierung des jeweiligen Rechtsaktes in der Fußnote oder im Klammerausdruck entnommen werden. Der vollständige, oft ausführliche Wortlaut des jeweiligen Rechtsaktes ist in der Zitierung teilweise auf den notwendigen Aussagewert gekürzt!

EWG-VO …, ab 1994; EG-VO …, ab 2010; EU-VO … = Verordnung
RL/…/EWG ..., ab 1994; RL/…/EG, ab 2010 RL/…/EU = Richtlinie
E = Entscheidung
B = Beschluss

Die Kundmachung dieser Rechtsakte erfolgt im Amtsblatt der EU.

3. Europarecht – nationales (österreichisches) Recht

Grundsätzlich besteht ein Vorrang des Europarechtes vor dem nationalen österreichischen Recht! Das bedeutet, dass entgegenstehendes nationales Recht auch ohne ausdrückliche Aufhebung unanwendbar und unwirksam ist. In diesem Bereich tritt ein teilweiser Souveränitätsverlust des Staates ein.

4. Organe der EU

a) **Der Rat**
Er legt die politischen Zielvorstellungen und Prioritäten der EU fest und verabschiedet Rechtsvorschriften. Weiters stimmt er die Grundzüge der Wirtschaftspolitik ab, schließt internationale Übereinkommen, genehmigt den Haushaltsplan und entwickelt die gemeinsame Außen- und Sicherheitspolitik der EU.
Der Vorsitz wechselt halbjährlich; Österreich hat den Vorsitz im Rat im 1. Halbjahr 2019.

VERORDNUNG (EG) Nr. 1916/96 DER KOMMISSION

vom 3. Oktober 1996

zur Festlegung pauschaler Einfuhrwerte für die Bestimmung der im Sektor Obst und Gemüse geltenden Einfuhrpreise

DIE KOMMISSION DER EUROPÄISCHEN GEMEINSCHAFTEN —

gestützt auf den Vertrag zur Gründung der Europäischen Gemeinschaft,

gestützt auf die Verordnung (EG) Nr. 3223/94 der Kommission vom 21. Dezember 1994 mit Durchführungsbestimmungen zu der Regelung der Einfuhr von Obst und Gemüse ([1]), zuletzt geändert durch die Verordnung (EG) Nr. 1890/96 ([2]), insbesondere auf Artikel 4 Absatz 1,

gestützt auf die Verordnung (EWG) Nr. 3813/92 des Rates vom 28. Dezember 1992 über die Rechnungseinheit und die im Rahmen der gemeinsamen Agrarpolitik anzuwendenden Umrechnungskurse ([3]), zuletzt geändert durch die Verordnung (EG) Nr. 150/95 ([4]), insbesondere auf Artikel 3 Absatz 3,

in Erwägung nachstehender Gründe:

Die in Anwendung der Ergebnisse der multilateralen Handelsverhandlungen der Uruguay-Runde von der Kommission festzulegenden, zur Bestimmung der pauschalen Einfuhrwerte zu berücksichtigenden Kriterien sind in der Verordnung (EG) Nr. 3223/94 für die in ihrem Anhang angeführten Erzeugnisse und Zeiträume festgelegt.

In Anwendung der genannten Kriterien sind die im Anhang zur vorliegenden Verordnung ausgewiesenen pauschalen Einfuhrwerte zu berücksichtigen —

HAT FOLGENDE VERORDNUNG ERLASSEN:

Artikel 1

Die in Artikel 4 der Verordnung (EG) Nr. 3223/94 genannten pauschalen Einfuhrwerte sind in der Tabelle im Anhang zur vorliegenden Verordnung festgesetzt.

Artikel 2

Diese Verordnung tritt am 4. Oktober 1996 in Kraft.

Diese Verordnung ist in allen ihren Teilen verbindlich und gilt unmittelbar in jedem Mitgliedstaat.

Brüssel, den 3. Oktober 1996

Für die Kommission
Franz FISCHLER
Mitglied der Kommission

([1]) ABl. Nr. L 337 vom 24. 12. 1994, S. 66.
([2]) ABl. Nr. L 249 vom 1. 10. 1996, S. 29.
([3]) ABl. Nr. L 387 vom 31. 12. 1992, S. 1.
([4]) ABl. Nr. L 22 vom 31. 1. 1995, S. 1.

b) **Die Kommission**
besteht aus 27 Mitgliedern (Kommissaren) und hat die Aufgabe, als Initiator dem Rat Vorschläge und Entwürfe zur Erlassung von Verordnungen etc. vorzubereiten und vorzulegen sowie die Einhaltung des EU-Rechtes durch die Mitgliedsstaaten und Unionsbürger zu kontrollieren. Für die einzelnen Bereiche sind Kommissare zuständig, die von den Mitgliedsstaaten gestellt werden.

c) **Der Europäische Gerichtshof (EuGH)**
ist mit der Wahrung des Gemeinschaftsrechtes hinsichtlich Anwendung und Auslegung betraut (siehe: Rechtsschutz XXV/A und Gerichte XXVI/A). Österreich stellt je einen Richter für den EuGH und das EuG 1. Instanz.

d) **Das Europäische Parlament**
hat 751 Abgeordnete, die von den 500 Mio. Bürgern der 28 Mitgliedstaaten alle fünf Jahre direkt (Europawahl) gewählt werden. Österreich entsendet 18 Europa-Abgeordnete. Die Kompetenzen dieses einzigen direkt gewählten Organes in der EU werden laufend erweitert. Es übt gemeinsam mit dem Rat die Gesetzgebungs- und Budgetierungsfunktion aus, hat die Kontrollfunktion und die Wahlfunktion für die Kommission.

e) **Weitere Einrichtungen** sind der
- Rechnungshof,
- der Wirtschafts- und Sozialausschuss; Österreich entsendet 12 Mitglieder,
- der Ausschuss der Regionen; Österreich entsendet 12 Mitglieder,
- die europäische Investitions- und Zentralbank und
- der europäische Sozialfonds etc.

5. Rechtsnatur der EU

Die EU ist noch kein Staat! Den Organen der EU sind Hoheitsrechte nur auf bestimmten begrenzten Sachgebieten übertragen worden. Der EU fehlt sowohl die einen Staat kennzeichnende Allzuständigkeit als auch die Befugnis, neue Zuständigkeiten zu schaffen. Sie ist aber weiter entwickelter als eine völkerrechtliche Organisation herkömmlicher Art. Mitgliedsstaaten haben zugunsten der EU Teile ihrer Gesetzgebungshoheit zusammengelegt und gemeinschaftlichen Organen unterstellt, in denen sie selbst ein gewichtiges Wort mitreden. Die EU ist deshalb eine neue Form der Verbindung von Staaten, die zwischen einem Staat im herkömmlichen Sinn und einer internationalen Organisation einzuordnen ist. Sie ist daher noch kein fertiges wirtschaftliches oder politisches Gebilde, sondern sozusagen ein System im Werden, dessen endgültiges Aussehen derzeit noch nicht voraussehbar ist. Die drei ursprünglichen europäischen Gemeinschaften (EWG, EAG, EGKS) wurden zur Europäischen Union.

Die Verträge von Maastricht, Nizza und Lissabon sowie die Erweiterungen 2004, 2007 und 2013 haben weitere Schritte in der Entwicklung der EU gesetzt. Der Vertrag von Lissabon gibt dem Parlament mehr Möglichkeiten, Europa zu gestalten, und macht aus dem Europäischen Parlament einen stärkeren Gesetzgeber, indem 40 zusätzliche Politikbereiche unter das bisherige „Mitentscheidungsverfahren“, nunmehr „ordentliches Gesetzgebungsverfahren“, fallen, bei dem das Parlament gleiche Rechte wie der Ministerrat hat. Zu diesen Politikbereichen gehören z.B. **Landwirtschaft, Energie**, Einwanderung, Justiz, Inneres, **Gesundheit, Strukturfonds** und alle internationalen Abkommen, die die EU abschließt, die zukünftig der Zustimmung der Europa-Abgeordneten bedürfen.

Die konzipierte Verfassung für die EU ist vorerst gescheitert.

6. Die wichtigsten Ziele der EU

a) **Wirtschafts- und Währungsunion (WWU)**

Die Wirtschafts- und Währungsunion hat mit der Einführung der Einheitswährung EURO in derzeit 17 von 27 Mitgliedsstaaten einen wichtigen Schritt gesetzt, ist aber noch nicht abgeschlossen.

Durch die Einführung der Gemeinschaftswährung wurden Beeinträchtigungen der Landwirtschaft in der Währungspolitik weitgehend behoben.

b) **Außen- und Sicherheitspolitik**

Die Zusammenarbeit der Mitgliedsstaaten der Europäischen Union soll im Bereich der gemeinsamen Außen- und Sicherheitspolitik (GASP) erfolgen.

c) **Justiz und Inneres**

Die Zusammenarbeit der Mitgliedsstaaten der Europäischen Union soll im Bereich Justiz und Inneres erfolgen.

d) **Binnenmarkt**

Dieser ist durch Schaffung eines Raumes ohne Binnengrenzen am 1. 1. 1994 in Kraft getreten und umfasst den gesamten EU-Raum, in dem der freie Verkehr von Waren, Personen, Dienstleistungen und Kapital gewährleistet ist.

Einschränkungen durch Mitgliedsstaaten sind gemäß Art. 36 EG-Vertrag (EGV) nur unter ganz bestimmten Voraussetzungen möglich, z.B. zum Schutze der Gesundheit und des Lebens von Menschen, Tieren oder Pflanzen im Arznei- oder Pflanzenschutzmittelverkehr und dergleichen. Der Schutz der Umwelt ist im Art. 36 EGV nicht ausdrücklich genannt, obwohl Regelungen zum Schutz der Umwelt häufig den Schutz einiger im Art. 36 EGV aufgezählter Rechtsgüter bezwecken wie insbesondere: Leben und Gesundheit von Menschen und Tieren, Schutz von Fauna und Flora.

Ständige Rechtsprechung des EuGH: Bestimmte Maßnahmen der Mitgliedsstaaten auch über den Katalog des Art. 36 EGV hinaus können den freien Warenverkehr nach Art. 30 EGV einschränken.

e) **Einheitlicher Wirtschaftsraum**

Die Einheitlichkeit des gemeinsamen Marktes sieht vor, dass der Wettbewerb vor einer Marktaufteilung und vor privaten Absprachen geschützt, Verfälschungen des Wettbewerbes hintangehalten und die Befolgung dieser Regeln gewährleistet werden sollen.

7. Aufgabenbereich der EU

Diese sind unterschiedlich weit gefasst. Sehr **weitgehend** ist der Aufgabenbereich der EU neben der Wirtschafts- und Verkehrspolitik vor allem auf dem Gebiet der **Landwirtschaftspolitik** und im **Beihilfenbereich der Landwirtschaft**.

8. Der Europäische Wirtschaftsraum (EWR)

Dieser ist eine neue Form des Zusammenschlusses zwischen den Mitgliedsstaaten der EU und den Mitgliedstaaten der Europäischen Freihandelszone (EFTA). Das Abkommen über den EWR erschließt damit den EFTA-Staaten den europäischen Binnenmarkt und stellt durch die Übernahmeverpflichtung von einem Großteil des Gemeinschaftsrechtes eine sichere Grundlage für einen späteren Beitritt dieser Länder zur EU dar.

Im EWR sind sämtliche EU-Staaten sowie die Länder Liechtenstein, Island und Norwegen wirtschaftlich zusammengeschlossen. Die Schweiz als Mitglied der EFTA gehört dem EWR nicht an, ist aber durch zahlreiche bilaterale Verträge mit der EU verbunden.

B. Österreichisches Recht

Österreich ist ein Bundesstaat und aufgrund der Bundesverfassung sind der Bund und die Länder zur Gesetzgebung berufen. Die Abgrenzung der Gesetzgebungsbefugnis ist in der Bundesverfassung geregelt. Die Bundesverfassung hat mit dem EU-Beitritt jedoch ihren alleinigen Platz auf der obersten Stufe der staatlichen Rechtsordnung verloren.

1. Bundesrecht

Die Bundesverfassung bestimmt, welche Angelegenheiten in Gesetzgebung und Vollziehung dem Bund vorbehalten sind. Dazu zählen insbesondere das **bürgerliche Recht** (Zivilrecht), das **Strafrecht,** aber auch die für die Land- und Forstwirtschaft wichtigen Rechtsmaterien wie **Wasserrecht, Forstrecht, Umweltschutzgesetze,** bestimmte Gesetze der **landwirtschaftlichen Bewirtschaftung** (Wein, Pflanzenzucht, Saatgut, Düngemittel, Futtermittel, Pflanzenschutzmittel, Tierschutz und Tiertransport, Lebensmittel, Qualitätsklassen etc.), das **Veterinärrecht** und die **Gewerbeordnung,** in welcher die Land- und Forstwirtschaft – als Ausnahmebestimmung – näher in ihrem Ausmaß und in ihren Rechten gesetzlich umschrieben ist. Weiters zählt dazu auch die Grundsatzgesetzgebung in den meisten Angelegenheiten der **Bodenreform** und des **Pflanzenschutzes**.
Die Gesetz- und Verordnungsgebung in diesen Bundesangelegenheiten obliegt dem Nationalrat bzw. dem jeweiligen Bundesminister.
Die Kundmachung von Bundesgesetzen und Bundesverordnungen erfolgt im Bundesgesetzblatt (BGBl).

2. Landesrecht

Die Bundesverfassung bestimmt, welche Angelegenheiten in Gesetzgebung und Vollziehung den Ländern vorbehalten sind. Dazu zählen insbesondere der **Großteil des Land- und Forstwirtschaftsrechtes,** wie z.B. die Jagd, die Fischerei, die Imkerei, die Ausführungsgesetze sämtlicher Maßnahmen der Bodenreform, der Bodenschutz, der Feldschutz, bestimmte landwirtschaftliche Bewirtschaftungsgesetze betreffend Landwirtschaftsförderung, Weinbau, Tierzucht sowie die Tierkörperverwertung, aber auch der **Grundverkehr,** der **Naturschutz,** der **Kulturpflanzenschutz,** die **Raum- und Bauordnung** und weitere Umweltgesetze, die die Landwirtschaft ebenfalls beachtlich berühren.
Die Landesgesetzgebung kann auch den Gemeinden eine Verordnungsermächtigung für deren Wirkungsbereich einräumen.
Die Gesetz- und Verordnungsgebung in diesen Landesangelegenheiten obliegt den Landtagen bzw. den Landesregierungen der einzelnen Bundesländer.
Die Kundmachung von Landesgesetzen und Landesverordnungen erfolgt im Landesgesetzblatt (LGBl).

3. Gemeinsame Bestimmungen

Gesetze sind verbindliche Rechtsnormen, die von den gesetzgebenden Körperschaften (Nationalrat oder Landtage) erlassen werden.
Verordnungen sind ebenfalls verbindliche Rechtsnormen, die aufgrund von Gesetzen zu deren Durchführung von den Behörden (Bundesminister oder Landesregierungen) erlassen werden.
Gesetze und Verordnungen treten an dem Tag, der im Gesetz oder der Verordnung bestimmt ist, bei Fehlen einer solchen Bestimmung am Tage nach dem Erscheinen des jeweiligen Gesetzblattes in Kraft.
Gesetze und Verordnungen, die ordnungsgemäß kundgemacht worden sind, sind im jeweiligen Geltungsbereich für jedermann verbindlich. Niemand kann sich mit der Unkenntnis der Gesetze entschuldigen.
Ob es sich im Einzelfall um eine bundes- oder landesgesetzliche Bestimmung handelt, kann aus der Zitierung des jeweiligen Gesetzes oder der jeweiligen Verordnung in der Fußnote entnommen werden. BGBl = Bundesgesetzblatt; LGBl = Landesgesetzblatt (in Einzelfällen auch noch RGBl = Reichsgesetzblatt aus der Monarchie, z.B. Notwegegesetz, Tierseuchengesetz; StGBl = Staatsgesetzblatt 1918–1920; dRGBl S ... 1938–1945).
Ab 1997 erscheint das BGBl in drei Teilen und diese enthalten im Wesentlichen:
Teil I: Gesetze
Teil II: Verordnungen
Teil III: Staatsverträge

P. b. b. Erscheinungsort Wien, Verlagspostamt 1030 Wien

BUNDESGESETZBLATT

FÜR DIE REPUBLIK ÖSTERREICH

Jahrgang 1997 — Ausgegeben am 10. Jänner 1997 — Teil I

6. Bundesgesetz: Änderung des allgemeinen bürgerlichen Gesetzbuchs, des Konsumentenschutzgesetzes, des Versicherungsvertragsgesetzes und des Bundesgesetzes über den erweiterten Schutz der Verkehrsopfer
(NR: GP XX RV 311 AB 449 S. 53. BR: 5379 AB 5357 S. 620.)
[CELEX-Nr.: 387L0102, 390L0088, 393L0013, 390L0619, 392L0096]

6. Bundesgesetz, mit dem das allgemeine bürgerliche Gesetzbuch, das Konsumentenschutzgesetz, das Versicherungsvertragsgesetz und das Bundesgesetz über den erweiterten Schutz der Verkehrsopfer geändert werden

Der Nationalrat hat beschlossen:

Artikel I

Änderungen des allgemeinen bürgerlichen Gesetzbuchs

Das allgemeine bürgerliche Gesetzbuch vom 1. Juni 1811, JGS Nr. 946, zuletzt geändert durch das Bundesgesetz BGBl. Nr. 25/1995, wird wie folgt geändert:

1. In § 864 werden der bisherige Text mit der Absatzbezeichnung „(1)“ *versehen und folgender Abs. 2 angefügt:*

„(2) Das Behalten, Verwenden oder Verbrauchen einer Sache, die dem Empfänger ohne seine Veranlassung übersandt worden ist, gilt nicht als Annahme eines Antrags. Der Empfänger ist nicht verpflichtet, die Sache zu verwahren oder zurückzuleiten, er darf sich ihrer auch entledigen. Muß ihm jedoch nach den Umständen auffallen, daß die Sache irrtümlich an ihn gelangt ist, so hat er in angemessener Frist dies dem Absender mitzuteilen oder die Sache an den Absender zurückzuleiten.“

2. Dem § 1298 wird folgender zweiter Satz angefügt:

„Soweit er auf Grund vertraglicher Vereinbarung nur für grobe Fahrlässigkeit haftet, muß er auch beweisen, daß es an dieser Voraussetzung fehlt.“

Artikel II

Änderungen des Konsumentenschutzgesetzes

Das Konsumentenschutzgesetz, BGBl. Nr. 140/1979, zuletzt geändert durch das Bundesgesetz BGBl. Nr. 262/1996, wird wie folgt geändert:

1. In § 1 Abs. 4 wird der Klammerausdruck „(§ 2 Abs. 1 ArbGerG)“ *durch den Klammerausdruck* „(§ 51 Abs. 3 ASGG)“ *ersetzt.*

2. In § 3 Abs. 3 werden in der Z 3 der Ausdruck „100 S“ *durch* „200 S“ *und der Ausdruck* „300 S“ *durch* „600 S“ *ersetzt.*

3. Nach § 3 wird folgender § 3a eingefügt:

„**§ 3a.** (1) Der Verbraucher kann von seinem Vertragsantrag oder vom Vertrag weiters zurücktreten, wenn ohne seine Veranlassung für seine Einwilligung maßgebliche Umstände, die der Unternehmer im Zuge der Vertragsverhandlungen als wahrscheinlich dargestellt hat, nicht oder nur in erheblich geringerem Ausmaß eintreten.

....

....

Artikel V

Sonstige Schluß- und Übergangsbestimmungen

Die in Art. I dieses Bundesgesetzes vorgesehenen Änderungen des allgemeinen bürgerlichen Gesetzbuchs treten mit 1. Jänner 1997 in Kraft. Sie sind auf Verträge und andere Schuldverhältnisse, die vor diesem Zeitpunkt abgeschlossen oder begründet worden sind, nicht anzuwenden.

Klestil

Vranitzky

Suche von Gesetzes-, Verordnungs- und Richtlinientexten

im Internet

Jedermann kann derzeit noch kostenfrei fast alle in diesem Buch in den Fußnoten angeführten

- österreichischen Bundes- und Landesgesetze sowie Bundes- und Landesverordnungen im **„RIS“ – Rechtsinformationssystem des Bundeskanzleramtes,**
- sämtliche EU-Rechtsakte, wie z.B. Verordnungen, Richtlinien etc., im „**EUR-LEX**“ unter folgenden Adressen abfragen:

Österreichisches Bundesrecht: **http://ris.bka.gv.at/bundesrecht**

Österreichisches Landesrecht: **http://ris.bka.gv.at/lr-burgenland**
http://ris.bka.gv.at/lr-kaernten
http://ris.bka.gv.at/lr-niederoesterreich
http://ris.bka.gv.at/lr-oberoesterreich
http://ris.bka.gv.at/lr-salzburg
http://ris.bka.gv.at/lr-steiermark
http://ris.bka.gv.at/lr-tirol
http://ris.bka.gv.at/lr-vorarlberg
http://ris.bka.gv.at/lr-wien

Sämtliche EU-Rechtsakte: **http://eur-lex.europa.eu**

EUROPA – Die **Europäische Union** online: Nachrichten, Tätigkeitsbereiche, Institutionen, die EU im Überblick und Informationsquellen können unter folgender Adresse abgefragt werden: **http://europa.eu.int/index_de.htm**

Darüber hinaus kann im „RIS“ teilweise auch **Gemeinderecht** unter folgender Adresse abgefragt werden: **http://ris.bka.gv.at/gemeinderecht/**

Weitere **Judikatur, Erlässe** und **Entscheidungen** von Gerichten, Verwaltungsbehörden und Unabhängigen Verwaltungssenaten etc. können unter folgender Adresse abgefragt werden: **http://ris.bka.gv.at/auswahl/**

Wer den letzten Stand der Rechtslage erkunden will, der in den Ausführungen dieses Buches bereits wieder überholt sein kann, kommt in den meisten Fällen so zum Ziel:
Im **EU-Recht** gibt man unter **„EUR-LEX“** zur Art des Dokuments entweder mit der im Buch angeführten Nummer (z.B. EU-VO 13/1307) über Direktzahlungen im Rahmen der GAP – zuerst wegen der Einfachheit: Sämtliche Rechtsakte, dann Jahreszahl vierstellig: 2009, dann Rechtsakt vierstellig: 0073 oder mit einem bezughabenden Stichwort, z.B. „Direktzahlungen“, ein. Sämtliche EU-Rechtsakte (Verordnungen, Richtlinien, Entscheidungen etc.) sind enthalten, auch wenn sie bereits aufgehoben sind. Zuerst klickt man beim angezeigten Dokument auf „Bibliografische Angaben + Text“. Nach dessen Öffnung kann man die Aufhebung oder die Ersetzung durch einen neuen EU-Rechtsakt in der Einleitung des Rechtsaktes unter „Geändert durch“ bzw. „Aufgehoben durch“ erkennen, diesen anklicken und erhält die aktuell geltende Fassung oder die Mitteilung, dass der Rechtsakt ersatzlos aufgehoben ist.
Im **Österreichischen „RIS“** sind nur die geltenden Gesetze und Verordnungen enthalten. Aufgehobene Rechtsgrundlagen scheinen nicht mehr auf. So kann man zumindest vermuten oder erkennen, dass eine bestimmte Rechtsgrundlage nicht mehr besteht. Wenn aber der Gesetzes- oder Verordnungstitel nicht ganz korrekt eingegeben wird, z.B. „Rinderkennzeichnungsverordnung“, scheint auch kein Ergebnis auf, hingegen kommt man bei der Eingabe von „Rinderkennzeichnungs-Verordnung 2008“ sehr wohl zum Verordnungstext!

II. Personenrecht

A. Rechts- und Handlungsfähigkeit

1. Rechtsfähigkeit

Die **Rechtsfähigkeit,** auch Rechtspersönlichkeit genannt, bedeutet, dass jemand **Träger von Rechten und Pflichten** ist. Rechtsfähig können natürliche (physische) Personen (Menschen) und juristische Personen (Körperschaften, Genossenschaften, Gesellschaften, Vereine und dergleichen) sein. Siehe auch: XXIII Gesellschaftsrecht.

Die Rechtsfähigkeit des Menschen beginnt mit seiner Geburt und endet mit dem Tod. Die Rechtsfähigkeit juristischer Personen entsteht mit der Gründung und endet mit der Auflösung. Vertreten wird die juristische Person durch ihre Organe (Obmann, Präsident, Geschäftsführer und dergleichen).

2. Handlungsfähigkeit

Die **Handlungsfähigkeit** bedeutet, dass jemand durch Handlungen und Unterlassungen Rechtsfolgen herbeiführen kann. Der Handlungsfähige kann Verträge abschließen, sich verpflichten, Rechte erwerben **(Geschäftsfähigkeit),** aber auch für Handlungen oder Unterlassungen zur Verantwortung gezogen werden **(Deliktsfähigkeit).**

3. Volljährigkeit

Die Volljährigkeit erreicht der Mensch mit Vollendung des **18. Lebensjahres.** Er ist voll geschäfts- und deliktsfähig (Einschränkung: siehe B 2, Ehemündigkeit: siehe III/A/1).

B. Beschränkungen der Handlungsfähigkeit

1. Minderjährigkeit

- **Kinder** sind unmündige Personen bis zur Vollendung des 7. Lebensjahres. Sie sind handlungsunfähig.
- **Unmündige Minderjährige** sind Personen vom beginnenden 8. bis zum vollendeten 14. Lebensjahr. Sie sind beschränkt geschäftsfähig und deliktsunfähig.
- **Mündige Minderjährige** sind Personen vom beginnenden 15. bis zum vollendeten 18. Lebensjahr; sie sind beschränkt geschäftsfähig und bereits deliktsfähig.
  Ein mündiger Minderjähriger kann über Sachen, die ihm zur freien Verfügung überlassen werden, und über sein Einkommen aus eigenem Erwerb (z.B. Lehrlingsentschädigung, Taschengeld) soweit verfügen und sich verpflichten, als nicht dadurch die Befriedigung seiner Lebensbedürfnisse gefährdet wird. Der mündige Minderjährige kann daher Rechtsgeschäfte, die von Minderjährigen seines Alters **üblicherweise** geschlossen werden und **geringfügige Angelegenheiten des täglichen Lebens** betreffen, rechtsverbindlich abschließen. Er kann sich auch zu Dienstleistungen verpflichten, ausgenommen zu Dienstleistungen aufgrund eines Lehr- oder sonstigen Ausbildungsvertrages, welche der Zustimmung des gesetzlichen Vertreters bedürfen. Er kann für strafbare Handlungen zur Verantwortung gezogen werden.
  Jugendliche, die bereits das 14., aber noch nicht das 18. Lebensjahr vollendet haben, fallen

unter die Jugendstrafgerichtsbarkeit. Ab 18 Jahren sind sie voll strafmündig, jedoch gilt zwischen 18 und 21 Jahren das Erwachsenenstrafrecht mit einigen Erleichterungen.

Elterliche Vertretung

Die Minderjährigen werden von den **Eltern** (Vater und Mutter) bzw. bei Vorversterben eines Elternteiles vom überlebenden Elternteil bis zur Erreichung der Volljährigkeit vertreten.

Vormundschaft

Für eheliche Minderjährige, deren Eltern entweder verstorben sind oder deren Eltern die gesetzliche Vertretung nicht zusteht, bestellt das Vormundschaftsgericht (Bezirksgericht) einen **Vormund** als gesetzlichen Vertreter, der in der Regel aus der Verwandtschaft ausgewählt wird. Steht keine geeignete Person aus dem Kreise der Verwandten für diese Aufgabe zur Verfügung, wird für das minderjährige Kind vom Gericht ein Vormund ernannt.
Für uneheliche Minderjährige steht grundsätzlich der Mutter die Obsorge zu; sie kann aber den Vater an der Pflege, Erziehung, Verwaltung und Vertretung teilhaben lassen. Für uneheliche Kinder kann die Mutter auf ihren Antrag zum Vormund bestellt werden, wenn sie geeignet ist und ihr die Pflege und Erziehung des Kindes zusteht.

2. Sachwalterschaft

Psychisch kranke oder geistig behinderte volljährige Personen, die ihre Angelegenheiten nicht selbst besorgen und ihre Rechte nicht selbst durchsetzen können, erhalten über Antrag oder von Amts wegen vom Pflegschaftsgericht (Bezirksgericht) einen **Sachwalter**.

Gründe für die Bestellung eines Sachwalters sind beispielsweise Geistesschwäche, Geisteskrankheit, Alkohol- oder Medikamentenmissbrauch, Rauschgiftsucht oder Verschwendung.

Je nach Ausmaß der Behinderung ist der Sachwalter zu betrauen:
a) mit der Besorgung einzelner Angelegenheiten,
b) mit der Besorgung eines bestimmten Kreises von Angelegenheiten oder
c) soweit unvermeidlich mit der Besorgung aller Angelegenheiten des Behinderten.

Die **Aufhebung der Sachwalterschaft** erfolgt über Antrag – den auch der Besachwaltete stellen kann – vom Pflegschaftsgericht, wenn die Gründe der Besachwaltung weggefallen sind.

3. Vertretungsbefugnis nächster Angehöriger

Psychisch kranke oder geistig behinderte volljährige Personen, die keinen Sachwalter oder Vertreter haben, können bei Rechtsgeschäften des täglichen Lebens, zur Deckung des Pflegebedarfs und zur Geltendmachung von Ansprüchen wegen Alters, Krankheit, Behinderung oder Armut, z.B. auf Pflegegeld, Sozialhilfe, Gebührenbefreiungen und andere Begünstigungen, von einem nächsten Angehörigen vertreten werden.

4. Vorsorgevollmacht

Sie ist eine Vollmacht, die dann wirksam werden soll, wenn der Vollmachtgeber die zur Besorgung der anvertrauten Angelegenheiten erforderliche Geschäfts-, Einsichts-, Urteils- oder Äußerungsfähigkeit verliert. Die zu besorgenden Angelegenheiten müssen bestimmt angeführt sein. Der Bevollmächtigte darf z.B. nicht Betreuer oder Pfleger in einem Spital oder Heim sein, in dem der Vollmachtgeber betreut wird.

Diese **Vollmacht** muss vom Vollmachtgeber **eigenhändig geschrieben und unterschrieben** sein. Eine nicht eigenhändig geschriebene Vollmacht bedarf der Bestätigung von drei unbefangenen, eigenberechtigten und sprachkundlichen Zeugen. Sie kann auch als Notariatsakt aufgenommen werden. Enthält die Vollmacht auch Einwilligungen in medizinische Behandlungen mit schweren körperlichen oder persönlichen Beeinträchtigungen, über dauerhafte Änderungen des Wohnortes oder außerordentliche Vermögensangelegenheiten, muss sie von einem Rechtsanwalt oder Notar oder bei Gericht errichtet werden. Die Vorsorgevollmacht **ersetzt** diesbezüglich in der Regel eine **Sachwalterschaft**.

III. Familienrecht

A. Eherecht

Das Verlöbnis

Das Eheverlöbnis ist das Versprechen zweier Personen verschiedenen Geschlechts, sich zu ehelichen. Die Einlösung des Versprechens kann aber nicht erzwungen werden. Der an der Aufhebung des Verlöbnisses schuldlose Partner kann aber Schadenersatz begehren, jedoch nur hinsichtlich des materiellen Schadens. Der ideelle Schaden, z.B. wegen verminderter Heiratsaussichten oder ein Ersatz wegen Nichtzustandekommens der Ehe, kann nicht geltend gemacht werden, ebenso nicht jener Schaden durch Verlust einer beruflichen Stellung.

Die Ehe

1. Abschluss der Ehe

Die Ehe ist ein Vertrag, mit welchem sich zwei Personen verschiedenen Geschlechts zur ehelichen Lebensgemeinschaft, zum gemeinsamen Wohnen, zur Treue, zur anständigen Begegnung und zum Beistand verpflichten.

Die **Ehemündigkeit** (Mindestalter für die Eheschließung) tritt für Männer und Frauen mit dem vollendeten 18. Lebensjahr ein. Das Gericht kann eine Person, die das 16. Lebensjahr vollendet hat, auf Antrag für eine bestimmte Ehe als ehemündig erklären, wenn der/die künftige Ehegatte/Ehegattin volljährig ist und die Person für diese Ehe reif erscheint.

2. Persönliche Rechtswirkungen der Ehe

Die persönlichen **Rechte und Pflichten** der Ehegatten im Verhältnis zueinander sind **gleich**. Die Ehegatten haben ihre eheliche Lebensgemeinschaft, besonders die Haushaltsführung und die Erwerbstätigkeit unter Rücksichtnahme aufeinander und das Wohl der Kinder **einvernehmlich zu gestalten**. Sie haben weiters nach ihren Kräften zur Deckung ihrer Lebensbedürfnisse gemeinsam beizutragen. Beide Ehepartner sind also verpflichtet, zum **Unterhalt** beizutragen; dieser Beitrag kann von einem Ehepartner auch durch die Haushaltsführung und Kindererziehung erbracht werden. Die Ehegatten führen den von ihnen bestimmten gemeinsamen Familiennamen. Dazu können sie einen ihrer Namen oder auch einen aus beiden Familiennamen gebildeten Doppelnamen zum gemeinsamen Familiennamen bestimmen. Mangels einer solchen Bestimmung behalten sie ihre bisherigen Familiennamen bei. Derjenige Ehegatte, dessen Familienname nicht gemeinsamer Familienname ist, kann bestimmen, dass er einen aus dem gemeinsamen Familiennamen und seinem Familiennamen gebildeten Doppelnamen – getrennt durch einen Bindestrich zwischen dessen einzelnen Teilen – führt.

3. Vermögensrechtliche Bestimmungen der Ehe

a) Gütertrennung

Durch die Eheschließung ändert sich an den Vermögensverhältnissen der Ehegatten nichts. Unsere Rechtsordnung beruht auf dem **gesetzlichen Güterstand der Gütertrennung**. Jeder Ehegatte bleibt auch nach der Eheschließung Eigentümer der in die Ehe eingebrachten Vermögenswerte (Grundbesitz, landwirtschaftlicher Betrieb, Geld, Schmuck und dergleichen). Wohl aber hat der Ehegatte, der im Betrieb des anderen mitwirkt, z.B. als Bäuerin, die nicht Miteigentümerin eines landwirtschaftlichen Betriebes ist, **Anspruch auf angemessene Abgeltung** seiner Mitwirkung. Die Höhe des Anspruches richtet sich nach der Art und Dauer der Leistungen, wobei die gesamten Lebensverhältnisse der Ehegatten angemessen zu berücksichtigen sind.

b) Gütergemeinschaft

Der Ehepakt, der mit den volkstümlichen Sprichworten „Mein Gut, Dein Gut", „Mitgehangen, mitgefangen" im positiven und negativen Sinne ausgedrückt wird, ist ein **vermögensrechtlicher Vertrag,** der von den Ehegatten oder eingetragenen Partnern in Absicht auf die eheliche Verbindung abgeschlossen werden kann. Dieser vermögensrechtliche Vertrag darf nicht mit der Eheschließung, die auch ein Vertrag ist, verwechselt werden. Von Brautleuten im Hinblick auf die zukünftige Ehe oder von Ehegatten kann

- eine **Gütergemeinschaft unter Lebenden**,
- eine **Gütergemeinschaft auf den Todesfall** oder auch
- eine **Gütergemeinschaft unter Lebenden und auf den Todesfall** abgeschlossen werden. Sowohl die Errichtung als auch die Auflösung des Ehepaktes (Gütergemeinschaft) bedarf zu ihrer Rechtswirksamkeit eines Notariatsaktes.

Folgen

Das gesamte gegenwärtige und, soweit vereinbart, auch das zukünftige Vermögen durch Einkünfte, Gewinne oder Erbschaften, andererseits auch die vermögensrechtlichen Verpflichtungen (Schulden, Schadenersatzansprüche) beider Ehegatten stehen ihnen gemeinschaftlich zu. Die Ehegatten können nur gemeinsame Verfügungen treffen. Eine einseitige Auflösung des Ehepaktes während der Ehe ist nicht möglich.

Vorteile

Der Ehegatte, der nichts oder wenig an Vermögenswerten in die Ehe einbringt, wird z.B. Miteigentümer des landwirtschaftlichen Betriebes oder sonstigen Vermögens des anderen Ehegatten. Wenn ein Ehegatte eine Erbschaft oder einen Gewinn erhält, kommen diese zur Hälfte dann auch dem anderen Ehegatten zugute, wenn die Gütergemeinschaft auch auf das zukünftige erworbene oder ererbte Vermögen abgeschlossen wurde.

Nachteile

Bei **Schadenersatzforderungen:** Beide Ehegatten haften bis zum Existenzminimum. Bei **Übergabe:** Der Ehegattenanteil kann nur mit Zustimmung des anderen übergeben werden.

Auflösung

Die Auflösung kann während des Bestandes der Ehe einvernehmlich mit Notariatsakt erfolgen. Erforderlich ist dies z.B. dann, wenn ein Ehegatte seinen Anteil aus pensionsrechtlichen Gründen dem anderen Ehegatten **verpachten** will. Die **Ehescheidung** bewirkt die Aufhebung des Ehepaktes. Durch den **Tod** eines Ehepartners kommt die Gütergemeinschaft auf den Todesfall zur Wirksamkeit und gibt dem überlebenden Ehegatten das freie Verfügungsrecht auf die Hälfte des gemeinschaftlichen Vermögens. Die zweite Hälfte bildet den Nachlass des Verstorbenen.

Beachte:

Der Abschluss eines Ehepaktes, der früher unter Ehegatten in der bäuerlichen Bevölkerung die Regel war, wird heute eher nicht mehr zu empfehlen sein. In bestimmten Fällen kann der Abschluss eines Ehepaktes auch heute noch zweckmäßig erscheinen. Oftmals wird anstelle eines Ehe- und Erbvertrages der Abschluss lediglich eines **Erbvertrages** (siehe: IV/A) ebenso ausreichend sein oder eine **bedingte Schenkung unter Ehegatten** (siehe XI/A/3) oder eine **bedingte Übergabe an das Schwiegerkind** (siehe: XI/I) den beabsichtigten Sicherheitszweck auch annähernd erfüllen.

- **Heiratsgut**

Das Heiratsgut ist das Vermögen, welches von der Ehegattin oder deren Eltern dem Manne zur Erleichterung des mit der Ehegemeinschaft verbundenen Aufwandes übergeben oder zugesichert wird. Besitzt die Braut kein eigenes zu einem angemessenen Heiratsgut ausreichendes Vermögen, so sind die **Eltern oder Großeltern verpflichtet**, den Töchtern oder Enkelinnen bei deren Verehelichung ein **angemessenes Heiratsgut** zu geben oder verhältnismäßig dazu beizutragen. Diese Bestimmung ist noch geltendes Recht. Sie wird in der Praxis wohl nur dann von Bedeutung sein, wenn zwischen Eltern und Tochter Differenzen bestehen. Bei Streitigkeiten, ob der Tochter oder Enkelin ein Heiratsgut zusteht bzw. in welcher Höhe, hat das Gericht ohne strenge Erforschung des Vermögensstandes der Eltern oder Großeltern zu untersuchen und ein angemessenes Heiratsgut zu bestimmen oder die Eltern oder Großeltern von der Entrichtung eines Heiratsgutes freizusprechen. Bestätigungen über den Empfang des Heiratsgutes bedürfen zu ihrer Rechtswirksamkeit der Notariatsaktsform.

- **Ausstattung**

  Den Söhnen steht bei der Verehelichung eine Ausstattung zu.

4. Ehescheidung

Bei der Ehescheidung steht das Prinzip der Zerrüttung der Ehe im Vordergrund.

a) Scheidung aus Verschulden

Die Ehe kann aus dem Verschulden eines Ehegatten geschieden werden, wenn der schuldlose oder mitschuldige Ehegatte die Scheidung verlangt und das Gericht feststellt, dass der andere Ehegatte Eheverfehlungen begangen hat.

b) Scheidung im Einvernehmen

Diese Scheidung kann vom Bezirksgericht mit Beschluss ausgesprochen werden, wenn die eheliche Lebensgemeinschaft der Ehegatten seit mindestens einem halben Jahr aufgehoben ist, beide Ehegatten die unheilbare Zerrüttung der Ehe zugeben und zwischen den Ehegatten Einvernehmen über die Scheidung und deren vermögensrechtliche Folgen sowie über die allfällige weitere Kindeserziehung besteht.

c) Scheidung bei Aufhebung der häuslichen Gemeinschaft

Eine Ehescheidung kann nunmehr auch dann erfolgen, wenn die Ehe zerrüttet ist und der an der Zerrüttung der Ehe schuldlose Teil am Bestand der Ehe festhalten will. Eine solche Ehescheidung ist aber nur dann möglich, wenn die **häusliche Gemeinschaft seit mindestens 3 Jahren aufgehoben**, die Ehe tiefgreifend und unheilbar zerrüttet ist, die Wiederherstellung einer dem Wesen einer Ehe entsprechenden Lebensgemeinschaft nicht zu erwarten ist und die Scheidung den beklagten – unschuldigen – Ehegatten nicht härter trifft als den klagenden Ehegatten die Abweisung des Scheidungsbegehrens. Dem Begehren auf Ehescheidung ist aber in jedem Fall dann stattzugeben, wenn die **häusliche Gemeinschaft seit 6 Jahren aufgehoben** ist.

Der geschiedene Ehegatte kann wieder einen früheren Familiennamen annehmen.

Vermögensrechtliche Regelung

Bei Gütertrennung verbleiben die Vermögenswerte, die ein Ehegatte in die Ehe eingebracht, geerbt oder geschenkt erhalten hat, in seinem Eigentum.

Das eheliche Gebrauchsvermögen, das sind die beweglichen und unbeweglichen körperlichen Sachen einschließlich der Ehewohnung und des Hausrates, die während der Ehe dem Gebrauch beider Ehegatten gedient haben, und die ehelichen Ersparnisse, das sind Wertanlagen jeder Art, die die Ehegatten während der Ehe für eine Verwertung angesammelt haben, werden unter den Ehegatten aufgeteilt.

Ausnahme

Die **Ehewohnung** und der **Hausrat** sind auch dann in die Aufteilung einzubeziehen, wenn sie ein Ehegatte in die Ehe eingebracht, geerbt oder geschenkt erhalten hat, soferne auf dessen Weiterbenützung der andere Ehegatte angewiesen ist.

Beispiel:

Der Mann bringt die Ehewohnung in die Ehe ein, bei der Scheidung ist die Frau auf die Benützung angewiesen. Das Gericht kann die Wohnung in die Aufteilung einbeziehen oder anordnen, dass das Eigentum oder Nutzungsrecht vom Ehemann an die Ehefrau übertragen wird.

Unterhalt

- Bei einer Scheidung aus Verschulden hat der allein oder überwiegend schuldige Ehegatte dem anderen, jedoch nur soweit dessen Einkünfte und Vermögen und die Erträgnisse einer Erwerbstätigkeit, die von ihm den Umständen nach erwartet werden kann, nicht ausreichen, einen angemessenen Unterhalt zu gewähren.
- Bei einer Scheidung wegen Aufhebung der häuslichen Gemeinschaft hat der allein oder überwiegend schuldige klagende Ehegatte, wenn dies im Urteil auf Antrag des beklagten Ehegatten ausgesprochen wurde, dem beklagten Ehegatten ebenfalls einen Unterhalt zu leisten, soweit dieser aus eigenen Kräften zur Deckung der seinen Lebensverhältnissen angemessenen Bedürfnisse nicht in der Lage ist.
- Aufgrund der Kindererziehung, Angehörigenpflege oder einvernehmlicher Gestaltung der ehelichen Lebensgemeinschaft muss unter Umständen auch dem schuldigen Ehegatten befristet Unterhalt gewährt werden.

Die eingetragene Partnerschaft

Seit 2010 regelt das eingetragene Partnerschaft-Gesetz – EPG* – die Begründung, Wirkungen und Auflösung der eingetragenen Partnerschaft **gleichgeschlechtlicher Paare**. Eine eingetragene Partnerschaft können nur zwei Personen gleichen Geschlechts begründen. Sie verbinden sich damit zu einer Lebensgemeinschaft **auf Dauer mit gegenseitigen Rechten und Pflichten**. In ähnlicher Weise wie im Eherecht regelt das Gesetz den Abschluss (Begründung), die Rechtswirkungen, die Auflösung und Nichtigkeit sowie deren Folgen und sinngemäß anwendbare Rechtsbestimmungen.

* Eingetragene Partnerschaft-Gesetz – EPG, BGBl I 2009/135 idF I 2015/25

Die Lebensgemeinschaft

Das Wesen der Lebensgemeinschaft wird in Lehre und Rechtsprechung darin erblickt, dass es sich um einen eheähnlichen faktischen Zustand handelt, der dem typischen Erscheinungsbild des ehelichen Zusammenlebens (Merkmale einer Geschlechts-, Wohnungs- und Wirtschaftsgemeinschaft) entspricht, der aber weder erb-, partnerschafts- noch erbrechtliche Folgen nach sich zieht. Die Kinder aus einer Lebensgemeinschaft sind unehelich. Der überlebende Lebensgefährte hat keinen gesetzlichen Erb- oder Pensionsanspruch, wohl aber das uneheliche Kind (siehe: IV/C/3). Letztwillig bedacht kann der Lebensgefährte nur durch ein Testament (siehe: IV/B) werden.

Der Trend geht aber dahin, dieser heute oftmals bestehenden und gesellschaftlich mehr oder weniger akzeptierten Form des Zusammenlebens immer mehr auch gesetzlich Rechnung zu tragen. So hat der Lebensgefährte bereits in folgenden Bereichen eine gesetzlich verankerte Stellung wie in einer Ehe.

a) im **Mietrecht:** Eintrittsrecht in den Mietvertrag des lebenden oder verstorbenen Lebensgefährten;
b) im **Sozialrecht:** Mitversicherung nur in der Krankenversicherung;
c) im **Straf(prozess)recht:** Sowohl Ehegatten, eingetragene Partner als auch Lebensgefährten zählen zu den „Angehörigen“ und können die Zeugenaussage verweigern;
d) in der **Exekutions-, Konkurs- und Anfechtungsordnung:** Lebensgefährten gelten ebenfalls als „Angehörige“;
e) im **Fortpflanzungsmedizingesetz 1992:** Eine medizinisch unterstützte Fortpflanzung ist in der Ehe oder einer Lebensgemeinschaft zulässig.
f) im **Familienrecht:** Gemeinsame Obsorge für das gemeinsame uneheliche Kind;
g) im **Steuerrecht:** Der Lebensgefährte kann „Alleinverdiener“ sein.

Es kommt aber bei der Beurteilung immer auf die Umstände des Einzelfalles an, wobei eine

Lebensgemeinschaft dann anzunehmen ist, wenn nach dem äußeren Erscheinungsbild ein Zusammenleben wie bei Ehegatten erfolgt.

B. Kindschaftsrecht

Das Kindschaftsrecht regelt im ABGB den Rechtsstand von Kindern sowie die Rechte zwischen Eltern und Kindern und im Verfassungsgesetz, BGBl I 2011/4, die Rechte von Kindern.

1. Kinder

- **Eheliche Kinder** sind solche, die während der Ehe der Mutter mit dem Vater oder nach dem Tod des Vaters innerhalb von 300 Tagen danach geboren werden. Bei Nichtigerklärung der Ehe der Eltern bleibt das Kind ehelich. Ein Kind, das innerhalb von 300 Tagen nach Auflösung oder Nichtigkeit der Ehe geboren wird, wird dann ehelich, wenn der frühere Ehemann der Mutter die Vaterschaft anerkennt oder durch das Gericht als Vater festgestellt wird. Bei einer Geburt nach Ablauf von 300 Tagen nach Auflösung oder Nichtigkeit der Ehe hat das Gericht die Ehelichkeit des Kindes festzustellen, wenn bewiesen ist, dass das Kind während der Ehe vom Ehemann der Mutter oder durch eine medizinisch unterstützte Fortpflanzung mit dem Samen des Ehemannes oder, sofern der Ehemann zugestimmt hat, mit dem Samen eines Dritten gezeugt wurde. Diese Kinder erhalten entweder den gemeinsamen Familiennamen der Eltern, mangels eines solchen den von den Verlobten bestimmten Familiennamen oder mangels Bestimmung den Familiennamen des Vaters.
- **Legitimierte Kinder** sind solche, die außer der Ehe geboren werden und entweder durch nachfolgende Eheschließung ihrer leiblichen Eltern oder durch gnadenweise Legitimation des Bundespräsidenten den ehelichen Kindern gleichgestellt werden.
- **Uneheliche Kinder** sind solche, die außer der Ehe, auch in einer Lebensgemeinschaft, geboren werden; sie erhalten den Familiennamen der Mutter. Ihre Pflege und Erziehung steht in der Regel der Mutter allein zu, der Anspruch auf Unterhalt besteht auch gegen den unehelichen Kindesvater.
- **Kindesname:** Das Kind erhält den Familiennamen der Eltern. Es kann auch der Doppelname eines Elternteiles sein. Mangels gemeinsamen Familiennamens der Eltern kann der Familienname eines Elternteiles bestimmt werden. Mangels einer solchen Bestimmung erhält das Kind den Familiennamen der Mutter, auch wenn dieser ein Doppelname ist.

2. Wechselseitige Rechte und Pflichten

Die Eltern haben nach ihren Lebensverhältnissen:

- für die Obsorge ihrer minderjährigen Kinder aufzukommen;
- den Unterhalt bis zu deren Selbsterhaltungsfähigkeit zu leisten;
- deren Vermögen sorgfältig zu verwalten;
- sie zu vertreten und
- zur Deckung der Bedürfnisse der Kinder unter Berücksichtigung ihrer Anlagen, Fähigkeiten, Neigungen und Entwicklungsmöglichkeiten nach ihren Kräften beizutragen.

Die Eltern sollen hiebei einvernehmlich vorgehen. Die Rechte von Vater und Mutter sind **gleich**; jeder Elternteil ist für sich allein berechtigt und verpflichtet, die Kinder rechtswirksam zu vertreten, selbst dann, wenn der andere Elternteil damit nicht einverstanden ist. Bestimmte Vertretungshandlungen, wie z.B. die Lösung eines Lehrvertrages oder die Namensänderung, bedürfen der Zustimmung des anderen Elternteiles; solche in Vermögensangelegenheiten zusätzlich der **gerichtlichen Genehmigung**. Ist ein Elternteil gestorben, besachwaltet, unbekannten Aufenthaltes oder sind ihm die Pflege und Erziehung ganz entzogen, dann stehen diese Rechte dem anderen Elternteil allein zu.

Die **Verletzung** der Unterhaltsverpflichtung wird auch strafgerichtlich verfolgt.

Die **Selbsterhaltungsfähigkeit** liegt vor, wenn das Kind die zur Deckung seines Unterhaltes notwendigen Mittel selbst erwirbt oder zu erwerben imstande ist, insbesondere nach Berufsabschluss, welcher aber nicht in allen Fällen mit der Erreichung der Volljährigkeit zusammenfällt.

Soweit die Eltern zur Unterhaltsleistung nicht imstande sind, sind die **Großeltern** hiezu verpflichtet. Die **Kinder** ihrerseits sind unter Berücksichtigung ihrer Lebensverhältnisse (z.B. Sorgepflichten für eine eigene Familie oder Kinder) zur **Unterhaltsleistung an die Eltern oder Großeltern** dann verpflichtet, wenn diese hiezu wegen Dürftigkeit nicht selbst in der Lage sind.

Eltern und Kinder haben einander beizustehen; die Kinder haben ihren Eltern Achtung entgegenzubringen; minderjährige Kinder haben die Anordnungen der Eltern zu befolgen. Die Eltern haben aber bei ihren Anordnungen und deren Durchsetzung auf das Alter, die Entwicklung und die Persönlichkeit des Kindes Bedacht zu nehmen und sind auch berechtigt, den Aufenthalt der Kinder zu bestimmen.

3. Kinderrechte

Jedes Kind hat Anspruch auf

- den Schutz und die Fürsorge für sein Wohlergehen;
- regelmäßige persönliche Beziehungen und direkte Kontakte zu beiden Elternteilen, es sei denn, dies steht seinem Wohl entgegen;
- besonderen Schutz und Beistand des Staates, wenn es aus seinem familiären Umfeld herausgelöst ist;
- Berücksichtigung seiner Meinung in seinen Angelegenheiten, und zwar in einer seinem Alter und seiner Entwicklung entsprechenden Weise;
- gewaltfreie Erziehung und den Schutz vor wirtschaftlicher und sexueller Ausbeutung;
- Entschädigung und Rehabilitation, wenn es Opfer von Gewalt und Ausbeutung wurde;
- den Schutz und die seinen besonderen Bedürfnissen Rechnung tragende Fürsorge bei Behinderung.
- Kinderarbeit ist verboten. Das Mindestalter für den Eintritt in das Arbeitsleben ist mit dem Ende der Schulpflicht gegeben.
- Beschränkungen dieser Rechte sind nur in gesetzlich geregelten Ausnahmen möglich.

C. Adoption

Die Adoption ist die **vertragliche Annahme** einer anderen Person **an Kindes statt**. Der bzw. die Adoptierte erhält **familien- und erbrechtlich** die Stellung eines Kindes.

Mindestalter und Mindestaltersunterschied

- **Der Adoptivvater muss mindestens 30 Jahre** alt,
- die Adoptivmutter mindestens **28 Jahre** alt sein.
- Der Altersunterschied zwischen Adoptiveltern und Adoptivkindern muss mindestens **18 Jahre** betragen.
- Bei leiblichen Kindern des Ehegatten des Annehmenden oder bei Verwandtschaft genügt ein Altersunterschied von **16 Jahren**.

Gründe für eine Adoption sind z.B.:

- **Kinderlosigkeit**
- **Erhaltung des Namens der Adoptiveltern**
- **Verbesserung der Berufsausbildung**
- **Verbesserung der Erbfolge**

IV. Erbrecht

Das Erbrecht regelt, was mit dem Nachlass eines Verstorbenen zu geschehen hat. Unter Nachlass sind die Vermögenswerte und Rechte zu verstehen, die auf die Erben übergehen.

Höchstpersönliche Rechte, wie Namensrecht, Titel, weiters z.B. Rechte, die nur einer Person zustehen wie persönliche Dienstbarkeiten (Wohnrecht, Gebrauchsrecht oder Fruchtgenussrecht) und die Reallast des bäuerlichen Auszuges (Ausgedinges), **gehen mit dem Tode unter**; sie sind nicht vererblich.

Die Frage, wer Erbe wird, wird durch die Erbrechtstitel (so genannte Berufungsgründe), beantwortet.

Die **3 Erbrechtstitel (Berufungsgründe)** sind:

- **Erbvertrag**
- **Testament** } **= gewillkürte Erbfolge**
- **Gesetzliche Erbfolge**

Beachte: Diese drei Arten des Erbrechtes bestehen nicht nebeneinander, sondern ein Erbrechtstitel schließt nach der aufgezählten Reihenfolge den nächsten aus. Jedoch bestehen auch hier kleine Ausnahmen, wie z.B. das frei verfügbare Viertel im Erbvertrag und das Pflichtteilsrecht. Besteht zwischen Ehegatten ein Erbvertrag, können die Ehegatten testamentarisch nicht mehr zur Gänze rechtswirksam verfügen; besteht ein Testament, tritt die gesetzliche Erbfolge nicht in Kraft.

Erbrechtsnovelle 2015

Das Erbrecht soll der gesellschaftlichen Realität angepasst werden. Der vorliegende Entwurf – noch nicht Gesetz! – sieht folgende maßgebliche Änderungen vor:

- Berücksichtigung von **Pflegeleistungen**, „wenn sich jemand aufopfernd um seinen kranken Verwandten kümmert". Bisher musste, wer Ansprüche geltend machen wollte, dafür einen Prozess führen, künftig sollen berechtigte Forderungen im Verlassenschaftsverfahren abgegolten werden. Das gilt nur für gesetzliche Erben, ihre nahen Angehörigen (etwa die Schwiegertochter eines Verstorbenen) und Lebensgefährten sowie für Pflege in den letzten drei Jahren vor dem Tod.
- **Eingeschränktes gesetzliches Erbrecht auch für Lebensgefährten** – also ohne Testament, aber nur dann, wenn es keine gesetzliche Erben (siehe: folgend C) gibt.
- **Entfall der Pflichtteilsansprüche für Eltern** (siehe: folgend D 1)
- **Erleichterung der Übergabe von Familienbetrieben – für Gewerbebetriebe!**
  Bei Betriebsübergaben soll das Problem gelöst werden, dass Unternehmen in Familieneigentum oft zwangsfiletiert werden bzw. ein Erbe in finanzielle Schwierigkeiten gerät, weil er andere, pflichtteilsberechtigte Erben nicht sofort auszahlen kann. In diesen Fällen sollen die Pflichtteile auch in Raten ausgezahlt bzw. bis zu fünf Jahre (mit Verlängerung durch das Gericht in besonderen Fällen bis zehn Jahre) gestundet werden können.
  In der **Landwirtschaft** ist dieses Problem **seit Langem zufriedenstellend** mit dem **bäuerlichen Sondererbrecht** (siehe: folgend E) **gelöst!**

A. Erbvertrag

Der Abschluss eines Erbvertrages ist **nur unter Ehegatten möglich**. Ehegatten – aber auch Brautleute im Hinblick auf die abzuschließende Ehe – können vertraglich verfügen, was mit ihrem Nachlass nach dem Tode zu geschehen hat. Beim Tod eines Vertragsteiles kommt er zur Wirksamkeit. In der Regel wird der Erbvertrag gleichzeitig mit einem Ehepakt errichtet; er kann aber auch für sich allein abgeschlossen werden. Der Erbvertrag ist an einen **Notariatsakt** gebunden, d.h., er kann rechtswirksam nur bei einem Notar abgeschlossen werden. Ebenso kann er nur durch einen Notariatsakt – einvernehmlich jederzeit – wieder gelöst werden. Durch die Ehescheidung wird er aufgehoben.

Beachte: Mit einem Erbvertrag kann nur über **drei Viertel des Nachlasses** verbindlich verfügt werden. Ein Viertel verbleibt zur freien Verfügung eines jeden Ehegatten. Jeder Ehegatte kann über dieses Viertel mit Testament verfügen oder es tritt mangels testamentarischer Verfügung hinsichtlich dieses Viertels die gesetzliche Erbfolge in Kraft.

B. Testament

Es ist eine **letztwillige Verfügung** des Erblassers, mit dem er bestimmt, was mit seinem Nachlass geschehen soll.

- Voll testierfähig sind Personen über 18 Jahre.
- Beschränkt testierfähig sind mündige Minderjährige (14–18 Jahre) sowie besachwaltete Personen. Sie können rechtswirksam nur mündlich vor Gericht oder Notar testieren; ausgenommen bei unmittelbarer Todesgefahr oder Gefahr des Verlustes der Testierfähigkeit; in diesem Fall können sie mündlich oder schriftlich unter Beiziehung zweier fähiger Zeugen – befristet auf 3 Monate nach Wegfall der Gefahr – testieren.
- Nicht testierfähig sind Kinder und Unmündige.
- Vorübergehend nicht testierfähig sind z.B. Betrunkene.

Was soll das Testament enthalten?

Es ist eine klare Erbeinsetzung erforderlich, wobei eine oder mehrere Personen als Erben eingesetzt werden können; es sollte auch bestimmt werden, zu welchen Anteilen mehrere Personen als Erben eingesetzt werden. Ist hinsichtlich der Anteile nichts bestimmt, gilt, dass die Erben den Nachlass zu gleichen Teilen erhalten. Weiters können in einem Testament dem Erben Vermächtnisse (Legate), Auflagen oder Bedingungen auferlegt werden.

Testamentsformen

1. Eigenhändiges schriftliches Testament

Es muss zur Gänze vom Erblasser **eigenhändig** geschrieben (verfasst) und von ihm auch **eigenhändig unterschrieben** werden. Ort und Datum sind sehr zweckmäßig, aber nicht unbedingt erforderlich. Bei dieser Testamentsform sind **keine Zeugen** erforderlich.

Muster für ein eigenhändiges schriftliches Testament:

Testament

(eigenhändig geschrieben)

Ich .... verfüge für den Fall meines Todes nach reiflicher Überlegung und vollkommen unbeeinflusst folgendes letztwillig:

Ich setze .... (Name und Anschrift des Erben) als Alleinerben meines gesamten Nachlasses ein.

Ort, Datum   eigenhändige Unterschrift.

2. Fremdhändiges schriftliches Testament

Das Testament kann von jemand anderem als dem Erblasser oder auch mit der Schreibmaschine geschrieben (verfasst) werden. Der Erblasser muss jedoch **eigenhändig unterschreiben**. Zusätzlich sind **drei Testamentszeugen** erforderlich, die das Testament mit ihrem Namen und dem Zusatz **„als Testamentszeuge“** mitunterfertigen müssen. Zwei der drei Testamentszeugen müssen zumindest gleichzeitig anwesend sein, der dritte Testamentszeuge kann gegebenenfalls auch zu einem anderen Zeitpunkt unterfertigen.

Ehegattentestament

- **Ehegatten** können in einem gemeinsamen fremdhändigen schriftlichen Testament entweder sich gegenseitig oder auch andere Personen als Erben einsetzen. Zur Gültigkeit erforderlich sind die eigenhändigen Unterschriften beider Ehegatten und dreier Testamentszeugen mit dem Zusatz „als Testamentszeugen“.
- Sie können aber auch in zwei getrennten eigenhändigen schriftlichen Testamenten verfügen.

Fähige Testamentszeugen

Die Testamentszeugen dürfen nicht Erben oder Legatare und auch mit den Erben nicht verwandt oder verschwägert oder deren besoldete Hausgenossen sein; weiters müssen sie mindestens 18 Jahre alt und dürfen nicht aufgrund einer Behinderung unfähig, blind, taub, stumm, wahrnehmungsunfähig oder der Sprache des Erblassers unkundig sein.

3. Mündliches Testament

Der Erblasser muss vor drei fähigen Zeugen **ausdrücklich und deutlich seinen letzten Willen erklären**. Beim mündlichen Testament müssen alle **drei Zeugen gleichzeitig anwesend** sein. Diese Testamentsform ist u.a. wegen der Gefahr des Missbrauches nicht zu empfehlen.

Neben diesen vorgenannten drei Testamentsformen gibt es noch weitere Formen, wie z.B. das gerichtliche oder notarielle Testament, die aber mit bestimmten Kosten verbunden sind. Alle Testamente, die die vom Gesetz vorgeschriebene Form aufweisen, haben die gleiche Gültigkeit und Wirksamkeit.

Vermächtnis (Legat) – Auflage – Bedingung

In jedem Testament kann der Erblasser den Erben verpflichten, z.B. an eine oder mehrere bestimmte Personen eine oder mehrere bestimmte **Sachen aus dem Nachlass herauszugeben**. Diese Verfügung des Erblassers, die sich nicht auf einen Erbteil oder den gesamten Nachlass bezieht, wird Vermächtnis genannt. Weiters kann der Erblasser den Erben verpflichten, eine **bestimmte Aufgabe** zu erfüllen, wie z.B. die Pflege eines Grabes (Auflage), oder er kann den Erben nur bei **Zutreffen bestimmter Voraussetzungen**, die der Erbe z.B. zu tun oder zu unterlassen hat, einsetzen, z.B. dass eine Witwe, die Kinder hat, nicht wieder heiratet (Bedingung). Sittenwidrige oder verbotene Bedingungen gelten als nicht beigesetzt.

C. Gesetzliche Erbfolge

Trifft der Erblasser zu Lebzeiten **keine Anordnungen,** was mit seinem Vermögen nach seinem Tode geschehen soll, tritt die gesetzliche Erbfolge in Kraft. Diese richtet sich nach der Nähe der Verwandtschaft und wird in Parentelen oder Linien unterteilt, wobei die nähere Linie die entferntere Linie und innerhalb einer Linie die näheren Verwandten die entfernteren Verwandten ausschließen.

1. Die gesetzlichen Erben

Erste Linie: **Kinder und deren Nachkommen** (Enkelkinder usw.)

Zweite Linie: **Eltern und deren Nachkommen** (Geschwister, Nichten, Neffen usw.)

Dritte Linie: **Großeltern und deren Nachkommen** (Onkel, Tante, Vetter, Base usw.)

Vierte Linie: **Urgroßeltern,** jedoch **nicht** mehr deren Nachkommen

Der überlebende **Ehegatte** ist ebenfalls gesetzlicher Erbe.
Sind keine der vorgenannten Verwandten und kein Ehegatte beim Tode des Erblassers vorhanden, fällt die Erbschaft infolge Erblosigkeit dem **Staate** zu.

2. Das gesetzliche Erbrecht des überlebenden Ehegatten

Diese Bestimmungen gelten auch für den eingetragenen Partner, nicht jedoch für den Lebensgefährten (siehe: III/A Eherecht).

a) **Der Ehegatte erhält**

- neben den Kindern und deren Nachkommen **ein Drittel des Nachlasses**;
- neben den Eltern und Geschwistern des Erblassers oder neben Großeltern **zwei Drittel des Nachlasses**;
- neben Nachkommen der verstorbenen Geschwister (Nichten, Neffen), verstorbenen Großeltern (Onkel, Tanten), neben Urgroßeltern oder wenn überhaupt keine Verwandten vorhanden sind, **den gesamten Nachlass**.

Schematische Darstellung der gesetzlichen Erben

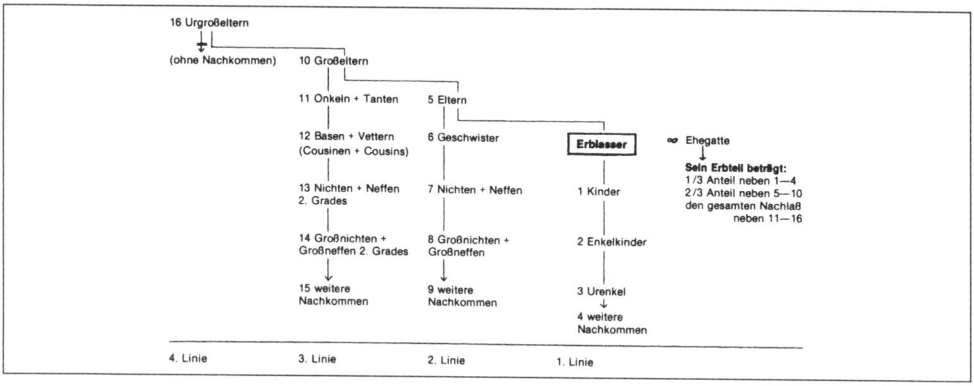

b) **Gesetzliches Vorausvermächtnis**

Dem überlebenden Ehegatten gebühren neben dem Erbteil als gesetzliches Vorausvermächtnis das Recht,

- in der **Ehewohnung** weiterhin zu wohnen und
- die zum **ehelichen Haushalt** gehörenden beweglichen Sachen, soweit sie zu dessen Fortführung entsprechend den **bisherigen Lebensverhältnissen** erforderlich sind.

(früher: nur der notwendige Hausrat ohne Wohnung!)

Das Vorausvermächtnis gebührt bei jeder Art der Erbfolge, z.B. auch dann, wenn dem Ehegatten nur der Pflichtteil zukommt.

Beispiel:

- Der Erblasser hinterlässt eine Ehegattin und zwei Kinder: Die Witwe erhält ein Drittel des Nachlasses, die beiden Kinder erhalten ebenfalls je ein Drittel des Nachlasses.
- Der Erblasser ist verheiratet, jedoch kinderlos und hinterlässt neben der Witwe noch Seitenverwandte, und zwar Geschwister: Die Witwe erhält zwei Drittel des Nachlasses, die Geschwister erhalten ein Drittel des Nachlasses.
- Der Erblasser ist verheiratet, jedoch kinderlos und hinterlässt neben der Witwe von seinen Seitenverwandten nur einen Onkel oder einen Vetter: Die Witwe erhält den gesamten Nachlass.

3. Das gesetzliche Erbrecht des unehelichen Kindes

a) Geschichtliche Entwicklung

Das uneheliche Kind hatte nach der Mutter seit jeher ein gleiches Erbrecht wie ein eheliches oder adoptieres Kind. Nach dem Vater hatte das uneheliche Kind bis 1970 überhaupt kein gesetzliches Erbrecht. Von 1971 bis einschließlich 1990 bestand ein eingeschränktes gesetzliches Erbrecht unter bestimmten Voraussetzungen. Seit 1991 ist das uneheliche Kind dem ehelichen oder adoptierten Kind erbrechtlich **vollkommen gleichgestellt.** Gleichzeitig wurde als Ausgleich eine neue Bestimmung über die **Pflichtteilsminderung** geschaffen, die jedoch auch eheliche Kinder, seit 2005 jeden Pflichtteilsberechtigten, betreffen kann.

b) Erbquote

Unter „Kinder" im erbrechtlichen Sinn fallen nunmehr alle Kinder unabhängig von Geschlecht, Stand der Geburt, leiblicher Abstammung oder vertraglicher Kindesannahme (Adoption), somit eheliche, uneheliche, außereheliche und Adoptivkinder, nicht jedoch Ziehkinder, Stiefkinder oder Schwiegerkinder. Sie teilen sich bei der gesetzlichen Erbfolge die Erbschaft – vorbehaltlich der Erbquote des überlebenden Ehegatten – nach Köpfen gleichteilig auf.

Beispiel:

- Hinterlässt ein Erblasser (Vater oder Mutter) zwei eheliche Kinder, ein uneheliches und ein Adoptivkind, so erhalten nach der gesetzlichen Erbfolge sämtliche Kinder je ein Viertel des reinen Nachlasses.
- Ist auch ein überlebender Ehegatte (Witwe oder Witwer) vorhanden, erhält nach der gesetzlichen Erbfolge dieser ein Drittel und die vier Kinder zusammen zwei Drittel, somit jedes Kind ein Sechstel des reinen Nachlasses.

D. Pflichtteilsrecht (Noterbrecht)

1. Pflichtteil

Der Pflichtteil ist der Teil des Nachlasses, den der Pflichtteilsberechtigte (Noterbe) **in jedem Fall** erhalten muss, auch dann, wenn der Erblasser in einem Erbvertrag oder Testament eine andere letztwillige Verfügung getroffen hat. Nur bei Bestehen eines Enterbungsgrundes besteht kein Pflichtteilsrecht.
Enterbungsgründe sind z.B. grober Undank gegen den Erblasser, Kerkerstrafe wegen eines Verbrechens oder ein beharrlich anstößiger Lebenswandel.

Erbunwürdigkeit

Wer gegen den Erblasser eine **gerichtlich strafbare Handlung vorsätzlich** begangen hat, die mit über 1 Jahr Freiheitsstrafe bedroht ist, oder die sich zwischen Eltern und Kindern ergebenden **Pflichten gröblich vernachlässigt** hat, ist so lange des Erbrechtes unwürdig, als sich nicht aus den Umständen entnehmen lässt, dass ihm der Erblasser vergeben hat.
Der Pflichtteilsanspruch besteht nur in **Geld**. Der Noterbe ist nicht berechtigt, z.B. ein bestimmtes Grundstück, einen bestimmten Nachlassgegenstand oder einen Liegenschaftsanteil zu fordern, sondern nur den Wert in Geld, der seinem Pflichtteilsanspruch entspricht.

Wer ist pflichtteilsberechtigt?

a) die **Kinder** mit der **Hälfte des gesetzlichen Erbanspruches**,
b) der **Ehegatte** oder **eingetragene Partner** (nicht aber der Lebensgefährte) mit der **Hälfte des gesetzlichen Erbanspruches**,
c) nur in Ermangelung von Kindern:
die **Eltern** mit **einem Drittel des gesetzlichen Erbanspruches**.

Beispiel:

Der Erblasser hinterlässt eine Witwe und ein Kind, setzt aber testamentarisch jemand Fremden als Erben ein: Die Witwe hätte ein gesetzliches Erbrecht von einem Drittel, das Kind hätte ein gesetzliches Erbrecht von zwei Dritteln; der Pflichtteilsanspruch beträgt sowohl beim Kind als auch beim Ehegatten die Hälfte des gesetzlichen Erbanspruches; der Pflichtteil der Witwe beträgt daher ein Sechstel des Nachlasses (= die Hälfte von einem Drittel), das Kind erhält einen Pflichtteil von einem Drittel (= die Hälfte von zwei Dritteln).

2. Pflichtteilsminderung

Diese Bestimmung stellt einen weiteren Ausgleich dar, wonach nicht nur die **leibliche Abstammung oder formelle Eheschließung**, sondern vielmehr auch die **familiäre und eheliche Beziehung** bei der Erbfolge zu berücksichtigen ist.

- Danach kann ein Erblasser den Pflichtteil dann generell auf die Hälfte mindern, wenn er oder sie zu dem pflichtteilsberechtigten Ehegatten, Kind oder allfälligen Elternteil **zu keiner Zeit in einem Naheverhältnis**, wie es in der Familie zwischen solchen Verwandten gewöhnlich besteht, gestanden ist.
- Diese Minderung des Pflichtteiles gilt für **alle** Pflichtteilsberechtigten.
- In der Praxis setzt dies die **Errichtung eines Testamentes** voraus, in welchem der Erblasser **„anordnet"**, dass er den betreffenden Pflichtteilsberechtigten

  a) auf den Pflichtteil setzt und

  b) weiters diesen Pflichtteil mangels familiärer Beziehungen nochmals halbiert.
- **Anwendungsfälle:** Betroffen von dieser erweiterten Minderungsmöglichkeit sind nunmehr nicht nur mehr uneheliche Kinder, sondern Kinder und Eltern gleichermaßen und Ehegatten in Scheinehen.

  Uneheliche Väter, die z.B. regelmäßig ihr Besuchsrecht beim Kind ausgeübt haben, das Kind in den Ferien am Hof aufgenommen haben oder mit der Kindesmutter in vorübergehender Lebensgemeinschaft samt dem Kind gelebt haben, können diese Minderung nicht rechtswirksam anordnen; wohl aber solche, deren „Beziehung" sich lediglich auf die Unterhaltszahlung beschränkt hat. Ein Naheverhältnis liegt nach einem OGH-Urteil aus dem Jahre 1997 bereits vor, wenn der uneheliche Vater eine Anteilnahme an der Entwicklung und dem Wohlergehen seines Nachkommen erkennen lässt.

E. Bäuerliche Sondererbfolge

Die allgemeinen erbrechtlichen Bestimmungen, insbesondere bei der gesetzlichen Erbfolge, stellen für die Erbteilung bei einem mittleren bäuerlichen Betrieb meist keine befriedigende Lösung dar. Die Erhaltung und Sicherung eines gesunden und existenzfähigen Bauernstandes würde bei einer freien Teilungsmöglichkeit, insbesondere wenn der Hofeigentümer mehrere Kinder hinterlässt, was in Bauernfamilien wohl die Regel darstellt, durch Zerstückelung und Zersplitterung von lebensfähigen Betrieben gefährdet werden.

Dieses berechtigte volkswirtschaftliche Interesse an der Sicherung erhaltungswürdiger mittlerer land- und forstwirtschaftlicher Betriebe führte aufgrund des seit alters her bestandenen bäuerlichen Gewohnheitsrechtes zu Abweichungen von der allgemeinen Erbfolgeordnung und zur Schaffung erbrechtlicher Sonderbestimmungen. Diese sind derzeit:

- für Kärnten im **Kärntner Erbhöfegesetz 1990***,
- für Tirol im **Tiroler Höfegesetz***,
- für sämtliche übrige Bundesländer im **Anerbengesetz*** enthalten.

In Vorarlberg gelten die Bestimmungen des Anerbengesetzes seit 1. 1. 1990 und wurde gesetzlich* festgestellt, dass kein Anerbenbrauch besteht. Das Anerbengesetz und das Tiroler Höfegesetz wurden in wesentlichen Bestimmungen den geänderten Verhältnissen angepasst. Gleichzeitig wurde das Erbhofrecht in Kärnten durch das Kärntner Erbhöfegesetz 1990 neu geregelt.

Insbesondere wurden 1990 die Bestimmungen über

- die Eigentumsverhältnisse erweitert,
- die Ertragsfähigkeit von Erbhöfen herabgesetzt und somit die Anzahl der Erbhöfe erhöht,
- die Auswahlkriterien in den Erbteilungsvorschriften neu festgelegt und dabei insbesondere die landwirtschaftliche Ausbildung anstelle der bisherigen Alters- und Geschlechtsbestimmungen usw. vorrangig berücksichtigt,
- die Frist der Nachtragserbteilung einheitlich mit 10 Jahren festgelegt.

In OÖ und Tirol bestehen Gesetze über die Kennzeichnung altererbten bäuerlichen Besitzes*.

Ehrenbezeichnung „Erbhof" in Salzburg*

In Salzburg wird zur **ehrenden Hervorhebung** von Beispielen treuen Festhaltens an ererbtem bäuerlichen Besitz die Bezeichnung **„Erbhof" verliehen**, und zwar an bewohnte Anwesen, die sich seit **nachweislich wenigstens 200 Jahren** im Mannes- oder Frauenstamm innerhalb derselben Familie befinden.

Der Eigentümer des „Erbhofes" ist berechtigt, am Wohnhaus eine mit dem Landeswappen versehene Tafel „Erbhof" anzubringen und selbst ein Ehrenzeichen zu tragen.

Beachte:

Das bäuerliche Sondererbrecht stützt sich auf drei Grundpfeiler:

1. Erhaltung der Einheit des Erbhofes
2. Wohlbestehen des Anerben
3. Unterordnung der Interessen der weichenden Erben

Höfe- und Anerbenrecht

1. Der Erbhof (in Tirol: geschlossener Hof)

Er ist ein bewirtschafteter – mit einem Wohn- und Wirtschaftsgebäude versehener – landwirtschaftlicher Betrieb, auch Weinbau-, Obstbau- oder Gartenbaubetrieb,

a) der **bestimmte Eigentumsverhältnisse** aufweisen muss, und zwar im
   - Alleineigentum einer Person,
   - Miteigentum von Ehegatten oder
   - Miteigentum eines Elternteiles und eines Kindes steht und

b) dessen durchschnittliche **Ertragsfähigkeit** zur angemessenen Erhaltung einer bäuerlichen Familie, die nach den örtlichen Verhältnissen zu beurteilen ist, von
   - 2 bis 40 Personen (Anerbengesetz),
   - 5 bis 20 Personen (Tiroler Höfegesetz),
   - bei einer Mindestgröße von 5 Hektar ohne Personenuntergrenze bis 30 Personen (Kärntner Erbhöfegesetz) ausreicht.

Bei der Beurteilung der Untergrenze der Erbhofeigenschaft kann nach einem OGH-Urteil aus dem Jahre 1996 davon gesprochen werden, dass nicht mehr die im öffentlichen Interesse gelegene Erhaltung eines leistungsfähigen mittleren Bauernstandes im Vordergrund steht, sondern vielmehr **die Erhaltung von Landwirtschaftsbetrieben schlechthin,** also auch von **kleinen Betrieben**, jedoch unter **Ausschluss von Kleinstbetrieben**.

Ein OGH-Urteil aus dem Jahre 1996 berücksichtigt auch **Förderungen der EU** als **Ertrag des Erbhofes**. Bei der Beurteilung der Leistungsfähigkeit des landwirtschaftlichen Betriebes sind **alle erzielbaren Einkünfte**, also sowohl die nationalen als auch die EU-Förderungsmittel, dem Ertrag des Betriebes hinzuzurechnen.

Keine Erbhöfe sind Betriebe,

a) deren **Ertragsfähigkeit über diese Werte** hinausgehen,
b) **Kleinbetriebe,** die diese Ertragsfähigkeit (Kärnten: Mindestgröße) nicht erreichen und
c) **reine Forstbetriebe** (ausschließlich forstwirtschaftliche Besitzungen). Für sie gelten die Bestimmungen des Höfe- und Anerbenrechtes nicht.

Geschlossene Höfe in Tirol sind solche, deren Grundbucheinlage sich in der Höfeabteilung des Grundbuches befindet.

Hofbestandteile:

Zum Erbhof gehören neben den land- und forstwirtschaftlichen Grundstücken und den sich darauf befindlichen Wohn- und Wirtschaftsgebäuden auch die zur Führung eines ordentlichen Wirtschaftsbetriebes erforderlichen und dem Hofeigentümer gehörigen beweglichen Sachen, wie z.B. Landmaschinen, Geräte, Vorräte und dergl., weiters die damit verbundenen Nutzungsrechte, wie z.B. Wald- und Weidenutzungsrechte, sowie Anteilsrechte an agrargemeinschaftlichen Grundstücken, aber auch Rechte aus der Mitgliedschaft zu landwirtschaftlichen Genossenschaften wie Molkereigenossenschaften und dergl. und zum Teil bestimmte gewerbliche Unternehmungen.

2. Der Anerbe

Wenn bei der gesetzlichen Erbfolge mehrere Personen (Kinder, Ehegatten, sonstige Verwandte) als Erben in Frage kommen, kann nur einer von ihnen Anerbe, d.h. Eigentümer des Erbhofes, werden. Die einzelnen Sondererbgesetze enthalten nähere Regelungen über die **Bestimmung der Person des Anerben, wenn** sich die Miterben über die Person des Anerben **nicht einig** sind, wie z.B.

- der **überlebende Ehegatte, nicht aber der eingetragene Partner oder Lebensgefährte** ist Anerbe, wenn der Erbhof im Miteigentum vom Ehegatten gestanden ist;
- der **Überlebende von ihnen** ist Anerbe, wenn der Erbhof im Miteigentum eines Elternteiles und eines Kindes gestanden ist;
- **Nachkommen** (Kinder usw.), die auf dem Erbhof aufgewachsen sind oder aufwachsen, reihen vor dem überlebenden Ehegatten, wenn der Erbhof im Alleineigentum des Erblassers gestanden ist;
- wenn der Erbhof ganz oder zum größten Teil vom überlebenden Ehegatten oder von einem früheren Ehegatten stammt, haben die Nachkommen des Erblassers mit diesem Ehegatten den Vorrang vor anderen Miterben;
- der überlebende Ehegatte reiht aber vor den übrigen Verwandten (z.B. vor Eltern, Geschwistern, Neffen, Nichten usw.);
- **Miterben,** die **zur Land- und Forstwirtschaft erzogen** worden sind oder werden, haben gegenüber anderen den Vorrang; trifft dies für mehrere Miterben zu, haben die auf dem Erbhof Aufgewachsenen oder Aufwachsenden den Vorrang;
- **im Grade näher Verwandte** gehen den Entfernteren vor;
- unter gleich nahen Verwandten gibt das **höhere Alter** den Ausschlag. Bei gleichem Alter ist der als Anerbe zu bestimmen, der als Landwirt am fähigsten ist oder zu werden verspricht. Dabei sind die Wünsche des überlebenden Ehegatten möglichst zu berücksichtigen.

Ausschließungsgründe

Ein berufener Anerbe ist von der Hofübernahme auszuschließen, wenn er

- psychisch krank oder geistig behindert,
- infolge eines körperlichen Gebrechens zur dauernden Bewirtschaftung offenbar unfähig,

- verschwendungs-, trunk- oder rauschgiftsüchtig,
- über 2 Jahre verschollen oder
- berufsmäßig nicht nur vorübergehend zur Hofbewirtschaftung verhindert ist.

3. Erbteilung

Sie erfolgt entweder durch **Erbübereinkommen** oder wird mangels Einigung vom **Verlassenschaftsgericht** durchgeführt.

a) Zuweisung des Erbhofes

Der Anerbe erhält den Erbhof (geschlossenen Hof) zugewiesen. Der Anerbe wird mit dem Übernahmswert Schuldner der Verlassenschaft und der Erbhof scheidet aus der Verlassenschaft aus. Der Übernahmswert und das übrige Nachlassvermögen (Sparbücher, Wertgegenstände usw.) werden nach der gesetzlichen Erbfolge unter den Miterben einschließlich des Anerben aufgeteilt.

b) Übernahmswert

Für den Erbhof wird ein Übernahmswert (auch: Übernahmspreis) entweder im Einvernehmen zwischen den Miterben vereinbart oder vom Verlassenschaftsgericht unter Berücksichtigung aller auf dem Erbhof aushaftenden Lasten **nach billigem Ermessen** aufgrund des Gutachtens zweier bäuerlicher Sachverständiger und der Stellungnahme von Gemeinde und Kammer so bestimmt, dass der Anerbe **„wohlbestehen"**, das heißt, angemessen weiterwirtschaften und existieren kann. Die **Auszahlung** des Übernahmswertes hat entweder **einvernehmlich** zu erfolgen oder ist vom Verlassenschaftsgericht auf **Antrag des Anerben** bis zu einer **Frist von 5 Jahren** (Tirol und Kärnten: **3 Jahre**) hinauszuschieben.

Beachte:

Der Übernahmswert hat nichts mit dem Einheitswert oder Verkehrswert der Liegenschaft zu tun. Er ist ein eigener Wert, der sich zwar in der **Nähe des Ertragswertes** befindet, jedoch unter Berücksichtigung der persönlichen und wirtschaftlichen Verhältnisse des Betriebes bzw. des Anerben zu bestimmen ist.

Beispiel:

Der Alleineigentümer eines landwirtschaftlichen Betriebes hinterlässt eine Ehegattin (Witwe), einen Sohn und eine Tochter. Sein Nachlass besteht aus einem Erbhof, einem Sparbuch von € 15.000,– und sonstigen Wertgegenständen im Werte von € 6.000,–. Der Verkehrswert des Erbhofes, der hier überhaupt nicht zu berücksichtigen ist, beträgt € 135.000,–. Unter Zugrundelegung des Verkehrswertes des Erbhofes und des übrigen Nachlasses (ohne Berücksichtigung der Nachlasskosten!) würde der Nachlass einen Wert von € 156.000,– haben. Nach der gesetzlichen Erbfolge würde die Ehegattin ein Drittel (d.h. € 52.000,– wertmäßig), die beiden Kinder zwei Drittel (d.h. jedes Kind ebenfalls wertmäßig je € 52.000,–) erhalten. Ohne bäuerliches Sondererbrecht wären die Ehegattin (Witwe) und die beiden Kinder zu je einem Drittel Miteigentümer des landwirtschaftlichen Betriebes. Wenn der Sohn den Betrieb allein ins Eigentum übernehmen möchte, müssten einerseits die beiden Miterben (Mutter und Schwester) zustimmen, andererseits müsste der Sohn bei Zustimmung € 104.000,– an die Mutter und die Schwester für deren zwei-Drittel-Anteile des Erbhofes bezahlen, wobei er lediglich € 7.000.– (sein Ein-Drittel-Anteil des übrigen Nachlasses von € 21.000,–) durch Überlassung an die Miterben in Abzug bringen könnte, jedoch mit € 97.000,– verschuldet wäre und er somit nicht wohlbestehen, d.h., halbwegs angemessen weiterwirtschaften bzw. existieren könnte. Vielmehr müsste er jahrelang – wenn nicht jahrzehntelang – lediglich zur Schuldentilgung den Betrieb bewirtschaften. Der Anreiz zur Erhaltung der Einheit des Betriebes wäre in keiner Weise vorhanden.

Nach dem bäuerlichen Sondererbrecht kann der Erbhof nach billigem Ermessen z.B. lediglich mit € 45.000,– bewertet werden, damit der Anerbe wohlbestehen kann. Die Verlassenschaft besteht dann aus dem Übernahmspreis im Betrag von € 45.000,– anstelle des Erbhofes, weiters € 15.000,– Sparbuch und € 6.000,– sonstige Vermögenswerte, insgesamt also € 66.000,– Nachlass. Jeder Miterbe (Ehegatte, Sohn und Tochter) erhält ein Drittel, also € 22.000,– als Erbteil. Der Anerbe erhält den Erbhof (Übernahmspreis € 45.000,–), kann aber seinen Erbteil von € 22.000,– in Abzug bringen und hat für den Erbhof lediglich € 23.000,–, d.h. je € 11.500,– an seine Mutter bzw. Schwester, zu bezahlen. Die übrigen Nachlasswerte (Sparbuch und sonstige Vermögenswerte) teilen sich die Mutter und Schwester allein auf. Der Anerbe besitzt sodann den Erbhof mit der relativ kleinen Schuldenlast von € 23.000,–. Die Mutter und die Tochter besitzen dann je die Hälfte des übrigen Nachlasses von € 21.000,–, also je € 10.500,–, zu welchem Nachlasswert Mutter und Schwester noch je € 11.500,– Forderungsrecht an den Anerben haben. Somit ist auch ihr gesetzlicher Erbteil von € 22.000,– erfüllt.

c) Aufschub der Erbteilung – Versorgungsansprüche

Weitere Bestimmungen bestehen über den Aufschub der Erbteilung, wenn der Anerbe minderjährig ist, bzw. über Versorgungsansprüche, wenn minderjährige Miterben auf dem Hof vorhanden sind, bis zu ihrer Selbsterhaltungsfähigkeit.

d) Nachtragserbteilung

Wenn der Anerbe den Erbhof zur Gänze oder Teile hievon innerhalb von **zehn Jahren** verkauft, können die übrigen Miterben und deren Erben vom Mehrerlös zwischen Verkaufswert und dem seinerzeitigen Übernahmspreis eine Nachtragserbteilung beantragen, die für den Anerben eine Erbnachzahlung an die übrigen Erben bewirkt. Die Nachtragserbteilung ist deshalb gerechtfertigt, da der Anerbe den Betrieb zu solchen Bedingungen erhalten hat, die die Existenzfähigkeit des Hofes sichern sollten und die damit weggefallen sind.
Eine Nachtragserbteilung unterbleibt dann, wenn der Anerbe den aus dem Verkauf erzielten Mehrerlös

- innerhalb von **zwei Jahren** zum **Erwerb eines anderen landwirtschaftlichen Betriebes** oder zur
- **Erhaltung** oder **Steigerung** der **Leistungsfähigkeit** des Erbhofes verwendet
- oder ein **Erwerb** (auch Miteigentumsanteil) durch den **Ehegatten**, einen **Elternteil** oder ein **Kind** erfolgt.

* Anerbengesetz, BGBl 1958/106 idF I 2008/2
Ktn Erbhöfegesetz 1990, BGBl 1989/658 idF I 2003/112
Tir Höfegesetz, LGBl 1900/47 idF BGBl I 2013/130
OÖ Gesetz über die Kennzeichnung altererbten bäuerlichen Besitzes, LGBl 1932/16 idF 2000/3
Sbg Gesetz über die Ehrenbezeichnung „Erbhof“, LGBl 1988/54
Tir Gesetz: Kennzeichnung altererbten bäuerlichen Besitzes, LGBl 1931/7 idF 1998/75
Vbg Gesetz über die Feststellung eines Anerbenbrauches, LGBl 1992/31
ABGB, § 761, Abweichungen von der gesetzlichen Erbfolge bei Bauerngütern

V. Eigentum und Besitz

A. Eigentum

Das Eigentum ist das **Recht, mit einer Sache nach Belieben zu schalten und zu walten** und andere davon auszuschließen.

1. Umfang des Eigentums

Die Sache kann

- **beweglich** (z.B. ein Gerät, Traktor),
- **unbeweglich** (z.B. Grundstück, Liegenschaft, Gebäude) oder
- ein **geistiges Werk** (z.B. Literatur, Musik, Datenbank) sein.

Das Eigentumsrecht berechtigt den Eigentümer der Sache oder des geistigen Werkes zur Eigennutzung, zur entgeltlichen/unentgeltlichen Nutzungsüberlassung an andere, zum Verkauf, zur Belastung, zur Vererbung, aber letztlich auch zur Vernichtung.

Das Eigentum an einem **geistigen Werk** (z.B. Literatur, Musik) bedarf ebenso einer rechtlichen Regelung und eines **Urheberschutzes** gegen widerrechtlichen Gebrauch und Vervielfältigungen, weil es eben nicht so wie z.B. eine Liegenschaft grundbücherlich sichergestellt werden kann. Die Schutzbestimmungen des geistigen Eigentums sind im Kapitel **XXIV. Urheberrecht** enthalten.

2. Erwerb des Eigentums

Das Eigentum wird durch den Erwerbstitel und die rechtliche Erwerbsart erlangt.

Erwerbstitel können sein:

- Verträge – Kauf, Tausch, Schenkung, bäuerliche Hofübergabe etc.;
- Verfügungen auf den Todesfall – Erbvertrag, Testament;
- richterliche und verwaltungsrechtliche Aussprüche – Urteile, Bescheide, Gesetzesanordnungen etc.

Erwerbsarten können sein:

- unmittelbarer Erwerb durch Zueignung, Zuwachs (z.B. Früchte) oder Schaffung einer Sache oder eines geistigen Werkes (z.B. Literatur, Musik, Datenbank);
- mittelbarer Erwerb durch Übergabe oder Ersitzung.

Die Übergabe von

- beweglichen Sachen erfolgt durch körperliche Übergabe von Hand zu Hand, mittels Übergabe durch Zeichen oder durch Erklärung;
- unbeweglichen Sachen – Grundstücke, Liegenschaften – erfolgt durch Eintragung (= Einverleibung/Intabulation) in das Grundbuch (siehe: VIII Grundbuch).

3. Verlust des Eigentums

Das Eigentum kann in der Regel auf dieselbe Art wie beim Erwerb wieder erlöschen, nämlich durch den Willen des Eigentümers mit einem Vertrag wie Verkauf, Tausch, Schenkung und dergleichen, durch richterlichen Ausspruch oder durch gesetzliche Anordnung und dergleichen; bei unbeweglichen Sachen (Liegenschaften) durch Löschung aus dem Grundbuch.

Durch einen Standortwechsel tritt in folgenden Fällen kein Verlust des Eigentumsrechtes ein:

- Bei **Bienenschwärmen** (siehe: Eigentum an Bienenschwärmen XVI/B/1)
- Bei **Lawinenholz** (siehe: Lawinenholz XIII/H/4)
- Bei **merklicher Erdteilsanlegung** an ein fremdes Ufer*
  Wird ein merklicher Erdteil durch die Gewalt des Flusses an ein fremdes Ufer gelegt, so verliert der vorige Besitzer sein Eigentumsrecht darauf nur in dem Falle, wenn er es in einer Jahresfrist nicht ausübt.

Hingegen gehört das Erdreich, welches ein Gewässer unmerklich an ein Ufer anspült, dem Eigentümer des Ufers.

- Bei **Haustieren** (siehe: Haftung für Tierschäden – Tierverwahrung X/D/5)

* ABGB, §§ 411 und 412

4. Beschränkung des Eigentums

Das Eigentumsrecht, insbesondere die absolut freie Verfügungsgewalt darüber, ist in unserer Rechtsordnung im Interesse der Allgemeinheit – Allgemeinwohl geht vor Einzelwohl – durch vielfältige Beschränkungen vertraglicher und gesetzlicher Art gekennzeichnet.

- **Vertragliche Eigentumseinschränkungen**
  - a) **Dienstbarkeiten** (siehe: VII)
  - b) **Belastungs- und Veräußerungsverbot** (siehe: X/F)
  - c) **Pfandrechte** (siehe: X/G/2)
  - d) **Vor- oder Wiederkaufsrecht** (siehe: XI/G/4a und c)
- **Gesetzliche Eigentumsbeschränkungen**
  - a) **Enteignung**
    Das Eigentum ist unverletzlich. Eine Enteignung gegen den Willen des Eigentümers kann nur in den vom Gesetz bestimmten Fällen gegen angemessene Entschädigung erfolgen. Sie kann insbesondere für Straßenbauten, Wasserbauten und dergleichen in Anspruch genommen werden. Die gesetzlichen Grundlagen für die Enteignung sind in den einzelnen Gesetzen, wie z.B. im Bundesstraßengesetz, Wasserrechtsgesetz und dergleichen, enthalten. Für das Enteignungsverfahren gelten dann die Bestimmungen des Eisenbahnenteignungsgesetzes, wenn in den einzelnen Gesetzen, die Enteignungen zulassen, nichts anderes angeordnet ist (siehe auch: Enteignung und Liegenschaftsbewertung XIX/C).
  - b) **Zwangsdienstbarkeiten** (gesetzliche Dienstbarkeiten)
    Diese können von der Behörde oder vom Gericht dann eingeräumt werden, wenn eine Enteignung zur Gänze nicht erforderlich ist, z.B. im
    - **Notwegegesetz** für Wegverbindungen, insbesondere Hauszufahrten (siehe: VII/F/1a);
    - **Güter- und Seilwegegesetz** für die landwirtschaftliche Bringung (siehe: VII/F/1b und XVII/D);
    - **Forstgesetz** für die forstliche Bringung (siehe: VII/F/1c und XIII/G/3);
    - **Wasserrechtsgesetz** für den Bezug, die Reinhaltung, Ergiebigkeit, Zu- und Ableitung von Wasser und dergleichen (siehe: XII/E);
    - **Starkstromwegegesetz, Rohrleitungsgesetz, Telekommunikationsgesetz, Energiewirtschaftsgesetz, Gaswirtschaftsgesetz** für die verschiedenen Arten von Strom-, Öl-, Telegrafen- und Gasanlagen und -leitungen;
    - **Luftfahrtgesetz** zur Regelung des Luftverkehrs;
    - **Eisenbahngesetz** 1957 für Eisenbahnen.
    - **Fremdenverkehrs- bzw. Tourismusgesetze** einzelner Bundesländer für Wanderwege, Schipisten und sonstige Fremdenverkehrseinrichtungen.
  - c) **Behördliche und gesetzliche Einschränkungen**
    Diese im Interesse der Nachbarschaft oder Allgemeinheit in verschiedenen Gesetzen enthaltenen Verfügungen können das Eigentumsrecht ebenfalls beschränken, z.B.

- **ABGB:** Einwirkungen auf das Nachbargrundstück durch Abwässer, Geruch, Rauch, Lärm und dergleichen (siehe: Einwirkungen an der Grenze VI/J) oder Abgrabungen (siehe: Vertiefungen an der Grenze VI/E/4).
- **Grundverkehrsgesetz:** Einschränkung der freien Verfügungsgewalt des Eigentümers hinsichtlich der Veräußerung, bestimmter Verpachtungen und der Fruchtnießung von land- und forstwirtschaftlichen Grundstücken im Interesse der land- und forstwirtschaftlichen Weiterbewirtschaftung (siehe: Grundverkehr IX/B und Pachtung XI/J/2b).
- **Forstgesetz:** Einschränkung hinsichtlich der Rodung (siehe: XIII/B/4), Fällung (siehe: XIII/H/1 und 2a), Verpflichtung zur Wiederaufforstung (siehe: XIII/B/1), Duldung des Überhanges und Einhaltung des Deckungsschutzes (siehe: XIII/B/3a und 3b).
- **Bauordnungen und Raumordnungsgesetze:** Einschränkungen hinsichtlich der Bebauungsmöglichkeiten, der Abstände und dergleichen (siehe: Bauordnung und Raumordnung XX/D und E).
- **Pflanzenschutzgesetze:** Einschränkungen zum Schutze der Kulturpflanzen. Die Eigentümer von Grundstücken haben erforderliche Pflanzenschutzmaßnahmen zu dulden bzw. die Kosten zu tragen (siehe: Kulturpflanzenschutz XX/C und Forstschutz XIII/F).
- **Naturschutzgesetze:** Einschränkungen zum Schutze der Natur, der Landschaft, von Naturdenkmälern und dergleichen (siehe: Natur- und Landschaftsschutz XX/B).
- **Kultur- und Betriebsflächenschutzgesetze** einzelner Bundesländer: Einschränkungen bzw. Abstandsvorschriften bei Baumpflanzungen und Neubewaldungen (siehe: VI/D/2 und 3).
- **Landpacht- und Mietrechtsgesetz:** Einschränkungen zum Schutze der Pächter und Mieter hinsichtlich der Pacht- und Mietdauer sowie der Höhe des Pachtschillings und des Mietzinses (siehe: XI/J/1 und 2e)
- **Wasserrechtsgesetz:** Wasserschutz-, -schon- und -sanierungsgebiet (siehe: XII/C/3 und 4) und Wirtschaftsbeschränkungen (siehe: XII/D/5 und 6).

5. Miteigentum

Wenn das Eigentum an einer Sache **mehreren Personen ungeteilt** zusteht, entsteht Miteigentum. Solange die Miteigentümer einig sind, werden sie in Rücksicht auf die gemeinschaftliche Sache als eine Person angesehen. Sobald sie aber uneinig sind, kann kein Miteigentümer eine Veränderung vornehmen, wodurch über die Anteile des anderen Miteigentümers verfügt wird. Wohl aber kann jeder Miteigentümer über seinen ideellen Anteil an der gesamten Sache frei verfügen.

Beispiel:

Der Hälfteeigentümer eines landwirtschaftlichen Betriebes kann seinen ideellen Hälfteanteil – vorbehaltlich der grundverkehrsbehördlichen Bewilligung – veräußern, nicht aber ein bestimmtes Grundstück; er kann seinen ideellen Hälfteanteil auch pfandrechtlich – mit einer Hypothek – belasten.

Miteigentumsteilung

Eine gemeinschaftliche Sache kann entweder

a) nach dem Verhältnis der Anteile in der Natur geteilt werden **(Realteilung)**, oder
b) wenn eine solche Teilung nicht möglich oder untunlich ist, wie z.B. bei einem Einfamilienhaus, durch Verkauf und Aufteilung des Verkaufserlöses geteilt werden **(Zivilteilung)**.

Ist eine einvernehmliche Teilung nicht erzielbar, kann jeder Miteigentümer die gerichtliche Realteilung oder Zivilteilung mit einer Teilungsklage begehren. Die Kosten eines Teilungsprozesses fallen jedem Miteigentümer anteilsmäßig zu.

c) Wollen die Miteigentümer keine Eigentumsteilung, wohl aber eine getrennte Bewirtschaftung erreichen, können sie eine **Nutzungsteilung** vornehmen; d.h., die gemeinsame Sache in der Natur teilen und die alleinige Nutzung nach dem Verhältnis der Anteile den Miteigentümern übertragen. Nach außen hin bleibt aber die Eigentumsgemeinschaft bestehen.

6. Luftkeusche

Der im allgemeinen Sprachgebrauch verwendete Begriff **Luftkeusche**, rechtlich als **Superädifikat** bezeichnet, bedeutet ein Bauwerk, bei welchem das Eigentum am Bauwerk und am Grundstück auseinanderfallen; das Grundstück und das darauf befindliche Bauwerk somit verschiedenen Personen gehören.
Die Dauer, das Ausmaß, das Recht der Ablöse* entweder der Luftkeusche oder des Grundstückes und die damit verbundene Preisbestimmung ergeben sich entweder aus den getroffenen Vereinbarungen oder können die Rechtsfolgen teilweise aus den bürgerlich-rechtlichen Bestimmungen abgeleitet werden.
Wenn die beiden Betroffenen nicht einig sind, kann dies eine Reihe von rechtlichen Problemen mit sich bringen. Oftmals bleibt die rechtliche Situation aber strittig und kann nur vergleichsweise oder gerichtlich gelöst werden.
In der Praxis kommen insbesondere Press- und Kühlhäuser, Trocknungsanlagen, Forst-, Jagd- und Wochenendhütten, Baracken und sonstige einfach errichtete Bauwerke in Betracht, die in der Absicht, nicht dauernd auf fremdem Grund und Boden stehen zu bleiben, errichtet wurden.

* Luftkeuschenablösungsgesetz, BGBl 1928/198
Stmk. Luftkeuschenablösungsgesetz, LGBl 1928/79 idF 1974/19

7. Strafrechtlicher Schutz des Eigentums

Das Eigentum ist neben dem zivilrechtlichen Schutz, eine vorenthaltene Sache mit einer Eigentumsklage gerichtlich zurückzufordern, zusätzlich durch strafrechtliche Bestimmungen geschützt.
Die Sachbeschädigung, der Diebstahl, die dauernde Sachentziehung, die Entziehung von Energie, die Veruntreuung, Unterschlagung, Eingriffe in fremde Jagd- und Fischereirechte, Entwendung, Raub, Erpressung, Betrug und dergleichen stellen solche strafrechtlichen Handlungen gegen fremdes Eigentum dar.

Feldfrevel

Die rechtswidrige Aneignung von Feldfrüchten und Waldprodukten kann den strafbaren Tatbestand des Diebstahls oder der Entwendung darstellen. Die rechtswidrige Aneignung von Bodenerzeugnissen oder Bodenbestandteilen, wie z.B. Baumfrüchten, Waldprodukten, Klaubholz oder Schotter von einer Schottergrube und dergleichen, **geringen Wertes** ist gerichtlich nicht strafbar (siehe auch: Sammeln von Beeren und Pilzen XIII/E/4 und Feldschutz XX/L).

B. Besitz

Der Besitz ist die **tatsächliche Herrschaft und Gewahrsam über eine Sache** mit der Absicht, diese Sache für sich zu behalten bzw. sie zu benützen.

- Besitz und Eigentum fallen zusammen, wenn derjenige, dem eine Sache rechtlich gehört (Eigentümer), diese Sache in seiner Gewahrsame hat und sie selbst benützt (Besitzer).

Beispiel:

Der Bauer, der seinen Betrieb selbst bewirtschaftet, ist Eigentümer und Besitzer.

- Besitz und Eigentum fallen dann nicht zusammen, wenn derjenige, dem die Sache rechtlich gehört, diese nicht in seiner Gewahrsame hat oder sie nicht selbst benützt.

Beispiel:

Der Bauer, der seinen Betrieb verpachtet, ist Eigentümer, der Pächter der rechtmäßige Besitzer.
Ebenso ist derjenige, dem ein Wegrecht über ein fremdes Grundstück zusteht, Besitzer der Dienstbarkeit, während der mit dem Wegerecht Belastete Eigentümer der Sache (Wegtrasse) ist. Auch der Dieb und der Räuber sind Besitzer, jedoch unrechtmäßig und unredlich, aber nie Eigentümer!

Besitzstörung

Sie ist die **Störung, Beeinträchtigung oder Entziehung** des **ruhigen Besitzstandes** einer anderen Person. Bei der Besitzstörung wird nicht nach dem Eigentumsrecht oder sonstigem Recht (Recht der Dienstbarkeit und dergleichen) gefragt, sondern lediglich nach dem letzten ruhigen Besitzstand und der Störung. Daher kann auch der Eigentümer einer Sache gegenüber dem Pächter oder Fruchtgenussberechtigten eine Besitzstörung begehen, wenn er die Sache, die sich im ruhigen Besitzstand des Pächters oder Fruchtgenussberechtigten befindet, eigenmächtig benützt, stört oder den Besitz entzieht.
Die **Besitzstörungsklage** ist innerhalb von **30 Tagen ab Kenntnis** der Störung oder Besitzentziehung beim örtlich zuständigen **Bezirksgericht** einzubringen.

Beachte:

Im gerichtlichen Besitzstörungsverfahren kann sogar derjenige obsiegen, der gar kein Recht an einer Sache hat, sich aber im „ruhigen Besitzstand" dieser Sache befindet.

Beispiel:

Der Wegbenützer, der ohne Rechtstitel, wie z.B. Vertrag oder Ersitzung und dergleichen, eigenmächtig einige Jahre hindurch auf einem fremden Privatweg fährt und welchem der Grundeigentümer der Wegtrasse die weitere Benützung wegen des „Nichtbestandes eines Wege**rechtes**" eigenmächtig mit einer Absperrung unmöglich macht, kann vorerst mit einer Besitzstörungsklage Erfolg haben. Der Grundeigentümer darf trotz des Nichtbestandes eines Wegerechtes infolge des bereits bestehenden „ruhigen Besitzstandes", nämlich der faktischen Benützung bzw. Besitzausübung innerhalb eines längeren, zumindest 30 Tage dauernden Zeitraumes, den Weg nicht absperren, sondern müsste die Unterlassung der Wegbenützung verlangen oder bei Fruchtlosigkeit dieses Begehrens auf Unterlassung bzw. auf Feststellung des Nichtbestandes eines Wegerechtes klagen.

C. Ersitzung und Verjährung

- Die Ersitzung ist der **Erwerb eines Rechtes durch fortgesetzten Besitz** innerhalb des vom Gesetz geforderten Zeitraumes unter bestimmten Voraussetzungen.
- Die Verjährung ist der **Verlust eines Rechtes durch Nichtausübung** innerhalb des vom Gesetz geforderten Zeitraumes unter bestimmten Voraussetzungen.

Die Ersitzung schließt daher in der Regel eine Verjährung in sich und umgekehrt. Besitznachfolger sind berechtigt, in den Ersitzungs- und Verjährungszeitraum die Besitzzeiten der Vorbesitzer unter bestimmten Voraussetzungen miteinzurechnen.

Beispiel:

Wenn jemand z.B. Eigentum ersitzt, geht demjenigen, von dem es ersessen wird, das Eigentum verloren. Wo ein Wegerecht ersessen wird, geht dem Grundeigentümer die Eigentumsfreiheit auf der Wegtrasse verloren.

Die Verjährung tritt unter den vorgenannten Voraussetzungen in jedem Falle ein. Argumente, die bei eingetretener Verjährung vorgebracht werden, wie z.B. „weil man zu gut war“, „weil man nicht prozessieren wollte“, ändern nichts an der Tatsache der Verjährung und helfen auch nicht mehr.

Nicht ersessen bzw. verjähren können

a) die im Familien- und Personenrecht bestehenden Pflichten (z.B. Rechte eines Ehegatten, eingetragenen Partners oder der Eltern, Unterhaltsanspruch der Kinder);
b) die Rechte eines Menschen über seine Handlungen (z.B. eine Ware da oder dort zu kaufen) und über sein Eigentum (z.B. über seine Wiesen und Äcker zu verfügen, die Miteigentumsteilung zu begehren oder die Grenzerneuerung zu verlangen);
c) das **öffentliche Wassergut** (siehe: öffentliches Wassergut XII/A/3);
d) soweit ein **Grenzkataster** bereits besteht, das Eigentum an Grundstücksteilen (siehe: Grenzkataster VI/A/3 und 4);
e) **Wald- und Weideservituten,** auch Einforstungsrechte genannt (siehe: Wald- und Weidenutzungsrechte XVII/B/2);
f) **Waldbenützung** zu Erholungszwecken – Wegefreiheit im Bergland (siehe: XIII/D/1);
g) in Kärnten: das **Eigentum an Straßengrundstücken** (§ 2 Abs. 4 Ktn Straßengesetz 1991 – K-StrG, LGBl 1991/72 idF 2013/85);
h) in Salzburg: das **Eigentum an Straßengrundstücken** (§ 8 Abs. 1 Sbg Landesstraßengesetz 1972 – LStG 1972, LGBl 1972/119 idF 2005/58).
i) in Tirol: das **Eigentum** und andere dingliche Rechte **an öffentlichen Straßen** (§ 4 Abs 5 Tir Straßengesetz, LGBl 1989/13 idF 2014/187).

1. **Ersitzungsfristen;** sie betragen bei Eigentum an:
   - beweglichen Sachen: 3 Jahre bzw. bei juristischen Personen (Staat und Kirche) 6 Jahre
   - unbeweglichen Sachen **(Liegenschaftseigentum, Dienstbarkeiten):** 30 Jahre bzw. bei juristischen Personen 40 Jahre

2. **Verjährungs- und Fallfristen;** sie betragen bei:
   - **Besitzstörung:** 30 Tage ab Kenntnis der Störung oder Besitzentziehung
   - **Viehgewährleistungsansprüchen:** 6 Wochen; zuzüglich allfälliger Vermutungsfristen bei bestimmten Tierkrankheiten (siehe: Viehmängel X/C/5)
   - Gewährleistungsansprüchen bei **beweglichen Sachen:** 6 Monate bzw. so lange, bis die letzte Teilzahlung bei Abzahlungs-(Raten-)geschäften fällig ist
   - Aufwendungen des Bestandnehmers am Miet- oder Pachtgegenstand, die an sich dem Bestandgeber obliegen: 6 Monate ab Zurückstellung des Bestandstückes
   - Ersatzansprüchen wegen Beschädigung oder missbräuchlicher Abnützung des Miet- oder Pachtgegenstandes: 1 Jahr ab Zurückstellung
   - wörtlichen Ehrenbeleidigungen: 1 Jahr
   - tätlichen Ehrenbeleidigungen: 3 Jahre
   - **Schadenersatzansprüchen:** 3 Jahre; wenn der Schädiger nicht bekannt ist: 30 Jahre
   - Forderungen des täglichen Lebens für Lieferung von Sachen oder Ausführung von Arbeiten, **Lieferung land- und forstwirtschaftlicher Erzeugnisse,** Pflegekosten, Miet- und Pachtzins, Löhne, Honorare und dergleichen: 3 Jahre
   - Erbansprüchen: 3 Jahre
   - Gewährleistungsansprüchen bei **unbeweglichen Sachen:** 3 Jahre
   - **Dienstbarkeiten nur dann, wenn** sich der Belastete der Ausübung des Rechtes **widersetzt:** 3 Jahre
   - **Dienstbarkeiten** (im Allgemeinen), **Liegenschaftseigentum:** 30 Jahre

3. **Vertragsrücktrittsfristen**
   (siehe: X/B/3a und b sowie XI/G/5a)

4. **Pachtaufkündigungsfristen**
   (siehe: XI/J/2c, 3)

5. **Rechtsmittelfristen**
   (siehe: XXIV/B)

Unterbrechung der Ersitzung und Verjährung

Ersitzung und Verjährung werden unterbrochen durch:
a) **Anerkenntnis**
b) **Klage**
c) **Teilzahlung bzw. Teilleistung**
d) **Verjährungsverzicht**

Beispiel:

Wer auf eine Forderung aus der Lieferung eines landwirtschaftlichen Erzeugnisses knapp vor Ablauf der dreijährigen Verjährungsfrist nicht verzichten will, aus Entgegenkommen gegenüber dem Schuldner aber auch nicht klagen will, benötigt zur Wahrung seines Forderunganspruches ein möglichst schriftliches **Anerkenntnis** (siehe: X/K).

Achtung: Eine Mahnung unterbricht den Lauf der Verjährung nicht!

Verlust durch gutgläubigen Erwerb

Ein ersessenes, nicht verbüchertes Recht (z.B. Wege- oder Wasserbezugsrecht) kann einem gutgläubigen Erwerber (z.B. Käufer) des belasteten Gutes nicht zum Nachteil gereichen; das heißt, er muss es nicht gegen sich gelten lassen, kurzum: es ist verloren gegangen, auch wenn es schon seit eh und je besteht! Allerdings sind für den gutgläubigen Erwerb **drei Voraussetzungen** erforderlich:

a) Das Recht darf nicht verbüchert sein.
b) Das Recht darf nicht „offenkundig", d.h. bei gehöriger Aufmerksamkeit erkennbar sein. Dies trifft auf Wasserleitungen eher zu, bei Wegen eher seltener, es sei denn, es handelt sich um einen fast nicht erkenntlichen Wiesenweg!
c) Der Verkäufer hat dem Käufer die Belastung verschwiegen.

Ein Hofübernehmer oder auch Nachbarkäufer, dem die Ausübung des Rechtes wohl bekannt ist oder bei gehöriger Aufmerksamkeit bekannt sein müsste, wird diese Gutgläubigkeit wohl in der Regel nicht in Anspruch nehmen können, wohl aber oftmals ein fremder Bauplatzkäufer!
Diese Bestimmung gilt nicht für Erwerbe auf dem **Erbweg** und auch nicht für die Bundesländer **Tirol** und **Vorarlberg**.

VI. Nachbarrecht und Grenze

„Bei die Weg' und die Roan wird die Welt oftmal z'kloan"

A. Grenze

1. Grenzverlauf nach dem alten Grundkataster

Der Grenzverlauf zwischen zwei Grundstücken, soweit noch kein Grenzkataster besteht, richtet sich nach der **Natur- oder Nutzungsgrenze**. Die Natur- oder Nutzungsgrenze ist die bestehende erkennbare oder gekennzeichnete (vermarkte) Grenzlinie in der Natur, die sich durch die beidseitige Besitzausübung der Grenznachbarn ergibt. Die so genannte **Mappengrenze** des Grundkatasters (Lageplan, Grundbuchsmappe, Gemeindemappe) gibt keinen Aufschluss über den genauen Grenzverlauf; die Mappe dient lediglich als **Hilfsmittel** und nicht als Beweismittel! Sie soll die Lage und Form der Grundstücke veranschaulichen und wurde ehedem im Jahre 1817 für Steuerzwecke angelegt.
Die Grenzlinie kann durch Grenzsteine, Zäune, Mauern, Heckenreihen, Gräben, Wasserläufe, Bäume bzw. Markierungen an Bäumen, aber auch durch Bewuchsunterschiede (insbesondere im Wald) in der Natur erkennbar sein. Der Verlauf der Grenzlinie kann nur in der Natur festgestellt werden. Die Mappengrenze, insbesondere wenn sie von der Naturgrenze abweicht, ist **nicht maßgeblich**; sie kann nur im Einvernehmen bzw. auch dann, wenn in der Natur die Grenze nicht erkennbar ist, als Hilfsmittel für die Findung des Grenzverlaufes beigezogen werden. Wenn die Grenze in der Natur deutlich ersichtlich oder gekennzeichnet ist, kann man sich nicht auf eine davon abweichende Mappengrenze berufen.
Eine **Vermessung** ist bei einem Abweichen der Naturgrenze von der Mappengrenze oder wenn eine Naturgrenze nicht erkennbar ist, in der Regel **nicht zielführend**, da der Geometer lediglich die Mappengrenze in der Natur unter Berücksichtigung aller Fehlerquellen der Mappe übertragen kann. Wohl aber können sich die Grenznachbarn – jedoch nur einvernehmlich – auf die Übertragung der Mappengrenze in die Natur einigen.

2. Grenzfeststellung von nicht im Grenzkataster enthaltenen Grundstücken

Sind die Grenzen zwischen zwei Grundstücken aus welchen Gründen immer ganz unkenntlich geworden, drohen sie unkenntlich zu werden oder sind sie strittig, können die Grenznachbarn dort, wo noch kein Grenzkataster angelegt ist, die Grenze im **Einvernehmen**, entweder nach dem letzten ruhigen Besitzstande oder sonst wie immer eine Einigung erzielbar ist, neu festlegen und vermarken. Ist eine einvernehmliche Grenzerneuerung zwischen den Grenznachbarn nicht erzielbar, aber der Wille zur Grenzfestlegung vorhanden, kann die Grenzlinie unter **Beiziehung eines Vermittlers** (Gemeinde, Kammer) festgelegt werden. Ist auch eine Vermittlung nicht zielführend, kann jeder Grenznachbar die **gerichtliche Grenzerneuerung oder -berichtigung** beim zuständigen Bezirksgericht im außerstreitigen Verfahren verlangen. Eine schon seit einigen Jahren beabsichtigte Vermessungsgesetz-Novelle sieht vor, dass in Zukunft Grenzfeststellungen auch von nicht im Grenzkataster enthaltenen Grundstücken von der Vermessungsbehörde vorzunehmen sind. Damit würden in Zukunft für sämtliche Grenzfeststellungen nur mehr die Vermessungsbehörden zuständig sein.

3. Grenzkataster

Das Vermessungsgesetz 1969* sieht die Anlegung eines Grenzkatasters vor; d.h., dass katastralgemeindeweise der derzeitige Zustand der Grenzverläufe festgestellt wird, bestehende Grenzdifferenzen bereinigt werden und sodann ein **Grenzkataster** errichtet wird, der in Hinkunft zum **verbindlichen Nachweis der Grundstücksgrenzen** dient. Ein unkontrollierbares „Wandern des Besitzes" soll dadurch soweit als möglich ausgeschlossen werden. Die Anlegung des Grenzkatasters wird allerdings noch Jahrzehnte in Anspruch nehmen. Dort, wo ein Grenzkataster besteht, gilt die **Mappengrenze** des Grenzkatasters als **verbindlich**. Dies stellt einen Gegensatz zur bisherigen Rechtslage dar. Die Ersitzung von Grundstücks**teilen** eines im Grenzkataster enthaltenen Grundstückes ist dann ausgeschlossen.

Beachte: Ganze Grundstücke (Parzellen) können auch bei vorhandenem Grenzkataster noch ersessen werden.

4. **Grenzfeststellung nach dem Grenzkataster**

Wo bereits ein Grenzkataster besteht, ist eine unkenntlich gewordene Grenze durch einfache Vermessung jederzeit wieder feststellbar.
Dies hat zur Folge, dass Verfahren zu Grenzerneuerung und Grenzberichtigung nur eine Überprüfung oder Wiederherstellung der Mappengrenze in der Natur beinhalten und diese Aufgaben von den Vermessungsbehörden durchgeführt werden.

5. **Grenzgraben**

In ländlichen Gebieten bilden oftmals Gräben die Grenze zwischen zwei Grundstücken. Die Grenze verläuft – wenn nichts Gegenteiliges bewiesen wird – in der Mitte des Grabens. Derartige Gräben – insbesondere zwischen Acker- und Wiesengrundstücken – stellen oftmals nicht nur den Grenzverlauf zwischen Grundstücken dar, sondern dienen auch dazu, entweder das Grundwasser oder das Niederschlagswasser abzuleiten. Aus diesem Grunde ist es erforderlich, Grenzgräben von Zeit zu Zeit zu reinigen und auszuputzen. Jeder Grenznachbar ist aber nur bis zur Mitte des Grabens zur Reinigung berechtigt bzw. verpflichtet.

6. **Wasserlauf als Grenze**

Wenn ein privater Wasserlauf den Grenzverlauf bildet, gilt ebenfalls – sofern nicht das Gegenteil bewiesen wird – die Mitte des Wasserlaufes als Grenze. Veränderungen und Uferbefestigungen dürfen nur in der Weise vorgenommen werden, dass die Grenze nicht verletzt wird.

7. **Strafrechtlicher Schutz der Grenz- und Wasserstandszeichen**

Die **Grenzzeichen** sind entweder amtlich oder von privater Seite zur Festlegung von Liegenschaftsgrenzen bestimmt. Die Wasserstandszeichen bezeichnen Nutzungsrechte an Gewässern. Diese Zeichen stellen Beweismittel für Grenzverläufe und Wassernutzungen dar, die von rechtlicher Bedeutung sind und durch strafrechtliche Bestimmungen geschützt sind. Wer ein solches Grenz- oder Wasserstandszeichen unrichtig setzt, verändert, beseitigt oder unkenntlich macht, um dadurch vorsätzlich ein Beweismittel für eine Tatsache von rechtlicher Bedeutung, z.B. einen anderen Grenzverlauf, zu schaffen oder zu unterdrücken, kann wegen des strafrechtlichen Tatbestandes des **Versetzens von Grenzzeichen** oder gar des **schweren Betruges** zu einer Freiheitsstrafe von bis zu 3 Jahren verurteilt werden; die Strafbarkeit wird durch tätige Reue dann aufgehoben, wenn der Täter freiwillig und rechtzeitig, d.h., bevor die Strafverfolgungsbehörde von der Tat Kenntnis erlangt hat, das Zeichen berichtigt oder wiederhergestellt hat.

B. Grenzzaun

Jeder Eigentümer ist berechtigt, seine Grundstücke entweder einzuzäunen oder uneingezäunt zu belassen. Das ABGB enthält die Bestimmung, dass der ausschließliche Besitzer in der Regel nicht verpflichtet ist, seine verfallene Mauer oder Planke (Zaun) neu aufzuführen. Nur dann muss er sie im guten Zustand erhalten, wenn durch die Öffnung für den Grenznachbarn ein Schaden zu befürchten ist.

* Vermessungsgesetz, BGBl 1968/306 idF I 2013/129
Vermessungsverordnung 2010 - VermV, BGBl II 2010/115 idF II 2010/241
Grundstückdatenbankverordnung 1999, BGBl II 1999/177 idF II 2002/48

Beispiel:

Bestand bisher ein Grenzzaun, den der Zaunbesitzer verfallen lässt, und hat dies zur Folge, dass dem Grundnachbarn durch die Öffnung ein Schaden droht, kann der Zaunbesitzer zur Wiederherstellung des Zaunes verpflichtet werden, nicht aber zur künftigen fortlaufenden Instandhaltung des neuen Zaunes.

1. Zaunabstand von der Grundgrenze

Die Abgrenzung (Zaun, Mauer und dergleichen) darf **an** der Grenzlinie, aber **nicht auf** der Grenzlinie, also unter teilweiser Inanspruchnahme des Nachbargrundstückes errichtet werden. Das gesamte Zaun- oder Mauerwerk (Betonsockel, Säulen, Zaunlatten, Drahtgeflecht und dergleichen) muss sich auf dem Grundstück des Zaunerrichters befinden; ein Abstand von der Grundgrenze muss mit dem Zaun in der Regel **nicht** eingehalten werden.

Nur dort, wo z.B. Servitutsrechte (Wegerechte) entlang der Grenze verlaufen, muss der Grundeigentümer bei der Zaunerrichtung einen solchen Abstand von der Grundgrenze einhalten, dass das bestehende Recht (z.B. ein an der Grundgrenze verlaufender Weg) nicht beeinträchtigt wird.

2. Zaunerrichtungspflicht

Der Eigentümer eines Grundstückes ist verpflichtet, auf der rechten Seite seines Haupteinganges für die nötige Einschließung seines Grundstückes und für die Abteilung von fremden Grundstücken zu sorgen. Nötig ist die Einschließung nur dort, wo ein Bedürfnis vorhanden ist (z.B. Hausgarten). Bei land- und forstwirtschaftlichen Grundstücken, insbesondere bei freiliegenden Äckern, Wiesen und Wäldern trifft dies nicht zu, weil eine Einschließung nicht nötig ist und auch kein „Haupteingang" besteht.

Einzäunung von Waldgrundstücken: (siehe: XIII/D/3).

Einzäunung von Obst-, Gemüse- und Ziergärten: (siehe: Jagd- und Wildschaden XIV/F/2).

3. Weidezaun

Die Errichtung und Erhaltung obliegt demjenigen, der Weidevieh auftreibt, da grundsätzlich der Tierhalter für die angemessene Verwahrung seiner Tiere verantwortlich ist. Aus Zweckmäßigkeitsgründen können dort, wo beide Grenznachbarn Weidevieh halten, diese gemeinsam einen Weidezaun errichten und erhalten. Wenn ein Nachbar kein Vieh mehr auf die Weide treibt, ist er zur anteilsmäßigen Errichtung und Erhaltung des Weidezaunes nicht mehr verpflichtet, auch dann nicht, wenn der andere Nachbar auf die langjährige gemeinsame Erhaltung hinweist. **Elektrische Weidezäune** entlang von öffentlichen Straßen müssen in einer bestimmten Entfernung von der Straße aufgestellt werden (siehe: Elektrischer Weidezaun XIX/F/5b).

4. Stacheldrahtzaun

- Entlang von privaten Grundgrenzen darf Stacheldraht nur dort gezogen werden, wo keine Gefährdung für den Nachbarn gegeben ist (z.B. zwischen zwei Weidegrundstücken und dergleichen).
- Entlang von öffentlichen Straßen darf Stacheldraht für die Einzäunung nur so verwendet werden, dass eine Gefährdung der Straßenbenützer nicht eintritt. Einzelne Straßengesetze der Bundesländer (z.B. Kärntner Straßengesetz) und die Straßenverkehrsordnung enthalten ausdrückliche Bestimmungen, dass Stacheldraht nur in bestimmter Höhe und Entfernung von der Straße gezogen werden darf (siehe: Stacheldrahtzaun XIX/F/5b).

5. Zaunerrichtung (Einfriedung) entlang öffentlicher Straßen

Die Zaunerrichtung entlang öffentlicher Straßen ist im verbauten Gebiet, insbesondere bei fundierten Einfriedungen nur mit Bewilligung der Baubehörde zulässig. Wenn sich die Straßenfluchtlinie (das ist die Grenzlinie des zukünftig vorgesehenen Straßenverlaufes) nicht mit der derzeitigen Grundgrenze deckt, kann die Behörde bei Neuerrichtung eines Zaunes die Einhaltung der Straßenfluchtlinie verlangen. Ausgenommen von der Bewilligungspflicht sind in einzelnen Bundesländern die ortsüblichen Einfriedungen für land- und forstwirtschaftliche Grundstücke (siehe: Bauordnung XX/E/5 und 6).

C. Baum im Grenzbereich

1. Baum auf der Grenze (Grenzbaum)

Das Eigentum an einem Baum richtet sich nach dem aus dem Boden hervorragenden Stamm, nicht nach den Wurzeln. Der Baum, der auf der Grenzlinie steht, dessen Stamm also von der Grenzlinie, in welchem Anteil immer, durchschnitten wird, gehört beiden Grenznachbarn und diese können nach den Bestimmungen über das Miteigentum den Baum gemeinsam benützen und müssen bei einer Fällung das Holz auch teilen. Dasselbe gilt für Sträucher, Hecken und deren Früchte.

2. Baum an der Grenze

Der Baum an der Grenze gehört zur Gänze dem Grundeigentümer, auf dessen Grund der Stamm des Baumes aus dem Boden hervorragt, auch dann, wenn die Äste und Wurzeln teilweise in das Nachbargrundstück ragen. Der beeinträchtigte Nachbar ist aber berechtigt, auf eigene Kosten die überhängenden Äste abzuschneiden bzw. in sein Grundstück eindringende Wurzeln abzugraben oder sonst zu benützen. Dabei hat er **fachgerecht vorzugehen und die Pflanze möglichst zu schonen**. Wenn aber durch die Wurzeln oder Äste ein Schaden entstanden ist oder offenbar droht, hat der Baumeigentümer die Hälfte der notwendigen Kosten zu ersetzen. Wenn nicht die im folgenden Punkt D aufgezählten besonderen Bestimmungen für die Land- und Forstwirtschaft zutreffen, kann jeder Grundeigentümer Bäume und Sträucher beliebig ohne Abstandseinhaltung von der Grundgrenze auf seinem Grund und Boden pflanzen.

Ausnahme: In **Tirol** können Bäume abgesondert vom Grund und Boden sich als selbstständige Vermögensobjekte darstellen; dann sind sie nicht Zubehör des Grundes und gehören nicht dem Grundeigentümer.

Überhangsrecht

Der Nachbar kann, wenn er die überhängenden Äste nicht abschneidet, diese nach Belieben benützen und sich die Früchte nach der Separation (Trennung vom Baum) aneignen; auch die auf den Nachbargrund fallenden Früchte gehören dem Nachbarn. Der Nachbar ist aber nicht berechtigt, sich die von nichtüberhängenden Ästen auf seinen Grund, z.B. aufgrund der Steilheit des Geländes, hinübergerollten Früchte anzueignen. Diese Früchte gehören dem Baumeigentümer. Es gibt also **kein** so genanntes **Überfallsrecht.**

D. Grenzabstandsbestimmungen

Zum Schutz des bestehenden Waldrandes (1) und zur Sicherung und zum Schutz von landwirtschaftlichen Kulturflächen zur Erhaltung einer gesunden und leistungsfähigen Landwirtschaft bei Kulturumwandlung (2) und Neupflanzung (3) bestehen folgende Bestimmungen:

1. Schutz des Waldrandes

Wenn durch das Abschneiden der überhängenden Äste oder das Abgraben der eindringenden Wurzeln der angrenzende bestehende Wald einer offenbaren **Wind- oder Sonnenbrandgefährdung** ausgesetzt ist, darf der Nachbar von seinem Recht der Überhangsentfernung keinen Gebrauch machen (siehe: Walderhaltung XIII/B/4a).

2. Kulturumwandlung in Wald (Neuaufforstung, Neubewaldung)

Wer landwirtschaftliche Kulturflächen aufforstet, Forstgärten, Christbaumkulturen oder Kurzumtriebsflächen etc. anlegt oder den natürlichen Anflug duldet, darf dies entweder nur mit behördlicher Bewilligung tun oder hat dies der Behörde anzuzeigen oder hat bestimmte Abstände einzuhalten. In den Bundesländern bestehen folgende landesrechtliche Bestimmungen:

a) **Burgenland**

Landwirtschaftliche Nutzflächen oder an solche angrenzende Grundstücke dürfen nur mit **Bewilligung** der Bezirksverwaltungsbehörde **aufgeforstet** oder zur Anlage von **Forstgärten**, **Forstsamenplantagen** oder **Christbaumkulturen** verwendet oder der natürliche Anflug (Naturverjüngung) geduldet werden. Wenn durch die beabsichtigte Maßnahme für ein angrenzendes landwirtschaftlich genutztes Grundstück **Bewirtschaftungsnachteile**, insbesondere infolge **Durchwurzelung** oder **Beschattung** zu erwarten sind, ist die Bewilligung mit der Auflage zu erteilen, einen **5 m breiten Streifen** entlang der Grenze von der Holzvegetation freizuhalten. Dieser Abstand kann je nach der Reichweite der zu erwartenden Einwirkungen der Holzvegetation auf das Nachbargrundstück bis **3 m herabgesetzt** oder bis **7 m erhöht** werden. Diese Bestimmungen gelten **nicht** für Maßnahmen der **Wiederbewaldung** und die Errichtung von **Windschutzanlagen**.

b) **Kärnten**

Die Kulturumwandlung von landwirtschaftlichen Grundflächen, die an andere landwirtschaftliche Kulturflächen (nicht aber Almen oder Wald) angrenzen – auch wenn sie durch eine Verkehrsfläche oder ein Gewässer getrennt sind – bedarf innerhalb eines **30 m breiten Streifens** einer behördlichen Genehmigung, und zwar

- die **Aufforstung** (Pflanzung, Saat),
- das Anlegen von **Forstgärten, Forstsamenplantagen, Christbaumkulturen, Plantagen von Holzgewächsen** zum Zweck der Gewinnung von Früchten wie Walnuss oder Edelkastanie und von Kurzumtriebsflächen mit einer Umtriebszeit bis zu 30 Jahren sowie das Anlegen von Baumreihen, soweit es sich nicht um Windschutzanlagen handelt, und
- die **Naturverjüngung** (Duldung des natürlichen Anfluges).

Wenn für eine angrenzende landwirtschaftliche Kulturfläche zwar wesentliche Bewirtschaftungsnachteile zu erwarten sind, diese Nachteile aber durch Auflagen ausgeglichen werden können, ist die **Genehmigung mit der Auflage** zu erteilen, einen im Allgemeinen **5 m breiten Streifen** von Holzgewächsen freizuhalten. Dieser Abstand darf von der Behörde unter Bedachtnahme auf die Gelände-, Feuchtigkeits- und Windverhältnisse sowie auf die Lage der Grundflächen bis **auf 3 m herabgesetzt** oder bis **auf 30 m erhöht** werden.

c) **Niederösterreich**

Bei Kulturumwandlungen sind folgende Mindestabstände gegenüber benachbarten landwirtschaftlichen Kulturflächen einzuhalten und von Holzvegetation freizuhalten:

● **Aufforstung, Duldung des natürlichen Anflugs (Naturverjüngung):**	
a) Sträucher	3 m
b) Bäume	6 m
● **Forstgärten, Christbaumkulturen**	3 m
● **Walnuss- oder Edelkastanienplantagen**	6 m
● **Forstsamenplantagen, Kurzumtriebsflächen** (Umtriebszeit bis 30 Jahre)	5 m

Verboten ist die Kulturumwandlung auf festgelegten **Offenlandflächen** oder in bereits eingeleiteten Verfahren nach dem Flächenwidmungsplan.
Diese Abstandsbestimmungen gelten **nicht** für

- **Wiederbewaldung** auf Forstflächen und bei bereits erfolgter Kulturumwandlung;
- die Errichtung und Anlage von Windschutzanlagen;
- Neupflanzungen zum **Schutz von Abhängen, Böschungen oder Verkehrsanlagen**.

d) **Oberösterreich**

Neuaufforstungen – ausgenommen Wald- und Almflächen – sind nur zulässig, wenn

- die Grundfläche im Flächenwidmungsplan als Grünlandsonderwidmung „Neuaufforstungsgebiet" ausgewiesen ist oder
- die geplante Aufforstung bis maximal 2 ha dem Bürgermeister schriftlich angezeigt und von diesem die Aufforstung nicht binnen acht Wochen untersagt wird.
- Der Mindestabstand zu fremden Grundstücken beträgt 5 m, sofern nicht im Flächenwidmungsplan ein größerer Abstand festgelegt ist.

e) **Salzburg**

Wer eine Grundfläche, die bisher nicht Wald war, aufforsten will, hat dies der Bezirksverwaltungsbehörde (BH) **anzuzeigen**. Der Besitzer der angrenzenden landwirtschaftlichen Grundstücke kann innerhalb eines Monates nach Verständigung durch die Behörde entweder die Unterlassung der Aufforstung oder eine derartige Bewirtschaftung eines entsprechend breiten Grenzstreifens beantragen, damit er keine Beschattungs-(Verdämmungs-) oder Durchwurzelungsschäden erleidet. Bei Antragstellung hat die Behörde zunächst auf die Erzielung einer Einigung zwischen den Beteiligten hinzuwirken. Mangels Einigung ist eine mündliche Verhandlung mit Sachverständigen an Ort und Stelle vorzunehmen. Aufgrund des Ergebnisses hat die Behörde auszusprechen, ob die angrenzenden Grundstücke durch die Aufforstung schweren Schaden erleiden können, und im bejahenden Falle die Aufforstung zu untersagen oder das Ausmaß des Grundstreifens, der beschränkt zu bewirtschaften ist, und die Dauer der Umtriebszeit vorzuschreiben.

f) **Steiermark**

Landwirtschaftliche Grundstücke dürfen entlang einer angrenzenden **landwirtschaftlichen Betriebsfläche** innerhalb eines **30 m breiten Grundstreifens** nur mit **Bewilligung** der BH aufgeforstet werden. Jedenfalls ist aber ein **4 m breiter Streifen** von Forstpflanzen – auch bei Christbaumkulturen – freizuhalten. Die Behörde hat in jedem Einzelfall die Abstände im jeweils erforderlichen Ausmaß festzusetzen, wobei die Untergrenze somit 4 m und die Obergrenze 30 m beträgt. Die Bewilligung ist vor der Aufforstung, bei Christbäumen, wenn deren Wuchshöhe 8 Meter übersteigt, einzuholen. Bei Naturverjüngung (Duldung des natürlichen Anfluges) gelten die vorgenannten Abstandsbestimmungen und ist die Bewilligung einzuholen, bevor die Forstpflanzen eine Durchschnittshöhe von 0,5 m und eine Überschirmung von fünf Zehntel ihrer Fläche erreicht haben.

Kurzumtriebsflächen(-wälder) in der Steiermark

Das Aussetzen von Forstpflanzen laut Anhang zum Forstgesetz auf bisher landwirtschaftlich genutzten Flächen gilt **nicht als Aufforstung** (Neubewaldung), wenn der Eigentümer dieser Flächen binnen eines Jahres nach der Auspflanzung der BH meldet, dass er diese Forstpflanzen im Kurzumtrieb mit einer **Umtriebszeit bis zu 30 Jahren** nutzt. (siehe auch: Kurzumtriebswälder XIII/A/5)

- Der Mindestabstand von der Grenze einer landwirtschaftlichen Betriebsfläche eines anderen Eigentümers oder Nutzungsberechtigten beträgt **4 m**.
- Bei einer durchschnittlichen **Baumhöhe von mehr als 8 m** ist eine behördliche Bewilligung einzuholen.

g) **Tirol**

Grundflächen, die bisher nicht Wald waren, sind bei der Umwandlung in Wald durch **Aufforstung** oder **Naturverjüngung** entlang der Grenze zu fremden landwirtschaftlichen Grundflächen in einer Breite von **zehn Metern** von forstlichem Bewuchs freizuhalten.

h) **Vorarlberg**

Grundflächen, die bisher nicht Wald waren und die **weniger als 15 m** von fremden landwirtschaftlich genutzten Flächen entfernt sind, dürfen nur mit **Bewilligung** der Behörde neu bewaldet (aufgeforstet oder naturverjüngt) werden, wenn

- die Neubewaldung als Schutzmaßnahme gegen Naturgefahren notwendig ist oder
- der Eigentümer des benachbarten Grundstückes zustimmt;
- bei Erforderlichkeit auch mit Einschränkungen, Bedingungen oder Auflagen.
- Wer bei der Neubewaldung den Abstand von 15 m von der Grenze einhält, benötigt keine Bewilligung und muss keine nachbarrechtlichen Ansprüche befürchten.

3. Mindestpflanzabstände bei (Obst)bäumen, Sträuchern und Weingärten etc.

Burgenland, Niederösterreich, Steiermark und Wien haben überdies folgende landesrechtliche Bestimmungen über Mindestpflanzabstände von landwirtschaftlichen Betriebs- oder

Kulturflächen oder Weingärten bei Pflanzung von Obstbäumen, sonstigen Bäumen, Sträuchern und Gewächsen (Hecken) oder der Anlage von Weingärten:

a) **Burgenland**

Bei der Anpflanzung von **Bäumen, Sträuchern oder ähnlichen Gewächsen** sind von der Grenze zum landwirtschaftlich genutzten Nachbargrundstück folgende Mindestabstände einzuhalten:

- Nüsse auf allen Unterlagen 5 m
- Kirschen auf allen Unterlagen, Äpfel auf stark wachsenden Unterlagen 4 m
- Weichseln, Pfirsiche, Zwetschken und Pflaumen auf allen Unterlagen 2 m
- Äpfel auf mittelstark wachsenden Unterlagen 2 m
- Marillen auf allen Unterlagen, Birnen auf Sämling 3 m
- Äpfel auf schwach wachsenden Unterlagen, Birnen und Quitten 1,5 m
- Spaliere und Spindeln aller Obstarten 1 m
- Sonstige Bäume, Sträucher und ähnliche Gewächse mit einer normalen Wuchshöhe
  a) bis 2 m 1 m
  b) bis 3 m 1,5 m
  c) bis 5 m 2,5 m
  d) über 5 m 3 m
- Die vorgenannten Abstände sind in Grünflächen laut Flächenwidmungsplan auch zur Grenze von Fahrwegen einzuhalten. Bei Spalieren und Spindeln hat jedoch der Mindestabstand zur Grenze von Fahrwegen 1,5 m zu betragen.
- **Weinstöcke** dürfen nicht näher als 1 m zur Nachbargrenze eines Grundstückes gesetzt werden. Wird jedoch eine Weingartenkultur derart ausgepflanzt, dass der durchschnittliche Reihenabstand mehr als 2 m beträgt, so ist zwischen der Randreihe und der Nachbargrenze mindestens ein Abstand in der Größe der halben durchschnittlichen Reihenentfernung zu belassen. Der gleiche Grenzabstand ist auch bei der Umwandlung schon bestehender Weingartenkulturen und beim Nachpflanzen einzelner Weinstöcke einzuhalten. Als Umwandlung ist jede Änderung des Reihenabstandes oder der bestehenden Erziehungsart einer Weingartenkultur anzusehen. Diese Abstände sind auch zur Grenze von Fahrwegen einzuhalten.
- Ein **geringerer Mindestpflanzabstand** ist auf Antrag des Eigentümers des zu bepflanzenden Grundstückes zu bewilligen, wenn aufgrund der örtlichen Lage eine Beeinträchtigung des Nachbargrundstückes nicht zu erwarten ist und die schriftliche Zustimmung des Eigentümers des Nachbargrundstückes vorliegt.
- **Kein Mindestpflanzabstand**, wenn das Nachbargrundstück im Eigentum derselben Person oder seines Ehegatten steht.
- **Umzäunungen** von Grundstücken in **Grünflächen**:
  Entfernung mindestens 50 cm vom landwirtschaftlich genutzten Nachbargrundstück;
- **Umzäunungen** entlang von **Fahrwegen**:
  Entfernung mindestens 3 m von der Fahrwegmitte.
- Diese Pflanzabstandsbestimmungen **gelten nicht** für Auspflanzungen oder Umwandlungen zum **Schutz von Abhängen, Böschungen oder Verkehrsanlagen**, längs von **Forstflächen** sowie für **Grenzbäume**.

b) **Niederösterreich und Wien** (fast gleichlautende Bestimmungen)

Bei der Neupflanzung (Pflanzung von Bäumen, Weinstöcken, Sträuchern und ähnlichen Gewächsen) sind folgende Mindestabstände gegenüber benachbarten landwirtschaftlichen Kulturflächen (Nutzung im Rahmen des Obst-, Garten-, Wein- oder Ackerbaues) einzuhalten:

	gegen Weingärten	gegen andere landw. Kulturflächen
● Nüsse auf allen Unterlagen	6 m	5 m
● Kirschen auf allen Unterlagen, Äpfel auf stark wachsenden Unterlagen	5 m	4 m
● Weichseln, Pfirsiche, Zwetschken und Pflaumen auf allen Unterlagen, Äpfel auf mittelstark wachsenden Unterlagen	3 m	2 m
● Marillen auf allen Unterlagen, Birnen auf Sämling	4 m	3 m
● Äpfel auf schwach wachsenden Unterlagen, Birnen auf Quitten	1,5 m	1,5 m
● Spaliere und Spindeln aller Obstarten	1,4 m	0,7 m
● Weingärten		
in NÖ:		
a) niedere Kulturen	0,6 m	halbe
b) mittlere Kulturen	0,9 m	Reihen-
c) höhere Kulturen	1,2 m	entfernung
in Wien:		
a) bei Stock- und Drahtrahmenkulturen	0,8 m	halbe Reihen-
b) bei Hochkulturen	1,5 m	entfernung
● Sonstige Bäume, Sträucher und ähnliche Gewächse mit einer normalen Wuchshöhe		
a) bis 2 m	1,0 m	0,5 m
b) bis 3 m	2,0 m	1,0 m
c) bis 5 m	5,0 m	2,5 m
d) über 5 m	6,0 m	3,0 m

- Der für die Neupflanzung von Weingärten bestimmte Mindestabstand ist auch bei der Umwandlung einer bestehenden Weingartenkultur in eine höhere Erziehungsart einzuhalten. Der Abstand ist von der Mitte des Stammes bzw. Strauches zu messen.
- Diese Abstandsbestimmungen gelten nicht für eine Neupflanzung zum Schutz von Abhängen, Böschungen oder Verkehrsanlagen.

c) Steiermark

Der Eigentümer einer landwirtschaftlichen Betriebsfläche kann verlangen, dass auf einem Nachbargrundstück nicht Bäume, Sträucher und Hecken in einer geringeren Entfernung als **0,5 m** gepflanzt und falls sie über 2 m hoch sind in einer geringeren Entfernung als **2 m** von der Grundgrenze belassen werden. Wenn die Beschattung ein landwirtschaftliches Grundstück beeinträchtigt, kann im Einzelfall ein Abstand **bis zu 4 m** verlangt werden.

Diese **Abstandsvorschriften gelten nicht** für

- Gewächse, die längs einer **Straße** dem Schutz vor Emissionen von Verkehrslärm, dem Schutz von **Abhängen, Böschungen** oder **Verkehrsanlagen** dienen,
- **Acker- und Spezialkulturen**, einjährige Kulturen, **Wein** und **Hopfen**,
- notwendigen **Uferbewuchs**, **Einzelbäume** und **Feldgehölze** (Ansammlungen verschiedener Baum- und Straucharten mit einer Breite von höchstens 10 m).

Zusammenfassung der verschiedenen Abstandsbestimmungen

- Regelfall: Keine Abstandseinhaltung bei der Anpflanzung erforderlich – der Nachbar kann den Überhang entfernen (C/2).

- Ausnahme zum Schutz des Waldes: Der Wald besteht bereits – der Nachbar darf den Überhang nicht entfernen (D/1).
- Ausnahme zum Schutz landwirtschaftlicher Kulturflächen:
  - Anpflanzung von Waldbäumen (Neubewaldung) – Bewilligung der Behörde und (oder) Abstandseinhaltung (D/2a bis h)
  - Anpflanzung von Waldbäumen (Wiederbewaldung) – keine Abstandseinhaltung erforderlich
  - Anpflanzung von (Obst)bäumen, Sträuchern und Weinstöcken – Abstandseinhaltung (D/3a bis c)

* Bgld Gesetz über die Aufforstung von Nichtwaldflächen, LGBl 1989/17 idF 2001/32
Bgld Gesetz über die Mindestabstände zu fremden Grundstücken, LGBl 1989/16 idF 2001/32
Ktn Kulturflächenschutzgesetz – K-KFSchG, idF 2013/85
NÖ Kulturflächenschutzgesetz 2007 – NÖ KFlSchG, LGBl 6145-1
OÖ Alm- und Kulturflächenschutzgesetz, LGBl 1999/79 idF 2013/90, 3. Abschnitt
Sbg Gesetz betreffend Beschränkungen der Umwandlung von landwirtschaftlichen Grundstücken in Waldland, LGBl 1932/19 idF 2013/87
Stmk Gesetz über den Schutz landwirtschaftlicher Betriebsflächen, LGBL 1982/61 idF 2013/87
Tir Feldschutzgesetz 2000, LGBl 2000/58 idF 2013/130, 2. Abschnitt, §§ 6–7
Vbg Landesforstgesetz, LGBl 1979/28 idF 2013/44, 3. Abschnitt, §§ 7–11
Wr Gesetz über die Mindestpflanzabstände für Kulturpflanzen, LGBl 1976/19 idF 2001/11

E. Weitere Bestimmungen im Grenzbereich

1. Wasser an der Grenze

Jeder Grundeigentümer ist verpflichtet, den **natürlichen Ablauf** des Wassers, sei es Regen-, Schmelz-, Quell- oder Bachwasser, **nicht zu behindern**. Daher darf weder der Unterlieger zum Nachteil des Oberliegers den Wasserabfluss behindern noch der Oberlieger zum Nachteil des Unterliegers den **Wasserablauf eigenmächtig verändern**. Der Oberlieger darf ohne besonderen Rechtstitel (Erlaubnis, Ersitzung und dergleichen) unter keinen Umständen Wasser auf das Grundstück des Unterliegers ableiten. Zuwiderhandlungen können bei Ableitungen im Zuge der Errichtung eines Bauwerkes von der Gemeinde (Baubehörde), bei landwirtschaftlichen Grundstücken von der Bezirksverwaltungsbehörde (Wasserrechtsbehörde), in den beiden vorgenannten und in allen anderen Fällen auch vom Gericht nach der Bestimmung des § 364 Abs. 2 letzter Satz ABGB abgestellt werden (siehe auch: Änderungen der natürlichen Wasserabflussverhältnisse XII/D/1). Ebenso sind bodengestaltende Maßnahmen, z.B. die Anlage von Parkplätzen, dann unzulässig, wenn dadurch bei stärkeren Regenfällen der Wasserabfluss derart geändert wird, dass Wasser in ein Wohnhaus eindringt.

Die **Wasserableitung auf die Straße** (Straßengraben) ist nach den Bestimmungen der einzelnen Straßengesetze nur mit **Zustimmung** der Straßenverwaltung gestattet bzw. ansonsten verboten (siehe auch: Wasserableitung auf die Straße XIX/D/4).

2. Einwirkungen (Immissionen) an der Grenze

Der Grundeigentümer darf sein Eigentumsrecht, insbesondere an der Grundgrenze, nur soweit ausüben, dass dadurch kein Eingriff in das Recht des Nachbarn erfolgt. Bei der Ausübung ihres Rechtes haben die Eigentümer aufeinander Rücksicht zu nehmen.

Der Eigentümer eines Grundstückes kann dem Nachbarn die von dessen Grund ausgehenden Einwirkungen durch Abwässer, Rauch, Gase, Wärme, Geruch, Geräusch, Erschütterung, aber auch durch Blumen oder Pflanzen, die Licht und Luft entziehen, dann untersagen (d.h. er muss sie nicht dulden), wenn sie das nach den örtlichen Verhältnissen **gewöhnliche Maß überschreiten und die ortsübliche Benutzung des Grundstückes wesentlich beeinträchtigen**. Es kann nur die Unterlassung des Eingriffes gefordert werden. Jedoch hat der Nachbar vor der Einbringung einer Klage wegen Licht- oder Luftentzuges durch fremde Blumen und Pflanzen zur gütlichen Einigung eine Schlichtungsstelle oder einen Mediator zu befassen. Erst nach Misslingen einer gütlichen Einigung ist die Klage zulässig.

Geruchsbelästigung durch Dünger-, Jauche- und Stallgeruch

Die Ausdrücke „örtlich und ortsüblich" sind nicht immer im Sinne einer politischen Gemeinde zu verstehen, sodass innerhalb einer Gemeinde z.B. im Ortskern die Geruchsbelästigung durch Dünger-, Jauche- oder Stallgeruch ortsunüblich sein und damit untersagt werden kann, wenn sie eine wesentliche Beeinträchtigung der Nachbargrundstücke darstellt, andererseits aber im ländlichen Bereich der Gemeinde (Freiland) ein derartiger Geruch ortsüblich ist und somit keinen Anlass zu nachbarrechtlichen Untersagungsansprüchen gibt.

Dulden muss man weiters z.B.

- einmalige kurze Einwirkungen durch Lärm, Rauch, Wasser oder Spritzmittel und dergleichen, die keine Dauerfolgen bewirken und keine Wiederholung befürchten lassen;
- die Belästigung durch Bienenstöcke in der Nähe der Grundgrenze;
- im ländlichen Raum unter Umständen das freie Umherlaufen von Hühnern;
- den natürlichen Wasserablauf vom Grundstück des Oberliegers;
- die Streusplittablagerung auf seinem angrenzenden landwirtschaftlichen Grundstück durch die Straßenverwaltung im Zuge der Schneeräumung – gegen Entschädigung.

Nicht dulden muss man aber z.B.

- Einwirkungen durch feste Stoffe, wie z.B. Steine vom Nachbarweg an der Grundgrenze durch schnelles Befahren, Steinschlag von einem Steinbruch, Fußbälle von einem Sportplatz, Dachlawinen von einem Nachbarhaus;
- Einwirkungen durch Spritzmittel an der Grundgrenze, die das Nachbargrundstück wesentlich beeinträchtigen, insbesondere wenn sie von einer gewissen Dauer sind oder mit Regelmäßigkeit wiederkehren. Es genügt aber schon dann eine einmalige Einwirkung, wenn das giftige Spritzmittel Dauerfolgen, wie z.B. Laubverfärbung und Ertragsminderung durch Fruchtausfall, hat und jährlich nur einmal erfolgt. Daher soll mit Spritzmitteln an der Grundgrenze besonders sorgfältig hantiert werden, der Sprühstrahl von der Grundgrenze gegen das eigene Grundstück gerichtet werden und bei stärkerem Wind, der ein Übergreifen auf den Nachbargrund befürchten lässt, die Spritzung unterlassen werden.
- Nachteilige Einwirkungen durch Pflanzenschutzmaßnahmen;
- das Halten von heulenden Hunden nächst der Grenze;
- das Halten von Schweinen, Schafen und Hühnern, die am Nachbargrund Schaden anrichten;
- das Verschmutzen von Gartenmöbeln oder Ziersträuchern durch Ausbringung von Jauche;
- das Absenken des Grundwasserspiegels, wodurch der Hausbrunnen einer angrenzenden Gärtnerei versiegt und dadurch ein Teil der Jungpflanzen vertrocknet;
- Überschwemmungen durch unachtsames Überfüllen eines Tanks.

3. Vertiefungen an der Grenze

Vertiefungen, Abgrabungen und dergleichen dürfen auf einem Grundstück nicht in der Weise vorgenommen werden, dass der Boden oder das Gebäude des Nachbarn die erforderliche Stütze verliert, es sei denn, dass der Besitzer des Grundstückes für eine **genügende anderweitige Befestigung**, wie z.B. **Mauer, Anpflanzung** oder ausreichende **Böschung**, Vorsorge trifft. Anlassfälle können bei der Errichtung von Wegen im steilen Gelände, der Vornahme von Geländekorrekturen, der Ausbeutung der Bodensubstanz (Schottergruben) und dergleichen auftreten.

4. Bauten und Bienenstöcke – siehe: Abstände XX/E/2 und XVI/B/5 und 6

VII. Dienstbarkeiten (Servituten)

Die Dienstbarkeit ist das dingliche, d.h. gegen jeden wirksame **Recht, eine fremde Sache zu benützen,** wodurch der jeweilige Besitzer dieser Sache verpflichtet ist, etwas **zu dulden** oder **zu unterlassen**.

Der Ausdruck Dienstbarkeit (Servitut) bedeutet dienen oder dulden und drückt klar aus, dass der Eigentümer, dessen Sache (Grundstück) mit einem Servitut belastet ist, die Ausübung des Rechtes nur dulden muss oder nicht behindern darf. Er selbst wird **Belasteter** genannt; derjenige, dem persönlich oder dessen Sache (Grundstück) eine Dienstbarkeit zusteht, wird **Berechtigter** genannt.

A. Einteilung der Dienstbarkeiten

Persönliche Dienstbarkeiten (Personalservituten)

- Das Recht des Gebrauches,
- das Wohnrecht,
- das Fruchtgenussrecht (Fruchtnießung).

Grunddienstbarkeiten (Realservituten)

- **Hausservituten**, wie z.B. Fensterrecht, Recht der Dachtraufe, Recht der Ableitung des Dachwassers und dergleichen;
- **Feldservituten,** z.B. Wegerechte, Wasserrechte, Weiderechte, Holzbezugsrechte und dergleichen.

Aus dem Wortlaut ist bereits in groben Zügen der Inhalt der Dienstbarkeit erkennbar. Die persönlichen Dienstbarkeiten stehen einer bestimmten Person zu, die Grunddienstbarkeiten berechtigen ein bestimmtes Grundstück bzw. dessen jeweiligen Eigentümer.

Die Hausservituten stehen in einem Naheverhältnis mit Haus und Hof, die Felddienstbarkeiten mit den (land- und forstwirtschaftlichen) Grundstücken. Die Grunddienstbarkeiten (auch: Realservituten) dürfen nicht mit den Reallasten (siehe: VII/H) verwechselt werden.

1. Persönliche Dienstbarkeiten

Ist das Recht der Dienstbarkeit zum Nutzen und Vorteil einer Person bestimmt, spricht man von einer persönlichen Dienstbarkeit; die persönliche Dienstbarkeit steht in der Regel einer Person auf Lebenszeit zu, kann aber vertraglich auch auf bestimmte Zeit eingeschränkt werden oder auf die Erben ausgedehnt werden. Persönliche Dienstbarkeiten werden oftmals in bäuerlichen Übergabsverträgen vertraglich vereinbart. Sie können aber ebenso in jedem anderen Vertrag oder auch unabhängig von einem anderen Vertrag eingeräumt werden.

a) Recht des Gebrauches

Der Berechtigte darf eine fremde Sache unter Schonung der Substanz bloß zu seinem eigenen Bedürfnis benützen (z.B. Hausgarten). Eine Vermietung oder Verpachtung ist nicht zulässig.

b) Wohnrecht

Der Wohnberechtigte darf die bewohnbaren Teile eines Hauses im Ausmaß der erfolgten Erwerbung zu seinem eigenen Bedürfnis benützen (z.B. einzelne Räume, eine Wohnung oder ein ganzes Wohnhaus). Eine Vermietung ist nicht zulässig.

c) Fruchtgenussrecht (Fruchtnießung)

Der Fruchtnießer darf eine fremde Sache unter Schonung der Substanz ohne alle Einschränkungen benützen (z.B. Waldgrundstücke, aber auch ganze Liegenschaften und dergleichen). Eine Vermietung und Verpachtung ist zulässig, nicht aber die Belastung oder Veräußerung.

Fruchtgenuss der Wohnung

Der Unterschied zum Wohnrecht besteht darin, dass der Wohnberechtigte die Wohnung nur zu seinem Bedürfnis benützen darf, der Fruchtnießer der Wohnung oder des Wohnhauses jedoch zur Vermietung berechtigt ist. Der Fruchtgenuss der Wohnung ist somit das weitergehende Recht.

Fruchtgenuss an Waldgrundstücken

Der Fruchtnießer hat das Recht auf den vollen gewöhnlichen und ungewöhnlichen Ertrag; ihm gehört auch das **forstmäßig geschlagene Holz**. Bei der Beurteilung der Frage, was als forstmäßig geschlagenes Holz anzusehen ist, sind **drei Tatbestandsmerkmale** zu beachten, damit von forstmäßig geschlagenem Holz, also von der **Frucht des Waldes**, gesprochen werden kann.

- Das Holz muss nach **forsttechnischen Grundsätzen** als hiebsreif anzusehen sein;
- das Holz muss nach **forstbetriebswirtschaftlichen Grundsätzen** schlagbar sein und
- das Holz muss unter Einhaltung der **forstrechtlichen Bestimmungen,** insbesondere jener über die Schlägerungsbewilligung oder Bewilligungsfreiheit, zur Schlägerung kommen (siehe auch: Waldnutzung XIII/H/1 und 2).

Als forstmäßig geschlagenes Holz, also die dem Fruchtnießer zustehende Frucht des Waldes, wird somit ein Holz nur dann gelten können, wenn es nach allen drei Betrachtungsweisen fällbar erscheint. Fehlt eine der drei vorgenannten Voraussetzungen, kann nicht mehr von forstmäßig geschlagenem Holz gesprochen werden. Die Schlägerung ist für den Fruchtnießer nicht zulässig. Verstößt der Fruchtnießer gegen forstbetriebswirtschaftliche Grundsätze, stellt die Schlägerung einen **Raubbau** dar. Das Recht des Fruchtnießers an der Waldnutzung ist somit eingeschränkter als das des Waldeigentümers und erstreckt sich auf den **Zuwachs**.
Wenn jemand, z.B. ein Übergeber, den vollen Ertrag des hiebsreifen Holzes an einzelnen Waldgrundstücken ohne Einschränkung auf forstbetriebswirtschaftliche Grundsätze beanspruchen will, muss er dies im Vertrag ausdrücklich vereinbaren, z.B. mit der Formulierung, dass dem Berechtigten das volle **Fruchtgenuss- und Schlägerungsrecht** am gesamten hiebsreifen Holzbestand der Waldparzelle NN zusteht.

2. Grunddienstbarkeiten

Ist das Recht der Dienstbarkeit mit dem Besitze eines Grundstückes zu dessen vorteilhafteren oder bequemeren Benützung verbunden, spricht man von einer Grunddienstbarkeit; die Grunddienstbarkeit steht dem **jeweiligen Besitzer** eines bestimmten Grundstückes zu.
Sie ist in der Regel zeitlich nicht beschränkt und geht auf die Erben, Käufer, Übernehmer und dergleichen über. Sie steht auch dem jeweiligen Nutzungsberechtigten, wie z.B. Fruchtnießer oder Pächter, im gleichen Ausmaß zu. Sie kann vertraglich auch auf eine bestimmte Zeit begrenzt werden. Sie kann auch einer Person allein zustehen, wobei man dann von einem unregelmäßigen Servitut spricht (z.B. Wegerecht zugunsten einer Person auf deren Lebenszeit). Das Grundstück, zu dessen Gunsten eine Grunddienstbarkeit besteht, wird **herrschendes Gut** genannt; das Grundstück, das mit einer Dienstbarkeit belastet ist, wird als **dienendes Gut** bezeichnet. Die Grunddienstbarkeiten werden in die Haus- und Felddienstbarkeiten unterteilt.

a) **Hausdienstbarkeiten:** Sie stehen in einem Naheverhältnis mit dem Haus und geben dem Berechtigten bzw. dem herrschenden Gut das Recht, die Dachtraufe oder einen Erker über dem Nachbarluftraum zu errichten, einen Balken in eine fremde Wand einzufügen, ein Fenster in den fremden Luftraum zu öffnen, das Dachwasser auf den angrenzenden Nachbargrund zu leiten oder auf eine Mauer des Nachbarn aufzubauen und dergleichen.

b) **Felddienstbarkeiten:** Sie sind insbesondere für die Land- und Forstwirtschaft von Bedeutung. Die wichtigsten Felddienstbarkeiten sind:

   - **Wegerechte**
   - **Wasserrechte**
   - **Weide- und Holzbezugsrechte**

B. Wegerechte

Sie dienen der Erreichung von Grundstücken, die mit dem öffentlichen Wegenetz oder untereinander nicht verbunden sind. Sie können entweder ohne Einschränkung bestehen oder für bestimmte Zwecke, auf bestimmte Fahrzeuge, bestimmte Breiten und Gewichte, aber auch bestimmte Jahreszeiten eingeschränkt sein.

1. Arten der Wegerechte

a) **Recht des Fußsteiges (Gehrecht):** Es beinhaltet die Berechtigung, auf einem Gehweg (Fußsteig) zu gehen, sich von Menschen tragen oder Besucher zu sich kommen zu lassen oder einen Kinderwagen zu schieben. Es beinhaltet aber nicht das Recht, mit einem Handwagen, Fahrrad oder Moped und dergleichen zu fahren, zu reiten oder sich durch Tiere tragen zu lassen.

b) **Recht des Viehtriebes:** Es beinhaltet das Recht, Vieh über ein fremdes Gründstück zu treiben und einen Schiebkarren zu gebrauchen; das Gehrecht ist im Recht des Viehtriebes eingeschlossen; nicht aber das Recht, schwere Lasten über das dienstbare Grundstück zu schleifen.

c) **Fahrrecht:** Es beinhaltet das Recht zu gehen, zu reiten, mit Fahrzeugen zu fahren und schwere Lasten (z.B. Holz) auf dem Weg zu schleifen; nicht jedoch Vieh zu treiben.

Das Fahrrecht kann je nach dem Umfang der Erwerbung darin bestehen:

- Mit Fahrzeugen aller Art, **für alle Zwecke** uneingeschränkt zu fahren (z.B. zu einem Wohnhaus). Dieser Umfang ist meist vertraglich vereinbart.
- Mit den jeweils erforderlichen Fahrzeugen **zum Zwecke der land- und forstwirtschaftlichen Bewirtschaftung** (mit Wirtschaftsfuhren) zu fahren. Dieser Umfang ist in der Regel ersessen, er kann aber auch vertraglich mit einer solchen eingeschränkten Zweckbestimmung vereinbart werden.
- Mit Fahrzeugen **bis zu einem bestimmten Höchstgewicht** oder einer **bestimmten Höchstbreite** oder nur **mit bestimmten Fahrzeugen** zu fahren. Dieser Umfang ist meist vertraglich vereinbart.
- Mit den Fahrzeugen nur **zu bestimmten Zeiten** zu fahren; z.B. die Holzabfuhr über ein Grundstück nur im Winter bei gefrorenem Boden durchzuführen, die Benützung nur bei trockenen Bodenverhältnissen vorzunehmen oder nur zur Anbau- oder Erntezeit zu fahren. Dieser Umfang kann vertraglich vereinbart oder ersessen sein.

Wenn vertraglich eines der vorgenannten Wegbenützungsausmaße oder eine ähnliche Einschränkung in der Benützung vereinbart wurde, gilt der Inhalt dieser Vereinbarung. Ansonsten gilt bei ersessenen und ungemessenen Fahrrechten (das sind solche, deren Ausmaß nicht vertraglich bestimmt ist) das jeweilige Bedürfnis des herrschenden Gutes und kann dort, wo es die Wegverhältnisse zulassen, auch mit Traktoren, LKWs und PKWs zur rationellen und modernen land- und forstwirtschaftlichen Bewirtschaftung gefahren werden, auch dann, wenn früher während der Ersitzungszeit die Benützung für land- und forstwirtschaftliche Zwecke nur mit Pferdefuhrwerken oder sonstigen tierischen Gespannen vorgenommen wurde. Die Grenze des Rechtes der Benützung mit Traktoren, LKWs und PKWs liegt aber in einer ausschlaggebenden Erschwerung des dienenden Gutes.

Dort, wo eine Gefahr des Abrutschens des Weges oder eine Beschädigung eines Hauses und dergleichen zu befürchten ist, aber auch dort, wo der Untergrund des Weges eine Benützung z.B. mit LKWs in keinem Falle zulässt, darf nur mit solchen Fahrzeugen gefahren werden, die eine Gefährdung oder gar Beschädigung der Weganlage, angrenzender Bauwerke und dergleichen nicht verursachen. Ebenso kann das ersessene Recht, mit den jeweils für die rationelle land- und forstwirtschaftliche Bewirtschaftung erforderlichen Fahrzeugen zu fahren, nicht oder nicht voll in Anspruch genommen werden, wenn die Benützung durch bestehende natürliche Begrenzungen, wie z.B. Torbögen, Hausdurchfahrten, Einzäunungen des Weges, Bäume entlang des Weges, Durchfahrten zwischen Wohnhaus und Wirtschaftsgebäude, auf eine bestimmte vorhandene Breite eingeschränkt ist. Die Benützung eines Weges mit einem Mähdrescher oder einem breiten Ladewagen kann somit in der Regel nur in der bestehenden Wegbreite oder, wenn kein gebahnter Weg besteht, nur dort vorgenommen werden, wo keine der vorgenannten Beschränkungen wie Bäume, Einfriedungen und dergleichen eine Benützung unmöglich machen.

2. Instandhaltung des Servitutsweges

Der Servitutsberechtigte ist zur Instandhaltung des Servitutsweges verpflichtet. Wenn der Servitutsweg von mehreren Personen benützt wird, haben sie **anteilig** nach Maßgabe der Benützung für die Instandhaltung aufzukommen. Der Servitutsbelastete ist in der Regel nicht zur Instandhaltung (nur Duldung!) verpflichtet; er muss aber dann anteilsmäßig zur Instandhaltung beitragen, wenn er den Weg ebenfalls mitbenützt.
Eine der fortgeschrittenen technischen Entwicklung Rechnung tragende Staubfreimachung eines bereits geschotterten Weges (Asphaltierung), die keine unzumutbare Belastung des dienenden Gutes mit sich bringt, ist keine unzulässige Servitutserweiterung und somit vom Servitutsbelasteten zu dulden. Das Fahrtrecht darf nicht durch eigens aufgeschüttete Schneehaufen behindert werden.

3. Wegverlegung

Der Servitutsbelastete ist grundsätzlich zur Wegverlegung berechtigt, jedoch muss die Verlegung **angemessen** sein und auf seine Kosten erfolgen. Der Servitutsberechtigte muss einen angemessenen Ersatzweg annehmen, da der Servitutsweg nur Mittel zum Zweck ist, um zu einem Grundstück oder zu einer Liegenschaft zu gelangen. Die Verlegung auf ein anderes Grundstück ist nur mit Zustimmung des anderen Grundstückeigentümers und ohne Verlust auf Sicherheiten zulässig.

Angemessenheit

Der Ersatzweg darf nicht **erheblich steiler** und **erheblich weiter** sein; er darf auch nicht auf andere Liegenschaften oder Grundstücke (ausgenommen Zustimmung!) verlegt werden; die Bewirtschaftung des herrschenden Gutes muss auf dem neuen Weg ebenso möglich sein; der Wegzustand (Untergrund, Beschotterung, Kurvenradius) darf nicht schlechter als auf dem bisherigen Weg sein; er muss aber auch nicht besser sein. Kleine Wegverlängerungen können z.B. durch eine geringere Steigung oder einen besseren Wegzustand des Ersatzweges ausgeglichen werden. Im Zweifelsfalle, ob der Ersatzweg dem bisherigen Weg und den Bedürfnissen des Berechtigten entspricht, hat ein Wegsachverständiger zu entscheiden.

4. Auszäunung – Tore

Der Servitutsbelastete ist wahlweise berechtigt, seine angrenzenden Grundstücke auszuzäunen oder am Beginn und Ende des Servitutsweges auf seinem Grundstück ein Tor oder einen Schranken zu errichten. Die Auszäunung des Servitutsweges darf aber nur so erfolgen, dass die widmungsgemäße Benützung des Weges nicht beeinträchtigt, behindert oder eingeschränkt wird; dies könnte eine Besitzstörung darstellen. Die Errichtung eines Tores oder Schrankens hat ebenfalls so zu erfolgen, dass der Servitutsberechtigte in der widmungsgemäßen Benützung nicht beeinträchtigt wird. Ein unversperrtes Tor (Schranken) kann ohne Weiteres errichtet werden. Ein versperrtes Tor (Schranken) darf nur dann errichtet werden, wenn der Weg nicht zu einem Wohnhaus führt und dem Servitutsberechtigten auf Kosten des Servitutsverpflichteten die erforderliche Anzahl von Schlüsseln übergeben wird. Die Pflicht zur Öffnung und Wiederschließung allenfalls von zwei Toren ist dem Servitutsberechtigten zumutbar, auch wenn es sich aus seiner Sicht als gewisse Erschwernis in der Wegbenützung darstellt.

5. **Wegehaftung** (siehe: Schadenersatz, Wegehaftung X/D/6)

6. **Wintersport auf Privatstraßen** (siehe: XIX/F/7b)

7. **Bittweg** (siehe: Bittleihe XI/C)

8. **Forststraßenbenützung zum Zwecke der Jagd** (siehe: XIV/E/6)

C. Wasserrechte

1. Arten der Wasserrechte

Wasserrechte dienen der Versorgung des herrschenden Gutes mit Trink- und Nutzwasser und umfassen das Wasserschöpfrecht, das Wasserleitungsrecht und das Recht der Viehtränke.

a) **Das Wasserschöpfrecht** beinhaltet lediglich die Berechtigung, Wasser aus einer fremden Wasserquelle zu schöpfen, die Wasserquelle instand zu halten, das Wasser mit einem Behältnis oder auf einem Wagen fortzuführen und zu diesem Zwecke selbstverständlich auch das belastete Grundstück zu betreten.
b) **Das Wasserleitungsrecht** beinhaltet die Berechtigung, Wasser aus einer fremden Wasserquelle zu fassen, die erforderlichen Anlagen wie Quellfassung und dergleichen zu errichten und das Wasser in einer Rohrleitung auf das herrschende Gut abzuleiten.
c) **Das Recht der Viehtränke** beinhaltet das Recht, insbesondere Weidevieh aus einer fremden Quelle zu tränken, und ist eigentlich ein eingeschränktes Wasserschöpfrecht.

2. Ausmaß

Das Ausmaß des Wasserbezugsrechtes, sei es das Schöpf- oder Leitungsrecht, richtet sich nach dem Inhalt eines Vertrages, einer letztwilligen Verfügung, einem richterlichen Ausspruch oder nach der Entnahme und dem Zweck während der Ersitzungszeit. Es gibt dem Berechtigten lediglich das Recht, das Wasser für die Bedürfnisse des herrschenden Gutes bzw. für die vertraglich vereinbarten Bedürfnisse zu verwenden. Er darf das Wasser aber nicht an andere Personen oder Liegenschaften weitergeben. Das so genannte „Überwasser", das ist das Wasser aus der Quelle, welches der Berechtigte nicht braucht, gehört dem Quelleigentümer und dieser kann darüber frei verfügen; sei es, dass er es selbst verwendet oder noch jemand anderem ein Wasserbezugsrecht einräumt; jedoch darf dadurch der Wasserbezug des Erstberechtigten nicht geschmälert werden. Der Grundeigentümer kann das Wasserbezugsrecht aber gleichzeitig mehreren Dienstbarkeitsberechtigten einräumen bzw. bei einer Gemeinschaftswasserleitung selbst beteiligt sein. Dann steht das Wasserbezugsrecht allen Beteiligten gleichteilig zu und sie müssen sich bei Wassermangel anteilig einschränken.

3. Instandhaltung

Die Instandhaltung der Wasserquelle, der Quellfassung und der sonstigen Anlagen wie Wasserpumpe, Wasserleitung haben entweder der Berechtigte allein bzw. mehrere Wasserbenützer anteilig vorzunehmen.

Beachte:

Zum Unterschied von der Einräumung einer Wasserdienstbarkeit kann der Grundeigentümer die **Wasserquelle** auch zur Gänze **verkaufen**; dann gehört das gesamte Wasser der Quelle dem Käufer, er kann darüber frei verfügen und das Wasser auch weitergeben.

D. Weide- und Holzbezugsrechte

1. Weiderecht

Es beinhaltet die Berechtigung, Weidevieh, und zwar jede Gattung von **Zug-, Rind- und Schafvieh**, auf dem dienenden Gut weiden zu lassen; es berechtigt aber nicht

- Schweine oder Federvieh,
- Ziegen in waldigen Gegenden,
- unreines, ungesundes oder fremdes Vieh weiden zu lassen,
- zu einer anderen Nutzung, wie z.B. Grasmähen, oder
- zu einer Verletzung der Substanz der Weide.

Wenn ein Schaden zu befürchten ist, muss der Weideberechtigte das Vieh von einem Hirten hüten lassen. Das Ausmaß des Weiderechtes richtet sich in der Regel nach dem vor den Agrarbehörden geschlossenen Weideübereinkommen. Eine Ersitzung oder Verjährung von Weiderechten ist aufgrund des Wald- und Weideservitutenpatentes 1853 und des Wald- und Weideservitutengrundsatzgesetzes 1951 nicht mehr möglich. Bei Streitigkeiten oder bei Ablösung des Weiderechtes ist die Agrarbehörde zuständig (siehe auch: Wald- und Weidenutzungsrechte XVII/B).

2. Holz- und Streubezugsrechte (Waldservituten)

Sie bestehen darin, dass der Berechtigte bestimmte Mengen an Holz, verdorrten Ästen, Reisig, Streu und dergleichen aus einem fremden Wald für seinen Haus- und Liegenschaftsbedarf entnehmen darf, Holz meist nur nach Auszeigung durch den Belasteten. Der Anspruch besteht z.B. im Recht auf Streu- und Laubbezug, auf Bezug von Bauholz, Zeugholz, Zaunholz, Brennholz, Holz für Brunnenrohre, aber auch von Abfallholz wie Klaub- und Leseholz. Die Holz- und Streubezugsrechte (Waldservituten) sind wie die Weiderechte nicht mehr ersitzbar oder verjährbar und es entscheiden bei Streitigkeiten bzw. Ablösung ebenfalls die Agrarbehörden (siehe auch: Wald- und Weidenutzungsrechte XVII/B).

E. Erwerb und Erlöschen von Dienstbarkeiten

1. Erwerb

Dienstbarkeiten (Servituten) werden wie das Eigentum durch Vertrag, Erbschaft, Ersitzung (Ausnahme: Wald- und Weidenutzungsrechte) oder gerichtliche Entscheidung erworben.

2. Erlöschen

Dienstbarkeiten erlöschen im Allgemeinen wie andere Rechte, durch

a) **Verjährung**; das ist der Nichtgebrauch innerhalb eines Zeitraumes von **30 bzw. 40 Jahren** bzw. **ausnahmsweise** schon nach **drei Jahren**, wenn sich der Belastete der Ausübung der Servitut durch Behinderung des Rechtes, durch Zaunerrichtung, Baumanpflanzung, Absperrung widersetzt und der Berechtigte dagegen nichts unternimmt;
b) den **Tod** (persönliche Dienstbarkeiten);
c) **Zeitverlauf**, wenn die Dienstbarkeit auf eine bestimmte Zeit beschränkt war;
d) endgültigen **Untergang** des herrschenden oder dienenden Gutes;
e) **Vereinigung** des herrschenden und des dienenden Gutes (Ausnahme: Wald- und Weidenutzungsrechte);
f) **Verzicht**;
g) **gutgläubigen Erwerb** (siehe: V/C).

F. Zwangsdienstbarkeiten

1. Zwangswegerecht

Wenn ein Grundstück, eine Liegenschaft oder ein Haus gar keine, eine nicht geeignete bzw. ausreichende Zufahrt oder Bringungsmöglichkeit besitzt und ein Servitutsrecht nicht besteht oder durch Verjährung beispielsweise verloren gegangen ist, kann die Behörde, wenn eine gütliche Vereinbarung (Errichtung eines Dienstbarkeitsvertrages) zwischen den Grundeigentümern nicht erzielbar ist, Wege- und Bringungsrechte über Antrag des an der Wegverbindung notleidenden Grundeigentümers über fremde Grundstücke einräumen (siehe auch: Zwangsdienstbarkeiten V/A/3b). Die Vorteile der zwangsweise eingeräumten Wege- und Bringungsrechte müssen die Nachteile der mit dem Recht belasteten Grundeigentümer überwiegen. Der Wege- bzw. Bringungsberechtigte hat den Eigentümer des verpflichteten Grundstückes für alle durch die Bringung verursachten vermögensrechtlichen Nachteile zu entschädigen. Über die Notwendigkeit und das Ausmaß des Zwangsrechtes entscheiden die nachgenannten Behörden unter Beiziehung sachkundiger Fachleute.

a) **Notwegerecht**
Ein solches kann nach den Bestimmungen des Notwegegesetzes* für nichtlandwirtschaftliche Grundstücke und Liegeschaften, aber auch als Hofzufahrt für landwirtschaftliche Betriebe über Antrag vom zuständigen **Bezirksgericht** eingeräumt werden, wenn die Voraussetzungen für die Einräumung gegeben sind.

b) **Landwirtschaftliches Bringungsrecht**
Es wird nur für landwirtschaftliche Grundstücke und landwirtschaftliche Betriebe als Hofzufahrt oder als Verbindung zwischen Hofstelle und Überlandgrundstücken eingeräumt, wenn die Bringung landwirtschaftlicher Erzeugnisse durch den Mangel einer Wegverbindung nicht möglich oder erheblich beeinträchtigt ist oder die bestehende Wegverbindung nicht ausreicht. Das Bringungsrecht kann im Recht der Errichtung oder Mitbenützung einer Weganlage bestehen, aber auch ohne gebahnte Weganlage (z.B. über eine Wiese und dergleichen) eingeräumt werden. Das landwirtschaftliche Bringungsrecht wird über Antrag bei Zutreffen der Voraussetzungen von der **Agrarbehörde** eingeräumt* (siehe auch: land- und forstwirtschaftliche Bringungsrechte XVII/D).

c) **Forstliches Bringungsrecht**
Es kann dem Nutzungsberechtigten für die Bringung von Holz und sonstigen Waldprodukten auf bestimmte Zeit eingeräumt werden, wobei die Frist für die Bringung auch verlängert werden kann, wenn die Bringung über eigenen Grund nicht möglich oder nicht zumutbar ist. Das Recht umfasst z.B. die Mitbenützung von Forststraßen, das Recht, Holz oder sonstige Forstprodukte über fremden Boden zu bringen bzw. vorübergehend zu lagern, eine Waldbahn, Materialseilbahn oder eine Trift zu benützen. Das forstliche Bringungsrecht wird über Antrag bei Zutreffen der Voraussetzungen von der **Bezirksverwaltungsbehörde** eingeräumt* (siehe auch: Bringung über fremden Boden XIII/G).

2. Zwangswasserrechte

Diese können von der Wasserrechtsbehörde dort begründet werden, wo ein gütliches Übereinkommen (Wasserdienstbarkeitsvertrag) nicht erzielbar ist, das Wasser aber von einer notleidenden Liegenschaft dringend benötigt wird.
Wo eine Gemeinde, Ortschaft, Wassergenossenschaft oder einzelne Ansiedlungen (landwirtschaftlicher Betrieb, Einzelliegenschaft) an dem für den Haus- und Wirtschaftsbedarf oder für öffentliche Zwecke notwendigen Wasser dauernd Mangel leidet und diesen Mangel nicht auf angemessene andere Weise, z.B. durch Errichtung eines Brunnens oder Anschluss an die Gemeinde- oder Genossenschaftswasserleitung, beheben kann, kann die **Wasserrechtsbehörde (BH)** über Antrag des oder der Betroffenen Wasserrechte (Zwangsdienstbarkeiten) einräumen*, die darin bestehen, dass die Benützung eines fremden Privatgewässers oder die Verlegung von Wasserleitungsanlagen und dergleichen gegen Entschädigung

gestattet wird (siehe auch: Wasserrecht, Zwangsrechte XII/E und Zwangsdienstbarkeiten V/A/3b).

Im weiteren Sinne zählen zu den gesetzlichen Dienstbarkeiten auch die **Wegefreiheit im Bergland** (siehe: XIII/D/1) und das **Waldbetretungsrecht** (siehe: XIII/D/1).

* Notwegegesetz, RGBl 1896/140 idF I 2003/112
Güter- und Seilwege-Grundsatzgesetz 1967, BGBl 1967/198 idF I 2013/189
Güter- und Seilwege-Landesgesetze: siehe XVII/D
Forstgesetz 1975, BGBl 1975/440 idF I 2013/189, Bringung über fremden Boden, §§ 66 und 67
Wasserrechtsgesetz 1959, BGBl 1959/215 idF I 2014/60, §§ 63 und 64
Tir Tourismusgesetz 2006, LGBl 2006/19 idF 2015/15, § 42

G. Scheindienstbarkeiten

Scheindienstbarkeiten sind Begünstigungen, die an sich Dienstbarkeiten sein können, jedoch **nur auf Widerrufen zugestanden** werden. Solche Scheindienstbarkeiten wie Wegerechte ohne Weganlage oder beschränkt auf wenige Tage im Jahr, (Pflug-)wenderecht, Leiterrechte und dergleichen stehen an der Grenze zwischen unwiderruflichen und widerruflichen Dienstbarkeiten. Sie dürfen zwar vom Belasteten **nicht unmittelbar nach Gutdünken widerrufen** werden, doch kann der Belastete die Ausübung **mittelbar durch nichtschikanöse Kulturänderung vereiteln**.

Als **Pflugwenderecht** wird das Recht bezeichnet, mit landwirtschaftlichen Maschinen im Zuge der Bodenbearbeitung auf fremdem Grund, meist auf einem Grenzstreifen, dem so genannten „Fürhaupt“, umzudrehen. Soweit nicht eindeutig ein Wegservitut (Fahrrecht) erworben wurde, handelt es sich dabei um ein so genanntes Scheinservitut.

H. Reallasten

Sie verpflichten den jeweiligen Eigentümer, etwas zu tun; sie sind keine Dienstbarkeiten und unterscheiden sich von diesen dadurch, dass der Eigentümer des belasteten Grundstückes etwas tun oder leisten muss, während die Dienstbarkeit ihn nur zu einer Duldung oder Unterlassung verpflichtet. Gegenstand einer Reallast sind wiederkehrende Leistungen wie insbesondere

- **die Reallast des Auszuges** (Ausgedinge, Altenteil) bei der bäuerlichen Hofübergabe (siehe XI/I/3)
- **die Reallast der Leibrente** (wiederkehrende Leistung eines Geldbetrages; siehe auch: Leibrente XI/H/1)
- **die Reallast der Erbringung von Dienstleistungen** (wiederkehrende Zaun- oder Wegeerhaltung).

Die Reallasten können auch ins Grundbuch eingetragen werden.

VIII. Grundbuch

Es ist ein von Amts wegen beim **Bezirksgericht** angelegtes und geführtes **öffentliches Liegenschaftsverzeichnis**, welches die rechtlichen Verhältnisse* (Rechte und Belastungen der Liegenschaften) aufzeigt.

Weiterhin bestehen noch **Bergbücher** für Bergwerksobjekte, **Eisenbahnbücher** für Eisenbahnliegenschaften, **Wasserbücher** für Wassernutzungsrechte (siehe: XII/H) und **Fischereibücher bzw. -kataster** für Fischereirechte (siehe: XV/C/6).

A. Besonderheiten des Grundbuches

1. Öffentlicher Glauben

Das Grundbuch besitzt **öffentlichen Glauben**. Seine Eintragungen sind, jedoch nur bis zum Beweis des Gegenteils, **verbindlich.** Dieser Grundsatz ist auf die Gutgläubigkeit eingeschränkt. Nur derjenige, der im Vertrauen auf das Grundbuch nach dem Grundbuchstand erwirbt, ist geschützt. Siehe V/C: Verlust durch gutgläubigen Erwerb.

Beispiel:
Wenn z.B. der Bestand einer Dienstbarkeit (Wegerecht) über eine Liegenschaft offenkundig ist, diese aber nicht im C-Blatt des Hauptbuches einverleibt ist, besteht sie trotzdem und der Eigentümer des belasteten Grundstückes muss diese gegen sich gelten lassen. Ebenso muss der jeweilige Eigentümer ersessene, jedoch nicht verbücherte Rechte, insbesondere ländliche Servitutsrechte gegen sich gelten lassen und kann sich nicht auf den abweichenden Grundbuchstand („mein Grundbuch ist rein!") berufen. Vielmehr kann der (außerbücherliche) Servitutsberechtigte die Einverleibung des Rechtes im Grundbuch verlangen bzw. bei Verweigerung gerichtlich erzwingen.

2. Öffentliche Einsicht – Grundbuchsabschrift

Das Grundbuch ist **öffentlich.** Jedermann kann das Grundbuch in Gegenwart eines Grundbuchsbeamten einsehen und Abschriften und Auszüge daraus erheben. Der Grundbuchsführer hat sie gegen eine Gebühr zu erteilen. Eine Abfrage kann auch bei Ämtern und privaten Institutionen wie Banken vorgenommen werden, die über die technischen Abfrageeinrichtungen verfügen. Sie enthält eine **verbindliche Aussage** über den **Grundbuchsstand** und ist bei **Verkäufen**, Kreditansuchen etc. erforderlich.

3. Rechtserwerb durch Eintragung

Dingliche (d.h. gegen jeden wirksame) Rechte an Liegenschaften können nur **durch bücherliche Eintragungen erworben** werden.

4. Grundbuchsmappe

- Teilweise noch bestehender **Grundsteuerkataster**: Die Grundbuchsmappe besitzt **keinen öffentlichen Glauben**. Sie dient als Hilfsmittel zur Veranschaulichung von Lage und Form der Grundstücke; ihre Grenzlinien sind **nicht verbindlich**.
- Bereits bestehender **Grenzkataster**: Diesem kommt auch der öffentliche Glaube zu; die Grundbuchsmappe ist **verbindlich**. Siehe VI/A/3: Grenzkataster.

* Allgemeines Grundbuchsgesetz 1955 – GBG 1955, BGBl 1955/39 idF I 2012/30
Allgemeines Grundbuchsanlegungsgesetz – Allg. GAG, BGBl 1930/2 idF I 2003/112
Grundbuchsumstellungsgesetz – GUG, BGBl 1980/550 idF I 2012/30
Eisenbahnbuch-Verordnung – EisBV, BGBl 1930/77 idF 1993/185
Liegenschaftsteilungsgesetz – Lieg.Teil.G., BGBl 1930/3 idF I 2013/190

B. Bestandteile des Grundbuches

Das Grundbuch besteht aus dem **Hauptbuch** und der **Urkundensammlung**.

Im **umgestellten Grundbuch** nach dem Grundbuchsumstellungsgesetz – GUG* –

- wird das Hauptbuch durch Speicherung der Eintragungen in einer **Datenbank geführt** und mit dem **Grundstücksverzeichnis verknüpft**; zu jedem Hauptbuch wird ein Verzeichnis der gelöschten Eintragungen geführt, das dem Hauptbuch rechtlich gleichgestellt ist;
- sind in **Tirol** bei den gesonderten Abteilungen des Hauptbuches den **geschlossenen Höfen** die EZ von 90000 aufwärts, den anderen Einlagen die EZ bis 90000 vorbehalten.
- wird die Urkundensammlung durch Speicherung der Urkunden in einer **Urkundendatenbank** geführt; die Zurückbehaltung von Abschriften unterbleibt.

Hilfsverzeichnisse und **Mappe**

In der Grundstücksdatenbank sind ein **Anschriftenverzeichnis der Grundstücke** und ein **Liegenschaftsgruppen-Verzeichnis**, jedoch nicht mehr die Mappe, zu führen. Die Hilfsverzeichnisse (Grundstücks-, Anschriften- und Personenverzeichnis) sind nur durch Verknüpfung der in der Grundstücksdatenbank gespeicherten Eintragungen des Grundbuchs und des Grundsteuer- oder Grenzkatasters zu führen.

1. Hauptbuch

Das Hauptbuch wird aus den **Grundbuchseinlagen** einer Katastralgemeinde gebildet. Eine Grundbuchseinlage (EZ) kann aus einem einzigen Grundstück (z.B. Baufläche) oder aus mehreren Grundstücken (meistens bei land- und forstwirtschaftlichen Betrieben) bestehen. Für einen land- und forstwirtschaftlichen Betrieb können auch mehrere Grundbuchseinlagen bestehen, z.B. bei Vorhandensein von Überlandgrundstücken, weiters aufgrund von vorgenommenen Aufstockungen (Zukäufen) oder wenn einzelne Grundstücke nicht in derselben Katastralgemeinde gelegen sind.

Jede **Grundbuchseinlage** besteht aus dem

a) **Gutsbestands- oder A-Blatt**, unterteilt in zwei Abteilungen (A-1- und A-2-Blatt).
A-1-Blatt: Es enthält die **Aufschrift** und die **Bestandteile** der Grundbuchseinlage.

- Zur Aufschrift gehören die **Nummer der Grundbuchseinlage (EZ)**, die **Katastralgemeinde (KG)** samt Kennziffer und der **Gerichtsbezirk** sowie eine allfällige nähere **Bezeichnung** der (landwirtschaftlichen) Liegenschaft (z.B. „Erbhof" oder in Tirol: „geschlossener Hof") und eine allenfalls allgemein bekannte **Benennung**, der so genannte Vulgoname (z.B. Schirlgut, Holzhube, Maierhof und dergleichen).
- Zu den Bestandteilen der Grundbuchseinlage gehören:
  1. die **Grundstücksnummern**,
  2. die **Nutzungsarten**, wie z.B. Waldfläche, Acker- und Grünfläche, Weingarten, Gartenfläche, Alpine Grünfläche, Brachland, Gebäudefläche, landw. genutzt etc.,
  3. das **Flächenausmaß** und
  4. die **Grundstücksadresse** bei Bauflächen.

A-2-Blatt: Es enthält **Rechte, die zugunsten der Liegenschaft bestehen**, z.B. Reallasten, Dienstbarkeiten, die Eintragung, wie die Einlage entstanden ist, Veränderungen des Gutsbestandes sowie Anmeldungen der Rangordnung für die Veräußerung.

b) **Eigentums- oder B-Blatt**
Es enthält den **Namen des Eigentümers** oder mehrerer Miteigentümer und deren **Ge-**

burtsdaten; bei Miteigentümern die jeweiligen **Anteile** in Bruchzahlen (z.B. $^1/_2$, $^2/_3$) sowie allfällige **Beschränkungen des Eigentümers**, wie z.B. Minderjährigkeit, Sachwalterschaft, Konkurs oder Ehepakte (Gütergemeinschaft).
Beschränkungen der Liegenschaft, welche jeden Eigentümer betreffen, wie z.B. das Veräußerungs- und Belastungsverbot, werden im B-Blatt **nur ersichtlich** gemacht.

c) **Lasten- oder C-Blatt**

Es enthält alle die Liegenschaft **belastenden dinglichen Rechte**, wie **Dienstbarkeiten** (Servituten), **Pfandrechte** (Hypotheken), **Reallasten, Wiederkaufs-, Vorkaufs- und Bestandsrechte, Veräußerungs- und Belastungsverbote** und Beschränkungen, denen jeder Eigentümer unterworfen ist, z.B. Leitungsrechte, Flughafensicherheitszonen.

2. **Urkundensammlung**

- Sie ist eine nach Katastralgemeinden zeitlich geordnete Zusammenstellung aller Urkunden, aufgrund derer eine Eintragung im Hauptbuch des Grundbuches erfolgt.
- Ohne Urkunde keine Eintragung!
- In den Urkunden müssen die Unterschriften aller Vertragsparteien mit dem Geburtsdatum versehen und gerichtlich oder notariell beglaubigt sein.
- **Urkunden** sind alle Verträge (Kauf-, Tausch-, Übergabe-, Schenkungs- und Dienstbarkeitsverträge), Einantwortungsurkunden, Urteile, Pfandurkunden und Bescheide etc.

C. Eintragung ins Grundbuch

1. **Voraussetzung**

Die Eintragung ins Grundbuch kann nur mit **eintragungsfähigen** = intabulationsfähigen **Urkunden** erfolgen, die eine **Einverleibungs- bzw. Aufsandungsbewilligung** enthalten.

2. **Besondere Bestimmungen**

- Die Erwerbung, Übertragung, Beschränkung und Aufhebung der bücherlichen Rechte wird nur durch ihre Eintragungen in das Hauptbuch erwirkt;
- nur **dingliche Rechte** und **Lasten** – Eigentumsrecht, Dienstbarkeiten und Reallasten –, ferner das Wiederkaufs-,Vorkaufs- und Bestandrecht können eingetragen werden;
- das **Miteigentum** kann **nur nach Anteilen** im Verhältnis zum Ganzen, z.B. zur Hälfte, zu einem Drittel etc., eingetragen werden;
- die Eintragung zum Eigentumserwerb **einzelner Bestandteile** eines Grundbuchskörpers ist nur nach den Bestimmungen des **Liegenschaftsteilungsgesetzes*** (siehe Seite 61) zulässig;
- bei Dienstbarkeiten und Reallasten muss der Inhalt **möglichst bestimmt** angegeben werden;
- das Pfandrecht kann nur für eine ziffernmäßig bestimmte Geldsumme samt der Höhe der Zinsen entweder auf den ganzen Grundbuchskörper oder auf den Anteil eines Miteigentümers, nicht aber auf einzelne Bestandteile eingetragen werden;
- grundbücherliche Anmerkungen können zur Ersichtlichmachung persönlicher Verhältnisse, z.B. Beschränkungen durch Sachwalterschaft, zur Begründung bestimmter Rechtswirkungen, z.B. Rangordnung, Simultanhaftung oder Zwangsverwaltung, erfolgen.

- Zulässigkeit der Abschreibung geringwertiger Trennstücke bis € 2.000,– nach dem Liegenschaftsteilungsgesetz, weiters die Verbücherung von Straßen- und Gewässeranlagen sowie die Änderung am Gewässerbett durch die Naturkräfte.

3. **Ansuchen** auf Eintragung oder Löschung

Das Grundbuchsansuchen ist beim zuständigen Bezirksgericht zu stellen und kann sowohl schriftlich als auch mündlich zu Protokoll erfolgen.

Grundbuch 63117 Ragnitz Einlagezahl 62

Bezirksgericht für Zivilrechtsachen Graz

Testdaten Abfragedatum 1986-07-22

Letzte TZ 15613/1986

Maierhof

******************************* A1 *******************************

GST-Nr.	Ba (W)	FLÄCHE	GST-ADRESSE
349/2	Wald	2771	
349/3	Wald	891	
358/2	Landw. genutzt	4630	
364/1	Landw. genutzt	9779	
364/2	Wald	1096	
364/3	Wald	17367	
366/2	Sonstige (Weg)	112	
370	Landw. genutzt	5723	
372	Garten	5056	
373	Landw. genutzt	14768	
374	Garten	2550	
377/1	Wald	472	
380	Garten	14531	
381/1	Landw. genutzt	37154	
381/2	Wald	14293	
500/4	Sonstige (Straße)	1763	
.44	Baufläche	1360	
.82	Baufläche	99	

******************************* A2 *******************************

1 a 756/1973 Grunddienstbarkeit Gehen, Fahren, Viehtreiben
zugunsten Gst 372 373 374 über Gst 311 (EZ 53)

****************************** B ******************************

1 Anteil: 1/2
Windisch Alois
Geb.: 1932-07-05, Adr. Schweinbergstr. 81, 8010
a) 321/1980 Einantwortungsurkunde 1980-03-18 Eigentumsrecht
b) 26304/1981 Vorkaufsrecht
c) 12913/1983 Gütergemeinschaft
d) 12913/1983 Belastungs- und Veräußerungsverbot

2 Anteil: 1/2
Windisch Erika
Geb.: 1938-10-27, Adr.: Schweinbergstr. 81, 8010
a) 321/1980 Schenkungsvertrag 1980-04-12 Eigentumsrecht
b) 26304/1981 Vorkaufsrecht
c) 12913/1983 Gütergemeinschaft
d) 12913/1983 Belastungs- und Veräußerungsverbot

****************************** C ******************************

4 a 151/1961
Dienstbarkeit Gehen, Fahren, Viehtreiben über Gst 500/4
gem. Pkt. VII Dienstbarkeitsbestellungsvertrag 1960-12-16 für Gst 246 247/2 279/1 (EZ 52)

5 a 1406/1968 Schuldschein und Pfandurkunde 1968-07-17
Pfandrecht 150.000,–
10% Z, 14% VZ, NGS 30.000,– für
Raiffeisenkasse Mariatrost
registrierte Genossenschaft mit beschränkter Haftung
b 15613/1986 Löschungsverpflichtung zugunsten
Steirische Raiffeisenbank in Graz
registrierte Genossenschaft mit beschränkter Haftung

6 a 316/1970
Dienstbarkeit Wasserleitung
über Gst 349/2349/3377/1
für Gst 319/4 (EZ 512)

7 a 321/1980
Wohnungsrecht
gem. Pkt. IIIa Schenkungsvertrag 1980-04-12 für
Franz Windisch geb. 1911-03-17
Theresia Windisch geb. 1910-02-23

8 a 321/1980
Ausgedinge
gem. Pkt. IIIb Schenkungsvertrag 1980-04-12 für
Franz Windisch geb. 1911-03-17
Theresia Windisch geb. 1910-02-23

9 a 26304/1981
Vorkaufsrecht hins. Gst 364/3
gem. Vereinbarung 1981-06-09
für Dr. Gustav Müller

10 auf Anteil 1
a 12913/1963
Belastungs- und Veräußerungsverbot für
Erika Windisch geb. 1938-10-27
b 15613/1986 Vorrang von LNR 12 vor 10

11 auf Anteil 2
a 12913/1963
Belastungs- und Veräußerungsverbot für
Alois Windisch geb. 1932-07-05
b 15613/1986 **Vorrang** von LNR 12 vor 11

12 a 15613/1986 Schuldschein und Pfandurkunde 1986-05-23
Pfandrecht Höchstbetrag 200.000,–
für Steirische Raiffeisenbank in Graz
registrierte Genossenschaft mit beschränkter Haftung
b 15613/1986 **Vorrang** von LNR 12 vor 10 11

IX. Grundverkehr

Im Interesse der Erhaltung des land- und forstwirtschaftlichen Grundes, der Schaffung eines leistungsfähigen Bauernstandes und der entsprechenden Bewirtschaftung ist der ländliche **Grundverkehr** von Grundstücken bzw. Liegenschaften an eine **behördliche Bewilligung** gebunden. So kann jede agrarpolitisch interessante Bodenbewegung im öffentlichen Interesse gesteuert werden.

Die Grundverkehrsgesetze der einzelnen Bundesländer* – mit Ausnahme von Wien, das lediglich ein Ausländergrundverkehrsgesetz besitzt – enthalten dementsprechende Bestimmungen, in einzelnen Bundesländern in bestimmten Gebieten auch über Baugrundstücke, die die Übertragung land- und forstwirtschaftlicher Grundstücke an Personen verhindern sollen, von denen zu erwarten ist, dass sie eine ordnungsgemäße Bewirtschaftung nicht gewährleisten oder aus Spekulationsgründen Baugrundstücke und dergleichen erwerben. Alle landesgesetzlichen Regelungen lassen sich vom gleichen Grundmotiv leiten: „Bauernland gehört in Bauernhand." Diese Bestimmungen dürfen aber keine Einschränkungen enthalten, die EWR-Bürger diskriminieren.

Beachte:

Im Einzelfall sind die Bestimmungen des jeweiligen Landesgrundverkehrsgesetzes maßgebend.

Verträge, wie beispielsweise die **Übertragung von Eigentum,** die Einräumung von **Fruchtgenussrechten,** das Recht zur **Bauführung auf fremdem Grund,** Abschlüsse von **Gesellschaftsverträgen,** die die Nutzung der Grundstücke zum Gegenstand haben, sowie gewisse **Verpachtungen** von land- und forstwirtschaftlichen Grundstücken (siehe: XI/J/2b), insbesondere wenn sie eine bestimmte Größe aufweisen, auf eine langjährige Pachtdauer oder unbestimmte Zeit abgeschlossen sind, bedürfen der Bewilligung der zuständigen Grundverkehrskommission. Umgehungsgeschäfte sind nach der Rechtsnorm zu beurteilen, die auf das in Wahrheit beabsichtigte Rechtsgeschäft anzuwenden ist. Verträge, die ein Umgehungsgeschäft beinhalten, sind nach einer OGH-Entscheidung vom 13. 7. 1995, 2 Ob 540/94 unerlaubt, ungültig und nichtig!

* Bgld Grundverkehrsgesetz 2007 – Bgld GVG 2007, LGBl 2007/25 idF 2014/26
Ktn Grundverkehrsgesetz 2002 – K-GVG, LGBl idF 2013/85
NÖ Grundverkehrsgesetz 2007 – NÖ GVG 2007, LGBl 6800-5 idF 2015/8
OÖ Grundverkehrsgesetz 1994 – OÖ GVG, LGBL 1994/88 idF 2013/90
Sbg Grundverkehrsgesetz 2001 – GVG 2001, LGBl 2002/9 idF 2013/106
Stmk Grundverkehrsgesetz, LGBl 1993/134 idF 2014/155
Tir Grundverkehrsgesetz 1996, LGBl 1996/61 idF 2013/130
Vbg Grundverkehrsgesetz, LGBl 2004/42 idF 2013/44
Wr Ausländergrunderwerbsgesetz, LGBl 1998/11 idF 2013/33

A. Voraussetzungen für die Erteilung der Zustimmung

Die Grundverkehrskommission hat nur solchen Rechtsgeschäften die Zustimmung zu erteilen,

- die die Gewähr für eine **ordnungsgemäße Bewirtschaftung** bieten und
- die dem allgemeinen Interesse an der **Erhaltung land- und forstwirtschaftlicher Nutzflächen,** der **Erhaltung und Förderung eines leistungsfähigen Bauernstandes** oder der **Erhaltung und Schaffung eines wirtschaftlich gesunden mittleren oder kleineren land- und forstwirtschaftlichen Grundbesitzes** entsprechen.

B. Nichterteilung der Zustimmung

Die Grundverkehrskommission hat die Zustimmung zum Rechtsgeschäft zu **verweigern,** wenn dieses dem allgemeinen Interesse an der Schaffung oder Erhaltung wirtschaftlich leistungsfähiger bäuerlicher Betriebe widerspricht, insbesondere je nach Landesgesetz, z.B. wenn

- Güter zur **Bildung und Vergrößerung von Großbesitz** erworben werden;
- land- und forstwirtschaftliche Grundstücke zur Bildung oder Vergrößerung von **Eigenjagdgebieten** oder zur spekulativen Kapitalanlage erworben werden;
- Grundstücke ohne Grund dem land- und forstwirtschaftlichen Betrieb **entzogen** werden;
- es sich um ein **Spekulationsgeschäft** handelt (Weiterveräußerung mit Gewinn);
- die **Gegenleistung** ohne Begründung **in keinem Verhältnis zum** durchschnittlichen **Wert** steht oder den Verkehrswert erheblich übersteigt;
- im Zuge einer Zusammenlegung **günstige Bodenbesitzverhältnisse** ohne Grund **wieder zerstört** werden oder eine **unwirtschaftliche Zersplitterung** der Grundbesitzverhältnisse entstehen würde;
- zu besorgen ist, dass der Erwerber eine **ordnungsgemäße land- und forstwirtschaftliche Nutzung nicht gewährleistet** und dergleichen.

C. Ausnahmen

Die Bestimmungen der Grundverkehrsgesetze gelangen in den folgenden Fällen nicht zur Anwendung bzw. ist eine Zustimmung der Grundverkehrskommission nicht erforderlich:

1. Für Grundstücke in **bestimmten Ortsgebieten und Katastralgemeinden,** insbesondere im städtischen Bereich (Salzburg, Steiermark, Vorarlberg), in Wohnsiedlungs- oder Industriegebieten (Vorarlberg), im Bauland (Niederösterreich und Steiermark), bei Verkehrsflächen (Niederösterreich) und in überwiegend bebauten Gebieten nichtlandwirtschaftlichen Charakters (Oberösterreich); diese Ortsgebiete und Katastralgemeinden sind in der Steiermark im Grundverkehrsgesetz selbst bezeichnet und können in den übrigen Bundesländern durch Verordnung der Landesregierung festgelegt werden.
2. Wenn der Rechtserwerb für die **öffentliche Verwaltung,** den **öffentlichen Verkehr** und dergleichen bestimmt ist oder sich auf Grundstücke bezieht, die im Eisenbahn- oder Bergbuch eingetragen sind.
3. Wenn der Rechtserwerb im Zuge eines **Agrarverfahrens** oder als anerkannte **Bodenreformmaßnahme** erfolgt; diese Ausnahmebestimmung besteht in Niederösterreich nicht; in der Steiermark besteht sie nicht für Flurbereinigungsverträge bzw. -übereinkommen und landwirtschaftliche Siedlungsmaßnahmen.
4. Wenn der Rechtswerwerb im **Erbwege** erfolgt.
5. Wenn der Rechtserwerb die Abschreibung **geringwertiger Trennstücke** bis zum Wert von € 1.450,– zum Inhalt hat.
6. Wenn der Rechtserwerb entweder lediglich **zwischen nahen Angehörigen,** wie Ehegatten, Verwandten und Verschwägerten in gerader Linie, Geschwistern oder Ehegatten von Geschwistern, erfolgt (Burgenland, Salzburg und Vorarlberg) oder zwischen nahen Angehörigen erfolgt und zusätzlich bestimmte Zielsetzungen, wie z.B. die Begründung der ehelichen **Gütergemeinschaft** (Errichtung von Ehepakten), die Begründung von **Miteigentum zwischen Ehegatten** (Kärnten, Niederösterreich, Oberösterreich und Steiermark), die **Übergabe** eines land- und forstwirtschaftlichen Betriebes als Ganzes (Kärnten und Niederösterreich) oder die Einräumung von **Fruchtgenuss- oder Pachtrechten** (Steiermark), zum Inhalt hat.

7. Beim Rechtserwerb durch eine(n) Miteigentümer(in) (Burgenland).
8. Wenn der Rechtserwerb sich auf Grundstücke eines land- und forstwirtschaftlichen Betriebes bezieht, dessen **Gesamtgröße ein Hektar** nicht übersteigt und der Betrieb nicht in einer Vorbehaltsgemeinde liegt (Steiermark).
9. Wenn der Rechtserwerb aufgrund eines **Enteignungsverfahrens** erfolgt (Tirol) oder der Einräumung von **Geh-, Fahr-, Wege-, Bringungs- und Leitungsrechten** und dergleichen dient (Tirol).
10. Wenn der Rechtserwerb durch den Landwirtschaftlichen Siedlungsfonds erfolgt, das land- und forstwirtschaftliche Grundstück im Ausmaß von nicht mehr als 0,2 ha lediglich zur gartenmäßigen Bewirtschaftung geeignet ist oder eine land- oder forstwirtschaftliche Grundfläche im Ausmaß von nicht mehr als 0,2 ha mit einer Bauflächeeine räumliche und wirtschaftliche Einheit bildet und mit dieser zusammen erworben wird (Burgenland).

D. Zuständigkeit

Zuständig zur Entscheidung ist die **Grundverkehrsbehörde** bzw. **(Bezirks-)Grundverkehrskommission** bei jeder Bezirkshauptmannschaft, in Niederösterreich die **Landesregierung**, in Vorarlberg die **Grundverkehrs-Landeskommission** bzw. in bestimmten Fällen die Grundverkehrs-Ortskommission, in Wien der Magistrat.

Über Beschwerden gegen Entscheidungen bzw. Bescheide entscheidet das **Landesverwaltungsgericht** des jeweiligen Bundeslandes.

E. Ausländergrundverkehr

Die EWR-konformen Grundverkehrsgesetze enthalten neben dem landwirtschaftlichen Grundverkehr und dem Grundverkehr mit Baugrundstücken in bestimmten Gebieten auch Bestimmungen über den Ausländergrundverkehr. Ausländer sind Bürger von Nicht-EWR-Staaten. Dazu zählen die Bürger aus bestimmten Staaten Ost- und Südosteuropas, wie Russen, Weißrussen, Ukrainer, Serben, Bosnier, Mazedonier, Montenegriner, Albaner, Türken und Moldawier, aber auch die Schweizer, da die Schweiz dem EWR nicht beigetreten ist (siehe: Europäischer Wirtschaftsraum – EWR I/A/8).

X. Vertragsrecht

(Schuldrecht)

In der EU besteht nach dem EG-Vertrag keine allgemeine Rechtssetzungskompetenz für das Privatrecht, aber auch kein genereller Kompetenzausschluss.

Im Privatrecht sind daher derzeit in der EU nur einzelne Rechtsgebiete in Ansätzen durch das **Gemeinschaftsprivatrecht** bereits teilharmonisiert, so z.B. die in diesem Kapitel in E/1 und 2 behandelte **Produkthaftung** und **Produktsicherheit** und der im folgenden Kapitel XI/G/5 behandelte **Verbraucherschutz.**

A. Rechtsgeschäfte und Verträge im Allgemeinen

Forderungen entstehen entweder aufgrund eines bestehenden Gesetzes, wie z.B. der Unterhaltsanspruch und der Pflichtteilsanspruch, aufgrund eines Rechtsgeschäftes, wie z.B. der Kaufvertrag und dergleichen, oder aufgrund eines erlittenen Schadens.

Das Schuldverhältnis besteht darin, dass der Forderung einer Person die Schuld einer anderen Person gegenübersteht.

Es gibt **einseitige Rechtsgeschäfte**, die durch die Willenserklärung einer Person zustande kommen. Dazu gehören z.B. das Testament und die Auslobung; die Auslobung ist die öffentliche Zusage einer Belohnung für eine Leistung oder einen Erfolg, z.B. der Finderlohn. Einseitige Rechtsgeschäfte können einseitig bis zur Erbringung der Leistung, z.B. der Fundsache durch den Finder, oder bis zum Eintritt des Todesfalles widerrufen werden.

Es gibt **zweiseitige Rechtsgeschäfte**, die durch die Willenseinigung zweier oder mehrerer Personen zustandekommen; sie heißen **Verträge**.

B. Verträge

1. Vertragsabschluss

Der Vertrag kommt durch die übereinstimmende **Willenseinigung** der Vertragspartner zustande, welche frei, ernstlich, bestimmt und verständlich sein muss. Die Willenseinigung liegt vor, wenn jemand ein Versprechen macht, etwas zu geben, zu tun, zu gestatten oder zu unterlassen, und ein anderer dieses Versprechen gültig annimmt. Die Vertragspartner müssen zum Abschluss des Vertrages **fähig** sein. Kinder unter sieben Jahren und voll Besachwaltete sind unfähig, Betrunkene unter Umständen zeitweilig unfähig, unmündige und mündige Minderjährige und Teilbesachwaltete eingeschränkt fähig, einen Vertrag abzuschließen (siehe auch: Rechts- und Handlungsfähigkeit II/A und B).

List, Irrtum und **Zwang** können die Verbindlichkeiten des Vertrages aufheben. In einem Vertrag kann alles vereinbart werden, was möglich, erlaubt und nicht sittenwidrig ist **(Vertragsfreiheit)**. Wenn aus dem Inhalt des Vertrages der wahre Wille der Vertragspartner nicht klar entnommen werden kann, ist die **Absicht der Vertragspartner** beim Abschluss des Vertrages zu erforschen und der Vertrag so auszulegen, wie es der **Übung des redlichen Verkehrs** entspricht.

2. Form der Verträge

Für den Abschluss von Verträgen besteht – mit Ausnahme der nachgenannten Formbestimmungen – grundsätzlich Formfreiheit. Verträge können rechtsverbindlich sowohl **schriftlich** als auch **mündlich** abgeschlossen werden. Auch schlüssige **konkludente Zeichen** wie

- **Handschlag** beim Viehgeschäft,

- **Kopfnicken**,
- **Handaufheben** bei der Viehversteigerung oder
- **Legen der Ware auf das Förderband** bei der Kassa des Verkaufsgeschäftes können **ohne Worte** eine Willenseinigung bewirken. Für Beweiszwecke im Streitfall ist es aber ratsam, Verträge schriftlich abzuschließen, insbesondere wenn es sich nicht um „Zug-um-Zug-Geschäfte" handelt. So manche mündliche Vereinbarung, aber auch der am Lande früher übliche Handschlag ist oftmals nicht ausreichend.

Nur gewisse Verträge bedürfen zu ihrer Gültigkeit einer qualifizierten Form, wie z.B.

- Abzahlungsgeschäfte, Adoptionsverträge, Bürgschaftserklärungen und Rücktrittserklärungen des Verbrauchers von Verbrauchergeschäften und dergleichen; sie müssen **schriftlich** errichtet werden.
- Verträge, die grundbücherlich durchgeführt werden, insbesondere Kauf-, Tausch-, Schenkungs- und Übergabsverträge und dergleichen; sie müssen schriftlich errichtet und zusätzlich bei einem Notar oder bei Gericht von allen Vertragspartnern einschließlich der Geburtsdaten **beglaubigt unterfertigt** werden.
- Bestimmte Verträge zwischen Ehegatten, wie der Abschluss, die Abänderung oder Aufhebung von Ehepakten, Kauf-, Tausch-, Renten- und Darlehensverträge und Schuldbekenntnisse des einen an den anderen Ehegatten; weiters unter allen Vertragspartnern Schenkungen ohne wirkliche Übergabe, insbesondere auf den Todesfall, sowie Bestätigung über den Erhalt des Heiratsgutes; sie müssen in Form eines **Notariatsaktes** abgeschlossen werden.
- Erbverzichtsverträge und Erbschaftskäufe; sie müssen in Form eines **Notariatsaktes** oder einer **gerichtlichen Beurkundung** abgeschlossen werden.

3. Erfüllung der Verträge

Verträge sind in der Regel **am vereinbarten Ort, zum vereinbarten Termin** und **auf die vereinbarte Art und Weise** von den Vertragspartnern zu erfüllen. Jeder Vertragspartner kann auf Einhaltung und Erfüllung des abgeschlossenen Vertrages bestehen, sofern nicht eine vertragliche (siehe: Reugeld X/B/3e und Kauf auf Probe XI/G/4d) oder gesetzliche (siehe: folgende Punkte a und b sowie Rücktrittsrecht XI/G/5a, 6 und 7) Rücktrittsmöglichkeit besteht.

a) Nachfristsetzung und Rücktritt bei Nichterfüllung

Ist die Erfüllung des Vertrages ohne Fixtermin, das heißt ohne sofortiges Rücktrittsrecht bei nicht gehöriger Erfüllung zu einem bestimmten Zeitpunkt, an einem bestimmten Ort oder auf die ausbedungene Art und Weise, vereinbart worden, kann der eine Vertragspartner **nicht sogleich vom Vertrag zurücktreten**, wenn der andere in Verzug gerät. Er bleibt vorerst trotz Verzuges des anderen an den Vertrag gebunden; er hat aber die Möglichkeit, unter **Festsetzung einer angemessenen Nachfrist** zur Nachholung den Rücktritt vom Vertrag zu erklären. Verstreicht diese Nachfrist ebenfalls fruchtlos, kann er vom Vertrag zurücktreten. Er hat aber auch die Möglichkeit, die Erfüllung und zusätzlich Schadenersatz wegen der Verspätung zu verlangen.

b) Rücktritt bei nichterfülltem Fixtermin

Ist die Erfüllung des Vertrages zu einem fest bestimmten Zeitpunkt oder innerhalb einer festbestimmten Frist bei sonstigem sofortigen Rücktrittsrecht **(Fixtermin)** vereinbart, kann der eine Vertragspartner, wenn der andere in Verzug gerät, **nach Ablauf des Fixtermines vom Vertrag zurücktreten**; wenn er aber auf Erfüllung bestehen will, muss er dies dem anderen unverzüglich mitteilen. Er kann dann Erfüllung und Schadenersatz wegen der Verspätung verlangen.

c) Vertragsstrafe (Pönale) bei Nichterfüllung

Die Vertragspartner können vereinbaren, dass bei Nichterfüllung, schlechter Erfüllung oder verspäteter Erfüllung anstelle des Schadenersatzes ein bestimmter Geldbetrag entrichtet werden soll. Die Bezahlung der Vertragsstrafe befreit aber nicht von der Erfüllung des Vertrages. Die Vertragsstrafe, auch Konventionalstrafe oder Pönale genannt, ist somit eine Leistung, die der Schuldner dem Gläubiger für den Fall der schuldhaften Nichterfüllung oder nicht gehörigen Erfüllung verspricht. Die Vertragsstrafe unterscheidet sich vom **Angeld** (siehe: X/B/3d) dadurch, dass sie nur versprochen, das Angeld bei Vertragsabschluss tatsächlich gegeben wird. Sowohl das Pönale als auch das Angeld dienen zur Verstärkung der vertraglichen Pflichten. Vom **Reugeld** (siehe: X/B/3e) unterscheidet sich die Vertragsstrafe dadurch, dass sie kein Rücktrittsrecht einräumt.

d) **Angeld**

Das Angeld wird beim Abschluss des Vertrages als Zeichen des Abschlusses oder zur Sicherstellung im Voraus bezahlt. Wird der Vertrag von einem Vertragspartner nicht eingehalten, kann der andere entweder das erhaltene Angeld behalten oder, wenn er es gegeben hat, den doppelten Betrag zurückfordern. Das Angeld darf nicht mit der **Anzahlung** verwechselt werden, welche einen Teil des Kaufpreises bei einem Kaufgeschäft und dergleichen darstellt.

Beachte:

Diese Bestimmungen sind für viele Geschäfte des täglichen Lebens, insbesondere bei Geschäftsabschlüssen mit Firmen, von großer Bedeutung. Der Bauer, der einen Traktor oder eine Landmaschine bestellt und diese zum vereinbarten Liefertermin wegen des bevorstehenden Anbaues oder der Ernte dringend benötigt, kann ohne ausdrückliche Vertragsbestimmung oftmals nicht sogleich aus dem Vertrag aussteigen, wenn die Firma in Lieferverzug gerät. Er kann auch nicht kurzfristig bei einer anderen Firma ein lieferbereites Gerät erwerben, da er in der Folge zwei gleichartige Geräte besitzen würde und diese auch bezahlen müsste.
Daher wird es bei Vertragsabschlüssen, die nicht „Zug-um-Zug-Geschäfte" darstellen und deren Erfüllung (Lieferung, Herstellung und dergleichen) vielmehr erst zu einem späteren Zeitpunkt erfolgen und eine Verzögerung möglichst ausgeschlossen werden soll, sehr zweckmäßig sein, je nach dem Einzelfall

- einen **Fixtermin** oder
- eine **Vertragsstrafe (Pönale)** zu vereinbaren oder
- ein **Angeld** als Sicherstellung zu verlangen.

Der Vertragspartner wird dadurch eher um termingerechte und gehörige Erfüllung bemüht sein.

e) **Reugeld (Stornogebühr)**

Das Reugeld bzw. die Stornogebühr ist ein zwischen den Vertragspartnern vereinbarter Betrag, den der Vertragspartner entrichten muss, der vom Vertrag zurücktreten will. Der Anspruch auf Rücktritt ist daher nur dann gegeben, wenn diese Möglichkeit mit oder ohne Stornogebühr vertraglich vereinbart wurde. Ansonsten gilt der Grundsatz, dass Verträge einzuhalten sind.

Ausnahmen bestehen

- nach dem **Konsumentenschutzgesetz** (siehe: XI/G/5) bei Zutreffen bestimmter Voraussetzungen;
- beim **Kauf auf Probe** (siehe: XI/G/4d);
- bei **Nichterfüllung** (siehe: X/B/3a und b) unter bestimmten Voraussetzungen.

f) **Verletzung über die Hälfte des wahren Wertes**

Hat bei zweiseitig verbindlichen Rechtsgeschäften (Verträgen) ein Teil nicht einmal die Hälfte dessen, was er dem anderen gegeben hat, von diesem als Gegenleistung erhalten, kann der dadurch Benachteiligte die Aufhebung des Vertrages verlangen. Dem anderen Teil steht aber das Recht zu, das Geschäft dadurch aufrecht zu erhalten, dass er sich bereiterklärt, das Fehlende bis zum gemeinen (ortsüblichen) Wert zu ersetzen bzw. nachzutragen.

Beachte: Auf diese Anfechtungsmöglichkeit kann nicht rechtswirksam verzichtet werden.

4. **Vorvertrag**

Der Vorvertrag wird zweckmäßigerweise dann abgeschlossen, wenn der Abschluss des endgültigen Vertrages noch nicht möglich ist, eine Bindung der Vertragspartner aber im Interesse des einen oder anderen Beteiligten gelegen ist. Er ist dann verbindlich, wenn er sowohl den Zeitpunkt des Abschlusses als auch die wesentlichen Punkte des Hauptvertrages beinhaltet. Der Hauptvertrag muss innerhalb eines Jahres abgeschlossen werden, ansonsten ist das Recht erloschen.

In diesem Zusammenhang ist noch **weiters zu beachten**:

Der im Vertrag, insbesondere in Bestellungen und Auftragserteilungen vereinbarte Preis stellt den Tagespreis dar. Lieferungen zu einem späteren Zeitpunkt können inzwischen eingetretene berechtigte Preiserhöhungen zur Folge haben: **Daher:** Bei Vertrags-, insbesondere bei Kaufabschlüssen, die erst zu einem künftigen Zeitpunkt wirksam werden, einen **Fixpreis schriftlich auf der Bestellung vereinbaren**. Preisschwankungen sind dann belanglos; der vereinbarte Preis gilt in jedem Fall.

Ausnahme: Bei Verbrauchergeschäften nach dem Konsumentenschutzgesetz gilt der bei Vertragsabschluss bestimmte Preis auch ohne Fixpreisvereinbarung; es sei denn, dass im Vertrag ausdrücklich solche für die Erhöhung des Preises maßgebende Umstände angeführt sind, deren Eintritt nicht vom Willen des Unternehmers abhängt.

5. **Rücktritt vom Vertrag**

Abgeschlossene Verträge sind in der Regel einzuhalten und ein Vertragspartner kann nicht nach Belieben vom Vertrag zurücktreten. In bestimmten Fällen bestehen aber vertragliche oder gesetzliche Möglichkeiten, vom abgeschlossenen Vertrag zurückzutreten.

a) **Vertragliche Rücktrittsmöglichkeiten**
- einvernehmliche Vertragsauflösung
- Vereinbarung eines Reugeldes (Stornogebühr)
- Kauf auf Probe

b) **Gesetzliche Rücktrittsmöglichkeiten**
- Haustür- und Ratengeschäfte nach dem Konsumentenschutzgesetz
- Nichterfüllung des Vertrages trotz Nachfristsetzung oder Fixterminvereinbarung
- unbehebbare Gewährleistungsmängel oder wiederholte untaugliche Verbesserungsversuche
- Anwendung von List, Irrtum oder Zwang beim Vertragsabschluss
- Minderjährigkeit oder Sachwalterschaft bei bestimmten Verträgen
- Verletzung über die Hälfte des wahren Wertes, wenn der andere Vertragspartner die Differenz nicht ersetzt bzw. nachtragt

Abgeschlossene Rechtsgeschäfte über bestimmte Grundstücke sind auch dann unwirksam, wenn die Grundverkehrskommission die Bewilligung versagt.

6. **Beachten Sie zusammenfassend Folgendes beim Vertragsabschluss:**

- Keine voreiligen mündlichen Zusagen bei den Vertragsverhandlungen
- In welchen Fällen ist die **Schriftform** zweckmäßig bzw. unerlässlich?
- In welchen Fällen ist eine qualifizierte Schriftform erforderlich?
- In welchen Fällen genügt eine **mündliche Vereinbarung**?
- Soll ein **Fixpreis** oder **Fixtermin** aufgenommen werden?
- **Garantiezusagen** nur **schriftlich**, z.B. besondere Haltbarkeit, Leistungsfähigkeit und Tauglichkeit;

  bei Tieren: Gesundheit, Trächtigkeit, Milch- oder sonstige Leistungsfähigkeit
- **Keine Zahlung vor Leistung** oder zumindest Teilleistung
- Bei Bestellungen **Vertragsbedingungen** (auch die Rückseite!) genau durchlesen!

- Stimmen die mündlichen Absprachen mit dem schriftlichen **Vertragstext** überein?
- Ist eine **Sicherstellung** (X/G/1 bis 3 und X/H) zweckmäßig oder erforderlich?
- Soll eine **Rücktrittsmöglichkeit** vertraglich offengehalten werden?
- Ist für das konkrete Geschäft die Vereinbarung eines **Pönales** (X/B/3c) zweckmäßig?
- Soll **Angeld** zur Bestärkung des Vertrages geleistet oder genommen werden? (X/B/3d)
- Zahlungsziel und -frist ab Rechnungslegung vereinbaren.
- Vertraglich einen Skonto-Abzug vereinbaren; sonst ist eigenmächtiger Abzug unzulässig.

Diese Überlegungen sind natürlich nicht beim Kauf eines Laib Brotes, wohl aber bei der Bestellung einer Landmaschine anzustellen.

C. Gewährleistung

EU: Die Verbrauchsgüterkauf-Richtlinie 99/44/EG idF 11/83/EU sieht eine Gewährleistung des Verkäufers für seine eigenen Werbeaussagen vor. Sie führt aus, welche Angaben konkrete Gewährleistungsansprüche begründen, welche Eigenschaften, Eignungen, Qualität und Leistungen als vertragsgemäß anzusehen sind, was vertragswidrig ist, und setzt eine Verjährungsfrist von 2 Jahren bei beweglichen Gütern fest.
Siehe auch: XI/G/5 Konsumenten-/Verbraucherschutz.

Österreich: Die **Verbrauchsgüterkauf-RL** hat eine Anpassung der Gewährleistungsbestimmungen des **ABGB** und des **Konsumentenschutzgesetzes** bewirkt. Das **Unternehmensgesetzbuch** (UGB, § 377) setzt aber bei **Rechtsgeschäften zwischen Unternehmern** eine **sofortige Untersuchungspflicht der gelieferten Sache** fest. Danach hat der Käufer allfällige Mängel in angemessener, maximal **14-tägiger Frist** dem Verkäufer **nachweislich** anzuzeigen; ansonsten verliert der Käufer seinen Gewährleistungs-, Irrtumsanfechtungs- oder Schadenersatzanspruch.

Beispiel: Ein Bauer kauft von einem Landmaschinenhändler einen Traktor (Unternehmensgeschäft!). Nach Ablieferung muss er feststellen, dass der Traktor einen Mangel aufweist. Obwohl die **Gewährleistungsfrist an sich 2 Jahre** beträgt, darf der Bauer mit seiner Mängelrüge nicht zuwarten, sondern muss den Händler davon innerhalb von **2 Wochen nachweislich verständigen**, ansonsten er seinen Gewährleistungsanspruch verliert.

ABGB-Bestimmungen: Derjenige, der einem anderen eine Sache entgeltlich (z.B. durch Verkauf, Tausch, Werkvertrag) überlässt, leistet dafür Gewähr, dass sie

- die **ausdrücklich bedungenen** oder
- **gewöhnlich vorausgesetzten Eigenschaften** habe und dass sie
- **der Natur des Geschäftes** oder der **getroffenen Vereinbarung gemäß** benützt und verwendet werden kann.

Ausdrücklich bedungen sind die vertraglich zugesagten Eigenschaften, wie z.B. Zusage der Trächtigkeit; Zusage, dass eine Milchkuh eine bestimmte Menge an Milch gibt; Zusage, dass der Traktor eine bestimmte Leistung erbringt. Gewöhnlich vorausgesetzte Eigenschaften sind z.B. die Fahrbereitschaft eines Fahrzeuges, die Gesundheit eines Tieres, die Funktionsfähigkeit eines Gerätes und dergleichen.

1. Fälle der Gewährleistung

Wer einer Sache Eigenschaften beilegt, die sie nicht hat und die vertraglich vereinbart worden sind, wer ungewöhnliche Mängel oder Lasten verheimlicht, wer eine fremde Sache als die seinige veräußert, wer fälschlich behauptet, dass die Sache zu einem bestimmten Gebrauch tauglich sei oder dass sie auch von den gewöhnlichen Mängeln und Lasten frei sei, hat dafür zu haften. Die Mängel müssen zum Zeitpunkt der Übergabe der Sache an den Erwerber vorhanden sein.

2. Entfall der Gewährleistungspflicht

- **Bei unentgeltlicher Überlassung** (Schenkung, Leihe) besteht grundsätzlich kein Gewährleistungsanspruch. Das Sprichwort „einem geschenkten Gaul schaut man nicht ins Maul" zeigt dies zutreffend auf.
- Weiters besteht in der Regel kein Gewährleistungsanspruch, wenn die Mängel dem Käufer bei Kaufabschluss **bekannt** waren und er diese in Kauf genommen hat.
- Wenn die Mängel **offenkundig** („in die Augen fallend") sind,
- wenn in **Bausch und Bogen** übernommen wird oder
- wenn ausdrücklich darauf **verzichtet** wurde.
- Eine Gewährleistung besteht natürlich auch nicht für Mängel, die erst **nach Übergabe durch den Erwerber** verursacht wurden, z.B. durch schlechte Behandlung eines Tieres, durch unsachgemäße Handhabung eines Gerätes und dergleichen.

Ausnahme: Für offenkundige Mängel oder solche Mängel, die aus den öffentlichen Büchern zu ersehen waren, besteht aber dann doch ein Gewährleistungsanspruch, wenn sie arglistig verschwiegen wurden oder die Mängelfreiheit von Fehlern und Lasten ausdrücklich zugesagt wurde.

3. Wirkung der Gewährleistung

Ist der Mangel **unbehebbar** und verhindert er den ordentlichen Gebrauch der Sache, oder sind wiederholt bei einem an sich behebbaren Mangel untaugliche Verbesserungsversuche vorgenommen worden, kann der Übernehmer die **Aufhebung des Vertrages** zur Gänze fordern. Ist der Mangel aber **behebbar** bzw. verhindert er den ordentlichen Gebrauch der Sache nicht, kann der Übernehmer entweder eine angemessene **Preisminderung**, die **Verbesserung** oder den **Nachtrag des Fehlenden** verlangen.

4. Geltendmachung des Gewährleistungsanspruches

Die Gewährleistung muss innerhalb bestimmter Fristen ab dem Tage der Ablieferung (Übergabe) der Sache erfolgen oder ansonsten gerichtlich geltend gemacht werden, und zwar:

- Bei unbeweglichen Sachen: in **drei Jahren**.
- Bei beweglichen Sachen: in **zwei Jahren**.
  Ausnahme nach dem Konsumentenschutzgesetz: Bei Abzahlungsgeschäften bis zur Fälligkeit der letzten Teilzahlung, das ist unter Umständen bis zu 5 Jahren (siehe: XI/G/5).
- Bei Viehmängeln: in **sechs Wochen**.
  Beachte den Fristenlauf bei Vermutungsfristen (siehe: folgenden Punkt 5.)! Ansonsten ist der Anspruch verfallen.

Bei Unternehmensgeschäften besteht unabhängig von diesen Fristen die **sofortige Untersuchungspflicht** der Sache und die maximal 14-tägige Meldepflicht von Mängeln (Mängelrüge).

5. Viehmängel

Einerseits ist die Frist zur gerichtlichen Geltendmachung zum Schutze des Käufers relativ kurz bemessen; andererseits bestehen **gesetzliche Vermutungen**, dass ein Tier schon vor der Übergabe krank gewesen sei, wenn folgende Krankheiten und Mängel innerhalb der bei der betreffenden Krankheit oder dem betreffenden Mangel angeführten Frist hervorkommen:

- **Bei Pferden, Eseln, Mauleseln und Maultieren:** Dämpfigkeit, Dummkoller, Aufsetzkoppen (14 Tage), Freikoppen, Kehlkopfpfeifen oder innere Augenentzündungen (7 Tage);
- **Bei Rindern:** Leukose (150 Tage), Tuberkulose, Finnen, Lungenwurmseuche (21 Tage), Scheidenvorfall und Zungenschlagen (14 Tage);
- **Bei Schafen:** Allgemeine, durch Parasiten bedingte Wassersucht (21 Tage) und Räude (7 Tage);
- **Bei Ziegen:** Tuberkulose (21 Tage);
- **Bei Schweinen:** Leukose (60 Tage), Finnen (21 Tage), Muskeltrichinen und Grabmilbenräude (Sàkoptesräude) (7 Tage);

- **Bei Kaninchen:** Myxomatose (10 Tage) und Ohrräude (7 Tage);
- **Bei Hühnern:** Marek'sche Krankheit (28 Tage), Leukose (21 Tage), Zitterkrankheit (10 Tage), Geflügelpocken (7 Tage) und Atypische Geflügelpest (5 Tage).

Der Erwerber des Tieres kann von der rechtlichen Vermutung, dass der Mangel schon vor der Übergabe vorhanden war, nur dann Gebrauch machen, wenn er den Verkäufer oder in dessen Abwesenheit den Gemeindevorsteher **sogleich** von dem bemerkten Fehler (Krankheit) benachrichtigt oder das Tier von einem Tierarzt untersuchen lässt oder die gerichtliche Beweissicherung beantragt.
In jedem Falle, auch dort, wo keine rechtliche Vermutung eines Mangels besteht, sollte der Erwerber bei einem Mangel des Tieres sofort den Verkäufer benachrichtigen oder einen Tierarzt zu Rate ziehen.
Die Klagsfrist beträgt sechs Wochen und beginnt in der Regel ab dem Zeitpunkt der Übergabe zu laufen. Bei Mängeln, für die eine Vermutungsfrist besteht, beginnt die sechswöchige Gewährleistungsfrist erst nach Ablauf der vorgenannten jeweiligen Vermutungsfrist zu laufen. Bei der ausdrücklichen Zusicherung einer bestimmten Eigenschaft, wie z.B. Trächtigkeit, beginnt die Gewährleistungsfrist erst ab dem Zeitpunkt zu laufen, an dem der Mangel der zugesagten Eigenschaft mit Sicherheit erkennbar ist.
Um Streitigkeiten im Viehhandel möglichst zu vermeiden, ist es sehr zweckmäßig, Vereinbarungen und Zusagen vollständig schriftlich oder zumindest vor neutralen Zeugen – nicht aber mit Handschlag – zu treffen.

D. Schadenersatz

1. Schaden

Unter Schaden versteht man jeden Nachteil, welcher jemandem an seinem Vermögen, seinen Rechten oder seiner Person zugefügt worden ist. Der Schaden entsteht entweder aus einer widerrechtlichen Handlung oder Unterlassung eines anderen oder aus einem Zufall. Die widerrechtliche Handlung oder Unterlassung kann in einer bösen Absicht oder in einem Versehen begründet sein; sie wird **Verschulden** genannt.

2. Verschulden

- **Böse Absicht** (Vorsatz) liegt vor, wenn der Schaden mit Wissen und Willen des Schädigers verursacht wurde.
- **Versehen** (Fahrlässigkeit) liegt vor, wenn der Schaden aus schuldhafter Unwissenheit oder aus Mangel der gehörigen Aufmerksamkeit oder des gehörigen Fleißes verursacht wurde.

Je nach dem Grad des Versehens kann eine **leichte Fahrlässigkeit** (minderer Grad des Versehens) oder **grobe Fahrlässigkeit** (auffallende Sorglosigkeit, grobe Außerachtlassung der üblichen Sorgfaltspflicht) vorliegen.
Wer einem anderen aus Verschulden einen Schaden zufügt, ist zur Leistung von Schadenersatz verpflichtet.

3. Arten des Schadenersatzes

- **Volle Genugtuung**; das ist der Ersatz für den tatsächlich erlittenen Schaden und entgangenen Gewinn; sie kann bei **vorsätzlich** oder durch **grobe Fahrlässigkeit** zugefügtem Schaden verlangt werden.
- **Eigentliche Schadloshaltung**; das ist nur der Ersatz für den erlittenen Schaden nach dem gemeinen Wert zum Zeitpunkt der Schädigung; sie kann bei einem Schaden, der durch leichte Fahrlässigkeit zugefügt wurde, verlangt werden.

Wenn bei einem Schaden auch ein Verschulden des Geschädigten vorliegt, tragen der Schädiger und der Geschädigte den Schaden **verhältnismäßig**; lässt sich das Verhältnis nicht bestimmen, tragen sie den Schaden **zu gleichen Teilen**. Die widerrechtliche Handlung und somit das Verschulden kann z.B. darin liegen, dass jemand

- ein Gesetz oder eine sonstige Rechtsvorschrift übertritt,
- einen Vertrag verletzt,
- einen Zufall schuldhaft veranlasst,
- sich unnotwendig in fremde Geschäfte einmischt,
- in einer gegen die guten Sitten verstoßenden Weise absichtlich Schaden zufügt und dergleichen.

Beachte: Voraussetzung für eine berechtigte Schadenersatzforderung ist in der Regel das **Verschulden** eines anderen an einem entstandenen Schaden; jedoch bestehen bestimmte Ausnahmen, wie z.B. bei der Erfolgs- oder Gefährdungshaftung. Diese erweiterte Haftung besteht unabhängig von einem Verschulden für Schäden, die von gefährlichen Gütern, z.B. beim Betrieb von Eisenbahnen, Autos und dergleichen, ausgehen.

4. Fälle, die keinen Schadenersatzanspruch begründen

- Im Zweifel, das heißt, wenn ein Verschulden eines anderen an einem Schaden nicht nachgewiesen werden kann, gilt die Vermutung, dass ein Schaden ohne Verschulden eines anderen entstanden ist.
- Wer von seinem Recht im Rahmen der gesetzlichen Schranken Gebrauch macht, haftet nicht für Nachteile, die einem anderen daraus entstehen.
- Wer einen Schaden ohne Verschulden oder durch eine unwillkürliche Handlung verursacht, haftet in der Regel nicht.
- Der Schaden, der durch Zufall oder höhere Gewalt (Naturkatastrophe, Unwetter, Wind und dergleichen) oder sonst ohne Verschulden eines anderen entstanden ist, trifft denjenigen, in dessen Vermögen oder Person er sich ereignet.
- Für fremde widerrechtliche Handlungen oder Unterlassungen muss der daran Unbeteiligte in der Regel nicht haften.

Beispiel: Wer das vertragliche Recht hat, einen Privatweg bei trockenen Bodenverhältnissen zu benützen, den Weg aber in der Tauperiode mit schweren Fahrzeugen benützt und beschädigt, haftet für den Schaden. Kann der Wegeigentümer nicht nachweisen, wer gefahren ist und den Schaden verursacht hat, und ist die Benützung durch unbefugte fremde Personen möglich, haftet der Servitutsberechtigte im Zweifel nicht für den Schaden. Ist ein Schaden am Weg durch eine Rutschung oder durch Regenfälle entstanden, haftet der Servitutsberechtigte deshalb nicht, da höhere Gewalt vorliegt. Er ist aber nach den gesetzlichen Bestimmungen über die Weginstandhaltung zur anteilsmäßigen Wiederherstellung oder Sanierung verpflichtet, wenn er den Weg weiterhin benützen will.
Wer eine Sache eines anderen zerstört, mit deren Vorhandensein er nicht rechnen musste und auch bei üblicher Sorgfalt nicht erkennen konnte, den trifft für diese unwillkürliche Handlung kein Verschulden und er hat auch keinen Schadenersatz zu leisten, obwohl er den Schaden verursacht hat. Der Waldbesitzer haftet nicht für den Schaden, den ein durch einen Sturm entwurzelter und umstürzender Baum anrichtet. Nach den Bestimmungen des Forstgesetzes haftet der Waldbesitzer nur für grobe Fahrlässigkeit; ansonsten haftet ein Baumeigentümer auch für leichte Fahrlässigkeit. Der Baumeigentümer kann für einen Schaden auch dann haften, wenn ein morscher Baum auf eine Straße stürzt und er dies bei gehöriger Aufmerksamkeit hätte verhindern können.

5. Haftung für Tierschäden

a) Wer durch ein Tier Schaden erleidet, kann Schadenersatz von dem verlangen, der das Tier dazu angetrieben, gereizt oder die Verwahrung vernachlässigt hat.

b) Wer auf seinem Grund und Boden fremdes Vieh antrifft, darf es nicht töten, sondern lediglich mit angemessener Gewalt verjagen oder kann das Recht der Privatpfändung über so viele Tiere ausüben, die zu seiner Entschädigung erforderlich sind. Er muss sich aber innerhalb von **acht Tagen** mit dem Tierhalter über den Schadenersatz einigen oder die gepfändeten Tiere zurückstellen und eine Klage auf Schadenersatz einbringen.

c) Wird ein Tier verletzt, so gebühren die tatsächlich aufgewendeten Kosten der Heilung oder der versuchten Heilung, auch dann, wenn sie den Wert des Tieres übersteigen, soweit auch ein verständiger Tierhalter in der Lage des Geschädigten diese Kosten aufgewendet hätte*.

Vernachlässigung der Tierverwahrung

Eine solche liegt z.B. dann vor, wenn der Tierhalter

- sein Weidevieh nicht ausreichend, das heißt je nach Tiergattung verschiedenartig, verwahrt und ein anderer dadurch einen Schaden erleidet. Ob die Verwahrung ausreichend ist, muss im Einzelfall beurteilt werden. Ein elektrischer Weidezaun wird für Kühe oftmals ausreichend sein; es sei denn, dass diese Kühe vorher bereits aus einer solchen Einzäunung ausgebrochen sind. Für junge ungekörte Stiere wird die Verwahrung mit einem elektrischen Weidezaun sicherlich nicht ausreichen. Lediglich die Aufstellung einer Warnungstafel „Achtung Weidevieh“ oder „Achtung bissiger Hund“ erfüllt die Verwahrungspflicht nicht;
- schottische Hochlandrinder aufgrund ihres vehementen und wirkungsvollen Schutz- und Pflegeverhaltens als Muttertiere im kritischen Zeitraum nach dem Abkalben nicht besonders vorsichtig verwahrt, weil diese auf Menschen in geringer Distanz entweder mit dem Kalb davonlaufen oder unvermittelt mit Angriff reagieren.
- sein Weidevieh in schadhaften Einzäunungen neben einer Straße hält;
- einen Tiertransport, wenngleich auf übliche, aber dennoch gefährliche Weise durchführt (z.B. einen Stiertrieb auf der Straße), obwohl die Gefährlichkeit erkennbar ist und ein ungefährlicher Transport auf einem Fahrzeug zumutbar wäre;
- der gebotenen Vorsicht bei der üblichen Tierverwahrung je nach Tierart nicht entspricht;
- seine Hühner von einer häufig befahrenen Landesstraße nicht fernhält;
- seine Pferdeherde nur mit einem Elektrozaun umgibt; dieser stellt für Pferde keine ausreichende Verwahrung dar; wohl aber genügt für Rinder im allgemeinen ein solcher Zaun.

Keine Vernachlässigung der ordnungsgemäßen Tierverwahrung und somit auch kein Verschulden liegt vor, wenn z.B.

- Hühner in ländlichen Gegenden nicht in umzäunten Höfen oder auf untergeordneten Nebenstraßen umherlaufen; insbesondere müssen Kraftfahrer im ländlichen Raum mit der Anwesenheit von Federvieh auf wenig frequentierten Straßen rechnen;
- der Tierhalter bei der Tierhaltung, beim Tiertransport oder Viehtrieb, bei der Verladung und dergleichen alle erforderlichen und vernünftigerweise zu erwartenden Vorkehrungen aufgrund der bekannten oder erkennbaren Eigenschaften und des bisherigen Verhaltens des Tieres trifft und trotzdem das Tier unerwartet einem anderen einen Schaden zufügt.

Die Verwahrungs- und Beaufsichtigungspflicht geht also nicht so weit, dass durch überspannte Forderungen die Haltung von Haustieren faktisch unmöglich gemacht wird, sondern es genügt die **übliche Verwahrung** je nach der betreffenden Tierart.

* ABGB § 1332a

6. Wegehaftung

Der Halter des Weges, der für den ordnungsgemäßen Wegzustand verantwortlich ist, haftet für den Ersatz des Schadens, wenn durch den mangelhaften Wegzustand **vorsätzlich oder grob fahrlässig** ein Mensch getötet, an seinem Körper oder seiner Gesundheit verletzt oder eine Sache beschädigt wird.
Der Halter des Weges haftet dann nicht und der geschädigte Wegbenützer kann sich auf den mangelhaften Wegzustand nicht berufen, wenn der Schaden bei einer **unerlaubten oder widmungswidrigen Benützung** des Weges entstanden ist und die Unerlaubtheit dem Benützer entweder nach der Art des Weges oder durch entsprechende **Verbotszeichen**, eine **Abschrankung** oder eine sonstige Absperrung des Weges erkennbar gewesen ist. Der Halter des Weges ist derjenige, der die Kosten für die Errichtung und Erhaltung des Weges trägt sowie die

Verfügungsmacht hat, die entsprechenden und erforderlichen Maßnahmen, wie z.B. die Sanierung, Beseitigung einer Gefahr oder gegebenenfalls auch die Absperrung, zu setzen; Halter des Weges kann z.B. bei Privatwegen der Grundeigentümer, Fruchtnießer, Pächter oder der Wegservitutsberechtigte bzw. mehrere gemeinsam, bei öffentlichen Straßen und Wegen in der Regel die Gebietskörperschaft (Bund, Land oder Gemeinde) sein.
Ein Weg ist eine Landfläche, die von jedermann unter den gleichen Bedingungen für den Verkehr jeder Art oder für bestimmte Arten des Verkehrs benützt werden darf, auch wenn sie nur für einen eingeschränkten Benützerkreis bestimmt ist. Ob der Zustand eines Weges mangelhaft ist, richtet sich danach, was nach der Art und Widmung des Weges für seine Anlage und Betreuung angemessen und zumutbar ist.
„Angemessen“ ist die objektive Komponente, was verkehrstechnisch zur Sicherung der zulässigen Benützung erforderlich erscheint. **„Zumutbar“** ist die subjektive Komponente, was im Einzelfall vom Weghalter und seinen Erfüllungsgehilfen den Umständen entsprechend zu erwarten war.

Sonderregelung im Wald

a) Für den (gefährlichen) Zustand des Waldes einschließlich der dort verlaufenden Fußsteige oder Karrenwege abseits öffentlicher Straßen trifft den Waldeigentümer oder Berechtigten keine Verkehrssicherungspflicht. Der Waldbesucher hat selbst auf die Gefahren zu achten.
b) Für **Forststraßen** besteht jedoch die **volle Haftung** des Weghalters gegenüber **befugten Benützern**; ebenso für jene Fußsteige und Karrenwege, die durch entsprechende Kennzeichnung wie **Markierungen und Wegweiser** der Benützung durch die Allgemeinheit ausdrücklich **gewidmet** sind.
c) Die **Haftung** des Waldeigentümers besteht auch für den (gefährlichen) **Waldzustand entlang** öffentlicher Straßen und Wege, entlang Forststraßen und gekennzeichneter Waldwege und betrifft Gefahren durch morsche oder windwurfgefährdete Äste und Bäume.
Für Schäden durch **Erdrutschung** oder **Steinschlag** schließt der OGH eine Haftung jedoch aus; trotzdem sollte bei erkennbarer Gefahrenlage gewarnt oder gesperrt werden.

Strafrechtliche Haftung

Bei schuldhafter Gefährdung der körperlichen Sicherheit von Personen durch Unterlassung dieser Weghalterpflichten kann auch eine strafrechtliche Verfolgung eintreten.

Vernachlässigung der Streupflicht

Die Streupflicht durch den Weghalter bzw. seiner Leute richtet sich nach dem Verkehrsbedürfnis und der Zumutbarkeit entsprechender Maßnahmen im Einzelfall. Bei einer **gefährlichen Gefällstrecke** kann es **grob fahrlässig** sein, wenn nur **Splitt** gestreut und kein – umweltverträgliches – **Auftaumittel** verwendet wird.

Keine Haftung des Weghalters

- Wer eigenmächtig einen abgeschrankten oder mit einer Verbotstafel versehenen Privatweg benützt und dabei Schaden erleidet;
- wer einen Waldweg, eine Forststraße oder einen Servitutsweg den Wegverhältnissen entsprechend zu schnell befährt.

7. Verjährung

Schadenersatzansprüche verjähren in drei Jahren ab dem Zeitpunkt, zu welchem der Schaden und die Person des Schädigers dem Geschädigten bekannt werden, ansonsten jedenfalls in 30 Jahren.

Beachte: Bei Unternehmensgeschäften besteht eine sofortige Untersuchungspflicht und die nachweisliche Anzeigepflicht von Schäden binnen 14 Tagen, ansonsten der Geschädigte seinen Schadenersatzanspruch trotz der 3-jährigen Verjährungsfrist verliert (siehe auch: Gewährleistung X/C).

E. Produkthaftung – Produktsicherheit

Früher hat jemand mit seinen Ansprüchen aus der Fehlerhaftigkeit eines Produktes zumindest teilweise nichts erreicht, weil das

- Gewährleistungsrecht lediglich den Mangel, aber nicht den Folgeschaden erfasste,
- Schadenersatzrecht mangels Verschuldens nicht zur Anwendung gelangte.

1. Produkthaftung

In der EU zielt die **Produkthaftungs-Richtlinie** 85/374/EWG auf den finanziellen Ausgleich von Produktfolgeschäden ab.
In Österreich schließt das **Produkthaftungsgesetz** die Lücke, wenn den Verkäufer am Folgeschaden kein Verschulden trifft und besagt:

a) Haftung

Wird durch den **Fehler eines Produktes** ein Mensch getötet, verletzt oder geschädigt oder eine andere Sache beschädigt, so **haftet für den Ersatz des Schadens** entweder der **herstellende Unternehmer** oder der **Unternehmer** (Importeur), der es in den EWR eingeführt und in Verkehr gebracht hat.
Kann der Hersteller oder Importeur nicht festgestellt werden, so haftet der Unternehmer, der es in Verkehr gebracht hat (Landmaschinen-, Samenhändler usw.). Allerdings ist nur der Schaden mit dem **500 EURO übersteigenden Teil** (Selbstbehalt) zu ersetzen und dies nur dann, wenn den Schaden **nicht ein Unternehmer** erlitten hat.

b) Produkt

ist **jede bewegliche körperliche Sache,** auch wenn sie Teil einer anderen beweglichen Sache oder mit einer unbeweglichen Sache verbunden worden ist, einschließlich Energie.

Sämtliche land- und forstwirtschaftliche Naturprodukte (das sind Boden-, Viehzucht- und Fischereierzeugnisse) **und Wild** fallen unter diese Bestimmungen.
Der Land- und Forstwirt haftet nicht nur bei verarbeiteten und veredelten Naturprodukten für eingetretene Personen- und Sachschäden, sondern auch für derartige nachteilige Folgen aus den Naturprodukten, z.B. beim Trinken von ungekochter Milch oder bei der Verwendung ungekochter Eier (Salmonellen!). Der Landwirt hat somit eine gewisse Verantwortung für den Ge- und Verbrauch seiner Produkte durch den Konsumenten. Er muss daher Angaben über das Produkt und Gebrauchshinweise deutlich und verständlich formulieren!

c) Fehler

Ein Produkt ist fehlerhaft, wenn es nicht die Sicherheit bietet, die man unter Berücksichtigung aller Umstände zu erwarten berechtigt ist, besonders angesichts
a) der Darbietung des Produktes,
b) des Gebrauches des Produktes, mit dem billigerweise gerechnet werden kann,
c) des Zeitpunktes, zu dem das Produkt in Verkehr gebracht worden ist.

Ein Produkt ist nicht allein deshalb fehlerhaft, weil später ein verbessertes Produkt in Verkehr gebracht worden ist.

d) Haftungsausschluss

Die Haftung kann nicht durch den Mangel eines Verschuldens, sondern nur durch einige im Gesetz ausdrücklich angeführte Haftungsausschlüsse ausgeschlossen werden.

e) Verjährung

Schadenersatzansprüche verjähren an sich in **drei Jahren**, nach diesem Bundesgesetz aber **längstens in zehn Jahren** ab dem Zeitpunkt, zu dem der Ersatzpflichtige das Produkt in Verkehr gebracht hat.

2. Produktsicherheit

a) In der **EU soll mit einigen Richtlinien*** sichergestellt werden, dass die in Verkehr gebrachten Produkte (Lebensmittel, Kosmetika und andere Erzeugnisse) sicher sind, dass die Gesundheit und Sicherheit der Verbraucher nicht gefährdet werden, gefährliche Zubereitungen gekennzeichnet werden und aus Drittländern eingeführte Erzeugnisse mit den geltenden Produktsicherheitsvorschriften übereinstimmen.

Die **Produktsicherheits-Richtlinie** 01/95/EG zielt auf die Vorbeugung von Produktfolgeschäden (Prävention) ab. Sie gilt für jedes Produkt – auch für Dienstleistungen –, das für Verbraucher bestimmt ist und entgeltlich oder unentgeltlich im Rahmen einer Geschäftstätigkeit geliefert oder zur Verfügung gestellt wird, unabhängig davon, ob es neu, gebraucht oder wiederaufbereitet ist, jedoch nicht für Antiquitäten.

b) In **Österreich** regelt das **Produktsicherheitsgesetz 2004*** Sicherheitsanforderungen an Produkte, Verpflichtungen beim Inverkehrbringen sowie behördliche Maßnahmen zum Schutze von Leben und Gesundheit von Menschen vor Gefährdungen durch gefährliche Produkte. Produkte müssen den Sicherheitsanforderungen des Gesetzes entsprechen. Hersteller und Importeure dürfen nur sichere Produkte mit entsprechender Kennzeichnung in den Verkehr bringen und müssen den Verbraucher/innen Informationen, z.B. Warnhinweise oder Gebrauchsanweisungen, erteilen.

* Produkthaftungsgesetz, BGBl 1988/99 idF I 2001/98
Produktsicherheitsgesetz 2004, BGBl I 2005/16 idF I 2013/71
Normen für die allgemeine Sicherheit von Verbraucherprodukten, BGBl II 2009/61
RL 85/374/EWG idF 99/34/EG zur Angleichung der Vorschriften über die Haftung fehlerhafter Produkte
RL 87/357/EWG: Angleichung von Vorschriften für Erzeugnisse, deren tatsächliche Beschaffenheit nicht erkennbar ist und die Gesundheit oder Sicherheit der Verbraucher gefährden
RL 01/95/EG idF EG-VO 09/596 über die allgemeine Produktsicherheit
EG-VO 02/178 idF EU-VO 14/652 zur Errichtung der Behörde für Lebensmittelsicherheit und zur Festlegung von Verfahren zur Lebensmittelsicherheit
EG-VO 08/765 über Marktüberwachungs- und Produktsicherheitsvorschriften
EG-VO 08/1272 idF EU-VO 14/605 über die Einstufung, Kennzeichnung und Verpackung von Stoffen und Gemischen

F. Veräußerungs- und Belastungsverbot

1. Inhalt

Die Vertragsparteien können vereinbaren, dass der Übernehmer einer Sache oder Erwerber eines Rechtes die Sache oder das Recht ohne Zustimmung desjenigen, zu dessen Gunsten das Verbot eingeräumt wurde, nicht belasten oder veräußern darf. Solche Verbote werden oftmals in Schenkungsverträgen oder bäuerlichen Übergabsverträgen vereinbart.

2. Dauer

Das Veräußerungs- und Belastungsverbot gilt auf **Lebensdauer** desjenigen, zu dessen Gunsten es eingeräumt wurde. Es ist auch möglich, das Verbot auf eine **bestimmte Zeit** zu vereinbaren.

3. Wirkung

Das vertraglich vereinbarte Belastungs- und Veräußerungsverbot wirkt nur gegen den Vertragspartner. Es wirkt dann gegen jeden, wenn es ins Grundbuch eingetragen wird; eine grundbücherliche Einverleibung ist nur möglich, wenn es zwischen Ehegatten, eingetragenen Partnern, Eltern und Kindern, Wahl-, Stief- oder Pflegekindern oder deren Ehegatten begründet wird. Der mit dem Veräußerungs- und Belastungsverbot Verpflichtete kann die Sache oder das Recht nur mit Zustimmung des Berechtigten belasten und veräußern.

4. Einschränkungen

Das Veräußerungs- und Belastungsverbot kann auch mit bestimmten Einschränkungen begründet werden, wonach der Belastete zu gewissen Veräußerungen, wie z.B. Tauschgeschäften, oder gewissen zweckgebundenen Belastungen, wie z.B. Agrarinvestitionen, auch ohne ausdrückliche Zustimmung des Berechtigten berechtigt ist (siehe auch: bäuerlicher Übergabsvertrag XI/I/5).

G. Befestigung von Rechten

Verbindlichkeiten und Rechte können durch Verträge sichergestellt werden. Dazu gehören:

- Die Bürgschaft
- Das Pfand
- Die Kaution

1. Bürgschaft

Die Bürgschaft ist der zwischen einem Bürgen und einem Gläubiger schriftlich abgeschlossene Vertrag, in welchem sich der Bürge zur Befriedigung der Forderung des Gläubigers unter bestimmten Voraussetzungen verpflichtet. Die Bürgschaft gibt dem Gläubiger eine erhöhte Sicherheit. Sie wirkt nur in dem Umfang, als sich der Bürge verpflichtet hat. Als besondere Arten der Bürgschaft sind zu nennen:

a) **Die Ausfallsbürgschaft (Schadlosbürgschaft):** Der Gläubiger kann den Bürgen erst dann zur Zahlung heranziehen, wenn der Schuldner zahlungsunfähig ist und die Betreibung der Forderung gegen den Schuldner erfolglos geblieben ist.

b) **Die solidarische Bürgschaft (Bürge und Zahler):** Der Gläubiger kann vom Bürgen die Zahlung fordern, ohne vorher den Schuldner gemahnt zu haben.

c) **Sonstige Einschränkungen der Bürgschaft:** Die Bürgschaft kann z.B. auf **bestimmte Zeit,** bis zu einem **bestimmten** Höchstbetrag oder für einen **bestimmten Teil** der Schuld vereinbart werden.
Der Bürge hat dann, wenn er die Schuld bezahlt, das Recht, vom Schuldner die gesamte bezahlte Schuld samt Zinsen und Nebenkosten zurückzufordern. Dieses Rückforderungsrecht wird auch **Regressanspruch** genannt.

Beachte:

Die Übernahme einer Bürgschaft, das so genannte „Gutstehen", ist sehr genau zu überlegen. Sie ist **keine Formsache**, da der Bürge im Falle der Zahlungsunfähigkeit des Schuldners die Forderung des Gläubigers erfüllen muss. Die Bürgschaft ist deshalb nicht gefahrlos, da in den Fällen, wo ein Schuldner eine solide finanzielle Basis besitzt und somit kreditwürdig ist, der Gläubiger die Beibringung eines Bürgen wahrscheinlich nicht fordern wird. Gerade dort, wo die finanzielle Basis des Schuldners fehlt und sich der Schuldner in finanziellen Schwierigkeiten befindet, fordert der Gläubiger meist die Beistellung eines Bürgen. Der Bürge muss also eher damit rechnen, zur Zahlung herangezogen zu werden. Durch unüberlegte Bürgschaftsübernahmen kann sogar die eigene Existenz gefährdet oder vernichtet werden; aus diesem Grunde ist ein derartiges Entgegenkommen der Übernahme einer Bürgschaft nicht immer angezeigt.

2. Das Pfand

Der Pfandvertrag ist ein Vertrag, mit welchem der Schuldner oder ein anderer für ihn auf eine Sache dem Gläubiger das Pfandrecht wirklich einräumt; dem Gläubiger also das bewegliche Pfandstück (Hand- oder Faustpfand) übergibt oder das unbewegliche Pfand (Liegenschaftspfand oder Hypothek) ins Grundbuch eintragen lässt. Die Verpfändung dient ebenfalls der Sicherung von Rechten und Verbindlichkeiten. Notwendige Voraussetzungen für das Bestehen eines Pfandvertrages sind, dass

- **das Hand- oder Faustpfand** (bewegliche Sache) dem Gläubiger in seine Gewahrsame **übergeben** wird;
- **das Liegenschaftspfand oder Hypothek** (unbewegliche Sache) im **Grundbuch einverleibt** wird. Beim Liegenschaftspfand verbleibt der Pfandgegenstand im Besitze des Schuldners.

Verwertung des Pfandes

Wenn der Schuldner die Verbindlichkeit nicht erfüllt, z.B. die Schuld nicht bezahlt oder die Leistung nicht erbringt, kann der Gläubiger die Versteigerung der Pfandsache im Gerichtswege verlangen.

3. Die Kaution

Die Kaution ist die Hingabe eines Geldbetrages in die Gewahrsame des Gläubigers zur Sicherung einer Verbindlichkeit oder eines Anspruches.

Rückgabe der Sicherstellung

Sobald der Schuldner die Verbindlichkeit erfüllt hat, muss der Pfandnehmer das Hand- oder Faustpfand dem Verpfänder zurückgeben, der Kautionsnehmer muss die Kaution zurückstellen. Wenn zur Sicherstellung eine Hypothek im Grundbuch einverleibt ist, muss der Gläubiger dem Verpfänder die Möglichkeit geben, die Löschung des Pfandrechtes aus dem Grundbuch mit einer Löschungsbewilligung vornehmen zu können.

H. Wechsel

Die Ausstellung eines Wechsels stellt eine weitere Möglichkeit dar, eine Forderung zu sichern. Die Wechselschuld zählt zu den abstrakten Rechtsgeschäften; daher können vom Wechselschuldner keine Einwendungen aus dem Grundgeschäft (z.B. Kaufvertrag und dergleichen) geltend gemacht werden. Der Wechsel ist bei dessen Fälligkeit einzulösen, gleichgültig, ob das Grundgeschäft (z.B. Lieferung einer Sache oder dergleichen) erfüllt worden ist oder nicht, ob Mängel im Grundgeschäft bestehen oder sonstige Einwendungen gerechtfertigt sind. Aus diesem Grunde ist die Unterfertigung eines Wechsels zur Forderungssicherung genau zu überlegen. Die Ausstellung von Wechseln ist hauptsächlich im Handelsgewerbe üblich.

I. Zession

Wenn eine Forderung von einer Person an eine andere übertragen und von dieser angenommen wird, entsteht eine Umänderung eines Rechtes unter Hinzukunft eines neuen Gläubigers; diese wird **Zession** oder **Forderungsabtretung** genannt. Sobald der Schuldner von der Forderungsabtretung Kenntnis erlangt hat, darf er die Forderung mit schuldbefreiender Wirkung **nur** an den neuen Gläubiger erfüllen:

Beispiel:

Eine Landmaschinenfirma liefert dem Landwirt einen Traktor mit einem Zahlungsziel von einem halben Jahr. Die Firma benötigt den Kaufpreis aber sofort, besorgt sich die Kaufpreissumme bei einer Bank und tritt die Forderungen aus der Traktorlieferung gegen den Landwirt an die Bank ab. Die Bank teilt die Annahme der Forderungsabtretung in der Folge dem Landwirt schriftlich mit. Der Landwirt darf mit schuldbefreiender Wirkung die offene Forderung nur mehr an die Bank bezahlen, obwohl das Grundgeschäft mit der Landmaschinenfirma abgeschlossen worden ist. Solange eine Verständigung über die Forderungsabtretung an den Landwirt nicht ergangen ist, kann er mit schuldbefreiender Wirkung selbstverständlich an die Landmaschinenfirma bezahlen.

J. Vergleich

Der Vergleich ist ein **Neuerungsvertrag,** durch welchen **streitige oder zweifelhafte Rechte** so bestimmt werden, dass jede Vertragspartei sich wechselseitig verpflichtet, etwas zu geben, zu tun oder zu unterlassen.

Der Zweck des Vergleiches liegt darin, dass die Vertragsparteien sich aus wirtschaftlichen Erwägungen oder zur Bereinigung von Differenzen und rechtlichen Meinungsverschiedenheiten wechselseitig durch teilweises Abstehen (Verzicht) von ihren behaupteten Ansprüchen oder Rechten einigen und damit entweder eine Austragung der Rechtsstreitigkeit im Gerichtswege verhindern **(außergerichtlicher Vergleich)** oder das Gerichtsverfahren vorzeitig ohne gerichtliche Entscheidung beenden **(gerichtlicher Vergleich).**

K. Anerkenntnis

Das Anerkenntnis ist ein Vertrag, wonach ein Gläubiger ernstlich eine Forderung behauptet und der Schuldner die Zweifel an deren Bestand durch seine Anerkenntniserklärung beseitigt.

Eine **deklarative (unechte) Anerkennung** liegt vor, wenn ursprünglich ein Rechtsgrund für eine Forderung bestanden hat. Sie ist beispielsweise dann erforderlich, wenn eine bestehende unbestrittene Forderung zu verjähren droht, der Gläubiger aber nicht klagen will.

Eine **konstitutive (echte) Anerkennung** liegt vor, wenn die Zweifel am Bestand einer Forderung oder die entstandene Unsicherheit durch die Erklärung des Schuldners beseitigt werden, die Verpflichtung auch für den Fall zu begründen, dass sie bisher nicht bestanden hat. Dazu gehören z.B. die Abgabe einer Erklärung, sich zur Leistung von Schadenersatz zu verpflichten, oder die Ausstellung eines Schuldscheines und dergleichen.

XI. Einzelne Vertragsarten

A. Schenkung

Die Schenkung ist ein Vertrag, wodurch jemandem eine **Sache unentgeltlich überlassen** wird und der Beschenkte die Sache annimmt. Aus einem mündlichen Schenkungsversprechen ohne Übergabe des Geschenkobjektes erwächst dem Geschenknehmer kein Anspruch auf die Schenkung, den er im Klagsweg durchsetzen kann.

Bei einer Schenkung ist sohin die **tatsächliche Übergabe** des Geschenkobjektes an den Geschenknehmer **erforderlich**. Schenkungsverträge ohne wirkliche Übergabe (z.B. Schenkung, deren Erfüllung erst später erfolgt) bedürfen zu ihrer Gültigkeit eines **Notariatsaktes**.

Widerruf von Schenkungen

Schenkungen können in der Regel **nicht** widerrufen werden. Der Widerruf einer Schenkung ist **ausnahmsweise** nur dann möglich, wenn

a) der Geschenkgeber in solche Dürftigkeit gerät, dass es ihm am notwendigen Unterhalt mangelt,

b) der Geschenknehmer sich gegen den Geschenkgeber eines groben Undankes, das wäre z.B. eine strafrechtlich verfolgbare Verletzung an Leib, Ehre, Freiheit oder Vermögen, schuldig macht,

c) der Geschenkgeber durch die Beschenkung eines anderen seine Unterhaltspflicht verletzt; z.B. verschenkt der Geschenkgeber sein gesamtes Vermögen und ist dann mittellos, obwohl er minderjährige Kinder zu versorgen hat,

d) der Geschenkgeber durch die Beschenkung eines anderen Pflichtteilsansprüche verletzt; z.B. verschenkt der Geschenkgeber kurz vor seinem Tod sein gesamtes Vermögen, da er mit seinen Kindern im Streit lebt; nach seinem Tod können seine Kinder vom Beschenkten bis zur Höhe des ihnen zustehenden Pflichtteiles die Herausgabe des Wertes des Geschenkes verlangen.

e) der Geschenkgeber zum Nachteil seiner Gläubiger Schenkungen vornimmt.

Aufgeschobene oder bedingte Schenkung

Aus bestimmten Gründen und Motiven kann der Schenkungsvertrag zwar sofort abgeschlossen werden, die Wirksamkeit des Vertrages aber erst zu einem späteren Zeitpunkt erfolgen; ebenso kann der Schenkungsvertrag zwar mit sofortiger Wirksamkeit abgeschlossen werden, die Schenkung aber bei Eintritt einer vertraglich festgelegten Bedingung wieder aufgehoben werden, z.B.

1. Schenkung auf den Todesfall

Sie ist eine Schenkung, deren **Wirksamkeit (Erfüllung) erst nach dem Tode** des Geschenkgebers erfolgen soll. Gültig ist diese Schenkung nur dann, wenn der Geschenknehmer die Schenkung annimmt und der Schenkungsvertrag in **Form eines Notariatsaktes** errichtet wird.

Diese Form der Schenkung wird dann zu wählen sein, wenn der Geschenkgeber das Verfügungsrecht, also den Besitz am Geschenkobjekt, z.B. an einem Fernsehgerät, einer Bauerntruhe, einem Haus oder Grundstück oder auch einer ganzen Liegenschaft und dergleichen, solange er lebt, noch nicht aufgeben will oder dies gar nicht kann, weil er das Geschenkobjekt noch selbst zur Benützung benötigt. Der gleiche Zweck wie bei der Schenkung auf den Todesfall wird auch erreicht, wenn ein Schenkungsvertrag mit sofortiger Wirksamkeit abgeschlossen und dem Geschenkgeber ein **Fruchtgenussrecht** (siehe: VII/A(1c) auf Lebenszeit eingeräumt wird.

2. **Auf bestimmte Zeit aufgeschobene Schenkung**

   Sie ist eine Schenkung, deren **Wirksamkeit erst zu einem bestimmten späteren Zeitpunkt** erfolgen soll. Auch bei dieser Form der Schenkung muss der Geschenknehmer die Schenkung annehmen und der Vertrag in **Form eines Notariatsaktes** errichtet werden.
   Diese Form der Schenkung wird dann zu wählen sein, wenn der Geschenkgeber das Verfügungsrecht am Geschenkobjekt erst in einigen Jahren oder zu einem festbestimmten Zeitpunkt, wie z.B. am 65. Geburtstag, aufgeben will.

3. **Bedingte Schenkung unter Ehegatten** (Schenkung statt Ehepakt)

   Ehegatten, die eine Gütergemeinschaft (siehe: III/A/2b) insbesondere wegen der z.T. nachteiligen Folgen nicht begründen wollen, können diese Form der Schenkung wählen. Mit der Schenkung eines ideellen Anteiles – in der Regel die Hälfte – an den anderen Ehegatten können sie die Miteigentumsgemeinschaft am landwirtschaftlichen Betrieb erreichen. Die Schenkung kann

   - **bedingungslos** oder
   - **unter der Bedingung** erfolgen, dass
     a) der aufrechte Fortbestand der Ehe zwischen Geschenkgeber und Geschenknehmer Grundlage der Schenkung ist;
     b) der Geschenkgeber berechtigt ist, diesen Schenkungsvertrag für aufgehoben zu erklären und vom Geschenknehmer die Rückgabe des geschenkten Anteiles zu verlangen, wenn diese Ehe rechtskräftig geschieden wird und der Grund der Ehescheidung in der Person des Geschenknehmers gelegen ist;
     c) das vorgenannte Verlangen dann nicht gestellt werden kann, wenn auch der Geschenkgeber an der Ehescheidung allein oder überwiegend schuldig ist.

   Diese mögliche Bedingung kann im Schenkungsvertrag dann vereinbart werden, wenn der Geschenkgeber eine solche ausdrücklich wünscht; ansonsten gilt die Schenkung als bedingungslos und endgültig – mit Ausnahme der eingangs genannten allgemeinen Widerrufungsgründe – abgeschlossen.

B. Verwahrung

Wenn jemand eine fremde **Sache in seine Obsorge übernimmt**, so entsteht ein Verwahrungsvertrag. Dem Verwahrer steht weder das Eigentum noch der Besitz noch das Gebrauchsrecht an der verwahrten Sache zu; er ist lediglich Inhaber mit der Pflicht, die ihm anvertraute Sache zu verwahren, vor Schaden zu schützen und dem Hinterleger nach Verlauf der Verwahrungszeit in dem Zustand, wie er die Sache übernommen hat, zurückzustellen (z.B. Garderobe). Ein allfälliger Zuwachs (Früchte) gehört dem Eigentümer der verwahrten Sache. Im Verwahrungsvertrag können jedoch zusätzliche oder abweichende Vereinbarungen getroffen werden; z.B. dass der Verwahrer von Tieren diese zu füttern hat oder die Früchte für sich verwenden kann und dergleichen.

C. Leihe

Wenn jemandem eine unverbrauchbare Sache (z.B. Traktor, Buch, Arbeitsgerät und dergleichen) **bloß zum unentgeltlichen Gebrauch auf eine bestimmte Zeit überlassen** wird, entsteht ein Leihevertrag.

Der Entlehner ist verpflichtet, die Sache nur vereinbarungsgemäß zu gebrauchen, und haftet für Schäden, die durch sein Verschulden entstanden sind; er hat auch die Erhaltungskosten der entlehnten Sache, z.B. bei Tieren die Fütterung und Pflege, zu bestreiten.

Bittleihe

Wenn weder die Gebrauchsdauer noch die Gebrauchsabsicht vereinbart wurde, so entsteht lediglich eine unverbindliche Bittleihe (Prekarium) und der Verleiher kann die entlehnte Sache nach Willkür (Belieben) zurückfordern (§ 974 ABGB). Unter diese Bestimmung fällt auch die **Benützung des Weges**, welche vom Grundeigentümer des Weges dem Wegbenützer nur **gegen jederzeitigen Widerruf** aufgrund seines Ersuchens gestattet wird. Durch die Benützung aufgrund einer Bittleihe entsteht keine Dienstbarkeit, sofern der Wegbenützer innerhalb der Ersitzungszeit mehr oder weniger oft um die Benützung bittet und der Grundeigentümer des Weges diese Benützung lediglich bittweise gestattet. Für allfällige Beweiszwecke ist es sehr ratsam, dass der Grundeigentümer vom bittweisen Wegbenützer ein schriftliches Ersuchen verlangt, damit nicht in späteren Jahren Unklarheiten oder Differenzen entstehen, ob der Weg nun bittweise benützt wurde oder aber ein Servitutsrecht ersessen wurde.

Muster:

Name und Adresse des bittweisen Wegbenützers

An NN (Wegeigentümer)

Betrifft: bittweise Wegbenützung

Ich ersuche höflichst, mir bittweise gegen jederzeitigen Widerruf gemäß § 974 ABGB die Benützung des .... Weges .... zu gestatten.

Ort, Datum   Unterschrift des Wegbenützers

D. Darlehen

Wenn jemandem verbrauchbare **Sachen oder Geld** oder Schuldscheine unter der Bedingung **übergeben** werden, dass er darüber willkürlich verfügen kann, aber nach einer bestimmten Zeit ebensoviel von derselben Gattung und Güte **mit oder ohne Zinsen zurückgeben** soll, so entsteht ein Darlehensvertrag.

Zinsen sind das für die Gewährung des Darlehens vereinbarte Entgelt; sie werden in der Regel in Prozenten (Hundertteilen) des Kapitals ausgedrückt und sind im Zweifel als Jahreszinsen zu verstehen. Sind nur Zinsen vereinbart worden, ohne dass ein Zinsfuß genannt wurde, so sind die gesetzlichen Zinsen, die von der Behörde jeweils festgelegt werden und derzeit für Private vier Prozent, für Kaufleute fünf Prozent betragen, zu bezahlen.

Schuldschein

Der schriftlich ausgefertigte Darlehensvertrag wird Schuldschein oder Schuldurkunde genannt. Er hat folgende Punkte zu enthalten:

- Die Bezeichnung des Gläubigers und des Schuldners;
- Gegenstand und Betrag des Darlehens; wenn das Darlehen in Geld gegeben wird, die Gattung (Währung) desselben und allfällige Zinsen;
- Fälligkeit des Darlehens oder der Teilbeträge (Raten);
- allfällige Bedingungen, die sich auf Bezahlung der Hauptschuld und die zu entrichtenden Zinsen beziehen;
- Datum, Unterschrift des Gläubigers und des Schuldners.

Soll im Grundbuch ein Pfandrecht für die Darlehensforderung (Hypothek) eingetragen werden, muss der Schuldschein zusätzlich noch die Einverleibungsklausel enthalten und muss in diesem Falle die Unterschrift des Gläubigers und des Schuldners beglaubigt sein.

Darlehensverträge zwischen Ehegatten bedürfen zu ihrer Gültigkeit eines Notariatsaktes.

E. Bevollmächtigung

Der Bevollmächtigungsvertrag entsteht, wenn jemand, z.B. ein Rechtsanwalt, ein ihm **aufgetragenes Geschäft** im Namen eines anderen **zur Besorgung übernimmt**. Er kann schriftlich oder mündlich abgeschlossen werden. Die schriftliche Urkunde wird **Vollmacht** genannt.

Die Vollmacht kann eine allgemeine **(Generalvollmacht)** oder eine besondere **(Spezialvollmacht)** sein, je nachdem, ob jemandem die Besorgung aller oder nur einiger, bestimmter Geschäfte anvertraut wird; sie kann **uneingeschränkt** oder **eingeschränkt** sein, je nachdem, ob jemand das Geschäft nach seinem besten Wissen und Gewissen leisten kann oder nur in den Grenzen und der Art, wie es ihm vom Auftraggeber vorgeschrieben wurde. Für bestimmte Rechtsgeschäfte schreibt das Gesetz die Ausstellung **einer Gattungs- oder Einzelvollmacht** vor.

- Der Machtgeber (Bevollmächtiger) kann die Vollmacht jederzeit nach Belieben widerrufen; er hat dem Machthaber die in der Zwischenzeit anfallenden Kosten zu ersetzen sowie einen angemessenen Teil seiner Belohnung zu entrichten.
- Auch der Machthaber (Bevollmächtigter) seinerseits kann die angenommene Vollmacht aufkündigen; er hat aber alle Schäden zu ersetzen, die durch die vorzeitige, vor Vollendung des aufgetragenen Geschäftes vorgenommene Aufkündigung entstehen.

Neben der **vertraglichen Bevollmächtigung** gibt es noch die **gerichtliche Bevollmächtigung** (z.B. für Vormünder bei minderjährigen Kindern, Sachwalter für behinderte Personen) und die **gesetzliche Bevollmächtigung** (z.B. der Eltern für ihre eigenen Kinder).

F. Tausch

Der Tausch ist ein Vertrag, wodurch jemandem eine **Sache gegen eine andere Sache überlassen** wird (Austausch einer Ware gegen eine andere Ware). Geld ist an sich kein Gegenstand des Tauschvertrages, wohl aber Gold und Silber oder bestimmte Münzsorten. Die Tauschpartner sind verpflichtet, die vertauschten Sachen vereinbarungsgemäß in den Besitz des anderen zu übergeben bzw. zu übernehmen.

Tauschverträge zwischen Ehegatten bedürfen zu ihrer Gültigkeit eines Notariatsaktes.

G. Kauf

Der Kauf ist ein Vertrag, wodurch eine **Sache (Ware) um einen bestimmten Geldbetrag** (Kaufpreis) einem anderen **überlassen** wird (Austausch Ware gegen Geld).

Der Kaufvertrag kommt bereits dann zustande, wenn zwischen Verkäufer und Käufer Einigung über Ware und Preis erzielt wurde.

1. Erfordernisse des Kaufvertrages

Der Kaufpreis muss in barem Geld bestehen; er muss bestimmt und darf nicht gesetzwidrig sein. Käufer und Verkäufer können die Festsetzung des Kaufpreises auch einer anderen bestimmten Person überlassen. Wo ein amtlicher Preis festgelegt ist (Preisregelungsvorschriften), darf dieser nicht überschritten werden.

2. Wirkung des Kaufvertrages

Der Käufer erwirbt das Eigentum am Kaufobjekt erst mit der Übergabe. Der Verkäufer ist verpflichtet, das Kaufobjekt bis zur Übergabe sorgfältig zu verwahren und es dem Käufer zum vereinbarten Zeitpunkt und am gehörigen Ort zu übergeben, während der Käufer verpflichtet ist, das Kaufobjekt sofort oder zum vereinbarten Zeitpunkt zu übernehmen und den vereinbarten Kaufpreis bar zu bezahlen. Abweichende Vereinbarungen können von den Vertragsteilen getroffen werden.

3. Übergang der Gefahr und Nutzung des Kaufobjektes

Geht das Kaufobjekt zwischen Abschluss des Kaufvertrages und der Übergabe zur Gänze oder überwiegend unter oder wird es zerstört, gilt der Verkauf als nicht zustandegekommen. Der Verkäufer hat das Recht, das Kaufobjekt bis zum Übergabszeitpunkt zu benützen; er trägt aber auch das Risiko der durch Zufall erfolgten Verschlechterung des Kaufobjektes. Der Übergang von Gefahren und Nutzen des Kaufobjektes erfolgt in der Regel mit der Übergabe an den Käufer.

4. Besondere Arten des Kaufvertrages

Verkäufer und Käufer können sich durch Nebenabreden (zusätzliche Vereinbarungen) zum Kaufvertrag je nach Absicht verschiedene Rechte und Befugnisse einräumen, z.B.:

a) **Wiederkaufsrecht**

Es ist das Recht des Verkäufers, eine verkaufte Sache wieder einzulösen, d.h. zurückzukaufen. Es kann nur bei unbeweglichen Sachen (Grundstücken, Liegenschaften) und nur auf Lebenszeit des Verkäufers vereinbart werden. Der Käufer wird zwar Eigentümer des Kaufobjektes. Er hat dieses aber auf Verlangen des Verkäufers gegen Rückerstattung des Kaufpreises in einem gleichwertigen Zustand zurückzustellen. Die inzwischen von beiden Vertragsteilen aus dem Kaufpreis und dem Kaufobjekt gezogenen Nutzungen (Zinsen) gelten als gegenseitig aufgehoben.

b) **Rückverkaufsrecht**

Es gelten dieselben Bestimmungen wie für das Wiederkaufsrecht, nur mit umgekehrten Vorzeichen; hier ist der Käufer berechtigt, das Kaufobjekt dem Verkäufer wieder zurückzuverkaufen.

c) **Vorkaufsrecht**

Es ist das Recht, eine Sache, wenn sie verkauft wird, zu den vom Verkäufer begehrten und von einem anderen Interessenten angebotenen Bedingungen vor jedem anderen einzulösen, d.h. zu kaufen. Die Absicht des Verkaufes steht jedoch im freien Belieben des Verkäufers.

Das Vorkaufsrecht kann z.B.

- vom Käufer einer Sache dem Verkäufer unter der Bedingung eingeräumt werden, dass der Käufer, wenn er die Sache wiederverkaufen will, dem Verkäufer (in diesem Fall dem Vorkaufsberechtigten) die Einlösung anbieten muss. Dieser Fall ist dem Wiederkaufsrecht ähnlich; hier kann aber der Eigentümer der Sache bestimmen, ob er die Sache überhaupt verkaufen will;
- im Zuge eines Verkaufes einer Sache, z.B. eines Grundstückes, dem Käufer für eine weitere Sache, z.B. für ein angrenzendes Grundstück, eingeräumt werden;
- in einem Pacht- oder Mietvertrag oder auch in Verbindung mit einem solchen dem Pächter oder Mieter eingeräumt werden;
- auch unabhängig von einem Kauf-, Pacht- oder sonstigen Vertrag einer bestimmten Person eingeräumt werden;
- gleichzeitig mehreren Personen eingeräumt werden.

Das Vorkaufsrecht ist ein persönliches Recht; es kann vom Berechtigten nicht an eine andere Person abgetreten oder auf die Erben übertragen werden; es kann aber bei unbeweglichen Sachen (Grundstücken, Liegenschaften) durch Eintragung ins Grundbuch in ein dingliches, d.h. gegen jedermann wirksames Recht umgewandelt werden. Das Vorkaufsrecht kann bei anderen Veräußerungsarten wie z.B. Schenkungen, Erbschaften, bäuerlichen Übergaben und dergleichen nicht ausgeübt werden; es bleibt aber in diesen Fällen weiter bestehen.

Anbietung – Einlösung des Vorkaufsrechtes

Der Verkäufer muss die Sache dem Vorkaufsberechtigten unter Nennung der Kaufbedingungen zum Kauf anbieten. Der Vorkaufsberechtigte muss bei beweglichen Sachen innerhalb von 24 Stunden, bei unbeweglichen Sachen innerhalb von 30 Tagen nach der Anbietung (d.h. nach Mitteilung der Verkaufsbedingungen) durch den mit dem Vorkaufsrecht Belasteten (Verkäufer) die Sache bei sonstigem Verlust des Rechtes tatsächlich einlösen. Ändert der Verkäufer die Verkaufsbedingungen, insbesondere den Kaufpreis, muss er dem Vorkaufsberechtigten die Sache mit den neuen Bedingungen wiederum anbieten. Hat der Verkäufer dem Vorkaufsberechtigten die Sache nicht angeboten, haftet er ihm für allen Schaden. Bei einem verbücherten Vorkaufsrecht kann der Vorkaufsberechtigte die verkaufte Sache dem Käufer abfordern; ansonsten steht ihm nur ein Schadenersatzanspruch zu. Ein Schadenersatzanspruch besteht nicht, wenn der Vorkaufsberechtigte bei gehörigem Angebot von seinem Vorkaufsrecht keinen Gebrauch gemacht hat.

d) **Kauf auf Probe**

Kauf auf Probe liegt vor, wenn der Kaufvertrag unter der Bedingung abgeschlossen wird, dass der Käufer das Kaufobjekt innerhalb einer bestimmten Frist zurückgeben kann, er also zunächst nur bedingt verpflichtet ist, während der Verkäufer sofort und unbedingt bis zum Ablauf der Probezeit gebunden ist. Ist die **Dauer der Probezeit** durch Vereinbarung nicht bestimmt worden, so wird sie bei beweglichen Sachen auf **drei Tage**, bei unbeweglichen Sachen auf **ein Jahr** angenommen.

Der Kaufvertrag ist endgültig, wenn ihn der Käufer entweder innerhalb der Probezeit ausdrücklich genehmigt hat oder bei einer bereits erfolgten Übergabe des Kaufobjektes, sei es zum Zwecke der Besichtigung oder Probe, bis nach Ablauf der Probezeit schweigt.

Der Käufer ist während der Probezeit nicht verpflichtet, die Sache zu probieren; er ist auch nicht zur Genehmigung verpflichtet, wenn die Probe für ihn zufriedenstellend verlaufen ist. Er kann innerhalb der Probezeit **nach Belieben** oder aus welchem anderen Motiv immer die Genehmigung versagen.

Beispiel:

Ein Bauer kauft eine Landmaschine „auf Probe". Die Feldprobe verläuft an sich zu seiner Zufriedenheit, jedoch kommen dem Käufer während der Probezeit Bedenken, ob der Ankauf überhaupt wirtschaftlich oder notwendig ist bzw. ob er die nötigen finanziellen Mittel für den Ankauf zur Verfügung hat. Er kann trotz der gelungenen Probe aus welchem Motiv immer, also auch nach Belieben, dem Kauf die Genehmigung versagen. Der Verkäufer hat dies während der Probezeit trotz gelungener Probe zur Kenntnis zu nehmen.

Beachte:

Von der Möglichkeit des Kaufes auf Probe soll immer dann Gebrauch gemacht werden, wenn dem Käufer das Kaufobjekt nicht aus eigener Erfahrung oder Prüfung bereits gut bekannt ist, insbesondere bei Landmaschinen, oder auch dann, wenn der Käufer mit dem Kaufabschluss nicht endgültig gebunden sein will.

5. Konsumenten- bzw. Verbraucherschutz

In der **EU** besteht zwar keine zusammenhängende Politik auf dem Gebiet des Verbraucherschutzes. Die Gemeinschaft kommt aber für Produkte den Bedürfnissen des Verbrauchers nach Schutz seiner Gesundheit und Sicherheit in angemessener Weise entgegen. Die Richtlinien über den Verbrauchsgüterkauf*, über die Rechte der Verbraucher*, über Verbraucherkredite* und den elektronischen Geschäftsverkehr* sind Grundlage für die Umsetzung in der österreichischen Gesetzgebung.

Im Vordergrund dieser Regelungen stehen

a) der Schutz von Gesundheit und Sicherheit der Verbraucher (siehe: X/E Produkthaftung) bei Lebensmitteln oder industriellen Produkten, wie z.B. Pflanzenschutzmitteln;

b) der Schutz wirtschaftlicher Interessen der Verbraucher durch Kennzeichnungsvorschriften und bei Haustürgeschäften. Gemeinschaftliche Maßnahmen für Reglementierungen der Verbraucherpreise im Einzelhandel bestehen nicht und sind auch nicht geplant. Preisregelungen bestehen im Rahmen der GAP nur für Erzeuger- und Großhandelspreise;

c) die Verbesserung der Information der Verbraucher über das Angebot von Waren und Dienstleistungen, Geschäftsbedingungen, Vertragsabschluss und -korrektur, Garantie etc. Eine Entschließung* zielt darauf hin, einen gesetzlichen Rahmen für die Kennzeichnung aller Produkte zu schaffen.

Allgemeine Regeln über Verträge zwischen einem Unternehmer und einem Verbraucher – wie im österreichischen Konsumentenschutzgesetz – bestehen in der EU noch nicht. Es bestehen aber Regeln über irreführende Werbung, den Verbraucherschutz bei bestimmten Verträgen und Erzeugnissen sowie über missbräuchliche Klauseln bei Verbrauchergeschäften.

Die **österreichischen Konsumentenschutzbestimmungen** dienen dem Schutz der Verbraucher vor unüberlegten Geschäften, unseriösen Geschäftspraktiken und nachteiligen Vertragsklauseln, regeln die Verbraucherrechte und setzen die EU-Richtlinien um.
Das **Konsumentenschutzgesetz*** enthält für Verbrauchergeschäfte – Verträge, an denen ein Unternehmer und ein Verbraucher beteiligt sind –, zwingende Vorschriften, die zum Nachteil des Verbrauchers nicht durch Vereinbarung abgeändert werden können.

Beachte:

Das Konsumentenschutzgesetz ist für den Bauern von doppeltem Interesse. Beim Kauf einer Ware für seinen privaten Bedarf (PKW, Möbel, Kleider und dergleichen) ist er Verbraucher und kann sich auf die Schutzbestimmungen dieses Gesetzes berufen. Beim Verkauf der Produkte seines landwirtschaftlichen Betriebes an einen anderen Letztverbraucher muss er die Bestimmungen des Gesetzes gegen sich gelten lassen.
Bei betriebsbezogenen Rechtsgeschäften (Kauf von Landmaschinen, Aufstallungen und Anlagen für den Betrieb ist der Bauer nicht „Verbraucher", sondern „Unternehmer" und kann die Schutzbestimmungen (z.B. Rücktrittsrecht) nicht in Anspruch nehmen. Die Land- und Forstwirtschaft fällt ohne Rücksicht auf Betriebsgröße, Kapital und Organisation unter den weiten Unternehmerbegriff des Konsumentenschutzgesetzes.

Wichtige Bestimmungen des Konsumentenschutzgesetzes – KSchG*:

- das Rücktrittsrecht,
- der Schutz vor nachteiligen Vertragsklauseln,
- die Abzahlungs-(Raten-)geschäfte.

a) **Das Rücktrittsrecht**

Der Verbraucher kann vom Vertrag (Abschluss des Geschäftes) zurücktreten, wenn dieser **weder** in den **Geschäftsräumlichkeiten noch auf einem Messe- oder Marktstand** des Unternehmers, **sondern** auf einer **Werbe- oder Ausflugsfahrt** oder ähnlichen Veranstaltungen oder durch persönliches individuelles **Ansprechen auf der Straße** zustande kam; weiters, wenn der Unternehmer gegen bestimmte gewerberechtliche Bestimmungen, z.B. über das Sammeln von Bestellungen, verstoßen hat. Das Rücktrittsrecht steht nur bei Verbrauchergeschäften und nur in den vorangeführten Fällen zu.

Die **Rücktrittsfrist** beträgt:

- **14 Tage**, wenn dem Verbraucher eine Urkunde mit dem Namen und der Anschrift des Unternehmers sowie mit einer Belehrung über Rücktrittsrecht und -frist ausgefolgt wird;
- **12 Monate und 14 Tage** ohne Ausfolgung einer solchen Urkunde; bei Nachholung dieser Urkundenausfolgung **14 Tage** nach deren Erhalt;
- **1 Monat** bei Versicherungsverträgen ab Zustandekommen des Vertrages.

Die Erklärung des Rücktrittes ist an keine bestimmte Form gebunden und die Frist ist gewahrt, wenn die Rücktrittserklärung innerhalb der Frist abgesendet wird. Es ist jedoch empfehlenswert, das Rücktrittsschreiben als „Einschreiben" abzusenden.

Kein Rücktrittsrecht nach dem KSchG besteht:

- wenn der Verbraucher selbst die **geschäftliche Verbindung anbahnt**, z.B. wenn er einen Handwerker oder Vertreter in sein Haus bestellt;
- wenn dem Zustandekommen des Vertrages keine Besprechungen zwischen den Beteiligten vorausgegangen sind;
- bei Verträgen, bei denen die beiderseitigen Leistungen sofort zu erbringen sind. Sie werden üblicherweise außerhalb ihrer Geschäftsräume als Bagatellgeschäfte bis € 25,–, z.B. Eis- oder Zeitungskauf, oder ihrer Natur nach nicht in Geschäftsräumen betrieben, bis € 50,–, z.B. Taxifahrt;
- bei Verträgen, die dem Fern- und Auswärtsgeschäfte-Gesetz, FAGG, unterliegen; jedoch gilt ein 14-tägiges Rücktrittsrecht nach diesem Gesetz;
- bei Vertragsabschluss auf einer **Messe** oder einem **Markt**;
- bei Vertragserklärungen, die der Verbraucher in körperlicher Abwesenheit des Unternehmers abgegeben hat.

b) **Nachteilige Vertragsklauseln**

Für den Verbraucher sind Vertragsbestimmungen unter bestimmten Voraussetzungen trotz Unterschrift nicht verbindlich, wenn sie den Unternehmer einseitig in eine bessere Rechtsstellung setzen oder wenn der Verbraucher mit einer derartigen Klausel nicht rechnen musste. Die Gefahr des „Kleingedruckten" ist zwar gemildert, nicht aber beseitigt.

c) **Kostenvoranschläge**; sie sind im Zweifel kostenlos und verbindlich; es kann aber eine Entgeltlichkeit vereinbart werden;

d) **Gewährleistung**; insbesondere wo sie zu erbringen ist;

e) **Richterliches Mäßigungsrecht** von hohen vertraglich vereinbarten **Stornogebühren**;

f) **Verbot** von **Wechselausstellungen** und **Gehaltsabtretungen**;

g) die Folgen des **Terminverlustes** bei nicht termingerechter Bezahlung;

h) der **Gerichtsstand** bei Streitigkeiten aufgrund von Verbrauchergeschäften ist am Wohnort des Verbrauchers bei Vertragsabschluss und nicht mehr am Sitz der Firma;

i) Verträge über **wiederkehrende Leistungen** (z.B. Blitzschutzüberprüfungsverträge, Zeitschriftenabonnements) und

j) **Vorauszahlungskäufe** (Ansparverträge, Buchgemeinschaften).

6. Verbraucherkredit – Verbundener Kredit

Der **Verbraucherkreditvertrag** ist ein entgeltlicher Darlehensvertrag (siehe XI/D Darlehen) zwischen einem Unternehmer als Kreditgeber und einem Verbraucher als Kreditnehmer.

Das **Verbraucherkreditgesetz*** regelt in Umsetzung der EU-Verbraucherkredit-Richtlinie

- den Anwendungsbereich und die Ausnahmen – Kreditbetrag mindestens € 200,–;
- die Werbung – sie muss prägnant sein und Standardinformationen enthalten;
- vorvertragliche Informationspflichten;
- die Prüfung der Kreditwürdigkeit des Verbrauchers;
- die zwingenden Angaben in Kreditverträgen, z.B. Art, Laufzeit, Zinssatz etc.;
- den Tilgungsplan und die Kontomitteilung bei Soll-Zinssatz-Änderung;

- das Rücktrittsrecht – innerhalb von 14 Tagen ohne Angabe von Gründen;
- verbundene Kreditverträge, Kündigung und vorzeitige Rückzahlung etc.
- Der Rücktritt muss auf Papier oder einem sonstigen dauerhaft zugänglichen Datenträger erklärt und vor Fristablauf an den Kreditgeber abgesendet werden;
- der Verbraucher hat dem Kreditgeber **unverzüglich**, jedoch spätestens **binnen 30 Tagen** den ausbezahlten Betrag samt den Zinsen zurückzuzahlen.

Verbundene Kreditverträge (früher Ratengeschäft genannt)

Sie dienen der **Finanzierung** eines Vertrags über die **Lieferung bestimmter Waren** oder **Erbringung einer bestimmten Dienstleistung**. Sie bilden mit dem finanzierten Vertrag eine wirtschaftliche Einheit, wenn

- der Kredit dem Verbraucher vom Warenlieferanten/Dienstleistungserbringer gewährt wird,
- sich der Kreditgeber bei Abschluss des Kreditvertrags der Mitwirkung des Warenlieferanten oder Dienstleistungserbringers bedient,
- im Kreditvertrag ausdrücklich die spezifischen Waren oder die Erbringung einer spezifischen Dienstleistung angegeben sind oder
- der Kreditgeber und der Warenlieferant oder Dienstleistungserbringer im Rahmen dieser Finanzierung zueinander in eine vertragliche Beziehung treten oder miteinander wegen derartiger Finanzierungen in ständiger Geschäftsverbindung stehen.
- Tritt der Verbraucher nach verbraucherschutzrechtlichen Vorschriften von einem Vertrag über die **Lieferung von Waren oder die Erbringung von Dienstleistungen zurück, so gilt der Rücktritt auch** für einen damit verbundenen **Kreditvertrag**.
- Der Kreditgeber hat Anspruch auf Ersatz der Zahlungen, die er an öffentliche Stellen entrichtet hat und nicht zurückfordern kann, nicht aber auf sonstige Entschädigungen.
- Tritt der Verbraucher vom **Kreditvertrag** zurück, kann er binnen **einer Woche** ab Rücktrittserklärung auch vom damit verbundenen **Vertrag über die Lieferung von Waren oder die Erbringung von Dienstleistungen** zurücktreten.

7. Fern- und Auswärtsgeschäfte

Der **„Fernabsatzvertrag"** ist ein Vertrag, der zwischen Unternehmer und Verbraucher ohne deren gleichzeitige körperliche Anwesenheit im Rahmen eines für den Fernabsatz organisierten Vertriebs- oder Dienstleistungssystems geschlossen wird, wobei bis zum Zustandekommen des Vertrags ausschließlich **Fernkommunikationsmittel** verwendet werden.

Das **Fern- und Auswärtsgeschäfte-Gesetz, FAGG***, enthält für die durch Fernkommunikationsmittel (Telefon, Internet) zustande gekommenen Verträge

- zwingende Informationspflichten;
- das Rücktrittsrecht vom Fernabsatzvertrag oder Vertragsabschluss außerhalb von Geschäftsräumen – binnen 14 Tagen ohne Angabe von Gründen; die Rücktrittsfrist verlängert sich um 12 Monate bei unterbliebener Aufklärung über das Rücktrittsrecht;
- Pflichten des Unternehmers und des Verbrauchers beim Rücktritt;
- Ausnahmen vom Rücktrittsrecht und Strafen.

8. Elektronischer Geschäftsverkehr

Das **E-Commerce-Gesetz***, mit dem bestimmte Aspekte des elektronischen Geschäfts- und Rechtsverkehrs geregelt werden, legt Unternehmen mit einem Internet-Auftritt (web-shop, Homepage etc.) strenge Informationspflichten auf. Sie müssen die Geschäftsbedingungen, Korrekturmöglichkeiten bei online-Bestellungen etc. zur Verfügung stellen.

* Konsumentenschutzgesetz 1979, BGBl 1979/140 idF I 2014/33
  Verbraucherkreditgesetz – VKrG, BGBl I 2010/28 idF I 2013/83
  E-Commerce-Gesetz – ECG, BGBl I 2001/152
  Fern- und Auswärtsgschäfte-Gesetz – FAGG, BGBl I 2014/33
  Preisauszeichnungsgesetz, BGBl 1992/146 idF I 2006/6
  RL 93/13/EWG idF 11/83/EU über missbräuchliche Klauseln in Verbraucherverträgen
  RL 98/06/EG über den Schutz der Verbraucher bei der Angabe der Preise – Preisangaben-Richtlinie
  RL 99/44/EG idF 11/83/EU: Verbrauchsgüterkauf-Richtlinie
  RL 00/31/EG über den elektronischen Geschäftsverkehr
  RL 06/114/EG über irreführende und vergleichende Werbung
  RL 08/48/EG idF 14/17/EU über Verbraucherkreditverträge
  RL 11/83/EU über die Rechte der Verbraucher

H. Leib- und Zeitrente

Leib- und Zeitrentenverträge sind Kaufverträge mit abweichenden Kaufpreisbestimmungen.

1. **Leibrente**
   Der Leibrentenvertrag ist ein Kaufvertrag, bei welchem der Kaufpreis nicht im Vorhinein festgelegt ist, sondern vom Käufer periodisch **wiederkehrende Zahlungen** (Leibrente) auf Lebensdauer des Verkäufers zu leisten sind, wobei auch eine Anzahlung vereinbart werden kann. Er zählt zu den Glücksverträgen, da die Dauer der Leistung (Rentenzahlung) nicht vorausbestimmbar ist, wohl aber mit der Lebensdauer des Verkäufers begrenzt ist.

2. **Zeitrente**
   Der Zeitrentenvertrag ist ein Kaufvertrag, bei welchem auch der Kaufpreis festgelegt ist, der **Kaufpreis aber in Teilbeträgen** (z.B. Jahresraten und dergleichen) bis zur vollständigen Begleichung zu bezahlen ist. Allfällig ausständige Teilbeträge erlöschen daher beim Tod eines Vertragspartners nicht, sondern gehen auf seine Erben über.

I. Bäuerliche Übergabe

Die bäuerliche Übergabe ist ein **Vertrag, womit ein land- und forstwirtschaftlicher Betrieb (Hof) gegen bestimmte Gegenleistungen** (Arbeits-, Natural- oder Geldleistungen wie Auszugsrechte, Wohnrechte, Handgeld und dergleichen), insbesondere zur **Sicherung des Lebensabends des Übergebers, einem anderen – meist einem der Kinder – zur weiteren land- und forstwirtschaftlichen Selbstbewirtschaftung überlassen wird.**

Die bäuerliche Übergabe ist ein Vertrag besonderer Art, da sie unter keine der vorgenannten Vertragsarten und Eigentumserwerbsarten eingereiht werden kann; sie ist insbesondere kein Kaufvertrag, kein Schenkungsvertrag, kein Leibrentenvertrag, aber auch nicht Eigentumserwerb im Zusammenhang mit der Erbschaft, da sie vertraglich unter Lebenden erfolgt! Die bäuerliche Übergabe zählt ebenso wie die Leibrente zu den Glücksverträgen, da zwar das Ausmaß, nicht aber die Dauer der Leistungen genau im Voraus bestimmbar ist, sondern lediglich mit der weiteren Lebensdauer des Übergebers begrenzt wird.

Wohl aber enthält der bäuerliche Übergabsvertrag einzelne Kriterien sowohl des Kauf- als auch unter Umständen des Schenkungsvertrages und Bestimmungen erbrechtlicher Art, die so genannten Erbsentfertigungen.

Beachte:

Die bäuerliche Übergabe ist somit eine Vertragsart, die speziell auf die Eigentumsübertragung von land- und forstwirtschaftlichen Betrieben von einer Generation auf die nächste zugeschnitten ist. Der Zweck ist die Weiterführung des Betriebes und eine teilweise Versorgung des Übergebers. Direktzahlungen bei Betriebsübergaben werden gesetzlich gewährt; BGBl II 2000/149.

Die wichtigsten Vertragspunkte eines Übergabsvertrages

1. Übergabsobjekt

Ausmaß der zu übergebenden Liegenschaft; insbesondere, ob auch Anteilsrechte an Agrargemeinschaften, bei Genossenschaften oder sonstigen Gemeinschaften, wie z.B. Molkereien, Waldgenossenschaften und dergleichen mitübergeben werden oder ob Grundstücke (einzelne Parzellen wie Wald oder Bauplätze) im Eigentum des Übergebers zurückbehalten werden.

2. Belastungen und Schulden

Dienstbarkeiten, Hypotheken und sonstige Lasten werden in der Regel vom Übernehmer mitübernommen.

3. Auszugsleistungen

Diese bestehen in der Regel aus

a) dem **Wohnrecht** oder dem **Fruchtgenussrecht der Wohnung**, meist einschließlich **Beheizung** und **Beleuchtung** (siehe auch: Persönliche Dienstbarkeiten VII/A/1);

b) der Beistellung der vollen **Verpflegung, Betreuung und Pflege**, die dem Alter und jeweiligen Gesundheitszustand des Übergebers entsprechen muss;

c) **Reinigung** der Auszugswohnung, der Kleidung, Wäsche und dergleichen;

d) Übernahme der **Arzt-, Medikamenten- und Spitalskosten**, soweit diese nicht von der Sozialversicherung der Bauern oder einer anderen Versicherung getragen werden;

e) allenfalls ein Handgeld – heute durch die Bauernpension nicht mehr aktuell;

f) Übernahme der **Begräbnis-, Graberrichtungs- und -pflegekosten**.

Das Ausmaß der Auszugsleistungen ist im Einzelfall einvernehmlich zwischen Übergeber und Übernehmer **nach den Bedürfnissen** festzulegen. Es können noch zusätzlich weitere Auszugsleistungen vereinbart oder einzelne Leistungen weggelassen werden.

4. Vorbehalte

a) **Fruchtgenuss an Waldgrundstücken**

Der Übergeber kann sich auf Lebenszeit oder auf eine bestimmte Zeit das Fruchtgenussrecht z.B. an bestimmten Waldparzellen vorbehalten (siehe auch: Persönliche Dienstbarkeiten VII/A/1); er hat aber auf die sozial- und steuerrechtlichen Folgen zu achten.

b) **Geldbetrag**

Der Übergeber kann sich anstelle eines Fruchtgenussrechtes auch einen bestimmten Geldbetrag vorbehalten und der Übernehmer hat diesen Betrag bei Fälligstellung zur Gänze oder in Teilbeträgen zu bestimmten Terminen zu bezahlen.

c) **Eigentumsvorbehalt**

Das Eigentum an bestimmten persönlichen beweglichen Sachen kann ebenfalls zurückbehalten werden. Das Eigentum an bestimmten Grundstücken sollte in der Regel eher nicht zurückbehalten werden.

5. Veräußerungs- und Belastungsverbot

Der Übergeber kann sich auf Lebenszeit ein **Veräußerungs- und Belastungsverbot** ausbedingen (siehe auch: Schuldrecht X/F). Ob ein solches vom Übergeber begehrt werden soll, ist im Einzelfall gründlich zu überlegen, einerseits wegen der Sicherheit des Übergebers, andererseits wegen der freien wirtschaftlichen Entscheidungsfähigkeit des Übernehmers. In der Regel sind solche Verbotsrechte im Interesse des Betriebes nicht zu empfehlen.

Beachte:

Wenn ein Veräußerungs- und Belastungsverbot in den Vertrag aufgenommen wird, sollte dieses im Interesse der flexiblen Bewirtschaftungsmöglichkeit insofern **eingeschränkt** werden, dass der Übernehmer zumindest berechtigt ist, auch ohne Zustimmung des Übergebers

a) gleichwertige Grundstückstauschgeschäfte,

b) eventuell Grundstücksabverkäufe bis zu einem bestimmten Prozentsatz der Liegenschaftsgröße oder des Liegenschaftswertes (z.B. 10 %),

c) Belastungen (Hypotheken) für betriebliche Zwecke (z.B. Stallneubau, Grundstücksaufstockungen, Landmaschinenkauf und dergleichen) bis zu einem vertraglich festgelegten – in einem angemessenen Verhältnis zum jeweiligen Liegenschaftswert stehenden – Höchstbetrag vorzunehmen.

6. Wertsicherung

Wenn Geldleistungen vereinbart werden, sollten diese wertgesichert werden. In der Regel sollte ein landwirtschaftlicher Index, nämlich der **Index der Agrareinnahmen**, allfällig der Verbraucherpreisindex 1986 herangezogen werden. Einzelprodukte wie Milch, Brot, Vieh, Holz und dergleichen sollen als Wertmesser möglichst nicht herangezogen werden, da der Wert eines Einzelproduktes meist größeren Schwankungen ausgesetzt ist.

7. Erbsentfertigungen

Die weichenden Kinder sollen im Einvernehmen einen angemessenen Erbsentfertigungsbetrag unter Berücksichtigung

a) des Ertragswertes (nicht Verkehrs- oder Einheitswert) der Übergabsliegenschaft,

b) der vom Übernehmer zu übernehmenden Schulden und

c) des Ausmaßes der Auszugsleistungen

vertraglich zugesichert erhalten. Die Reihenfolge der Auszahlung und die Fälligkeit einzelner Teilentfertigungsbeträge sollte ebenfalls möglichst einvernehmlich, jedoch unter Berücksichtigung der wirtschaftlichen Leistungsfähigkeit des Betriebes im Einzelfall festgelegt werden. Wenn eine einvernehmliche Regelung nicht erzielbar ist, besteht ein Rechtsanspruch der weichenden Kinder auf Erbsentfertigung zu Lebzeiten des Übergebers nicht; nach dessen Tod besteht ein Anspruch nur unter bestimmten Voraussetzungen, z.B. wegen Pflichtteilsverkürzung. Ein derartiges Begehren wird aber nur dann Aussicht auf Erfolg haben, wenn keine üblichen und angemessenen Auszugsleistungen vereinbart und erbracht worden sind (siehe: Auszugsleistungen XI/I/3) oder es sich bei der betreffenden Übergabe tatsächlich um eine reine oder überwiegende Schenkung handelt.
Allfällige **Erbverzichtserklärungen** können von den weichenden Erben rechtsgültig entweder im notariellen Übergabsvertrag oder durch gerichtliche Beurkundung, insbesondere dann abgegeben werden, wenn angemessene Erbsentfertigungsansprüche vertraglich vereinbart worden sind oder einzelne Kinder auf eine Erbsentfertigung ausdrücklich verzichtet haben.

8. Unvergleich

Ein solcher ist gegeben, wenn der Übernehmer die vereinbarten Gegenleistungen (Auszug, sonstige Rechte des Übergebers) gar nicht oder nicht ordnungsgemäß erbringt oder wenn dem Übergeber ein Weiterverbleiben auf dem Hof wegen des unleidlichen Verhaltens des Übernehmers nicht zumutbar ist. Wenn eine Unvergleichsbestimmung im Übergabsvertrag aufgenommen wird, kann vereinbart werden, dass der Unvergleichsfall durch Gerichtsurteil festzustellen ist und das Gericht auch die anstelle der Natural- und Arbeitsleistungen zu erbringenden Ersatzgeldleistungen mangels Einigung der Höhe nach zu bestimmen hat. Die Vertragsparteien sollen dadurch nicht bei jeder kleinen Differenz, wie sie in jeder Familie einmal vorkommt, sondern nur bei andauernden und tiefgreifenden Zerwürfnissen das Gericht in Anspruch nehmen. Es ist aber zu bedenken, dass eine derartige gerichtsmäßige Feststellung die Probleme auch nicht ganz befriedigend lösen kann, da eben eine vertragliche Vereinbarung der liebevollen Betreuung des Übergebers und des friedlichen Zusammenlebens auch durch Richterspruch nicht erzwungen werden können. Jedenfalls ist es nicht empfehlenswert, eine Bestimmung in den Übergabsvertrag aufzunehmen, wonach es dem Übergeber freisteht, nach Belieben und ohne Grund aus der Verpflegung und Versorgung des Übernehmers auszuscheiden, anderweits Wohnung zu nehmen und **hiefür** eine Ersatzgeldleistung beanspruchen zu können. Eine solche Ersatzgeldleistung könnte den Übernehmer mit unbilliger Härte treffen.

9. Mitspracherecht

Einschränkungen in der betriebswirtschaftlichen Verfügungsfreiheit sind in der Regel nicht empfehlenswert. Allfällig wäre eine solche Vereinbarung bei sehr jungen Übernehmern auf einige Jahre denkbar.

10. Weitergabeverpflichtung

Einschränkungen in der Verfügungsfreiheit des Übernehmers oder dessen Ehegatten (Schwiegerkind), insbesondere die Verpflichtung des Übernehmers, den Betrieb an eines seiner Kinder oder gar an ein bestimmtes Kind (Enkelkind des Übergebers) zu Lebzeiten oder nach dem Tode zu überlassen, sind eher nicht zu empfehlen. Sie werten den Übernehmer zum bloßen Verwalter ab und nehmen ihm unter Umständen die Freude an der Betriebsführung. Sie verfehlen oftmals ihr Ziel, da heute nicht über eine Generation hinaus und auf die dann herrschenden Zustände vorausgesehen werden kann. Die Kinder der Übernehmer wissen diese wohlmeinende Sicherung der Erhaltung des Betriebes in der Familie – von den Großeltern ehedem verfügt – das eine oder andere Mal nicht zu schätzen, wollen vielleicht gar nicht übernehmen oder werden ihren Eltern, den ursprünglichen Übernehmern, gegenüber wegen der ihnen zustehenden Sicherheit („Ihr **müsst** mir die Liegenschaft geben, auch wenn ich Euch schlecht behandle!") anmaßend. Eine gewissenhafte Entscheidung der Frage, welches seiner Kinder später einmal übernehmen wird, sollte in der Regel dem Übernehmer überlassen bleiben. Andernfalls akzeptabel wäre eine Regelung für den Fall des kinderlosen Versterbens des Übernehmers vor dem Übergeber. Diese an sich oftmals sehr heiklen Fragen – je nach Einstellung – sind aber im gegebenen Anlassfall gründlich und ohne Emotionen zu überlegen.

11. Kosten

Die mit der Errichtung und grundbücherlichen Durchführung des Übergabsvertrages verbundenen Gebühren, Steuern und Abgaben hat in der Regel der Übernehmer zu tragen.

Selbstverständlich können auch noch andere zusätzliche Vereinbarungen getroffen oder die eine oder andere vorgenannte Vereinbarung weggelassen werden. Es ist immer auf den Einzelfall Bedacht zu nehmen, und der vollständige Wille der Vertragsparteien soll im Übergabsvertrag seinen Niederschlag finden.

Aufgeschobene Übergabe

Aus bestimmten Gründen und Motiven kann der Übergabsvertrag zwar sofort abgeschlossen werden, die Wirksamkeit des Vertrages aber erst später erfolgen, z.B. die

- **Übergabe mit Einräumung des Fruchtgenusses** für den Übergeber auf der gesamten Übergabsliegenschaft;
- **auf bestimmte Zeit aufgeschobene Übergabe** oder die
- **Übergabe auf den Todesfall.**

Diese Vertragsmöglichkeiten, ähnlich der aufgeschobenen Schenkung, stellen eine Lösung – allerdings keine ideale – dann dar, wenn infolge geringen Altersunterschiedes zwischen Eltern und dem zur Übernahme vorgesehenen Kind eine Übergabe mit sofortiger Wirksamkeit, insbesondere wegen der Pensionsbestimmungen, aber auch aus anderen Gründen, noch nicht in Frage kommt. Eine Aufschiebung der Übergabe bis zum Tod des Übergebers ist aber nicht zweckmäßig.

Beispiel:

Der Vater ist erst 55 Jahre alt, nicht erwerbsunfähig und muss noch zehn Jahre selbst den Betrieb führen, um in den Genuss einer Alterspension zu gelangen. Der Sohn ist bereits 25 oder gar 30 Jahre alt, selbst schon verheiratet, hat Kinder und somit Sorgepflichten bzw. die moralische Verpflichtung seiner Familie gegenüber, seine berufliche Existenz zu sichern. Eine Übergabe in zehn Jahren ist zwar vorgesehen, aber doch nicht endgültig gesichert. Hier könnte ein Übergabsvertrag sofort abgeschlossen werden, dessen Wirkungen aber, nämlich der tatsächliche Besitzübergang z.B. „auf zehn Jahre" oder „bis zur Erlangung der Pension durch den Übergeber" aufgeschoben werden.

Bedingte Übergabe an das Schwiegerkind

Wenn die Übergabe des Hofes an das eigene Kind und das Schwiegerkind gemeinsam erfolgen soll, an das Schwiegerkind insbesondere deswegen, weil es Ehegatte des eigenen Kindes ist, kann der **Übergeber** über ausdrücklichen Wunsch die anteilige Übergabe an das Schwiegerkind davon abhängig machen (Bedingung!), dass

a) Grundlage hiefür der Fortbestand der Ehe zwischen den Übernehmern ist;
b) er berechtigt ist, diesen Übergabsvertrag hinsichtlich des seinem Schwiegerkind übergebenen Anteiles der vertragsgegenständlichen Liegenschaft für aufgehoben zu erklären und von seinem Schwiegerkind die Rückgabe dieses Anteiles gegen gleichzeitige Rückerstattung der vom Schwiegerkind anteilig erbrachten Leistungen und sonstigen Aufwendungen für die Übergabsliegenschaft zu verlangen, wenn die Ehe zwischen den Übernehmern rechtskräftig geschieden wird und der Grund der Ehescheidung in der Person seines Schwiegerkindes gelegen ist;
c) das vorgenannte Verlangen dann nicht gestellt werden kann, wenn auch sein eigenes Kind an der Ehescheidung allein oder überwiegend schuldig ist;
d) er den vorgenannten ihm zustehenden Anspruch auf sein Kind überträgt, so dass sein Kind bei Eintritt der vorgenannten Voraussetzungen berechtigt ist, diesen Anspruch im eigenen Namen und auf eigene Gefahr und Kosten geltend zu machen.

Mit dieser Bedingung – die auch abgeändert oder ergänzt werden kann – kann einerseits oftmals verhindert werden, dass im Falle einer vom Schwiegerkind allein oder überwiegend verschuldeten Ehescheidung der Hof geteilt oder gar verkauft werden muss. Andererseits kann damit gesichert werden, dass dem Schwiegerkind seine erbrachten Leistungen ersetzt oder im Scheidungsfall, an dem das Schwiegerkind unschuldig bzw. nur minder mitschuldig ist, ein derartiges Verlangen als unbillige Härte dem Schwiegerkind gegenüber gar nicht gestellt werden kann. Jedenfalls ist aber auf die Umstände im Einzelfall Rücksicht zu nehmen.

J. Bestandvertrag

Miete und Pachtung

Der Vertrag, wodurch jemand den Gebrauch einer unverbrauchbaren Sache auf eine gewisse Zeit und gegen ein bestimmtes Entgelt erhält, heißt Bestandvertrag. Dazu gehören die Miete und die Pachtung. Die gesetzlichen Bestimmungen finden sich im Allgemeinen Bürgerlichen Gesetzbuch – ABGB* –, im Mietrechtsgesetz* und im Landpachtgesetz*.

1. Bestandvertrag

Der Bestandvertrag wird, wenn sich die Bestandsache **ohne weitere Bearbeitung** gebrauchen lässt, **Mietvertrag**, wenn sie aber nur mit **Mühe und Fleiß benützt** werden kann, **Pacht-**

vertrag genannt. Maßgebend, ob **Miete oder Pachtung** vorliegt, ist die vertragliche Zweckbestimmung zum Zeitpunkt des Vertragsabschlusses und die Art des Gebrauches; **nicht** die von den Vertragsparteien oft fälschlich **gewählte Bezeichnung**. In Grenzfällen ist entscheidend, welche Art der Benützung überwiegt.

Miet- und Pachtverträge können **mündlich** oder **schriftlich** errichtet werden. Aus Sicherheitsgründen und für Beweiszwecke ist es sehr empfehlenswert, Miet- und Pachtverträge schriftlich zu errichten, besonders deshalb, da solche Verträge oft langjährig wechselseitige Rechte und Pflichten bewirken. Für bestimmte Zwecke ist der schriftliche Vertrag zwingend. Dem Vorteil der Gebührenersparnis bei mündlichen Verträgen steht andererseits eine große Rechtsunsicherheit entgegen.

Wer kann vermieten oder verpachten?

- Der Eigentümer, der gleichzeitig Besitzer ist.
- Der Fruchtnießer; Eigentümer ist ein anderer.
- Der sonstige Gebrauchsberechtigte; z.B. der Mieter oder Pächter, welcher zur Untervermietung oder Unterverpachtung berechtigt ist.

2. Miete

Sie liegt vor, wenn **Häuser, Wohnungen**, Geschäftslokale, Garagen, aber auch Wirtschaftsgebäude allein oder bewegliche Sachen wie **Fahrzeuge, Geräte, Maschinen** usw. in Bestand gegeben werden. Der zu einem Haus oder zu einer Wohnung gehörige **Hausgarten** ist mitgemietet, wenn der Wohnzweck überwiegt. Ebenso gelten Grundstücke, die als **Lagerplätze** oder **Schipisten** in Bestand gegeben werden, als vermietet.

Die **Vertragsfreiheit** bei der **Wohnungs- und Geschäftsmiete** ist durch das Mietrechtsgesetz* **erheblich eingeschränkt**. Wohnungs- und Geschäftsmieten, die den Bestimmungen des Mietrechtsgesetzes unterliegen, können nur nach diesen zwingenden gesetzlichen Regelungen abgeschlossen werden. Vertragliche Abmachungen entgegen diesen Bestimmungen sind unwirksam.

Die einzelnen mietrechtlichen Bestimmungen über den Mietzins und die Kündigungsbeschränkungen sind kompliziert; manche Bestimmungen gelten nur für bestimmte Wohnungs- und Geschäftsräumlichkeiten, manche nur für Räumlichkeiten, die zu einem bestimmten Zeitpunkt bereits vermietet waren, andere wiederum für alle Mieten; in manchen Fällen besteht ein voller Mieterschutz, in anderen zumindest ein Kündigungsschutz.

Beachte:

a) Die Kündigungsbeschränkungen finden u.a. auf Mietverträge über Wohnungen in einem Wohnhaus mit nicht mehr als zwei selbstständigen Wohnungen keine Anwendung, sofern diese Mietverträge nach der schriftlich getroffenen Vereinbarung durch Zeitablauf ohne Kündigung erlöschen, also auf bestimmte **Vertragsdauer** abgeschlossen wurden.

b) Soweit im Mietrechtsgesetz nichts anderes zwingend bestimmt ist oder über Mieten, die diesem Gesetz nicht unterliegen, z.B. über die Miete von Fahrzeugen, Maschinen und Geräten, aber auch von Wochenendhäusern, die nicht dem regelmäßigen Wohnbedürfnis dienen, können die Vertragsparteien freie Vereinbarungen treffen. Mangels solcher Vereinbarungen gelten die Bestimmungen des ABGB* über die Bestandverträge.

* ABGB, 2. Teil, 25. Hauptstück, §§ 1090 ff.
Mietrechtsgesetz, BGBl 1981/520 idF I 2014/62
Landpachtgesetz, BGBl 1969/451 idF I 2006/124

3. Pachtung

Pachtung liegt vor, wenn z.B. **Grundstücke** allein, ganze **Liegenschaften** oder Liegenschaftsanteile, **landwirtschaftliche oder gewerbliche Betriebe** oder Rechte wie das **Jagd- oder Fischereirecht** in Bestand gegeben werden; landwirtschaftliche Betriebe gelten auch dann als verpachtet, wenn sich auf ihnen **Wohn- und Wirtschaftsgebäude** befinden.

a) Pachtvereinbarung und Einschränkungen
Pachtverträge können zwar durch Vereinbarungen der Vertragsparteien verbindlich abgeschlossen, ergänzt, abgeändert oder aufgehoben werden. Für landwirtschaftliche Pachtungen bestehen aber in **Einschränkung der vollen Vertragsfreiheit**

- im **Landpachtgesetz** – siehe folgend 4. – und
- in den **Landes-Grundverkehrsgesetzen** – siehe folgend 5. und IX Grundverkehr –

zwingende gesetzliche Bestimmungen, die durch vertragliche Abmachungen nicht ausgeschlossen oder abgeändert werden können. Entgegenstehende Vereinbarungen sind rechtsunwirksam.

b) Wechselseitige Rechte und Pflichten
Der Verpächter hat das Pachtobjekt dem Pächter in brauchbarem Zustande zu übergeben und in brauchbarem Zustande zu erhalten und den Pächter im vereinbarten Gebrauch nicht zu stören. Der Pächter hat die gewöhnlichen Ausbesserungen der Wirtschaftsgebäude so weit zu tragen, als sie mit den Materialien der Pachtliegenschaft besorgt werden können. Notwendige Ausbesserungen, die darüber hinausgehen und dem Verpächter obliegen, muss der Pächter ohne Verzug bei sonstigem Schadenersatz melden. Der Pächter ist zur **vereinbarungsgemäßen Benützung** der Pachtsache während der Pachtdauer berechtigt.

c) Unterverpachtung ist dann zulässig, wenn sie ohne Nachteil für den Verpächter möglich ist und im Pachtvertrag nicht ausdrücklich untersagt worden ist.

d) Lasten und Abgaben (ausgenommen Hypothekarlasten) trägt bei Verpachtungen in Bausch und Bogen der Pächter, sofern nichts anderes vereinbart ist. Im Pachtvertrag soll daher vereinbart werden, wer diese Lasten und Abgaben trägt.

e) Der **Pachtschilling** ist bei Verpachtung auf ein oder mehrere Jahre **halbjährlich** zu bezahlen, wenn nichts anderes vereinbart oder ortsüblich ist.

f) Bei **Unbenützbarkeit** der Pachtsache wegen **außerordentlicher Zufälle** wie Feuer, Überschwemmung, Unwetter oder gänzlichem Misswachs, ist weder der Verpächter zur Wiederherstellung noch der Pächter zur Zahlung des Pachtschillings verpflichtet.

g) Bei **Beendigung des Pachtverhältnisses** hat der Pächter die Pachtsache laut **Inventarverzeichnis** oder in dem **Zustand, wie er sie übernommen hat,** gepachtete Grundstücke unter Berücksichtigung der Jahreszeit in **gewöhnlicher wirtschaftlicher Kultur zurückzustellen**. Es ist daher **zweckmäßig**, das **Pachtjahr** mit dem **Wirtschaftsjahr** gleichzusetzen.

4. Bestimmungen des Landpachtgesetzes*

a) Angemessener Pachtzins:
Als angemessen gilt ein Pachtzins, der von dem bei einer ordnungsgemäßen Bewirtschaftung des Pachtgegenstandes erzielbaren Ertrag sowohl dem Verpächter als auch dem Pächter den Anteil sichert, der dem Wert der zur Erzielung dieses Ertrages notwendigen beiderseitigen Leistungen entspricht.

b) Richtpachtzeiten:
15 Jahre: Für die Pachtung eines landwirtschaftlichen Betriebes, der vorwiegend dem Erwerbsgartenbau, dem Weinbau oder dem Obstbau dient oder der nach dem Vertrag vorwiegend in dieser Art genutzt werden soll;
10 Jahre: Für die Pachtung eines landwirtschaftlichen Betriebes anderer Art und für die Pachtung eines einzelnen Grundstückes, das vorwiegend dem Erwerbsgartenbau, dem Weinbau oder dem Obstbau dient oder nach dem Vertrag vorwiegend in dieser Art genutzt werden soll;
5 Jahre: In allen übrigen Fällen.

c) Verlängerung der Dauer des Pachtvertrages
Das Bezirksgericht, in dessen Sprengel der Pachtgegenstand gelegen ist, kann auf **Antrag**

des Pächters die Pachtdauer verlängern, wenn die **Interessen des Pächters** an der Fortsetzung die des Verpächters an der Beendigung des Vertrages **überwiegen**; bei der Interessenabwägung ist auf die wirtschaftliche Lage sowohl des Verpächters als auch des Pächters Bedacht zu nehmen. Eine Verlängerung für einzelne Teile des Pachtgegenstandes ist ebenfalls möglich.

Die **Dauer der Verlängerung** beträgt

- maximal 2 Jahre, wenn die Richtpachtzeit 5 Jahre beträgt;
- maximal 3 Jahre, wenn die Richtpachtzeit 10 Jahre beträgt;
- maximal 4 Jahre, wenn die Richtpachtzeit 25 Jahre beträgt;
- jedoch immer nur auf die vom Pächter beantragte Verlängerung der Dauer.

Keine Verlängerung ist möglich

- bei schlechter Bewirtschaftung und Säumigkeit der Pachtschillingzahlung;
- bei Überlassung wesentlicher Teile des Pachtgegenstandes ohne Zustimmung des Verpächters an andere Personen (Unterverpachtung);
- bei Weigerung des Pächters, der Erhöhung des Pachtschillings auf die angemessene Höhe zuzustimmen;
- bei Beschaffung eines nach Lage und Beschaffenheit angemessenen Ersatzes für den Pachtgrund durch den Verpächter;
- bei Eintritt einer von vornherein schriftlich und bestimmt als Grund für die Beendigung des Pachtvertrages bezeichneten Tatsache, die für den Verpächter als wichtig und bedeutsam anzusehen ist (z.B. bäuerliche Übergabe, Selbstbewirtschaftung);
- bei ausdrücklicher Vereinbarung der Pachtdauer auf eine solche Zeit, die der Richtpachtzeit entspricht oder diese übersteigt;
- bei bereits einmal erfolgter Verlängerung, wenn

1. die Dauer des Pachtvertrages auf eine bestimmte Zeit vereinbart wurde oder
2. im Zeitpunkt der Antragstellung die tatsächliche Dauer des Pachtvertrages der Richtpacht zeit entspricht oder diese übersteigt.

d) Verfahrensanträge über die Verlängerung und Pachtschillinghöhe

- **Antrag auf Verlängerung** der Dauer des Pachtvertragesin den Fällen des fristgemäßen Ablaufes der vereinbarten oder gerichtlich festgelegten Pachtdauer spätestens **zwei Monate vor dem Ablauf** der Vertragsdauer;
- in den übrigen Fällen innerhalb von **14 Tagen nach** Zustellung der gerichtlichen oder außergerichtlichen **Aufkündigung**, des Übergabsauftrages oder der Klage auf Beendigung des Pachtvertrages oder Räumung des Pachtgegenstandes an den Pächter.
- **Antrag auf** Entscheidung über die **angemessene Pachtschillinghöhe** (Erhöhungs- oder Minderungsantrag des Pachtschillings).

5. Grundverkehrsbehördliche Bewilligung

Folgende Pachtungen land- und forstwirtschaftlicher Grundstücke und Liegenschaften sind nach den Landes-Grundverkehrsgesetzen (siehe: Grundverkehr IX) nur mit Zustimmung der Grundverkehrskommission zulässig:

Burgenland:

land- und forstwirtschaftliche Grundstücke, wenn das Ausmaß der verpachteten oder sonst überlassenen Grundstücke allein oder in Verbindung mit bereits überlassenen Grundstücken **5 Hektar** überschreitet;

Kärnten:

sämtliche Pachtungen oder sonstige Überlassung der Nutzung von land- und forstwirtschaftlichen Grundstücken, ausgenommen Agrarverfahren oder Grundstücke ohne landwirtschaftliche Wohn- und Wirtschaftsgebäude bis **2 Hektar**;

Niederösterreich:

Grundstücke, die das Ausmaß von **2 Hektar** übersteigen oder auch kleinere Flächen, wenn durch diese Verpachtung das Gesamtausmaß von 2 Hektar verpachteter Fläche überschritten wird;

Oberösterreich:

die Bestandnahme oder sonstige Überlassung (z.B. Prekarium, Abbauvertrag) zur Nutzung – ausgenommen Privatzimmervermietung oder eine land- und forstwirtschaftliche Nutzung –, wenn das Ausmaß des überlassenen Grundstückes allein oder in Verbindung mit bereits überlassenen Grundstücken **1 Hektar** überschreitet oder die Nutzung dauerhaft und maßgeblich der **außerland- und forstwirtschaftlichen Nutzung** dient;

Salzburg:

die Bestandgabe und, mit Ausnahme von Geh-, Fahr-, Bringungs-, Seil- und Leitungsrechten, die Einräumung sonstiger Nutzungsrechte von bzw. an Gebäuden zur Gänze oder einer Fläche von mehr als **0,5 Hektar; ausgenommen** sind Verpachtungen des gesamten Betriebes an bestimmte **Verwandte, Miteigentümer**, Verpachtungen an die landwirtschaftliche **Besitzfestigungsgenossenschaft Salzburg**, Verpachtungen an andere Landwirte zur Nutzung in ihrem **bestehenden Betrieb**;

Steiermark:

Grundstücke, die das Ausmaß von **zwei Hektar** übersteigen und bei denen die Pachtdauer mehr als **20 Jahre** beträgt oder der Pachtvertrag auf **unbestimmte Zeit** abgeschlossen wird. **Ausgenommen:** die Verpachtung an **Ehegatten, Verwandte** und **Verschwägerte** in gerader Linie, **Geschwister** und **Ehegatten von Geschwistern**; in **bestimmten** im Gesetz aufgezählten **städtischen Katastralgemeinden;**

Tirol:

der Erwerb eines Bestandrechtes (= Pachtrechtes)

a) an einem landwirtschaftlichen **Wohngebäude**,

b) wenn es ins **Grundbuch** eingetragen werden soll,

c) wenn die Pachtfläche mehr als **3 Hektar** beträgt und nicht vom Pächter selbst im Rahmen eines bestehenden land- und forstwirtschaftlichen Betriebes bewirtschaftet werden soll oder die Überlassung land- und forstwirtschaftlicher Grundstücke zu einer nicht land- oder forstwirtschaftlichen Zwecken dienenden oder wesentlich beeinträchtigenden Nutzung erfolgt;

Vorarlberg:

das Pachtrecht an **landwirtschaftlichen Betrieben**. Für Gebiete, in welchen große Nachfrage nach Pachtgrundstücken besteht, kann zur Sicherung der Bedürfnisse der bäuerlichen Betriebe durch Verordnung bestimmt werden, dass die Pachtung landwirtschaftlicher Grundstücke der Bewilligung bedarf.

Wien:

Es bestehen **keine** Bestimmungen für land- und forstwirtschaftliche Pachtungen.

6. Auflösung

Pachtverträge können auf folgende Arten aufgelöst werden:

a) Im **Einvernehmen** zwischen Verpächter und Pächter kann der Pachtvertrag **jederzeit** aufgelöst werden.

b) Zeitablauf

Durch Zeitablauf endet der Pachtvertrag bei **bestimmter Vertragsdauer**. Er verlängert sich aber durch Stillschweigen um jeweils ein weiteres Jahr, wenn der Pächter nach Ablauf der vertraglichen Pachtdauer (z.B. 31. März) den Pachtgegenstand weiter bewirtschaftet (also im

April z.B. die Felder bestellt) und der Verpächter es dabei bewenden lässt (das heißt, binnen 14 Tagen keine Klage auf Rückstellung einbringt).

c) Aufkündigung

Durch Aufkündigung endet der Pachtvertrag bei **unbestimmter Vertragsdauer**.

- **Pachtverträge**, die **vertragliche Bestimmungen** über das Pachtjahr und die Aufkündigungsfrist enthalten, können nur unter **Einhaltung dieser Termine und Fristen** aufgekündigt werden.

Enthält der Pachtvertrag keine Bestimmungen über die Aufkündigung, können sowohl der Verpächter als auch der Pächter

- **Pachtverträge** über **landwirtschaftlich oder gärtnerisch genutzte Grundstücke und Betriebe** zum 31. März oder 30. November derart aufkündigen, dass die Aufkündigung dem Gegner der aufkündigenden Partei spätestens **sechs Monate** vor dem Kündigungstermin zugestellt wird;
- **Pachtverträge** über **forstwirtschaftlich** genutzte Grundstücke und Betriebe zum **30. November** derart aufkündigen, dass die Aufkündigung dem Gegner der aufkündigenden Partei spätestens **ein Jahr** vor dem Kündigungstermin zugestellt wird;
- **Pachtverträge anderer Art** zum 30. Juni oder 31. Dezember ebenfalls unter Einhaltung einer **sechsmonatigen** Kündigungsfrist aufkündigen.

d) Vorzeitige Auflösung

- Durch **Untauglichkeit** der Pachtsache; der Pächter kann vor Ablauf der Pachtzeit ohne Aufkündigung vom Vertrage zurücktreten, wenn die Pachtsache in einem untauglichen Zustand übergeben worden ist oder ohne sein Verschulden in einen solchen Zustand geraten ist.
- Durch **nachteiligen Gebrauch** der Pachtsache oder **Nichtzahlung des Pachtschillings**; der Verpächter kann vor Ablauf der Pachtzeit die frühere Aufhebung des Vertrages ohne Aufkündigung verlangen, wenn der Pächter einen **erheblich** nachteiligen Gebrauch von der Pachtsache macht (z.B. schlechte Bewirtschaftung der Pachtgrundstücke) oder trotz Mahnung mit der Bezahlung des Pachtschillings über eine Periode hinaus säumig ist.
- Durch **Untergang** der Pachtsache, wie z.B. Baufälligkeit eines Hauses oder Brand.
- Durch **Grundzusammenlegung** (siehe: Pachtverhältnisse XVII/A/1d).
- Durch **Veräußerung** der Pachtsache; der Pächter muss dem neuen Eigentümer zwar nicht sofort, aber doch **nach gehöriger Aufkündigung** weichen, **sofern** der neue Eigentümer bzw. Verpächter von diesem Recht Gebrauch macht. Eine gehörige Aufkündigung liegt vor, wenn der Verpächter entweder unter Einhaltung der vertraglich vereinbarten Kündigungsfrist zum Pachtjahresende oder mangels einer solchen Vereinbarung unter Einhaltung der sechs- bzw. zwölfmonatigen Kündigungsfrist zum 31. März oder 30. November aufkündigt (siehe Punkt c). Bei Eintritt dieser Auflösungsmöglichkeit hat der Pächter je nach Art des Pachtverhältnisses und dem Zeitpunkt der Aufkündigung eine weitere Nutzungsfrist zwischen mindestens einem halben und maximal knapp zwei Jahren. Er kann bei dieser vorzeitigen Beendigung des Pachtverhältnisses vom Veräußerer (bisheriger Verpächter) in Rücksicht auf den erlittenen Schaden (z.B. Düngung) und entgangenen Nutzen (erwartete Ernte) eine **vollkommene Genugtuung** verlangen (siehe: Schadenersatz X/D). Der Pächter muss dann **nicht weichen**, d.h., die Veräußerung der Pachtsache ändert nichts am Pachtvertrag, wenn sein Recht verbüchert, d.h. ins **Grundbuch eingetragen** ist.

Beachte:

- Der Pächter, der sichergehen will, dass beim Eigentümerwechsel auf Seiten des Verpächters nicht sein Pachtvertrag vorzeitig aufgelöst wird, kann dies durch eine **grundbücherliche Eintragung** (Einverleibung des Bestandrechtes) erreichen.

Dies wird von Bedeutung sein, wenn der Pachtvertrag **langfristig** oder unter Tätigung von großen Investitionen abgeschlossen wurde und der Pächter an der Ausübung seines Pachtrechtes während der gesamten Pachtdauer dringend interessiert ist. Bei der landwirtschaftlichen Pachtung einer Wiese oder eines Ackers wird eine Verbücherung des Bestandrechtes meist nicht erforderlich oder geboten sein, wohl aber bei der Anlage eines Obst- oder Weingartens etc.

- **Durch den Tod** einer der vertragsschließenden Parteien wird der **Pachtvertrag nicht aufgehoben.**

7. Gebühr bei Vertragsabschluss

Bei **schriftlichen** Miet- und Pachtverträgen ist eine einmalige Gebühr in der Höhe von einem Prozent (bei Jagdpachtverträgen von zwei Prozent) des gesamten (oder eines Teiles des) Mietzinses oder Pachtschillings zu entrichten. Zur Berechnung und fristgerechten Entrichtung der Gebühr ist der Bestandgeber (Vermieter oder Verpächter) mit einem vom Finanzamt aufgelegten amtlichen Formular verpflichtet. Auf allen Vertragsausfertigungen ist ein Vermerk über die Selbstberechnung anzubringen, der den Gebührenbetrag, das Datum der Selbstberechnung und die Unterschrift des Bestandgebers enthalten muss.

Für die Berechnung zur Gebührenermittlung gilt

- bei Verträgen auf **unbestimmte** Zeit das **dreifache** Jahresentgelt;
- bei Verträgen auf **bestimmte** Zeit das **Jahresentgelt multipliziert mit den Jahren**;
- bei Verträgen auf bestimmte Zeit von **über 18 Jahren** das Entgelt für 18 Jahre;
- bei Wohnungsmietverträgen auf bestimmte Zeit von **über 3 Jahren** das Entgelt für 3 Jahre.

Beispiele:

- **Wohnung**smietvertrag auf 5 Jahre, monatlicher Mietzins € 220,–: Berechnungsmethode: 220,– mal 12 mal 3 (!) dividiert durch 100: ergibt eine Gebühr von € 79,20.
- Pachtvertrag auf unbestimmte Zeit, Jahrespachtschilling € 1.450,–: 1.450,– mal 3 dividiert durch 100: ergibt eine Gebühr von € 43,50;
- **Jagd**pachtvertrag auf 6 Jahre, Jahrespachtschilling von € 2.180,–: 2.180,– mal 6 dividiert **durch 50** (2 %): ergibt eine Gebühr von € 261,60;
- Pachtvertrag auf 25 Jahre, Jahrespachtschilling € 2.180,–: 2.180,– mal 18 (!) dividiert durch 100: ergibt eine Gebühr von € 392,40.

8. Vorpachtrecht

Gleich wie das Vorkaufsrecht kann auch ein Vorpachtrecht eingeräumt werden. Ein solches wird oftmals in einem bestehenden Pachtvertrag für die Zeit nach Ablauf des bestehenden Pachtvertrages vereinbart; es kann aber auch unabhängig vom Bestand eines Pachtvertrages für den Fall einer beabsichtigten Verpachtung eingeräumt werden.

9. Inhalt

Der Pachtvertrag muss zumindest die folgenden Bestimmungen enthalten:

- Vertragsparteien mit Beruf und Adresse,
- genaue Beschreibung des Pachtgegenstandes (der Liegenschaft, der Grundstücke, gegebenenfalls der Grenzen oder sonstigen Abteilungen),
- Pachtdauer,
- Höhe des Pachtschillings.

Die folgenden Bestimmungen sind sehr zweckmäßig, jedoch nicht unbedingt erforderlich:

- Inventarverzeichnis,
- Fälligkeit und Wertsicherung des Pachtschillings,
- Vereinbarung, wer die Abgaben und Lasten auf dem Pachtgegenstand trägt,
- Vereinbarungen über Investitionen bzw. deren Ablöse (Ersatzansprüche),

- Vereinbarung über die Einhaltung allfälliger Förderungsverpflichtungen,
- Vereinbarung, ob eine Unterpachtung möglich oder ausgeschlossen ist,
- Vereinbarung, wer die Kosten der Errichtung und Vergebührung des Pachtvertrages zu tragen hat.

10. Muster

Gebührenberechnung durchgeführt
am ....
Gebühr € ....
Unterschrift des Verpächters:
....

PACHTVERTRAG

Verpächter: ....
....
Pächter: ....
.... (Verwandtschaftsverhältnis: ....; kein Ehepakt)

§ 1

Pachtgegenstand ist (sind) der Betrieb, die Liegenschaft(shälfte, Grundstücke), Anschrift, Betriebsnummer:
....
EZ .... KG ....
im unverbürgten und ausgezeigten Ausmaß von zusammen .... ha, eingetragen im Grundbuch des Bezirksgerichtes ....

Ausgenommen vom Pachtobjekt sind:

Baulichkeiten: ....
Grundstücke: ....

§ 2

An totem Inventar werden die im beigehefteten und unterfertigten Verzeichnis angeführten und geschätzten Stücke übergeben. Der Verpächter bleibt Eigentümer dieser Sachen. Der Pächter ist verpflichtet, das übergebene Zubehör nach Zahl, Art und Wert im gleichen Stand zu erhalten und bei Pachtende zurückzugeben.
Über das Lebendinventar wird ein unterfertigtes Verzeichnis angelegt, in dem alle Viehstücke unter Anführung von Kennzeichen, Gattung, Rasse, Alter und Gewicht angeführt sind.
Bei Zucht- und Nutztieren ist die Leistung nach den Normen des Landeskontrollverbandes Steiermark, 8010 Graz, Hamerlinggasse 3, und allenfalls die Einteilung in die Leistungsklassen der Zuchtverbände anzugeben.
Der Pächter ist verpflichtet, bei Pachtende einen nach dem Verzeichnis gleichwertigen Viehbestand zurückzustellen. Sich ergebende Differenzen sind bei Gewichtsunterschieden mit dem Durchschnitt des jeweiligen Marktpreises, wie er im Marktbericht der Landwirtschaftskammer verlautbart ist, auszugleichen. Bei Differenzen im Zuchtwert ist der Durchschnitt der letzten 3 Absatzveranstaltungen der Zuchtverbände zur Wertbemessung heranzuziehen.
Die Gefahr, der das Vieh während der Pachtdauer ausgesetzt ist, trägt der Pächter. Nur wenn infolge außerordentlicher Zufälle, ohne dass der Pächter das zur Abwendung Mögliche versäumt hat, Viehstücke umkommen, trägt den Schaden der Verpächter (Eisern-Viehvertrag).

§ 3

Die Liegenschaft wird ab .... auf unbestimmte Zeit – auf bestimmte Zeit, und zwar auf .... Jahre, das ist bis .... – verpachtet.
Das Pachtjahr dauert vom .... bis .... des – folgenden – Jahres.

Bei Verpachtung auf unbestimmte Zeit bedarf es zur Beendigung des Pachtverhältnisses einer schriftlichen Aufkündigung mindestens 6 Monate vor Pachtjahresende.
Der Pächter kann ein auf bestimmte Zeit abgeschlossenes Pachtverhältnis vorzeitig aufkündigen, wenn er aus nachweisbar gesundheitlichen Gründen nicht mehr in der Lage ist, die ordnungsgemäße Bewirtschaftung der Pachtliegenschaft zu gewährleisten.
Durch den Tod eines Vertragspartners wird der Vertrag nicht aufgehoben.

§ 4

Der Pachtzins beträgt € .... (in Worten: .... Euro) jährlich und ist im voraus fällig.
Dieser Pachtzins wird in Raten von monatl./viertelj./halbj. € .... bezahlt.

Zur Sicherung des inneren Kaufwertes des vereinbarten Pachtzinses wird diesem der letztvorliegende Agrarindex der Betriebseinnahmen 2010 der Landesbuchführungsgesellschaft mbH in Wien, veröffentlicht im landwirtschaftlichen Paritätsspiegel, mit Stichtag der Vertragserrichtung oder ein gleichwertiger an dessen Stelle tretender Index zugrunde gelegt, wobei die Korrektur jeweils mit Pachtjahresbeginn zu erfolgen hat und diese für das laufende Pachtjahr bzw die Pachtjahresraten maßgebend bleibt. Die Wertsicherung ist innerhalb von 6 Monaten nach Beginn des Pachtjahres bei sonstigem Verlust für das laufende Pachtjahr geltend zu machen.
Die auf dem Grundstück ruhenden öffentlichen Abgaben und Lasten sowie die Feuerversicherungsprämie hat der (Ver)Pächter zu tragen. Sollten vom Pächter vorgenommene Bewirtschaftungsänderungen Einheitswerterhöhungen oder -zuschläge zur Folge haben, ist jedenfalls der Pächter verpflichtet, die daraus resultierenden Differenzbeträge an öffentlichen Abgaben und Lasten zusätzlich zum Pachtschilling dem Verpächter zu ersetzen.

§ 5

(1) a) Der Pächter ist berechtigt, aus dem verpachteten Liegenschaftswald, Holz forstmäßig zu nutzen. Der Umfang der Nutzung ist aufgrund des sich nach forstlichen Grundsätzen ergebenden nachhaltigen Hiebsatzes festzustellen. Diese Nutzung ist aufgrund der bestehenden Waldverhältnisse auf Endnutzung und Vornutzung sowie auf die verschiedenen Baumarten und Qualitäten aufzuteilen.
b) Der Pächter ist zur Wiederaufforstung und Waldpflege verpflichtet.

(2) a) Der Pächter ist verpflichtet, die ihm aus (1) gebührende Holznutzung primär aus einem allfälligen Schadholz zu decken. Übersteigt die Schadholzmenge den Jahreseinschlag, so hat sich der Pächter auch für die Restpachtdauer – soweit das Schadholz reicht – daraus zu befriedigen. Übersteigt die Schadholzmenge die Ansprüche des Pächters, verbleibt der Rest des Schadholzes dem Verpächter.
b) Der Pächter ist zur Aufarbeitung des gesamten Schadholzes unter Berücksichtigung forstrechtlicher Bestimmungen (zeitgerechte Aufarbeitung usw.) verpflichtet.
c) Der Pächter ist verpflichtet, auf seine Kosten und unter Berücksichtigung der forstrechtlichen Bestimmungen und forstwirtschaftlichen Grundsätze den Teil der vom Schadholz betroffenen Waldfläche wieder aufzuforsten und die Waldpflege vorzunehmen, der seinem Nutzungsanteil aus dem Schadholz entspricht.
d) Die übrige vom Schadholz betroffene Fläche hat der Verpächter unter Berücksichtigung der gleichen Grundsätze und auf seine Kosten wieder aufzuforsten und die Waldpflege vorzunehmen.

§ 6

Der Pächter ist verpflichtet, die gepachtete Liegenschaft wie ein guter Landwirt zu halten. Der auf dem Hof aus welchem Herkommen immer gewonnene Dünger und Kompost ist bei der Über- oder Rückgabe der Liegenschaft unentgeltlich zu überlassen. Jede Veräußerung sowohl während der Pachtdauer als auch bei Pachtende ist nur mit Zustimmung des Verpächters gestattet. Die Ausbringung sonstiger Materialien, wie z.B. von Klärschlamm, -kompost oder ähnlichem, ist nur nach vorheriger Zustimmung des Verpächters gestattet.
Die laufenden, gewöhnlichen Ausbesserungen der Bauten und Anlagen, insbesondere der Wohn- und Wirtschaftsgebäude, der Wege, Gräben und Einfriedungen, obliegen dem Pächter auf seine Kosten. Hiezu gehören beispielsweise: das Ausweißen der Ställe, das Streichen der Zimmer und der Fensterrahmen, das Ausräumen der Düngerstätten, der Aborte und Senkgruben, das Fegen und Reinigen aller Rinnen, Kanäle und Wasserläufe, die Behebung von Frostschäden an Leitungen und Brunnen, das Bestreuen des Hofraumes mit Sand und Kies, die Desinfektion bei Krankheiten, der Ersatz von Zaunlatten, Fensterscheiben, einzelner Dachziegel, der Türen, Türschlösser, Schlüsseln usw. Darüber hinausgehende Reparaturen und Ausbesserungen obliegen dem Verpächter.

§ 7

Dem Pächter obliegt die ordnungsgemäße Pflege der Obst- und Weinkulturen, wozu auch das fachmännische Schneiden und Spritzen gehört. Seine Nutzung erstreckt sich auf die Aberntung der Früchte.
Das Holz abgestorbener oder durch Naturereignisse vernichteter Obstbäume und -sträucher bzw. Weinstöcke steht dem Pächter zu; dieser ist jedoch verpflichtet, bei Inanspruchnahme dieses Holzes einen neuen Obstbaum bzw. Weinstock zu setzen, wobei hinsichtlich des Ersatzes mit dem Verpächter Kontakt aufzunehmen ist.

§ 8

Der Verpächter oder dessen Vertreter ist befugt, die Pachtliegenschaft, Wohnräume nur in Begleitung des Pächters, zu besichtigen. Dies darf nicht zur Unzeit oder in einer Weise geschehen, die die Wirtschaftsführung beeinträchtigen kann.
Kulturänderungen, wodurch Äcker in Wiesen und Wiesen in Äcker und dergleichen umgewandelt werden, darf der Pächter nur nach vorher eingeholter Bewilligung des Verpächters vornehmen.
Ebenso sind bauliche Veränderungen und Investitionen an die vorherige schriftliche Zustimmung des Verpächters gebunden, anlässlich welcher Ablöse oder Wiederherstellung zu vereinbaren ist.

§ 9

Unterverpachtung und Untervermietung sind ausgeschlossen. Die allfällige Unterverpachtung und Untervermietung bedarf der schriftlichen Zustimmung des Verpächters. Der Pächter haftet für die termingemäße Räumung durch den Unterpächter bzw. Untermieter.

§ 10

Nicht verpachtet ist das Recht auf Gewinnung von Bruchsteinen, Kalk, Gips, Ton, Lehm, Mergel, Kies, Torf und ähnlichen Bodenbestandteilen.

§ 11

Die Ersatzansprüche des Verpächters wegen Veränderung, jene des Pächters auf Ersatz von Aufwendungen verjähren in sechs Monaten. Die Verjährung des Ersatzanspruches des Verpächters beginnt mit dem Zeitpunkt, in dem er die Liegenschaft zurückerhält, die des Pächters mit der Beendigung des Pachtverhältnisses.

§ 12

Die mit der Errichtung und Durchführung dieses Vertrages verbundenen Kosten und Gebühren werden vom Pächter – Verpächter – von beiden Vertragsteilen je zur Hälfte – getragen.

§ 13

Die bei Vertragsunterfertigung auf dem Pachtobjekt lastenden Förderungsverpflichtungen sind beiden Vertragsparteien bekannt. Während der Pachtdauer hat der Pächter für die weitere Einhaltung dieser Förderungsauflagen zu sorgen. Nach Beendigung des Pachtvertrages hat der Verpächter bzw. ein allfälliger Nachpächter hiefür Sorge zu tragen. Neue, den Bestandgegenstand betreffende Förderungen, die nach Pachtende den Verpächter verpflichten, dürfen nur mit dessen Zustimmung beantragt werden. Pächter und Verpächter haben das Recht, in die den Bestandgegenstand betreffenden Förderungsunterlagen des anderen Vertragspartners Einsicht zu nehmen bzw. sich Kopien anzufertigen.

§ 14

Zusätzliche Vereinbarungen:

....

Ort, Datum

Unterschriften:

Verpächter:	Pächter:
....	....

K. Abbauvertrag

Der Abbauvertrag ist ein Vertrag, wodurch jemandem, in der Regel einem Sand-, Schotter-, Ziegel-, Zement- oder sonstigen Bauunternehmen, das Recht eingeräumt wird, aus einem Grundstück die Bodensubstanz, wie z.B. Sand, Schotter, Lehm, Erde oder Steine, auf bestimmte oder unbestimmte Zeit gegen Entgelt zu entnehmen.

Der Abbauvertrag ist eine Art des Kaufvertrages (Kauf der Bodensubstanz) mit pachtähnlichen Kriterien (Nutzung des Grundstückes auf gewisse Zeit zur Erfüllung des Vertragszweckes).

Zur Erreichung des Vertragszweckes (Abbau der Bodensubstanz) sind folgende Vertragsmöglichkeiten gegeben:

- Errichtung eines **Abbauvertrages**, in welchen insbesondere die Dauer des Abbaues, das Abbaugebiet (örtliche Begrenzung), das Entgelt nach abgeführtem Material (m^3), eine bestimmte Mindestabbaumenge bzw. ein Mindestentgelt je Verrechnungszeitraum (Jahr, Quartal), die Wiederherstellung der Abbaufläche nach Abbauende (Rekultivierung, Gleichplanierung, Humusierung, Besämung und dergleichen) zu vereinbaren sein werden und gegebenenfalls hiefür auch eine Kaution oder Bankgarantie (Sicherstellung) vom Abbauberechtigten verlangt werden sollte;
- Errichtung eines **Pachtvertrages**, der dem Pächter den Abbau der Bodensubstanz im vereinbarten Ausmaß ausdrücklich gestattet und dessen Pachtschilling dieser Gestattung entsprechend ist;
- Errichtung eines **Kaufvertrages mit Wiederkaufsrecht**, wobei das Abbaugrundstück vorerst ins Eigentum des Abbauunternehmers übergeht, dem Verkäufer aber ein Wiederkaufsrecht (siehe: XI/G/4/a) nach dem vorgesehenen Abbauende oder nach Verlauf einer festbestimmten Zeit (z.B. fünf oder zehn Jahre) eingeräumt wird.

Welche Vertragsart zweckmäßiger ist, kann nur im Einzelfall nach fachlicher Beratung, insbesondere auch in steuerlicher Hinsicht, beurteilt werden.

L. Dienst- und Werkvertrag

Wenn jemand sich auf eine gewisse Zeit gegen Entgelt zur Dienstleistung für einen anderen verpflichtet, so entsteht ein **Dienstvertrag**.

Wenn jemand die Herstellung eines Werkes gegen Entgelt übernimmt, entsteht ein **Werkvertrag.**

Für die **Unterscheidung zwischen Dienst- und Werkvertrag** ist charakteristisch, dass sich beim Dienstvertrag der Arbeitnehmer persönlich und wirtschaftlich in den Organismus des Unternehmens des Arbeitgebers unterordnet und die Arbeitsleistung u.a. persönlich, unter Leitung und mit den Arbeitsmitteln (Werkzeugen usw.) des Arbeitgebers erbringt. Beim Werkvertrag liegt das Geschäft eines selbstständigen Unternehmens mit eigenen Mitteln, auch unter Beziehung von Gehilfen und unter Übernahme der Gefahr des Misslingens vor. Verträge mit Handwerkern, Baumeistern und dergleichen sind in der Regel Werkverträge.

Der **Unterschied zwischen Werkvertrag und Kaufvertrag** liegt darin, dass für den Werkvertrag im Gegensatz zum Kauf die Herstellung einer den besonderen Bedürfnissen und Wünschen des Bestellers gemäß zu verfertigende Sache wesentlich ist.

Beispiel:

Die Herstellung eines Fensters nach Wunsch und Maß des Bestellers durch einen Tischler ist ein Werkvertrag.

Der Erwerb eines genormten Fensters, das serienmäßig von Baustoffhandlungen angeboten wird, ist Kauf.

Beachte:

Im Dienstrecht ist die Vertragsfreiheit durch die vielfältigen Dienstnehmerschutzbestimmungen wohl am einschneidendsten eingeschränkt. Vereinbarungen zwischen Dienstgeber und Dienstnehmer entgegen solchen zwingenden Gesetzbestimmungen sind unwirksam.

Land- und forstwirtschaftliche Dienstverträge

Für die Dienstverhältnisse in der Land- und Forstwirtschaft und die Grundsätze in der Berufsausbildung gelten die Bestimmungen des Landesarbeitsgesetzes,[1] die Landarbeitsordnungen der einzelnen Bundesländer,[2] das Gutsangestelltengesetz,[3] das land- und forstwirtschaftliche Berufsausbildungsgesetz des Bundes,[4] die land- und forstwirtschaftlichen Berufsausbildungsgesetze und -ordnungen der einzelnen Bundesländer und weitere Verordnungen.[5]

Freie Dienstverträge und dienstnehmerähnliche Beschäftigungsverhältnisse

Neben diesen beiden Vertragsarten (Dienstvertrag bzw. Werkvertrag) bestehen zwei weitere Vertragsarten, die eine gesetzliche Pflichtversicherung begründen, nämlich

- der **freie Dienstvertrag** und
- das **dienstnehmerähnliche Beschäftigungsverhältnis**,

soferne das monatliche Entgelt € 508,– übersteigt.

Die **bäuerliche Nachbarschaftshilfe** (siehe: Nachbarschaftshilfe mit Dienstleistungen XVIII/D/4 und 5) fällt nicht unter den allfällig versicherungspflichtigen freien Dienstvertrag. Voraussetzung für diese Ausnahme von der Versicherungspflicht ist aber eine Tätigkeit im Rahmen der bäuerlichen Nebengewerbe, wenn der Zusammenhang mit der Urproduktion und die wirtschaftliche Unterordnung erfüllt sind (z.B. bei Bauernakkordanten).

* Landarbeitsgesetz 1984 – LAG, BGBl 1984/287 idF I 2015/34
Land- und Forstarbeiter-Dienstrechtsgesetz, BGBl 1980/280 idF I 2013/210
Gutsangestelltengesetz, BGBL 1923/538 idF I 2010/58
Bgld Landarbeitsordnung 1977 – LArbO, LGBl 1977/37 idF 2015/12
Ktn Landarbeitsordnung 1995 – K-LArbO, LGBl 1995/97 idF 2014/57
NÖ Landarbeitsordnung 1973, LGBl 9020-31 idF 2015/9
OÖ Landarbeitsordnung 1989, BGBl 1989/25 idF 2013/103
Sbg Landarbeitsordnung 1995, LGBl 1996/7 idF 2014/74
Stmk Landarbeitsordnung 2001 – StLAO 2001, LGBl2002/39 idF 2013/89
Stmk land- und forstw. Dienstnehmerschutzverordnung, LGBl 1972/60 und LGBl 2011/18
Stmk land- und forstw. Sicherheits- und GesundheitsschutzVO – LFSG-VO 2005, LGBl 2005/100 idF 2012/67
Tir Landarbeitsordnung 2000 – LAO 2000, LGBl 2000/27 idF 2014/52
Vbg Land- und Forstarbeitsgesetz – LFAG, LGBl 1997/28 idF 2014/31
Wr Landarbeitsordnung 1990, LGBl 1990/33 idF 2013/61
RL 06/25/EG idF 13/64/EU über Mindestvorschriften zum Schutz von Sicherheit und Gesundheit der Arbeitnehmer vor der Gefährdung durch physikalische Einwirkungen

XII. Wasserrecht

Das Wasser, die Voraussetzung und Grundlage jeglichen Lebens und Wirtschaftens sowie jeder menschlichen Kultur, ist keine beliebig vermehrbare Ware; vielmehr ist seine Menge vom natürlichen Wasserkreislauf abhängig. Seine nützlichen, aber auch schädlichen Eigenschaften bewirken die verschiedensten menschlichen Handlungen, die einerseits der Nutzung, andererseits dem Schutz und der Abwehr der Gewässer dienen.

Die Ansprüche der Menschen an das Wasser und die damit verbundenen Eingriffe verlangen eine Ordnung. Diese Ordnung ist in einem **internationalen Übereinkommen**, einigen **EU-Richtlinien*** zum Gewässerschutz und zur Wasserwirtschaft, im **Wasserrechtsgesetz*** und weiteren hiezu ergangenen **Verordnungen*** geregelt.

Die Eingriffe der Menschen in diesen Kreislauf haben gezeigt, wie schnell in einigen Jahrzehnten durch Ableitung von Abwässern, Errichtung von Deponien, Einbringung von sonstigen gefährlichen Stoffen und Giften in die Flüsse und in das Grundwasser, aber auch durch manchmal übertriebene, nicht mehr ordnungsgemäße land- und forstwirtschaftliche Bodennutzung diese wichtige Lebensgrundlage zugrunde gerichtet werden kann.

Die früheren gesetzlichen Gewässerschutzbestimmungen haben nicht mehr ausgereicht, um die Wassergüte so zu erhalten, wie es wünschenswert wäre. Die Wasserrechtsnovelle 1990 brachte neben zahlreichen anderen Schwerpunkten für die Land- und Forstwirtschaft eine verstärkte Verpflichtung bei der

- Bodenbewirtschaftung und Düngung (siehe auch: Bodenschutz XX/G),
- Sanierung von Deponien und wilden Ablagerungen, die den Landwirt auch finanziell berühren kann, wenn er sie gar nicht verschuldet hat.
- Sanierung belasteter Oberflächen- und Grundwässer, die in bestimmten gefährdeten Beckenlagen den Landwirt in der Bodenbewirtschaftung erheblich berühren.

Trinkwasserbestimmungen: Siehe XXI/G/8.

* Wasserrechtsgesetz, BGBl 1959/215 idF I 2014/60
Trinkwasserverordnung – TWV, BGBl II 2001/304 idF II 2012/359
Übereinkommen zum Schutz und zur Nutzung grenzüberschreitender Wasserläufe, BGBl 1996/578
RL 91/271/EWG idF RL 13/64/EU über die Behandlung von kommunalem Abwasser
RL 91/676/EWG idF RL 08/1137 zum Schutz der Gewässer vor Nitratverunreinigung – Nitratrichtlinie
RL 98/83/EG idF RL 09/596/EG über die Qualität von Wasser für den menschlichen Gebrauch – Trinkwasserrichtlinie
RL 00/60/EG idF RL 14/101/EU: Wasserrahmenrichtlinie für Maßnahmen im Bereich der Wasserpolitik
RL 06/11/EG über die Verschmutzung durch Ableitung gefährlicher Stoffe in die Gewässer
RL 06/118/EG idF RL 14/80/EU zum Schutz des Grundwassers vor Verschmutzung und Verschlechterung
RL 09/90/EG über technische Spezifikationen und Überwachung des Gewässerzustandes nach RL 00/60/EG

A. Einteilung der Gewässer

1. **Öffentliche Gewässer** sind die im Anhang des Wasserrechtsgesetzes namentlich angeführten Ströme, Flüsse, Bäche und Seen mit allen ihren Armen, Seitenkanälen und Verzweigungen, weiters Gewässer, die anlässlich einer wasserrechtlichen Bewilligung als öffentlich behandelt werden und letztlich alle übrigen Gewässer, sofern sie nicht ausdrücklich als Privatgewässer bezeichnet werden. Die öffentlichen Gewässer behalten ihre rechtliche Eigenschaft auch dann, wenn sie zeitweilig unterirdisch verlaufen oder wenn ihr Bett nicht ständig Wasser enthält.
2. **Privatgewässer**, also solche, die dem Grundeigentümer gehören, sind
   a) das in einem Grundstück enthaltene unterirdische Wasser **(Grundwasser)** und das aus einem Grundstück zutage quellende Wasser **(Quellwasser)**,
   b) das sich auf einem Grundstück aus atmosphärischen Niederschlägen ansammelnde Wasser **(Regenwasser, Schmelzwasser)**;
   c) das in Brunnen, Zisternen, Teichen oder anderen Behältern enthaltene und das in Kanälen, Röhren usw. für Verbrauchszwecke abgeleitete Wasser **(Brunnenwasser usw.)**.

   Ferner zählen zu den Privatgewässern, soweit nicht die Bestimmungen über die öffentlichen Gewässer entgegenstehen:

   d) **Seen**, die nicht von einem öffentlichen Gewässer gespeist oder durchflossen werden und
   e) **Abflüsse** aus den vorgenannten Gewässern bis zu ihrer Vereinigung mit einem öffentlichen Gewässer.

   Die unter a) bis c) genannten Gewässer sind in jedem Falle Privatgewässer, die in d) und e) genannten Gewässer sind ebenfalls Privatgewässer, können aber zu öffentlichen Gewässern erklärt werden.
3. **Öffentliches Wassergut:** Darunter versteht man nicht das Wasser von öffentlichen Gewässern, sondern vielmehr ausschließlich die Grundfläche. Dazu gehören alle wasserführenden und verlassenden Bette und Uferböschungen öffentlicher Gewässer, aber auch die Inseln, die in einem Gewässerbett entstehen.
   Am öffentlichen Wassergut kann Eigentum oder ein anderes dingliches Recht (z.B. Servitutsrecht) **durch Ersitzung nicht mehr erworben werden**.

B. Nutzung der Gewässer

Die Benützung der öffentlichen Gewässer ist innerhalb der gesetzlichen Schranken jedermann gestattet.

Die Benützung der Privatgewässer steht mit den durch Gesetz oder vertraglich begründeten Einschränkungen demjenigen zu, dem sie gehören.

1. **Gemeingebrauch an öffentlichen und privaten Gewässern**

   Der Gemeingebrauch ist eine uralte Rechtseinrichtung, die wohl in erster Linie der engeren und weiteren Nachbarschaft, an sich aber der Allgemeinheit zum Nutzen gereichen soll. Im Gegensatz zum Gemeingebrauch an öffentlichen Gewässern ist der Gemeingebrauch an privaten Gewässern auf die Flüsse, Bäche und Seen sowie auf die Befriedigung der notwendigsten Wasserbedürfnisse eingeschränkt.

   - **In öffentlichen Gewässern** ist der gewöhnliche, ohne besondere Vorrichtungen vorgenommene, die gleiche Benutzung durch andere nicht ausschließende Gebrauch des Wassers zum Baden, Waschen, Tränken, Schwemmen und Schöpfen sowie die Gewinnung von Pflanzen, Schlamm, Erde, Sand, Schotter, Steinen und Eis, schließlich die Benutzung der Eisdecke überhaupt, soweit dadurch weder der Wasserlauf, die Beschaffenheit des Wassers oder die Ufer gefährdet, noch ein Recht verletzt oder ein öffentliches Interesse beeinträchtigt werden, noch jemandem ein Schaden zugefügt wird, **ohne besondere Bewilligung** der Wasserrechtsbehörde unentgeltlich erlaubt.

- **In privaten Flüssen, Bächen und Seen** ist der Gebrauch des Wassers zum Tränken und Schöpfen mit Handgefäßen, soweit er ohne Verletzung von Rechten oder öffentlichen oder privaten Interessen mit Benutzung der dazu erlaubten Zugänge stattfinden kann, jedermann ohne besondere Erlaubnis und ohne Bewilligung der Wasserrechtsbehörde unentgeltlich gestattet.

2. Besondere Wassernutzung

Wassernutzung ist der Gebrauch der Wasserwelle; Wassernutzungsrechte werden nur durch Verleihungsurkunden (Bewilligung) der Wasserrechtsbehörde erworben. Sie können nicht durch Verabredungen von Parteien oder durch Ersitzung entstehen. Wassernutzungsrechte dürfen nicht mit dem Eigentum am Wasser verwechselt werden.

Wann ist eine wasserrechtliche Bewilligung erforderlich?

a) Jede über den Gemeingebrauch hinausgehende Benutzung der öffentlichen Gewässer sowie die Errichtung oder Änderung der zur Benützung dienenden Anlagen bedarf der Bewilligung der Wasserrechtsbehörde.

b) Die Benutzung der privaten Tagwässer sowie die Errichtung und Änderung der hiezu dienenden Anlagen bedarf dann einer Bewilligung der Wasserrechtsbehörde, wenn hiedurch auf fremde Rechte oder infolge eines Zusammenhanges mit öffentlichen Wässern oder fremden Privatgewässern auf das Gefälle, auf den Lauf oder die Beschaffenheit des Wassers, namentlich in gesundheitsschädlicher Weise, oder auf die Höhe des Wasserstandes in diesen Gewässern Einfluss geübt oder eine Gefährdung der Ufer, eine Überschwemmung oder Versumpfung fremder Grundstücke herbeigeführt werden kann.

Eine Ausnutzung der tragenden Kraft des Wassers zum Befahren mit Ruderbooten sowie die Sand- und Schotterentnahme aus öffentlichen Gewässern im Rahmen des Gemeingebrauches ist daher an keine besondere wasserrechtliche Bewilligung gebunden; wohl aber bedürfen der wasserrechtlichen Bewilligung jede über den Gemeingebrauch hinausgehende Sand- und Schotterentnahme aus öffentlichen Gewässern z.B. mit Baggern und Schubraupen oder die Errichtung von Teichen, wenn dadurch der Wasserstand beeinflusst, fremde Ufer gefährdet oder fremde Grundstücke beeinträchtigt werden können. Auch Fischereiberechtigte können gegen die Bewilligung von Wassernutzungsrechten im Interesse der Fischerei Einwendungen erheben. Für die Errichtung von Fischteichen ist in der Regel eine wasserrechtliche Bewilligung erforderlich.

3. Nutzung des Grundwassers

Der Grundeigentümer bedarf zur Nutzung des Grundwassers für den notwendigen Haus- und Wirtschaftsbedarf keiner Bewilligung der Wasserrechtsbehörde, wenn die Förderung nur durch handbetriebene Pump- oder Schöpfwerke erfolgt oder wenn die Entnahme in einem angemessenen Verhältnis zum eigenen Grund steht.

Ansonsten ist zur Erschließung oder Nutzung des Grundwassers die Bewilligung der Wasserrechtsbehörde erforderlich. Der Grundeigentümer darf daher auf eigenem Grund nach Wasser suchen und auch einen Brunnen ohne wasserrechtliche Bewilligung errichten. Er darf aber in diesem Zusammenhang nicht die Quelle oder den Brunnen eines anderen Nachbarn beeinträchtigen.

Artesische Brunnen bedürfen in jedem Fall der Bewilligung der Wasserrechtsbehörde.

C. Reinhaltung und Schutz der Gewässer

Alle Gewässer sind so rein zu halten, dass die Gesundheit von Mensch und Tier nicht gefährdet, Grund- und Quellwasser als Trinkwasser verwendet, Tagwasser zum Gemeingebrauch sowie zu gewerblichen Zwecken benutzt, Fischwasser erhalten und Beeinträchtigungen des Landschaftsbildes und sonstige fühlbare Schäden vermieden werden können.

In der EU schafft die **Wasserrahmenrichtlinie** 00/60/EG* einen Ordnungsrahmen für den Schutz der Oberflächenwässer und des Grundwassers zur

- Vermeidung der weiteren Verschlechterung das Wasserzustandes,
- Förderung der nachhaltigen Wassernutzung,
- Sicherstellung einer schrittweisen Reduzierung der Grundwasserverschmutzung,
- Minderung der Auswirkungen von Überschwemmungen und Dürren und
- zum Schutz und der Verbesserung des Wasserzustandes.

Weitere Richtlinien* bezwecken

- die durch Nitrat aus landwirtschaftlichen Quellen verursachte Wasserverunreinigung zu verringern bzw. weiterer Verunreinigung vorzubeugen. Als Maßnahmen haben die Mitgliedsstaaten ein Aktionsprogramm festzulegen. Österreich hat sich für eine bundesweite Durchführung des Aktionsprogrammes bei gleichzeitiger Inanspruchnahme der Befreiung von der Verpflichtung zur Ausweisung gefährdeter Gebiete entschieden. Verbindlich vorgeschriebene Maßnahmen des Aktionsprogrammes sind die Regeln der **„guten fachlichen Praxis in der Landwirtschaft“** und die Maßnahmen nach Anhang III der EU-Nitratrichtlinie*. Darüber hinaus werden aufgrund dieser EU-RL **„zusätzliche Maßnahmen auf freiwilliger Basis“** (Einschränkungen bzw. Vorbeugemaßnahmen) zur Verbesserung der Grundwasserqualität behandelt, die von den Landwirten auf freiwilliger Basis anzuwenden sind und bestimmte Punkte beinhalten, wie z.B. Zeiträume der Nichtaufbringung von Düngemitteln, Ausbringen auf stark geneigten, wassergesättigten, gefrorenen, schneebedeckten oder überschwemmten Böden bzw. in der Nähe von Wasserläufen, Fassungsvermögen von Lagerbehältern, Verfahren über das Ausbringen einschließlich Häufigkeit und Gleichmäßigkeit, Bodenbewirtschaftung einschließlich Fruchtfolgegestaltung und Anbauverhältnisse wie Grün- oder Ackerland etc.; siehe auch: ökologische Mindestkriterien: XXI/B/4f
- die Verschmutzung des Grundwassers durch bestimmte Stoffe zu verhüten und die Folgen seiner bisherigen Verschmutzung soweit wie möglich einzudämmen oder zu beheben, wobei diese Richtlinie u.a. nicht für Ableitungen von Haushaltsabwässern aus einzelstehenden Wohnstätten gilt, die nicht an ein Kanalisationsnetz angeschlossen sind und außerhalb von Wasserschutzzonen liegen (RL 80/68/EWG – bis 2013);
- geeignete Maßnahmen zu ergreifen, um die Verschmutzung oberirdischer Binnengewässer und des Grundwassers durch bestimmte gefährliche Stoffe zu beseitigen und um diese Verschmutzung zu verringern (RL 06/11/EG);

Die Mitgliedsstaaten haben diese Richtlinien umzusetzen und es bestehen im österreichischen Wasserrecht folgende weitere Regelungen:

1. Land- und forstwirtschaftliche Bodennutzung

Als **ordnungsgemäße** und somit wasserrechtlich bewilligungsfreie land- und forstwirtschaftliche Bodennutzung gilt, wenn sie unter Einhaltung der Rechtsvorschriften in Berücksichtigung der **Standortgegebenheiten**, insbesondere betreffend Chemikalien, Pflanzenschutz- und Düngemittel, Klärschlamm, Bodenschutz und Waldbehandlung (siehe auch: XX/C und G), sowie besonderer wasserrechtlicher Anordnungen erfolgt.

Die bisher übliche land- und forstwirtschaftliche Bodennutzung kann daher unter Umständen nicht mehr als ordnungsgemäß angesehen werden und bedarf einer wasserrechtlichen Bewilligung, wenn ihre Einwirkungen unmittelbar oder mittelbar die Gewässerbeschaffenheit beeinträchtigen.

Jedenfalls bewilligungspflichtig ist das Ausbringen von Handelsdünger, Klärschlamm, Kompost oder anderen zur Düngung ausgebrachten Abfällen, ausgenommen auf Gartenbauflächen, soweit die Düngergabe auf landwirtschaftlichen Nutzflächen **ohne Gründeckung 175 kg je Hektar und Jahr**, auf landwirtschaftlichen Nutzflächen **mit Gründeckung einschließlich Dauergrünland oder mit stickstoffzehrenden Fruchtfolgen 210 kg Stickstoff je Hektar und Jahr** übersteigt. Dabei ist jene Menge an Stickstoff in feldfallender Wirkung anzurechnen, die gemäß einer Verordnung des Bundesministers für Land- und Forstwirtschaft, Umwelt und Wasserwirtschaft über das Aktionsprogramm zum Schutz der Gewässer vor Verunreinigung durch Nitrat aus landwirtschaftlichen Quellen in zulässiger Weise durch Wirtschaftsdünger ausgebracht wird.

2. **Regeln der „guten fachlichen Praxis in der Landwirtschaft“ und Maßnahmen**

Österreich hat in Umsetzung der EU-Vorgaben in den Nitrat-und Pestizidrichtlinien* sowie der Verordnung über die Förderung der ländlichen Entwicklung* Regeln, Maßnahmen und ein Aktionsprogramm* zum Schutz der Gewässer vor Verunreinigung durch Nitrat aus landwirtschaftlichen Quellen erstellt. Diese Regeln stellen Mindestkriterien für die Gewährung von Förderungen dar und sind in der Anlage der VO über ökologische Mindestkriterien für die Gewährung von ausschließlich national finanzierten betrieblichen Förderungsmaßnahmen* enthalten.

a) **Regeln:**

- Zeiträume der Nichtausbringung von Düngemitteln
- Ausbringung auf stark geneigten landwirtschaftlichen Flächen
- Ausbringung auf wassergesättigten, überschwemmten, gefrorenen oder schneebedeckten Böden
- Ausbringung in der Nähe von Wasserläufen
- Fassungsvermögen von Lagerbehältern
- Verfahren für die Ausbringung, Häufigkeit und Gleichmäßigkeit

b) **Maßnahmen nach Anhang III EU-Nitrat-RL**

- Zeiträume, in denen das Ausbringen bestimmter Düngerarten verboten ist
- Fassungsvermögen von Lagerbehältern muss größer sein als die erforderliche Kapazität für die Lagerung von Dung während des längsten Zeitraumes, in dem das Ausbringen von Dung auf landwirtschaftlichen Flächen verboten ist
- Begrenzung der Ausbringung nach den Regeln der guten fachlichen Praxis in gefährdeten Gebieten

c) **Zusätzliche Maßnahmen auf freiwilliger Basis**

- Erweiterte Zeiträume der Nichtausbringung
- weitergehende Begrenzung des Düngemitteleinsatzes
- vollständiger Verzicht auf bestimmten oder allen Düngereinsatz
- weitergehende Begrenzung im Viehbesatz
- Maßnahmen zur Verringerung der Nährstoffverluste durch Nutzungsart, Fruchtfolgegestaltung und Bodenbewirtschaftung
- Beibehaltung einer Mindestpflanzenbedeckung zur Stickstoffaufnahme
- Bedingungen für den Einsatz künstlicher Bewässerung
- Führen von Aufzeichnungen über durchgeführte Maßnahmen

* RL 91/676/EWG idF RL 08/1137 zum Schutz der Gewässer vor Nitratverunreinigung – Nitratrichtlinie
RL 09/128/EG über die nachhaltige Verwendung von Pestiziden – Pestizidrichtlinie
EU-VO 13/1305 idF EU VO 14/994 über die Förderung der ländlichen Entwicklung, Titel III Maßnahmen
VO über das Aktionsprogramm 2012 – Gewässerschutz – Nitrat, Wr. Zeitung vom 4.5.2012, Nr. 87 idF 20.11.2012, Nr. 224
VO über ökologische Mindestkriterien für die Gewährung von ausschließlich national finanzierten betrieblichen Förderungsmaßnahmen, BGBl 1995/859 (Anlage)
Gewässerzustandsüberwachungsverordnung – GZÜV, BGBl II 2006/479 idF II 2010/465
Donauschutzübereinkommen, BGBL III 1998/139

3. **Lagerung wassergefährdender Stoffe**

a) **Jauche- und Güllegruben**

Durch Verordnung sind die **wassergefährdenden Stoffe** und die **Mengenschwellen** zu bezeichnen, für deren Lagerung eine wasserrechtliche Bewilligung erforderlich ist. In der Landwirtschaft dürften dem Vernehmen nach die Jauche- und Güllegruben in die Verordnung, deren **genauer Inhalt noch abzuwarten** ist, aufgenommen werden.
Bei Inkrafttreten der Verordnung bereits bestehende Anlagen (Gütergruben etc.) gelten als bewilligt, wenn sie **binnen Jahresfrist** unter Angabe der Lage und der wesentlichen Merkmale der Anlage sowie des Berechtigten der Behörde **angezeigt** werden. Dann ist die **Dichtheit** dieser Anlagen (Behälter und Leitungen) in Zeitabständen von höchstens **5 Jahren** auf Kosten des Betreibers überprüfen zu lassen.

b) **Errichtung von Deponien**

Die Ablagerung von Abfällen bedarf einer wasserrechtlichen Bewilligung. **Ausgenommen** sind u.a. solche, bei deren ungeschützter Lagerung eine Wasserverunreinigung nicht zu befürchten ist (z.B. Laubkompost, Schutt, Steine): Die Bewilligung darf nur erfolgen, wenn die erforderlichen Schutzmaßnahmen dem Stand der Technik entsprechen, öffentliche Interessen und fremde Rechte nicht beeinträchtigen und eine angemessene **Sicherstellung** für die Erfüllung der Auflagen und Erhaltung der Anlage auferlegt wurde.

c) **Abfallablagerung**

- Das **Abfallwirtschaftsgesetz 2002** und die **Deponieverordnung 2008** haben unter anderem das Ziel, während des Bestehens einer Deponie negative Auswirkungen der Ablagerung von Abfällen auf die Umwelt, insbesondere auch die **Verschmutzung von Oberflächenwasser und Grundwasser** und alle damit verbundenen Gesundheitsrisiken möglichst zu vermeiden oder vermindern. Sie enthalten nähere Bestimmungen über die Lagerung, Anforderungen an den Deponiestandort und bestimmte Deponierungsverbote.

Deponien: Siehe XX/H/6

Haftung des Landwirtes als Grundeigentümer

- **Für Neuanlagen oder Unterlassungen**

  Wenn der Verpflichtete nicht greifbar ist, nicht zu Behebungsmaßnahmen beauftragt oder zum Kostenersatz herangezogen werden kann, kann die Behörde nunmehr dem Liegenschaftseigentümer (auch Landwirt!) den Auftrag zur oft kostenaufwendigen Wiederherstellung oder Sanierung erteilen oder den Kostenersatz vorschreiben, wenn er den Anlagen oder Maßnahmen, von denen die Gefahr ausgeht, **zugestimmt, sie freiwillig geduldet** oder ihm **zumutbare Abwehrmaßnahmen unterlassen** hat.
  Das gilt auch für seinen **Rechtsnachfolger**, wenn er davon **Kenntnis** hatte oder bei gehöriger Aufmerksamkeit Kenntnis haben musste.

- **Für Altanlagen, Maßnahmen und Unterlassungen vor 1990**

  kann der Liegenschaftseigentümer nur zu Behebungsmaßnahmen beauftragt oder zum Kostenersatz herangezogen werden, wenn er die gewässerverunreinigenden Anlagen etc. auf eigenem Grund ausdrücklich gestattet und dafür einen **Vorteil** erhalten hat. Seine **Leistungspflicht** ist jedoch auf **jenen Wert des Vorteils begrenzt**, der die **übliche Vergütung**, z.B. angemessener Pachtschilling für die landwirtschaftliche Nutzung des Grundes, **übersteigt**.

  Beachte:

  Landwirte als Grundeigentümer müssen daher genau überlegen, ob sie Grundstücke für Deponien oder sonstige wassergefährdende Anlagen lediglich verpachten, vermieten, sonstwie überlassen oder gar aus Gefälligkeit dulden. Aus **Sicherheitsgründen** kann in solchen Fällen nur geraten werden, zu **verkaufen** und nicht den Grund im Eigentum zu behalten!

Aus diesen umfangreichen, komplizierten und hier nur verkürzt wiedergegebenen verpflichtenden Bestimmungen kann dem Landwirt nur dringend geraten werden, bei der landwirtschaftlichen Bodennutzung, Ausbringung von Dünger und Jauche, Siloabwässer, Errichtung oder Duldung von wassergefährdenden Deponien sorgsam und vorsichtig unter Beachtung der vorgenannten Bestimmungen vorzugehen, damit nicht folgende mögliche nachteilige **Konsequenzen** ihn treffen:

- existenzbedrohende Schadenersatzforderungen,
- kostspielige Sanierungen bzw. Heranziehung zu Kostenersatz,
- verwaltungsrechtliche oder sogar gerichtliche Strafverfolgung.

Strafrechtliche Verfolgung der Wasserverunreinigung

tritt ein, wenn dadurch vorsätzlich oder fahrlässig eine Gefahr für Leib oder Leben eines anderen oder in großem Ausmaß eine Gefahr für Haustiere anderer oder für Tiere, die dem Jagd- oder Fischereirecht anderer unterliegen, tatsächlich herbeigeführt wird oder zumindest herbeigeführt werden kann.

4. Ableitung wassergefährdender Stoffe – Abwasseremissionen

Die Ableitung von Abwässern in Fließgewässer ist in den Abwasseremissionsverordnungen* geregelt. Sie enthalten Grundsätze der Behandlung von Abwasser und dessen Inhaltsstoffen, Anforderungen an die Abwasserbehandlung, Begrenzungen von Abwasseremissionen bei der Einleitung gefährlicher Inhaltsstoffe und die Überwachung für Abwasseremissionen.

* Allgemeine Abwasseremissionsverordnung – AAEV, BGBl 1996/186
Indirekteinleiterverordnung – IEV, BGBl II 1998/222 idF II 2006/523
Verordnung über Anlagen zur Lagerung und Leitung wassergefährdender Stoffe, BGBl II 1998/4
Weitere Abwasseremissionsverordnungen – AEV – anorganische Düngemittel, BGBl 1996/669, Fleischwirtschaft, BGBl II 1999/12, Massentierhaltung, BGBl II 1997/349, Futtermittel, BGBl 1995/894 idF II 2000/394, Milchwirtschaft, BGBl II 1999/11, Pflanzenschutzmittel, BGBl 1996/668, Tierkörperverwertung, BGBl 1995/891, Gentechnik, BGBl II 1997/350, Deponiesickerwasser, BGBl II 2003/263 idF II 2005/103

5. Schutz der Wasserversorgung

a) Schutz von Wasserversorgungsanlagen (Wasserschutzgebiete)

Zum Schutze von Wasserversorgungsanlagen wie Brunnen, Quellen und dergleichen gegen **Verunreinigung** oder gegen eine **Beeinträchtigung ihrer Ergiebigkeit** kann die Wasserrechtsbehörde mit Bescheid besondere Anordnungen über die Bewirtschaftung oder sonstige Nutzung von Grundstücken und Gewässern treffen, die Errichtung bestimmter Anlagen untersagen und entsprechende **Schutzgebiete** bestimmen. Je nach dem erforderlichen Ausmaß des Schutzbedürfnisses kann ein engeres oder weiteres Schutzgebiet festgelegt werden.
Die ordnungsgemäße land- und forstwirtschaftliche Bodennutzung kann dadurch eingeschränkt werden. Der Bauer, der seine Grundstücke und Anlagen aufgrund derartiger Anordnungen, Untersagungen oder Schutzgebietbestimmungen nicht weiter auf die Art und in dem Umfang nutzen kann, wie es ihm aufgrund bestehender Rechte zusteht, muss dafür vom Wasserberechtigten entschädigt werden.

Beispiel:

Der Grundbesitzer A hat auf seinem Grundstück einen Brunnen. Der Nachbar B bewirtschaftet ein landwirtschaftliches Grundstück. A kann von B nicht von vornherein verlangen, dass er sein Grundstück wegen der Gefahr der Brunnenverunreinigung nicht düngt. A kann aber bei der Wasserrechtsbehörde einen Antrag auf Festlegung eines Schutzgebietes stellen.
Folge: A darf auf seinem Grundstück im Bereiche des Brunnens keine Beeinträchtigungen vornehmen und muss den Brunnen ordnungsgemäß instandhalten. Wenn sich das

Schutzgebiet auch auf das Grundstück des B erstreckt, wird B je nach der Art der Verfügung der Wasserrechtsbehörde Einschränkungen z.B. bei der Düngung in Kauf nehmen müssen. B wird eine Ernteeinbuße erleiden. A wird B eine Entschädigung hiefür leisten müssen. B kann mit dieser Entschädigung seinen erlittenen Nachteil ausgleichen. Der Grundbesitzer A wird mutwillig die Einräumung eines Schutzgebietes nicht erreichen, da die Behörde ein solches nur bei Notwendigkeit festsetzt und er in erster Linie selbst die erforderlichen Vorkehrungen zu treffen hat. Weiters muss er Nachteile des Nachbarn B finanziell entschädigen.

b) **Wasserschongebiete**

Soweit mit Wasserschutzgebietsanordnungen der Schutz der Wasserversorgung nicht hinreichend bewirkt werden kann, ist durch Verordnung* zu bestimmen, dass in einem näher zu bezeichnenden Teil des Einzugsgebietes **(Schongebiet)** bestimmte das Wasser **gefährdende Maßnahmen** vor ihrer Durchführung der Wasserrechtsbehörde **anzuzeigen** sind oder der wasserrechtlichen **Bewilligung** bedürfen oder **überhaupt** nicht bzw. nur **in bestimmter Weise zulässig** sind.
Die Einschränkungen in der ordnungsgemäßen Nutzung sind ebenfalls **angemessen zu entschädigen.** In der angemessenen Entschädigung bei Wasserschutz- und -schongebieten sind nach höchstgerichtlicher Judikatur **alle vermögensrechtlichen Nachteile** je nach Einzelfall zu berücksichtigen wie:

- **Verkehrswertminderung** mit Berücksichtigung der **Baurandlage (Bauerwartungsland)** und Auswirkung von **Bauverboten**;
- **Mehrkosten** infolge Änderung des Arbeitsverfahrens;
- Kosten für **bauliche Sanierungsmaßnahmen**.

6. Verbesserung der Qualität von Grundwasser

a) Zur Verhinderung einer Verschlechterung des Grundwasserzustandes und zur Verbesserung von Grundwasserkörpern sind durch Verordnung
   - für Stoffe, die das Grundwasser für die Wasserversorgung untauglich zu machen drohen oder die es nachhaltig negativ beeinflussen, Schwellenwerte festzusetzen;
   - für die Ermittlung und Beurteilung der Messergebnisse sowie für die stufenweise Ausweisung von Grundwasser(teil)gebieten als Beobachtungs- und Maßnahmengebiete Kriterien vorzugeben;
   - allgemeine Rahmen für freiwillig zu setzende Maßnahmen festzulegen, aus denen bei Erlassung konkreter Programme auszuwählen ist.

b) Grundwasser(teil)gebiete, in denen die festgelegten Schwellenwerte nicht nur vorübergehend überschritten werden, sind abzugrenzen und als Beobachtungs- und Maßnahmengebiet evident zu halten.

c) In ausgewiesenen Beobachtungs- und Maßnahmengebieten ist anzuordnen, dass jedermann, durch dessen Handlungen oder Unterlassungen Schadstoffe ins Grundwasser gelangen können, verpflichtet ist, seine Anlagen zu überprüfen und bestimmte Aufzeichnungen über den Anfall und die Verwendung von schädlichen Stoffen zu führen. Dies aber nur dann, wenn die Ursache der Schwellenwertüberschreitung nicht anders oder nur mit unverhältnismäßigem Aufwand feststellbar ist.

d) Für voraussichtliche Maßnahmengebiete sind entsprechend den Vorgaben Maßnahmen bekanntzugeben, die voraussichtlich zur Verbesserung der Grundwasserqualität erforderlich sein werden. Dies nur dann, wenn die Behebung nicht durch Anordnung von Maßnahmen gegenüber dem festgestellten Verursacher erfolgt.

e) Im voraussichtlichen Maßnahmengebiet liegende Grundstücke können vom Betroffenen innerhalb von 3 Jahren gemeldet werden. Dabei ist zu belegen, dass vorgeschlagene freiwillige Maßnahmen gesetzt werden oder dass von den Maßnahmen und Anlagen auf dem Grundstück keine negativen Auswirkungen auf das Grundwasser ausgehen.

f) Danach sind jene Nutzungseinschränkungen oder Reinhaltemaßnahmen zu verfügen, die erforderlich sind, um die Belastung des Grundwassers unter den Schwellenwert zu senken. Erforderlichenfalls können betroffene Grundstücke auch nachträglich erfasst werden. Sie sind wieder auszuscheiden, wenn der für ihre Erlassung maßgebliche Schwellenwert ein Jahr lang unterschritten wird.

g) Notwendige Anpassungen von bekanntgegebenen Maßnahmen können erfolgen. Weitergehende Anordnungen nach anderen Bestimmungen dieses Gesetzes bleiben unberührt.

* Qualitätszielverordnung Chemie Grundwasser – QZV Chemie GW, BGBl II 2010/98 idF II 2010/491
Wasserkreislauferhebungsverordnung – WKEV; BGBl II 2006/478
Ktn Wasserschongebietsverordnung 1998, LGBl 1998/103
Stmk Grundwasserschutzprogramm Graz bis Bad Radkersburg, LGBl 2015/39
Stmk Gewässerschutzverordnung, LGBl 2015/40

D. Abwehr und Pflege der Gewässer

1. Besondere bauliche Herstellungen

Uferbauten und Anlagen im Hochwasserabflussbereich, wie z.B. Wohn- und Wirtschaftsgebäude, Schupfen, Boots- und Badehütten und -stege, Einfriedungen aller Art, Verbreiterungen, Verengungen, Neuherstellungen oder Beseitigungen etc., bedürfen der wasserrechtlichen Bewilligung.

2. Änderungen der natürlichen Wasserabflussverhältnisse

Weder der Oberlieger noch der Unterlieger dürfen den **natürlichen Abfluss** des sich auf ihren Grundstücken ansammelnden oder darüberfließenden Wassers (in der Regel Oberflächenwasser ohne ausgeprägtes Bett oder kleinere, nicht ständig fließende Wasserläufe) **zum Nachteil** des jeweils anderen **willkürlich verändern.** Das gilt aber **nicht für die Änderung** der Ablaufverhältnisse, die **durch die ordnungsgemäße Bearbeitung eines landwirtschaftlichen Grundstückes** notwendigerweise bewirkt wird. Vorkehrungen, welche lediglich Bewirtschaftungszwecke verfolgen und die sich nach den Regeln der Landwirtschaft bei Bebauung und Kultivierung der Grundstücke als notwendig darstellen (z.B. Furchen ziehen), können nicht als willkürliche Änderungen der Abflussverhältnisse angesehen werden. Die Anwendung dieser Bestimmung gilt nur für landwirtschaftliche Grundstücke und ist schon dann ausgeschlossen, wenn nur das obere oder nur das untere Grundstück den Charakter eines der Landwirtschaft gewidmeten Grundes nicht aufweist.
Die Abwendung von Nachteilen, die infolge von Bauführungen und Herstellungen in verbauten Orten dem Nachbarn durch die Rückwirkung und Verteilung der Niederschlags- und Abfallwässer von Baugrundstücken entstehen, ist nach den Bestimmungen der Bauordnungen bzw. des Zivilrechtes zu verlangen. Nach dem Zivilrecht ist eine unmittelbare Wasserableitung auf das Nachbargrundstück ohne besonderen Rechtstitel unter allen Umständen unzulässig. Ein Rechtstitel, der die Ableitung zulässt, wäre entweder die Gestattung (vertragliche Einräumung) oder Ersitzung (faktische Ausübung seit über 30 Jahren). Nach den einzelnen Bauordnungen ist bereits bei der Bauverhandlung auf nachbarliche Nachteile zu achten und gegebenenfalls in der Baubewilligung das Verbot der Wasserableitung auf das Nachbargrundstück im Zusammenhang mit der Bauführung ausdrücklich anzuführen.

3. Entwässerungsanlagen (Drainagen)

Sie bedürfen dann einer wasserrechtlichen Bewilligung, wenn es sich entweder um eine zusammenhängende Fläche von mehr als drei Hektar handelt oder eine nachteilige Beeinflussung der Grundwasserverhältnisse, des Vorfluters oder fremder Rechte zu befürchten ist.

4. Schutz- und Regulierungswasserbauten

Sie sind wasserrechtlich bewilligungspflichtig. Der Ufereigentümer an den nicht zur Schiff-

oder Floßfahrt benutzten Strecken ist aber berechtigt, ohne wasserrechtliche Bewilligung Stein-, Holz- oder andere Verkleidungen zur Sicherung seines Ufers aufzuführen.

5. **Instandhaltung der Gewässer**

Die Wasserrechtsbehörde kann dem Eigentümer von Ufergrundstücken bescheidmäßig auftragen

a) die Abstockung und Freihaltung der Uferböschung und der im Bereich der regelmäßig wiederkehrenden Hochwässer gelegenen Grundstücke von einzelnen Bäumen, Baumgruppen und Gestrüpp und die entsprechende Bewirtschaftung der vorhandenen Bewachsung;

b) die entsprechende Bepflanzung der Ufer und Bewirtschaftung der Bewachsung;

c) die Beseitigung kleiner Uferbrüche und Einrisse und die Räumung kleiner Gerinne von Stöcken, Bäumen, Schutt und anderen den Abfluss hindernden oder die Ablagerung von Sand und Schotter fördernden Gegenständen, soweit dies keine besonderen Fachkenntnisse erfordert und nicht mit beträchtlichen Kosten verbunden ist, vorzunehmen.

6. **Wirtschaftsbeschränkungen**

a) In Überschwemmungsgebieten dürfen keine Ablagerungen erfolgen.

b) Überdies kann die Behörde bei Erfordernis zur Instand- und Reinhaltung und Vermeidung von Wasserschäden für bestimmte Gewässerstrecken oder Grundwasserbereiche durch Verordnung untersagen oder regeln:

- die Ausübung der Viehweide,
- jede die Lockerung und den Abbruch fördernde Bodennutzung,
- jede Ablagerung von gefährlichen Stoffen und
- die Verwendung bestimmter Dünge- oder Schädlingsbekämpfungsmittel.

7. **Hilfeleistung in Notfällen**

Wenn zur augenblicklichen Verhütung der Gefahr von **Ufer- und Dammbrüchen** oder **Überschwemmungen** unverzügliche Maßnahmen ergriffen werden müssen, sind auf Anordnung der Behörde (bei Gefahr im Verzug: Bürgermeister) alle tauglichen Personen im Gemeindegebiet zur Dienstleistung verpflichtet. Vorhandene Baustoffe und Geräte müssen zur Bekämpfung der Gefahr gegen Entgelt abgegeben werden.

* Gesetz zur unschädlichen Ableitung der Gebirgswässer, RGBl 1884/117 idF BGBl 1959/54
Übertragungsverordnung Hochwasserschutz – ÜVHWS, BGBl II 2006/351
WRG-Gefahrenzonenplanungsverordnung – WRG-GZPV, BGBl II 2014/145

E. Bewirtschaftungsmaßnahmen

1. Allgemeine **wasserwirtschaftliche Verpflichtungen** sind die

- **Instandhaltung** der eigenen Wasserbenutzungsanlagen;
- **Beitragsleistung** zu fremden Wasseranlagen, wenn davon ein Nutzen bezogen wird;
- **wasserwirtschaftlichen Rahmenpläne** zur Verwirklichung von Zielsetzungen für das Oberflächenwasser, Grundwasser und Schutzgebiete gemäß dem Kapitel C.

2. **Planung und Durchführung von Maßnahmen** zur nachhaltigen Bewirtschaftung zum Schutz und zur Reinhaltung (Kapitel C) sowie zur Abwehr und zur Pflege (Kapitel D)

- Wasserwirtschaftliche Planung und Bewirtschaftung nach Flusseinzugsgebieten
- **Maßnahmen, Programme** – auch im Rahmen der EU – und deren Umsetzung
- Erstellung der nationalen **Gewässerbewirtschaftungspläne**

- **Hochwasser:** Risikobewertung, Gefahren- und Risikokarten sowie Risikomanagement
- **Öffentlichkeitsbeteiligung, Umweltprüfung** und Förderung der Gewässerkunde
- ein Wasserinformationssystem Austria – **WISA** – und Verzeichnis der **Schutzgebiete**

3. **Hydrografie** – Erhebung von **Gewässerzustand, Wasserkreislauf und Wassergüte**
   - Grundsätze der Überwachung und Erhebung
   - Überwachung – überblicksweise, operativ und zu Ermittlungszwecken
   - Überwachungsprogramme, deren Umsetzung und die Verfahren hierzu

F. Zwangsrechte

1. **Öffentlicherklärung** von Privatgewässern, wenn öffentliche Interessen es erfordern.
2. **Verpflichtungen zur Duldung von Vorarbeiten** bei der Ausführung von Wasseranlagen auf fremdem Grund, wenn der Grundeigentümer deren Vornahme nicht freiwillig gestatet.
3. **Nutzungsbefugnisse**
   a) an öffentlichen und privaten Gewässern bei Feuergefahr und Wassermangel und
   b) an benachbarten bzw. Ufergrundstücken zur Ausführung von Schutz-, Regulierungs- und sonstigen Wasserbauten und Anlagen sowie zu Instandhaltungsarbeiten an Gewässern.
4. **Enteignung**

   Die Wasserrechtsbehörde kann, um die nutzbringende Verwendung der Gewässer zu fördern oder ihren schädlichen Wirkungen zu begegnen, in dem Maße als erforderlich:
   - Dienstbarkeiten begründen,
   - Liegenschaften und Bauwerke ganz oder teilweise enteignen,
   - wesentliche Veränderungen des Grundwasserstandes gestatten.
   - Weiters Wasserrechte, Wassernutzungen, Privatgewässer, Liegenschaften und Leitungen für Schutz-, Regulierungs- oder sonstige bevorzugte Wasserbauten enteignen.

   Zu diesen Zwecken kann die Wasserrechtsbehörde

   a) die Benutzung eines Privatgewässers, insoweit es für den Nutzungsberechtigten entbehrlich ist, einem anderen einräumen oder eine Verlegung oder Beseitigung gestatten;
   b) einer Gemeinde, Ortschaft, Wassergenossenschaft oder **einzelnen Ansiedlung** (z.B. Bauernhof), die an dem für den **Haus- und Wirtschaftsbedarf** oder für öffentliche Zwecke notwendigen Wasser **dauernden Mangel** leidet und diesen sonst nur mit unverhältnismäßigen Aufwendungen beheben könnte, die Benutzung eines fremden Privatgewässers gestatten, soweit hiedurch der Bedarf des Nutzungsberechtigten für die gleichen Zwecke nicht gefährdet wird (siehe auch: Zwangswasserrechte VII/F/2);
   c) bestehende Wasserrechte und Wassernutzungen gar oder teilenteignen;
   d) die Verlegung von Bringungs- und Leitungsanlagen, Seilaufzügen und dergleichen gestatten, wenn es ohne Gefährdung ihres Zweckes möglich ist.

   Zum **Schutz des landwirtschaftlichen Wasserbedarfes** ist in wasserarmen Gebieten bei der Enteignung nicht nur auf den unmittelbaren Bedarf des betroffenen landwirtschaftlichen Betriebes, sondern auch auf benachbarte Betriebe Rücksicht zu nehmen.

G. Wassergenossenschaften

Hauptzwecke der **Wassergenossenschaften** sind:

1. **Schutz** von Grundeigentum und Bauwerken gegen **Wasserschäden**
2. **Gewässerregulierung, Ent- und Bewässerung**
3. **Versorgung** mit **Trink-, Nutz- und Löschwasser**
4. Beseitigung und Reinigung von **Abwässern**
5. Errichtung, Benützung und Erhaltung von **Wasserkraftanlagen**

Wassergenossenschaften werden gebildet durch Anerkennung

- einer freien Vereinbarung der Beteiligten **(freiwillige Genossenschaft)**,
- eines Mehrheitsbeschlusses der Beteiligten und gleichzeitige Beiziehung der widerstrebenden Minderheit **(Genossenschaft mit Beitrittszwang)** oder
- durch Bescheid des Landeshauptmannes **(Zwangsgenossenschaften)**.
- **Wasserverbände** können anstelle der Wassergenossenschaften für größere örtliche Bereiche (z.B. für mehrere Gemeinden oder Verwaltungsbezirke) gebildet werden.

Die Tätigkeit ist in Satzungen zu regeln. Einvernehmlich können Liegenschaften oder Anlagen sowohl nachträglich einbezogen als auch wieder ausgeschieden werden.

H. Wasserbuch

Das Wasserbuch ist ein **Verzeichnis der Wassernutzungsrechte** und wird für jeden Verwaltungsbezirk getrennt bei der Bezirkshauptmannschaft geführt. Es enthält:

1. Die **Übersichtsmappe** – Zeichenschlüssel, Übersichtskarte und Gewässerverzeichnis;
2. die **Gewässermappen** – Vorschlagsblatt, Gewässerblatt und dazugehörige Einlageblätter;
3. das **Postzahlenverzeichnis** – die Postzahlen mit der Bezeichnung der Gewässer, des Ortes, der Anlage und der Art der Wassernutzung;
4. die **Kartothek** – nach Ortsgemeinden unterteilt und nach Namen alphabetisch geordnet;
5. die **Wasserkartensammlung** – Kopien oder Zweitausfertigungen der Gewässerblätter in alphabetischer Reihenfolge der Gewässernamen;
6. die **Urkundensammlung** – Urkunden, die den eingetragenen Wassernutzungsrechten zugrunde liegen, z.B. Bewilligungs-, Wasserbuch- und Überprüfungsbescheide.

Der **Wasserbuchbescheid** verfügt die Eintragung eines Wassernutzungsrechtes oder die Änderung oder Löschung einer Eintragung und bestimmt den einzutragenden Wortlaut. Er enthält den wesentlichen Inhalt des ihm zugrunde liegenden **Wasserrechtsbescheides**.

I. Wasserrechtsbehörden

- **Bezirksverwaltungsbehörde** (BH) – sie ist in der Regel die zuständige WR-Behörde;
- **Landeshauptmann** – er ist in bestimmten Fällen zuständig für Großwasserkraftanlagen, Großwasserversorgungsanlagen, Großentwässerungsanlagen, Heilquellen, Wasserverbände, Öffentlicherklärung von Privatgewässern und Zwangsgenossenschaften;
- **Bundesministerium für Land- und Forstwirtschaft** – es ist in bestimmten Fällen zuständig für Wasserkraftanlagen der Donau, Angelegenheiten der Grenzgewässer, bestimmte Großwasserversorgungsanlagen, die Wasserversorgung und Abwasserbeseitigung im Rahmen der Kernenergie.
- Über **Beschwerden** gegen Entscheidungen der Wasserrechtsbehörden entscheiden die jeweiligen **Landesverwaltungsgerichte**.

XIII. Forstrecht

Dem Wald kommt eine besondere Bedeutung zu, die in der forstpolitischen Zielsetzung einiger EU-Bestimmungen und des Forstgesetzes ihren Niederschlag findet. Der Wald dient nicht nur der Forst- und Holzwirtschaft durch die Hervorbringung des Rohstoffes Holz, sondern auch dem Schutz vor Elementargefahren, dem Einfluss auf die Umwelt und dem Klimaausgleich, der Reinigung von Luft und Wasser und als Erholungsraum für seine Besucher. Seine nachhaltige Bewirtschaftung, Pflege und sein Schutz sind Grundlage dieser vielfachen Wirkungen. Durch Luftverschmutzung und Brände ist der Wald in seinen Funktionen aber gefährdet.

In der **EU** regelt eine Richtlinie den Verkehr mit forstlichem Vermehrungsgut und die **Verordnung über die Förderung des ländlichen Raumes*** in den Artikeln 21 bis 26 die Programme und Förderungsmaßnahmen über die

- Investitionen in die **Entwicklung von Waldgebieten** und die **Verbesserung der Lebensfähigkeit** von Wäldern;
- **Aufforstung** und Anlage von Wäldern, Einrichtung von Agrarforstsystemen;
- **Vorbeugung von Schäden** und Wiederherstellung des ursprünglichen Zustandes von Wäldern nach **Waldbränden** sowie **Naturkatastrophen** und anderen Katastrophen;
- Investitionen zur **Stärkung der Wiederstandsfähigkeit** und des ökologischen Wertes der **Wald-Ökosysteme**, u.a. zur Eindämmung des Klimawandels;
- Investitionen in **Techniken** der Forstwirtschaft, z.B. **boden- und ressourcenfreundliche Erntemaschinen**, und in die Verarbeitung, Mobilisierung und Vermarktung forstwirtschaftlicher Erzeugnisse.

In **Österreich** regeln das Forstgesetz 1975, hierzu erlassene Verordnungen und Landesforstgesetze den Forstbereich. Siehe folgend XIII/A bis I.

Förderung der **Waldbewirtschaftung** und Forstsaatgut. Siehe XX/A/3 und XXI/D/3.

* Forstgesetz 1975, BGBl 1975/440 idF I 2013/189
Forstliche Kennzeichnungsverordnung, BGBl 1976/179 idF II 1997/67
Verordnung über den Waldentwicklungsplan, BGBl 1977/582
BG: Gütezeichen für Holz(produkte) aus nachhaltiger Nutzung, BGBl 1992/309 idF I 2002/59
VO: Abweichende Bewuchshöhe bei Neubewaldung durch Naturverjüngung, BGBl II 2003/25
Verordnung über raschwüchsige Baumarten, BGBl 1978/105
Bgld Forstausführungsgesetz, BGBl 1987/56 idF 2013/79
Ktn Landes-Forstgesetz 1979 – K-LFG, LGBl 1979/77 idF 2014/63
Ktn Christbaumverordnung, LGBl 1976/111
NÖ Forstausführungsgesetz, LGBl 6851-7
OÖ Waldteilungsgesetz, LGBl 1978/28 idF 2001/90
Sbg Forstgesetz-Ausführungsgesetz, LGBl 1977/80 idF 2013/106
Stmk Waldschutzgesetz, LGBl 1982/21 idF 2013/87
Tir Waldordnung 2005, LGBL 2005/55 idF 2013/130
Vbg Landesforstgesetz, LGBl 2007/13 idF 2013/44
Wr Gesetz mit Ausführungsbestimmungen zum Forstgesetz, LGBl 1979/9 idF 2001/11
Wr Gesetz über die Betrauung von Personen als Forstschutzorgan, LGBl 1976/23 idF 2010/5
E 89/367/EWG zur Einsetzung eines ständigen Forstausschusses
EG-VO 06/1974 idF EU-VO 13/334 über Wald- bzw. Erstaufforstungsbestimmungen, Artikel 30 und 31
EU-VO 13/1305 idF EU-VO 14/994 über die Förderung der ländlichen Entwicklung, Artikel 21 bis 26 Waldförderung

A. Wald

1. Definition des Waldes

Wald sind mit forstlichem Bewuchs bestockte Grundflächen, soweit die Bestockung mindestens eine Fläche von 1000 m^2 und eine durchschnittliche Breite von 10 m erreicht.

2. Nachhaltigkeit der Waldbewirtschaftung

Sie bedeutet Pflege und Nutzung in Art und Umfang, dass die biologische Vielfalt, Produktivität, Regenerationsvermögen, Vitalität und Potenzial dauerhaft erhalten werden. Sie ist Grundlage zur Sicherung seiner multifunktionellen Wirkungen.

3. Wirkungen des Waldes

Nach den Bestimmungen über die forstliche Raumplanung hat der Wald folgende 4 Wirkungen:

a) **Nutzwirkung:** Wirtschaftlich nachhaltige Hervorbringung des Rohstoffes Holz;

b) **Schutzwirkung:** Schutz vor Elementargefahren, Abschwemmungen und Rutschungen;

c) **Wohlfahrtswirkung:** Einfluss auf die Umwelt, insbesondere auf den Ausgleich des Klimas und Wasserhaushaltes, die Reinigung und Erneuerung von Luft und Wasser.

d) **Erholungswirkung:** Wirkung als Erholungsraum der Waldbesucher.

4. Feststellung der Waldeigenschaft

Wenn Zweifel bestehen, ob eine Grundfläche Wald ist oder nicht, kann die Forstbehörde (BH) von Amts wegen oder auf Antrag ein Feststellungverfahren durchführen.

5. Neubewaldung

Grundflächen, die bisher nicht Wald waren, unterliegen im Falle der

- Aufforstung nach Ablauf von 10 Jahren ab deren Durchführung,
- Naturverjüngung nach Erreichen einer Überschirmung von 5/10 ihrer Fläche mit einem Bewuchs von mindestens 3 Metern Höhe,

den Bestimmungen des Forstgesetzes.
Bewilligung und Abstandhaltung siehe: Neubewaldung VI/D/2.

6. Kurzumtriebswälder

Neuaufforstungen im **Kurzumtrieb auf landwirtschaftlichen Grundflächen** sind **nicht Wald** im Sinne des Forstgesetzes, wenn der Eigentümer dieser Flächen diese Forstpflanzen mit einer **Umtriebszeit bis zu 30 Jahren nutzt**. Siehe: VI/D/2 Kulturumwandlung.

* VO: Abweichende Bewuchshöhe bei Neubewaldung durch Naturverjüngung, BGBl II 2003/25
EU-VO 13/1305 idF EU-VO 14/1378 über die Förderung der ländlichen Entwicklung, Titel III, Investitionen in die Entwicklung von Waldgebieten, Aufforstung, Einrichtung von Agrarforstsystemen etc.

B. Walderhaltung

1. Ziel des Forstgesetzes

- Erhaltung des Waldes und des Waldbodens
- Sicherstellung einer Waldbehandlung zur Erhaltung der Produktionskraft des Bodens und der Wirkungen des Waldes
- Sicherstellung einer nachhaltigen Waldbewirtschaftung

2. Wiederbewaldung

Der Waldeigentümer muss Kahlflächen und Räumden rechtzeitig, in der Regel innerhalb von

5 Jahren, wiederbewalden. Sie soll durch Naturverjüngung erfolgen, wenn in einem Zeitraum von 10 Jahren eine Naturverjüngung durch Samen-, Stock- oder Wurzelausschlag vorhanden ist, die eine volle Bestockung der Wiederbewaldungsfläche erwarten lässt.

3. **Waldverwüstung**

Jede Handlung oder Unterlassung, die

- die Produktionskraft des Waldbodens schwächt oder vernichtet,
- den Waldboden einer Rutschgefahr aussetzt,
- die Wiederbewaldung unmöglich macht oder
- den Bewuchs einer flächenhaften Gefährdung aussetzt,

ist verboten! Dazu zählen auch unsachgemäße Düngung, Ablagerungen von Abfall und Klärschlamm, das Wegwerfen von Gegenständen und die waldgefährdenden Wildschäden.

4. **Waldbehandlung entlang der Eigentumsgrenze**

a) **Überhang**

Der Eigentümer eines an Wald angrenzenden Grundstückes hat aus dem nachbarlichen Wald das Überhängen von Ästen in den Luftraum und das Eindringen von Wurzeln in das Erdreich seines Grundstückes dann zu dulden, wenn die Beseitigung den nachbarlichen Wald einer offenbaren Gefährdung durch **Wind oder Sonnenbrand** aussetzen würde. Das allgemeine Recht nach § 422 ABGB, den Überhang selbst zu entfernen, ist durch diese Sonderbestimmung des Forstgesetzes eingeschränkt (siehe auch: Baum an der Grenze und Grenzabstandsbestimmungen VI/C/2 und VI/D).

Bei einer wesentlichen Beeinträchtigung der ortsüblichen Nutzung des Nachbargrundstückes muss der Waldeigentümer dem Eigentümer des Nachbargrundes für die vermögensrechtlichen Nachteile eine angemessene Entschädigung leisten.

b) **Deckungsschutz**

Jeder Waldeigentümer hat Fällungen entlang seiner Eigentumsgrenzen in einer Entfernung von weniger als **40 Metern** zu unterlassen, wenn durch die Fällung nachbarlicher Wald einer offenbaren Windgefährdung ausgesetzt würde. In besonders windgefährdeten Lagen kann die Forstbehörde über Antrag des schutzbedürftigen Nachbarwaldeigentümers den Deckungsschutz **bis 80 Meter** ausdehnen.

5. **Rodung**

Die Rodung ist die Verwendung von Waldboden zu anderen Zwecken als solchen der Waldkultur und ist verboten. Eine Rodungsbewilligung kann die Forstbehörde erteilen, wenn ein besonderes öffentliches Interesse an der Erhaltung dieser Fläche als Wald nicht entgegensteht.

Anmeldepflichtige Rodung

Eine Bewilligung ist nicht erforderlich, wenn die Rodungsfläche 1000 m² nicht übersteigt, das Vorhaben bei der Forstbehörde angemeldet wird und die Behörde nicht binnen 6 Wochen mitteilt, dass die Rodung aus Rücksicht der Walderhaltung doch bewilligungspflichtig ist.

6. **Waldteilung**

Die Teilung von Waldgrundstücken ist verboten, wenn durch die Teilung Grundstücke entstehen, auf denen die Waldfläche das für die Walderhaltung und eine zweckmäßige Waldbewirtschaftung erforderliche Mindestmaß unterschreitet.

Die **Landesgesetzgebung** hat das Mindestausmaß unter Berücksichtigung der örtlichen Verhältnisse und die **Voraussetzungen** für die **Ausnahmen** festzusetzen.

Die Teilung muss folgende **Mindestfläche und Mindestbreite** bzw. **durchschnittliche Breite** aufweisen:

Burgenland	1 Hektar	durchschnittliche Breite 50 Meter
Kärnten:	1 Hektar	durchschnittliche Breite 40 Meter

Niederösterreich:	1 Hektar	durchschnittliche Breite 50 Meter
Oberösterreich:	1 Hektar	Mindestbreite 40 Meter
Salzburg:	1 Hektar	Mindestbreite 30 Meter
Steiermark:	0,5 Hektar	Mindestbreite 25 Meter
Tirol:	1 Hektar	Mindestbreite 40 Meter, Schutz- und Bannwald 80 Meter
Vorarlberg:	0,5 Hektar	Mindestbreite 50 Meter auf Mindestlänge von 80 Metern
Wien:	2 Hektar	Mindestbreite 50 Meter

C. Wald mit Sonderbehandlung

1. Schutzwald*

Hiezu zählen Standortschutzwälder und Objektschutzwälder:

- **Standortschutzwälder** (Wälder auf besonderen Standorten) sind Wälder, deren Standort durch die Abtragung von Wind, Wasser und Schwerkraft gefährdet ist und die eine besondere Behandlung zum Schutze des Bodens und des Bewuchses sowie zur Sicherung der Wiederbewaldung erfordern.

  Dazu gehören Wälder auf Flugsand- oder Flugböden, auf karstigen Standorten, in felsigen oder schroffen Lagen, auf rutschgefährdeten Hängen, in der Kampfzone des Waldes und dergleichen, die nur entsprechend den örtlichen Verhältnissen behandelt und genutzt werden dürfen. Eine bestimmte Bewirtschaftungsart schreibt das Forstgesetz nicht vor, sondern räumt dem Waldeigentümer und der Behörde die Vornahme bzw. Vorschreibung von Einzelmaßnahmen je nach Bedürfnis ein.
- **Objektschutzwälder** sind Wälder, die Menschen, menschliche Siedlungen oder Anlagen oder kultivierten Boden vor Elementargefahren oder schädigenden Umwelteinflüssen schützen und hiefür eine besondere Behandlung erfordern.

Maßnahmen und Behandlungen im Standortschutzwald hat der Eigentümer nur insoweit vorzunehmen, als sie aus den Erträgnissen von Fällungen im Schutzwald gedeckt werden können; im Objektschutzwald nur insoweit, als die Kosten durch öffentliche Mittel oder Zahlungen durch Begünstigte gedeckt sind.

2. Bannwald

Bannwälder sind Objektschutzwälder, bei denen der Abwehr bestimmter Gefahren von Menschen, menschlichen Siedlungen und Anlagen oder kultiviertem Boden gegenüber der Nutzwirkung ein Vorrang zukommt, sowie Wälder, deren Wohlfahrtswirkung gegenüber der Nutzwirkung ein Vorrang zukommt. Ein Wald kann durch Bescheid in Bann gelegt werden, wenn das volkswirtschaftliche oder sonstige öffentliche Interesse (Bannzweck) wichtiger ist als die mit der Bannlegung verursachten Einschränkungen der Waldbewirtschaftung.

Bannzwecke sind insbesondere der Schutz vor Lawinen, Felssturz, Steinschlag, Erdabrutschungen, Hochwasser, Wind oder ähnliche Gefährdungen; die Abwehr der durch Immission bedingten Gefahren; der Schutz von Heilquellen; die Sicherung eines Wasservorkommens; die Sicherung der Benützbarkeit von Verkehrsanlagen, Leitungsanlagen und Landesverteidigungsanlagen.

Der Waldeigentümer hat, wenn ihm aus der Bannlegung vermögensrechtliche Nachteile entstehen, Anspruch auf Entschädigung, die vom Begünstigten zu leisten ist, soweit nicht öffentliche Mittel gewährt werden.

3. Einforstungswald

Wälder, auf denen Nutzungsrechte (Holzbezugsrechte, Forstproduktebezugsrechte, Weiderechte und dergleichen), die so genannten Einforstungen, bestehen, sind so nachhaltig zu bewirtschaften, dass die Ausübung der Einforstungsrechte gewährleistet bleibt (siehe auch: Wald- und Weidenutzungsrechte XVII/B).

4. **Biotopschutzwald**

Als Wälder mit besonderem Lebensraum gelten u.a. Naturwaldreservate, Wälder in Nationalparken, Naturschutz- oder Europaschutzgebieten (Natura 2000). In diesen Wäldern können bescheidmäßige Ausnahmen von forstrechtlichen Bestimmungen angeordnet werden, wenn Walderhaltungsinteressen nicht entgegenstehen. Dies betrifft die Wiederbewaldung, Waldverwüstung, Schutzwaldnutzung, Schädlingsbekämpfungsmaßnahmen und den Schutz hiebsunreifer Bestände.

* Schutzwaldverordnung, BGBl 1977/398

D. Waldbenützung zu Erholungszwecken

1. **Waldbetretungsrecht**

Jeder darf Wald zu Erholungszwecken betreten und sich dort aufhalten. Dadurch tritt eine Ersitzung nicht ein. Das **Befahren oder Reiten**, das Zelten oder Lagern über den Tag hinaus ist nur mit Zustimmung des Waldeigentümers, auf **Forststraßen** mit Zustimmung des Straßenerhalters gestattet.

Rodeln und Schibobfahren ist dem Fahren gleichzusetzen und durch das Betretungsrecht nicht gedeckt. Das **Schifahren** (Schilaufen) hat der Gesetzgeber noch im „Betreten" inbegriffen verstanden, vergleichbar mit Hilfsmitteln wie Bergschuhen, Steigeisen oder Schneetellern; von einem Fahren kann mangels „Fahrzeug" nicht die Rede sein (Grenzfall!).

Das **Präparieren von Loipen** oder **Abfahrten im Walde** ist durch das Betretungsrecht ebenfalls nicht gedeckt, da dadurch Veränderungen vorgenommen werden (siehe auch: Wintersport auf Forststraßen XIX/F/7b).

Hänge- und Paragleiter sowie Flugdrachen:

Die Zustimmung des Verfügungsberechtigten der benützten Grundstücke ist aus zivilrechtlichen Gründen erforderlich, auch für Außenlandungen. Die Benützung zu Flugzwecken ist **kein** Betreten zu Erholungszwecken. Gegenteilige Meinung: „Fallweise" Außenlandungen bedürfen keiner Benützungserlaubnis durch den Grundeigentümer!

Mountain-Bike-Fahren, aber auch das Radfahren auf privaten Forststraßen, ist nur dem Grundeigentümer, dem Servitutsberechtigten oder dem durch sonstige Benützungsvereinbarung Berechtigten gestattet, da es ebenfalls nicht unter das „Betreten" zu Erholungszwecken fällt. Im Interesse des Sports und des Tourismus sind Vorstöße zu registrieren, das Radfahren auf Forststraßen ohne Zustimmung des Grundeigentümers zu ermöglichen. Die Befürworter dieser gewünschten Möglichkeit sehen es als Notwendigkeit. Die Gegner sprechen von Vergewaltigung der Natur bzw. von der Verletzung von Eigentumsrechten des Bauern.

Haftung bei der Benützung von Wald und Waldwegen: siehe Weghaftung X/D/6. Forststraßenbenützung zum Zwecke der Jagd: siehe XIV/E/6.

Das Mitführen von **Kinderwagen oder Rollstühlen** bedarf aus humanitären Gründen keiner besonderen Bewilligung; ausgenommen von dem Benützungsrecht sind aber selbstfahrende motorisierte Rollstühle.

Zäune und Einfriedungen (Wild- oder Weidezäune), die aus Gründen der Waldbewirtschaftung oder sonstigen betrieblichen Gründen notwendig sind, dürfen errichtet werden und stellen keine „Sperre" dar, die das Betretungsrecht der Erholungssuchenden behindern. Allerdings müssen solche **Zäune und Einfriedungen** an Schnittpunkten mit Wegen oder Steigen mit **Überstiegen, Toren und Durchlässen** versehen sein, die ein Betreten des Waldes ermöglichen.

Wegfreiheit im Bergland

In Ktn, Sbg und der Stmk bestehen Landesgesetze über die Wegfreiheit im Bergland*, in OÖ das Tourismusgesetz*, in Vbg das Straßengesetz*, die das Recht zum **freien Betreten, auch anderer als Waldflächen**, in Vbg auch zum **Rodeln** und **Schifahren** im nicht produktiv genutzten Bergland zulassen, soweit die Grundstücke nicht eingezäunt oder abgesperrt sind. In NÖ* und Tirol* können Privatwege geöffnet bzw. Benützungsrechte eingeräumt werden. Betretungsrechte auf anderen als Waldflächen können sich auch aus einer vertraglich eingeräumten Dienstbarkeit ergeben. Durch die Ausübung der Wegfreiheit im Bergland kann aber ein **Wegerecht nicht ersessen** werden.

2. Waldbetretungsverbote

a) Die Forstbehörde kann solche Verbote im **Bannwald**, in **Schädlingsbekämpfungsgebieten** oder in **waldbrandgefährdeten Gebieten** verfügen.

b) Weiters bestehen solche Verbote in **Forstgärten**, auf **Holzlagerplätzen,** in **Betriebsstätten von Bringungsanlagen**, auf **Wieder-** und **Neubewaldungsflächen** bis zur Bewuchshöhe von drei Metern usw.

3. Befristete oder dauernde Waldsperren

a) **Baustellen** von Bringungsanlagen und andere forstbetriebliche Bauten, **Gefährdungsbereiche** der Holzfällung und -bringung auf Dauer der Holzerntearbeiten, Windbruchflächen bis zur Aufarbeitung, Forstschädlingsbekämpfung, solange es erforderlich ist, und für wissenschaftliche Zwecke.

b) **Sonderkulturen** (Christbaumzucht, Tiergärten, Alpengärten) und **Waldflächen, die sich der Waldeigentümer** im örtlichen Zusammenhang mit seinem Wohnhaus **vorbehält**; die in jedem Fall zumindest 0,5 Hektar betragen können, insgesamt aber fünf Prozent der gesamtwaldfläche und höchstens 15 Hektar nicht übersteigen dürfen.

Dauernde Sperren über 5 Hektar bedürfen der forstbehördlichen Bewilligung. Waldbetretungsverbote und Waldsperren sind zu kennzeichnen.

4. Erholungswald

Wenn an der Waldbenützung zu Erholungszwecken ein öffentliches Interesse für die Bevölkerung, wie z.B. in Ballungsräumen oder Fremdenverkehrsgebieten, besteht, können Wälder über Antrag zum Erholungswald erklärt werden.

* Ktn Gesetz über die Wegfreiheit im Berglande, LGBl 1923/18 idF 2013/85
NÖ Tourismusgesetz 2010, LGBl 7400-2, § 14
OÖ Tourismusgesetz 1990, LGBl 1989/81 idF 2013/90, § 47
Sbg Gesetz über die Wegfreiheit im Bergland, LGBl 1970/31 idF 2005/58
Stmk Gesetz über die Wegfreiheit im Bergland, LGBl 1922/107 idF 2013/87
Tir Tourismusgesetz 2006, LGBl 2006/19 idF 2015/15, § 42
Vbg Straßengesetz, LGBL 1969/8 idF 2014/58, 6. Abschnitt über die Wegefreiheit

E. Nebennutzungen im Wald

1. Waldweide

Durch die Waldweide darf die Erhaltung des Waldes und seiner Wirkungen nicht gefährdet werden.
Der Viehtrieb ist unter Rücksichtnahme auf die nötige Waldschonung, erforderlichenfalls auf zumutbaren Umwegen durchzuführen. Die Waldweide darf in zur Verjüngung bestimmten Waldteilen (Schonungsflächen) nicht ausgeübt werden, wenn das Weidevieh die Verjüngung schädigen könnte.

2. Streugewinnung

Bodenstreu (Laub- oder Nadelstreu und dergleichen) darf nur unter Schonung des Waldbodens gewonnen werden; sie ist z.B. in Schutzwäldern gänzlich untersagt. Rechstreu darf nur mit Holzrechen und an derselben Stelle nur jedes vierte Jahr gewonnen werden. Aststreugewinnung an stehenden Bäumen ist verboten.

3. Sammeln von Beeren und Pilzen

Das Sammeln von Beeren, Pilzen und sonstigem wildwachsenden Waldobst durch Waldbesucher – so genannte Überlassung kleiner Waldnutzungen – ist **gesetzlich nicht geregelt**. Es kann aber als verbreitete Übung angesehen werden, dass die Zustimmung des Waldeigentümers durch stillschweigende Duldung anzunehmen ist; nur die besondere Ankündigung des Waldeigentümers, dass er derartige kleine Waldnutzungen, wie sie seit alters her von den Waldbesuchern ausgeübt werden, an eine Erlaubnis bindet oder sie überhaupt nicht gestattet, schließt diese stillschweigende Duldung aus.
Das Sammeln dieser Waldprodukte für den **Eigenbedarf** bis 2 kg pro Tag ist daher im Zweifelsfall als zulässig anzusehen. Der Waldeigentümer kann es jedoch in erkennbarer Weise z.B. durch Aufstellung von Verbotstafeln an den Waldeingängen (Steigen) und dergleichen untersagen. Das Sammeln zu **Erwerbszwecken**, z.B. in organisierten Sammelkolonnen oder bei nachgewiesener Verkaufstätigkeit, ist hingegen ohne ausdrückliche Zustimmung des Waldeigentümers jedenfalls unzulässig.
In Kärnten, Salzburg und Tirol bestehen Pilz(schutz)verordnungen*.
Die **Edelkastanie** zählt laut Anhang zum Forstgesetz zu den der Waldkultur dienenden kultivierten Holzgewächsen. Sie ist keine wildwachsende Pflanze wie etwa die Beerensträucher oder Pilze. Ihre Früchte sind daher auch **nicht wildwachsendes Waldobst**. Daher ist es **nicht erlaubt**, die Früchte der Edelkastanie zu sammeln, selbst dann, wenn das Sammeln nicht zu Erwerbszwecken erfolgt.

* Bgld Naturschutz- und Landschaftspflegegesetz 1990, LGBl 1991/27 idF 2013/79, § 14 Sammeln von Pilzen
Ktn Pilzverordnung, LGBl 1996/53 idF 2014/35
NÖ Naturschutzgesetz 2000 – NÖ NSchG 2000, BGBl 5500-11, § 17 Pilzschutz
OÖ Artenschutzverordnung, LGBl 2003/73 idF 2014/40, § 1 geschützte Pilzarten
Sbg Pilzeschutzverordnung, LGBl 1994/47 idF 2003/33
Stmk Naturschutzgesetz 1976 – NSchG 1976, LGBl 1976/65 idF 2014/55, § 13c Schutz der Pilze
Tir Pilzschutzverordnung 2005, LGBl 2005/68
Vbg Naturschutzverordnung, LGBL 1998/8 idF 2009/76, § 4 Sammeln von Pilzen

F. Forstschutz

Der Schutz des Waldes gegen Waldbrände, Forstschädlinge und Luftverunreinigungen etc. soll durch EU-Verordnungen*, das Forstgesetz und hiezu ergangene Verordnungen* erreicht werden.

1. Feuerentzünden

Das Feuerentzünden im Wald, in der Kampfzone des Waldes und in Waldnähe ist durch nicht befugte Personen verboten; hiezu zählt auch das Wegwerfen von brennenden Gegenständen, Zündhölzern und Zigaretten usw.

2. Forstschädlinge

Der Waldeigentümer oder sonstige Forstorgane haben auf die Gefahr des Auftretens von Forstschädlingen (Insekten, Mäuse, Pilze, Viren usw.), die bei stärkerem Auftreten den Wald gefährden können, zu achten und Wahrnehmungen darüber umgehend der Forstbehörde zu melden (siehe auch: Kulturpflanzenschutz XX/C).

3. Forstschädliche Luftverunreinigungen

Bei forstschädlichen Luftverunreinigungen (Emissionen) haftet der Inhaber der Anlage (Verursacher) für den Ersatz des daraus entstehenden Schadens. Der geschädigte Waldeigentümer verliert den Ersatzanspruch, wenn er nicht innerhalb von **drei Monaten**, nachdem er von dem Schaden und der Person des Ersatzpflichtigen Kenntnis erlangt hat, diesem die forstschädliche Luftverunreinigung anzeigt, das heißt, ihm zur Kenntnis bringt.
Die Ersatzansprüche des geschädigten Waldeigentümers verjähren in **drei Jahren** von dem

Zeitpunkt an, in dem er von dem Schaden und der Person des Ersatzpflichtigen (Verursachers) Kenntnis erlangt hat, ohne Rücksicht auf diese Kenntnis spätestens in 30 Jahren nach Feststellung der Luftverunreinigung.

* Forstschutzverordnung, BGBl II 2003/19
Pflanzenschutzverordnung – Holz, BGBL II 2001/319 idF II 2011/10
Zweite Verordnung gegen forstschädliche Luftverunreinigungen, BGBl 1984/199
Sbg Waldbrandbekämpfungsgesetz, LGBl 1992/77 idF 2013/106

G. Bringung

Die Bringung ist die **Beförderung von Holz und sonstigen Forstprodukten** aus dem Wald vom Gewinnungsort bis zu einer öffentlichen Verkehrsanlage einschließlich der Zwischenlagerung und des Transportes der mit der Bringung befassten Personen und Geräte, wobei der Waldboden und der Bewuchs möglichst wenig beschädigt werden sollen.

1. Forstliche Bringungsanlagen

a) **Forststraßen** sind für den Verkehr mit Kraftfahrzeugen und Fuhrwerken bestimmte **nicht öffentliche Straßen**, die der Bringung und dem wirtschaftlichen Verkehr innerhalb der Wälder sowie der Verbindung zum öffentlichen Wegenetz dienen. **Forststraßenbenützung zum Zweck der Jagd** (siehe: XIV/E/6).

b) **Forstliche Materialseilbahnen** sind Seilförderanlagen mit Tragseil ohne beschränkt öffentlichen Verkehr, die der Bringung dienen.

Bewilligungspflicht
Die Errichtung von ortsfesten und bestimmten nicht ortsfesten Materialseilbahnen, von Forststraßen nur dann, wenn sie durch ein Arbeitsfeld der Wildbach- und Lawinenverbauung oder durch einen Schutz- oder Bannwald führen, von allen Bringungsanlagen, wenn durch das Bauvorhaben öffentliche Interessen berührt werden, bedarf der Bewilligung der Forstbehörde, allenfalls auch der Naturschutz-, Wasserrechts- oder Baubehörde.

Anmeldepflicht
Die Errichtung nicht bewilligungspflichtiger Forststraßen hat der Bauwerber spätestens 4 Wochen vor dem Trassenfreihieb der Forstbehörde zu melden. Diese hat die Errichtung dann zu untersagen, wenn sie den allgemeinen Vorschriften über Planung, Bauaufsicht und Bauausführung, insbesondere sparsame Verwendung von Waldboden, Vermeidung von Rutschungen, Erosion, nachteilige Beeinflussung durch Niederschlagswässer oder dergleichen, widerspricht.

2. Bringung über fremden Boden

Jeder Waldeigentümer oder Nutzungsberechtigte des Waldes ist berechtigt, auf möglichst unschädliche Weise Holz oder sonstige Forstprodukte über fremden Boden oder über bestehende fremde Bringungsanlagen zu befördern. Er kann sie dort bei Bedarf auch vorübergehend lagern, wenn die Bringung und Lagerung ohne Inanspruchnahme des fremden Bodens nur mit unverhältnismäßigen Kosten oder überhaupt nicht möglich ist. Hiebei ist auf das Verhältnis der erhöhten Bringungskosten zum Holzerlös und zum Ausmaß des Eingriffes in fremdes Eigentum und die allfällige Holzentwertung durch unzweckmäßige Bringung Bedacht zu nehmen.

Wie ist die Bringung über fremden Boden zu erreichen?
Wenn zwischen den Beteiligten keine einvernehmliche Regelung zustandekommt, muss derjenige, der die Bringung über fremden Grund und Boden beanspruchen will, bei der Forstbehörde einen **Antrag** stellen. Die Behörde hat über die Notwendigkeit, die Art und Weise sowie die Dauer der Bringung und über die Höhe der Entschädigung zu entscheiden. Vorher darf eigenmächtig fremder Grund nicht zur Bringung benutzt werden. Dies wäre eine Besitz-

störung (siehe auch: Land- und forstwirtschaftliche Bringungsrechte XVII/D und Forstliches Bringungsrecht VII/F/1c)

3. **Bringungsgenossenschaften**
   Mehrere Grundeigentümer – mindestens drei Beteiligte – können sich zur gemeinsamen Errichtung und Erhaltung von Bringungsanlagen, die über ihre Liegenschaften führen oder diese erschließen, unter Einräumung des gegenseitigen Rechtes zur Bringung zu einer Bringungsgenossenschaft zusammenschließen.

   Eine Genossenschaft kann gebildet werden

   a) durch freie Übereinkunft aller Beteiligten **(freiwillige Bringungsgenossenschaft)** oder

   b) durch Mehrheitsbeschluss der Beteiligten, die über mindestens zwei Drittel der zu erschließenden Waldfläche verfügen und behördliche Beiziehung der widerstrebenden Minderheit, ohne die eine forstlich, technisch oder wirtschaftlich zweckmäßige Ausführung der Anlage nicht möglich ist **(Bringungsgenossenschaft mit Beitrittszwang)**.

* Vbg Gesetz über landwirtschaftliche Materialseilbahnen – LMSG, LGBl 1961/10 idF 2002/38

H. Waldnutzung

1. **Nutzungsbeschränkungen**

   a) Kahlhiebe, die die Produktionskraft und den Wasserhaushalt des Waldbodens dauernd beeinträchtigen, stärkere Abschwemmungen herbeiführen oder die Wirkung von Schutz- und Bannwäldern gefährden, sind verboten.

   b) Großkahlhiebe im Hochwald (bis zu 50 Metern Breite und über 600 Meter Länge oder: über 50 Meter Breite und mehr als 2 Hektar Ausmaß) sind verboten. Die Forstbehörde kann Ausnahmen bewilligen.

   c) Kahlhiebe, aber auch über das Pflegeausmaß hinausgehende Einzelstammentnahmen sind in hiebsunreifen Hochwaldbeständen verboten.

2. **Fällungen**

   a) **Bewilligungspflichtige Fällungen**

   Holz darf in der Regel nur mit Bewilligung der Forstbehörde gefällt werden, und zwar:

   - Kahlhiebe und diesen gleichzuhaltende Einzelstammentnahmen auf einer zusammenhängenden Fläche von 0,5 Hektar (im Schutzwald: 0,2 Hektar) und mehr;
   - Kahlhiebe und diesen gleichzuhaltende Einzelstammentnahmen, wenn die Hiebsfläche an Kahlflächen oder ungesicherte Verjüngungsflächen angrenzt und die danach entstehende Kahlfläche bzw. ungesicherte Verjüngungsfläche einen halben Hektar oder mehr betragen würde;
   - Fällung in Wäldern, die wegen Übertretungen des Waldeigentümers einer besonderen behördlichen Überwachung unterliegen.

   b) **Freie Fällungen**

   - Fällungen, nach deren Durchführung eine gesicherte Verjüngung zurückbleibt (Räumung);
   - Fällungen infolge höherer Gewalt (Schadholzaufarbeitung);
   - Fällungen von Einzelstämmen und Baumgruppen, wenn ein Bringungsrecht ohne Bringungsanlage eingeräumt wird;
   - alle übrigen Fällungen, die nicht unter a) fallen.

   c) **Fällungsbewilligung**

   Der Waldeigentümer hat einen Fällungsantrag unter Angabe des Hiebsortes, der Hiebsfläche und des Fällungszeitraumes bei der Forstbehörde zu stellen. Diese bewilligt die

Fällung, wenn keine forstgesetzlichen Bestimmungen entgegenstehen; die Bewilligung kann auch unter Setzung von Bedingungen und Auflagen erteilt werden; gegebenenfalls auch unter Vorschreibung einer angemessenen Sicherheitsleistung (Kaution) für die Kosten der Wiederbewaldung, wenn begründete Zweifel an der Erfüllung durch den Antragsteller bestehen.
Wird einem sonstigen Berechtigten (Fruchtgenießer, sonstigen Verfügungsberechtigten des Waldes, z.B. Pächter) die Fällungsbewilligung erteilt, so tritt dieser hinsichtlich der Rechte und Pflichten aus der Fällungsbewilligung an die Stelle des Waldeigentümers. Der Waldeigentümer muss die Erfüllung der Verpflichtungen dann besorgen, wenn der Berechtigte diesen nicht nachkommt. Schlägerungsunternehmer und Käufer von Holz am Stock sind wie der Waldeigentümer für die Einhaltung der Bestimmungen über Fällung und Bringung verantwortlich.

d) **Geltungsdauer der Fällungsbewilligung**

Sie erlischt nach **5 Jahren** bzw. beim Eigentumswechsel des Waldes. Sie **erlischt nicht** beim Eigentumswechsel infolge **bäuerlicher Übergabe oder Erbschaft**. Sie kann von der Landesgesetzgebung bis auf 1 Jahr herabgesetzt werden.

e) **Ermächtigung der Landesgesetzgebung**

Die Landesgesetzgebung kann die Obergrenze der Hiebsunreife von Hochwaldbeständen hinauf- und hinuntersetzen, die Dauer der Fällungsbewilligung herabsetzen sowie in einigen Bundesländern das Ausmaß bestimmter freier Fällungen herabsetzen, weitere Regelungen hinsichtlich der forstlichen Nebennutzungen, der Forstaufsichtsorgane etc. treffen.

3. Holzankauf in Bausch und Bogen

Verträge mit Waldeigentümern über Holzankauf in Bausch und Bogen – so genannte Überhappsverträge – im Hochwald sind verboten.

4. Lawinenholz

Das Eigentum am Lawinenholz verbleibt dem, dessen Holz abgetrieben wurde. Ausdrückliche gesetzliche Bestimmungen darüber bestehen aber nicht.

I. Weitere forstliche Bestimmungen

bestehen in den Abschnitten VII bis X Forstgesetz betreffend

- **Schutz vor Wildbächen und Lawinen,** insbesondere die Festlegung der Einzugsgebiete, die Waldbehandlung in Einzugsgebieten und Räumung von Wildbächen*;
- **Forstpersonal,** insbesondere Aufgabenbereich und Ausbildung der Forst- und Forstschutzorgane, Rechte der Forstschutzorgane als öffentliche Wache, Pflicht der Bestellung sowie Bestellungsvorgang der Forstorgane, Errichtung und Aufgaben der Forstfachschule;*
- **forstliche Forschung, Aus- und Weiterbildung** mit der Errichtung und Erhaltung eines Bundesamtes und Forschungszentrums für Wald* sowie die
- **forstliche Förderung** aus Bundesmitteln, Ziele der Förderung und Förderungsmaßnahmen, Förderungsvertrag, Richtlinien und die Höhe der Zuschüsse.

* Gesetz zur unschädlichen Ableitung der Gebirgswässer, RGBl 1884/117 idF BGBl 1959/54
Forstliche Staatsprüfungsverordnung, BGBl II 2007/69
Forstassistenten-Ausbildungsverordnung, BGBl II 2007/273
Verordnung über die Forstfachschulen, BGBl 1991/507 idF II 2001/358
Verordnung über die forstlichen Ausbildungsstätten, BGBl 1991/508 idF II 2001/466
BFW-Gesetz, mit dem ein Bundesforschungs- und Ausbildungszentrum für Wald, Naturgefahren und Landschaft als Anstalt öffentlichen Rechts errichtet und das Bundesamt für Wald eingerichtet wird – BFWG, BGBl I 2004/83 idF I 2013/189

XIV. Jagdrecht

Das Jagdrecht besteht in der ausschließlichen Berechtigung, innerhalb des Jagdgebietes die jagdbaren Tiere in weidgerecht anerkannter Weise und unter Beobachtung einer geordneten Jagdwirtschaft zu hegen, zu verfolgen, zu fangen, zu erlegen und sich diese einschließlich der abgetrennten nutzbaren Teile anzueignen.

Das Jagdrecht ist durch die Jagdgesetze* und Verordnungen* der einzelnen Bundesländer geregelt, die alle grundsätzlich ähnlich, jedoch nicht in allen Bestimmungen gleich sind.

Beachte:

Im Einzelfall sind die Bestimmungen des jeweiligen Landesjagdgesetzes maßgebend.

* Bgld Jagdgesetz 2004, LGBl 2005/11 idF 2013/79
Ktn Jagdgesetz 2000 – KJG, LGBl 2000/21 idF 2013/85
Ktn Jagdgesetz 2000 – Durchführungsverordnung, LGBl 2006/32 idF 2012/26
NÖ Jagdgesetz, LGBl 6500-29
NÖ Jagdverordnung, LGBl 6500/1-57
NÖ Verordnung über gefährliche Wildtiere, LGBl 4000/1-0
OÖ Jagdgesetz, LGBl 1964/32 idF 2013/90
OÖ Fallenverordnung, LGBl 1992/86 idF 2009/79
Sbg Jagdgesetz 1993, LGBl 1993/100 idF 2015/21
Sbg Wildfallenverordnung 1996, LGBl 1996/98
Stmk Jagdgesetz 1986, LGBl 1986/23 idF 2014/156
Tir Jagdgesetz 2004 – TJG 2004, LGBl 2004/41 idF 2014/103
Vbg Jagdgesetz 1988, LGBl 1988/32 idF 2013/44
Vbg Jagdverordnung, LGBl 1995/24 idF 2008/55
Wr Jagdgesetz, LGBl 1948/6 idF 2013/46

A. Jagdbare Tiere

Die jagdbaren Tiere – das Wild – sind in den einzelnen Jagdgesetzen genau aufgezählt: durch Verordnung der Landesregierung können noch weitere Tiere als jagdbar erklärt werden. Dazu gehören z.B.

1. das **Schalenwild**, und zwar das Rot- oder Edelwild, das Dam-, Reh-, Gams-, Stein-, Muffel-, Sicka- und Schwarzwild;
2. das **Haarwild**, z.B. der Feld-, Alpen- oder Schneehase, das Kaninchen und das Murmeltier;
3. das **Raubwild**, z.B. der Fuchs, Baum- oder Edelmarder, Stein- oder Hausmarder, Dachs, Iltis, Fischotter, die Wildkatze, das Wiesel, in Kärnten auch der Bär;
4. das **Federwild**, z.B. das Auer-, Rackel-, Birk-, Hasel-, Reb-, Stein- und Schneehuhn, Fasan, Wachtel, Trappen, Wildtauben, Wildgänse, Wildenten, Schnepfen, Rallen, Storch, Reiher, Sumpf- und Wasservögel, wie z.B. Kiebitz, Regenpfeifer und Brachvogel, Tag- und Nachtraubvögel, wie z.B. Adler, Geier, Falke, Bussard, Habicht, Sperber, Eule und Kolkrabe.

B. Ausübung der Jagd

1. Jagdausübungsberechtigung

Das Jagdrecht ist mit dem Grundeigentum untrennbar verbunden und steht dem jeweiligen Grundeigentümer zu. Davon zu unterscheiden ist das Jagdausübungsrecht. Jagdausübungsberechtigt sind:

a) in **Eigenjagdgebieten** oder in **Tiergärten** die Grundeigentümer, deren Jagdpächter oder Jagdverwalter;

b) in **Gemeinde- oder Genossenschaftsjagdgebieten** die Jagdpächter, Jagdgesellschaften, Jagdgenossenschaften, Jagdverwalter oder Sachverständige.

Das Eigenjagdgebiet muss eine zusammenhängende Grundfläche von mindestens 115 Hektar aufweisen. Im Burgenland muss das Eigenjagdgebiet 300 Hektar, in Salzburg 300 Hektar und in Tirol 200 Hektar aufweisen.

2. Jagd- und Reviereinrichtungen

Der Grundeigentümer hat die Errichtung, Erhaltung und Benützung der notwendigen jagdlichen Anlagen wie Futterplätze, Jagdsteige, Hochsitze, Wildzäune und dergleichen gegen angemessene Entschädigung zu dulden, wenn ihm diese Duldung mit Rücksicht auf die Bewirtschaftung seines Grundes zugemutet werden kann. Kommt ein gütliches privatrechtliches Übereinkommen nicht zustande, hat die Bezirksverwaltungsbehörde auf Antrag des Jagdausübungsberechtigten über den Umfang der Verpflichtung und das Ausmaß der Entschädigung zu entscheiden.

Das Stmk. und Sbg. Jagdgesetz enthält keine derartige Bestimmung.

C. Jagdpachtung, Jagdgenossenschaften, Jagdkarte und Jagdschutz

Die näheren Bestimmungen sind in den einzelnen Landesjagdgesetzen sehr verschiedenartig geregelt. Bei Bedarf ist in das jeweilige Landesjagdgesetz Einsicht zu nehmen.

D. Schonvorschriften

- **Jagdzeit:** Jagdbare Tiere dürfen nur während bestimmter, für die einzelnen Tierarten verschieden festgelegter Zeiträume bejagt werden.
- **Schonzeit:** Außerhalb der Jagdzeiten dürfen jagdbare Tiere unter Bedachtnahme auf eine nachhaltige Hege wie unter Berücksichtigung der land- und forstwirtschaftlichen Erfordernisse weder verfolgt, gefangen noch erlegt werden.

Bestimmte Tierarten, z.B. das Schwarzwild, können das ganze Jahr bejagt werden; andere jagdbare Tiere sind wiederum während des ganzen Jahres zu schonen.

Die Landesregierung kann bei schwerer Gefährdung des Wildbestandes durch Wildverluste, außergewöhnliche Witterungseinflüsse, Wildseuchen, Naturkatastrophen und dergleichen die Schonzeiten für das gesamte Land oder für einzelne Bezirke oder für einzelne Jagdgebiete verlängern, abändern, ganzjährige Schonzeiten abkürzen oder den Schonzeiten von benachbarten Bundesländern angleichen.

Bestimmte Tierarten dürfen, wenn sie in Freiheit angetroffen werden, von jedermann erlegt werden; z.B. in Salzburg Bären, Wölfe, Luchse, Wildkatzen, Wildschweine und Bisamratten; in der Steiermark die Bisamratte.

In Wohn- und Wirtschaftsgebäuden und in umfriedeten Hausgärten dürfen z.B. Füchse, Marder, Iltisse, Wiesel, Habichte und dergleichen gefangen oder vertilgt werden.

E. Jagdpolizeiliche Bestimmungen

1. Örtliche Einschränkungen und Verbote

a) An Orten, an denen die Jagd die öffentliche Ruhe und Ordnung stört oder die Sicherheit von Menschen gefährdet, darf nicht gejagt werden.

b) In der nächsten Umgebung von Ortschaften, Heilstätten, Krankenhäusern, von einzelnen Häusern und Gehöften ist die Jagdausübung zum Teil eingeschränkt; Wild darf wohl aufgesucht und getrieben, nicht aber mit Schusswaffen erlegt werden.

c) Auf Friedhöfen, Eisenbahnstrecken, in Häusern und auf Grundstücken, die vollständig und ausreichend eingefriedet sind, ruht in der Regel die Jagd; das Wild darf dort weder aufgestöbert, verfolgt oder getrieben, noch erlegt oder gefangen werden.

2. Sachliche Verbote

a) Die Jagd darf nicht zur Nachtzeit – 1 Stunde (NÖ: 90 Minuten, ausgenommen Schwarzwild) nach Sonnenuntergang bis 1 Stunde (NÖ: 90 Minuten) vor Sonnenaufgang – ausgeübt werden.

b) Schusswaffen und Munition, die nicht für die Jagd auf jagdbare Tiere bestimmt und hierfür üblich sind, dürfen nicht verwendet werden.

c) Schalenwild und Murmeltiere dürfen nicht mit Schrot, Posten, gehacktem Blei, Handfeuerwaffen oder bestimmten Patronenarten beschossen werden.

d) Künstliche Lichtquellen dürfen beim Fangen und Erlegen von Wild nicht verwendet werden, ausgenommen in NÖ mobile Lampen bei der Schwarzwildbejagung.

3. Zeitliche Verbote

a) Treibjagden oder die Ausübung der Jagd mit Brackierhunden (spurfährtensichere Hunde) dürfen z.B. nur zu bestimmten Zeiten, je nach örtlicher Lage unter Umständen nicht an Sonntagvormittagen vor Gottesdienstende, vorgenommen werden.

b) Vom Beginn der Wachstumsperiode bis nach beendigter Ernte darf ohne besondere Erlaubnis auf Feldern nicht gejagt werden. Ausgenommen hievon sind z.B. Kartoffel-, Mais-, Rüben-, Kraut- und sonstige Felder mit anderen in weiten Abständen gebauten Feldfrüchten.

4. Unbefugtes Durchstreifen von Jagdgebieten

Niemand darf ein Jagdgebiet ohne Bewilligung des Jagdberechtigten abseits von öffentlichen Straßen mit einem Gewehr, mit Fallen oder anderen üblichen Wildfang- oder Tötungsgeräten durchstreifen. Wer entgegen diesem Verbot mit einem derartigen Gerät angetroffen wird, muss es einem öffentlichen Sicherheits- oder Jagdschutzorgan auf dessen Aufforderung ohne Weigerung herausgeben.

5. Jägernotweg

Wenn der Jagdausübungsberechtigte, dessen Jagdorgane oder Jagdgäste ein Jagdgebiet nicht auf einem öffentlichen Weg oder nur auf unverhältnismäßigen Umwegen erreichen können, kann entweder im Wege des Übereinkommens oder mangels eines solchen von der Behörde auf Antrag ein Jägernotweg über fremdes Jagdgebiet bestimmt werden. Schusswaffen dürfen dort nur ungeladen und Hunde an der Leine mitgeführt werden.

6. Forststraßenbenützung zum Zweck der Jagd

Das Jagdausübungsrecht allein beinhaltet nicht die Befugnis zum **Befahren** einer Forststraße mit Kraftfahrzeugen zum Zweck der Jagd; es sei denn, dass jemandem eine solche Befugnis allenfalls als „Nutzungsberechtigter" oder aber als im Auftrag oder mit Wissen des Waldeigentümers, Fruchtnießers oder Nutzungsberechtigten Handelnder zukommt. Der bloß Jagdausübungsberechtigte muss sich daher vor Benützung der in seinem Jagdgebiet vorhandenen Forststraßen die **Zustimmung** jener Person einholen, der die Erhaltung der Forststraße obliegt. Solange er diese Zustimmung nicht hat, befährt er eine solche Forststraße unbefugt im Sinne des Forstgesetzes.

7. **Privatwegbenützung zur Wildfütterung in Niederösterreich**

In NÖ ist die Benützung nichtöffentlicher Wege mit **Fahrzeugen zur Wildbringung** und **Wildfütterung** gegen angemessene Entschädigung dann gestattet, wenn keine öffentlichen Wege zu diesem Zweck vorhanden sind.

8. **Fangen und Vergiften von Tieren**

EU-Verordnungen* verbieten die Verwendung von Tellereisen und auch die Einfuhr von Pelzen und Waren von Wildtierarten aus Ländern, die Tellereisen oder den internationalen humanen Fangnormen nicht entsprechende Fangmethoden anwenden.
In Österreich bestehen Diskussionen über weitere tierquälerische Fangvorrichtungen, deren Anwendungsverbot verlangt wird.
In Oberösterreich besteht eine Fallenverordnung*, die das Fangen mit Schlingen und sonstigen tierquälerischen Fanggeräten, wie z.B. Tellereisen, sowie das Vertilgen von Wild durch Auslegen von Gift verbietet.
In Salzburg besteht eine Wildfallen-Verordnung*, die Bestimmungen über zulässige Totschlagsfallen, Kennzeichnung von Abzugseisen, zulässige Lebendfangfallen sowie das Aufstellen und die Einziehung von Fallen enthält.
Auch das Strafgesetzbuch* verbietet tierquälerische Fangmethoden.

9. **Revierende Hunde und umherstreifende Katzen**

Hunde, welche abseits von Häusern, Wirtschaftsgebäuden oder Wegen **allein jagend** angetroffen werden, oder Katzen, die im Wald umherstreifen, können vom Jagdberechtigten oder seinen Jagdorganen getötet werden.

10. **Strafrechtlicher Schutz des Jagdrechtes**

Wer unter Verletzung eines fremden Jagdrechtes dem Wild nachstellt, es tötet, verletzt, sich aneignet, eine fremde der Jagd dienende Sache zerstört, beschädigt oder sich aneignet, die Tat in der Schonzeit oder unter Anwendung von Eisen oder Giftködern oder mit einer Schusswaffe, gewerbsmäßig oder in Begleitung eines Beteiligten ausführt, begeht die strafbare Handlung des Eingriffes in ein fremdes Jagdrecht* und kann je nach der Schwere des Eingriffes und der Höhe des Schadens mit einer Freiheitsstrafe bis zu **drei Jahren** bestraft werden.

* EWG-VO 91/3254 zum Verbot von Tellereisen in der Gemeinschaft
EG-VO 97/35 über die Ausstellung von Bescheinigungen für Pelze und Waren nach EWG-VO 91/3254
OÖ Fallenverordnung, LGBl 1992/86 idF 2009/79
Sbg Wildfallen-Verordnung, LGBl 1996/98
Strafgesetzbuch, §§ 138, 139 Eingriff in ein fremdes Jagdrecht, § 222 Tierquälerei

F. Jagd- und Wildschaden

1. **Haftung**

Der Jagdausübungsberechtigte ist verpflichtet, in seinem Jagdgebiet den an Grund und Boden, an den landwirtschaftlichen Kulturen und an deren noch nicht eingebrachten Erzeugnissen

a) bei der Ausübung der Jagd **(Jagdschaden)** oder

b) von den jagdbaren Tieren **(Wildschaden)**

verursachten Schaden zu ersetzen.

2. Wildschäden in Obst- und Gemüsegärten

Wildschäden in Obst-, Gemüse- und Ziergärten, in Baumschulen, Forstgärten und dergleichen und an einzelstehenden Bäumen sind nur dann zu ersetzen, wenn erwiesen ist, dass der Besitzer zum Schutz vergeblich solche Vorkehrungen getroffen hat, durch die derartige Anpflanzungen im Allgemeinen geschützt werden. Als solche Vorkehrungen sind anzusehen:

a) Das Einfrieden des Grundstückes mit einem hasendichten Zaun in der Höhe von 1 bis 1,5 Meter;

b) das Umkleiden der Stämme mit Baumkörben, Strohschilf und dergleichen in der Höhe von 1 bis 1,5 Meter.

Zum Ausschaufeln der Einfriedungen bei hohem Schnee ist der Besitzer nicht verpflichtet.

3. Schadensermittlung

Wenn eine Vereinbarung zwischen Jagdausübungsberechtigtem und Geschädigtem nicht zustande kommt, ist bei der Schadensberechnung der **übliche Marktpreis** der beschädigten oder vernichteten Erzeugnisse zugrunde zu legen. Wenn Jagd- und Wildschäden an noch **nicht erntereifen Erzeugnissen** verursacht werden, ist der Schaden in dem Umfang zu ersetzen, in welchem er sich bis zur Ernte darstellt; der Aufwand, der dem Geschädigten bis zur Einbringung der Ernte erwachsen wäre, ist jedoch in Abzug zu bringen.

Wildschäden im Wald sind nach forstwirtschaftlichen Grundsätzen zu bewerten. Hiebei ist zwischen Verbiss-, Fege- und Schälschäden zu unterscheiden und zu berücksichtigen, ob nur Einzelstammschädigung oder schon Bestandesschädigung oder betriebswirtschaftliche Schädigung eingetreten ist.

4. Schadenersatzverfahren

Die **Anmeldung des Schadens hat je nach Bundesland entweder unverzüglich** oder innerhalb **einer bzw. zweier Wochen** nach Kenntnis des Schadens bzw. **solange, wie der Schaden noch wahrgenommen** werden kann, zu erfolgen.

Kommt ein gütliches Übereinkommen oder ein Vergleich nach Anmeldung des Schadens nicht zustande, haben über die Ansprüche ein **Schiedsgericht, eine Schlichtungsstelle** oder eine **Schiedskommission,** in Tirol jedoch die **ordentlichen Gerichte** im Rahmen der Parteienanträge zu entscheiden.

In der Steiermark hat ein **Schiedsrichter** den Schaden zu ermitteln. Wird diese Schadensermittlung von einer beteiligten Person nicht anerkannt oder bleibt der Schiedsrichter sechs Monate untätig, kann der Geschädigte den Schaden auf dem **ordentlichen Rechtsweg** geltend machen.

G. Jagdabgabe

In den Bundesländern – ausgenommen NÖ und Wien – bestehen Landesgesetze, die zur Einhebung einer Landesabgabe für die Ausübung des Jagdrechtes berechtigen.

1. Abgabepflichtiger

Inhaber der Jagd (Eigenjagdbesitzer, Jagdpächter oder Gemeinde) haben eine jährliche Abgabe zu entrichten.

2. **Entrichtung der Abgabe**

- Jagdpächter: für verpachtete Gemeinde-, Genossenschafts- oder Eigenjagden und Jagdeinschlüsse
- Grundeigentümer: für sonstige Eigenjagden
- Gemeinde: für Gemeindejagden, die durch Sachverständige ausgeübt werden

3. **Jagdwert – Höhe der Abgabe**

Die jährliche Abgabe beträgt bei verpachteten Eigen-, Gemeinde- oder Genossenschaftsjagden je nach Bundesland einen bestimmten Prozent-Anteil (von 15–50 %) des Jagdwertes (jährlicher Pachtpreis), bei anderen Jagden abgestuft nach Größe des Jagdgebietes einen bestimmten Geldbetrag (angenommener und üblich erzielbarer Pachtpreis) je Hektar.

4. **Bemessung und Verwendung**

Die Bemessung erfolgt durch die Landesregierung bzw. die Bezirkshauptmannschaften. Der Erlös fließt je nach Bundesland anteilig dem Land, den Gemeinden, der Jägerschaft bzw. sonstigen Zwecken zu.

* Bgld Jagdgesetz 2004, LGBl 2005/11 idF 2013/79, XV. Hauptstück Jagdabgabe
Ktn Jagdabgabengesetz – K-JAG, LGBl 1971/53 idF 2013/85
OÖ Jagdabgabegesetz, LGBl 1967/10 idF 2002/25
Sbg Jagdrechtsabgabegesetz, LGBl 1997/77 idF 2011/118
Stmk Jagdabgabegesetz, LGBl 1964/317 idF 2013/87
Tir Jagdabgabegesetz, LGBl 1991/20 idF 2002/108
Vbg Jagdabgabegesetz, LGBl 2003/28

XV. Fischerei – Aquakultur

Unter den Begriff **Aquakultur** fällt die **Haltung von Fischen oder von im Wasser lebenden Krebs- oder Weichtieren** mit dem Ziel, durch Anwendung von Maßnahmen wie Besatz, Fütterung oder Schutz vor natürlichen Feinden die Wachstumsprozesse gezielt zu verstärken und den Zuwachs an Tiermasse zu steigern. Die Ernährung der Tiere erfolgt teilweise oder zur Gänze durch das verabreichte Nahrungsdargebot (Futter) oder durch jenes Nahrungsdargebot, welches neben den natürlichen Produktionsvorgängen auch aufgrund von künstlicher Nährstoffzufuhr im Wasser entsteht.

A. Fischerei- und Aquakulturbestimmungen

1. In der **EU** bestehen zahlreiche Verordnungen und Richtlinien über

- die **Gemeinsame Fischereipolitik – GFP** (EU-VO 13/1380 idF EU-VO 13/1385). Sie erstreckt sich auf die Erhaltung biologischer Meeresschätze und auf Maßnahmen zur Unterstützung lebender Süßwasserressourcen und der Aquakultur sowie deren Verarbeitung und Vermarktung.

  Das **Ziel** der Gemeinsamen Fischereipolitik ist

  a) die Sicherstellung, dass Fischerei- und Aquakulturtätigkeiten langfristig zu **ökologischer, wirtschaftlicher** und **sozialer Nachhaltigkeit** beitragen;

  b) die Sicherstellung der **Rückverfolgbarkeit, Sicherheit** und **Qualität** der in der Union vermarkteten Erzeugnisse;

  c) die Sicherstellung der **Verfügbarkeit der Nahrungsmittelversorgung** und ein Angebot für Verbraucher zu **vernünftigen Preisen**;

  d) ein Beitrag zur **Produktivität**, einem angemessenen **Lebensstandard** für den Fischereisektor – einschließlich kleiner Fischereien – und stabilen Märkten;

  e) ein Beitrag zur Erhebung **wissenschaftlicher Daten** und Hilfe zur **Strategie Europa 2020** für intelligentes, nachhaltiges und integratives Wachstum mit den dort festgelegten Zielen.
- die **Gemeinsame Marktorganisation – GMO –** für Erzeugnisse der Fischerei und Aquakultur (EU-VO 13/1379 idF EU-VO 13/1385). Sie enthält

  a) Bestimmungen über die Berufsverbände, gemeinsame Vermarktungsnormen, Verbraucherinformation, Wettbewerbsregeln, Marktuntersuchung;

  b) im Anhang I die von der GMO erfassten Fischerei- und Aquakulturerzeugnisse.
- die **Branchenverbände** und **Erzeugerorganisationen** (EU-VO 13/1379, Kapitel II);
- die Durchführung der Anerkennung dieser Organisationen (EU-VO 13/1419);
- die gemeinsamen **Vermarktungsnormen** für Fischereierzeugnisse (EU-VO 13/1379 idF EU-VO 13/1385, Kapitel III), Normen für bestimmte Fischereierzeugnisse (EG-VO 96/2406 idF EG-VO 05/790) und Sardinenkonserven (EG-VO 89/2136 idF EG-VO 08/1345);
- den **Europäischen Fischereifonds** (EG-VO 06/1198 idF EU-VO 13/508);
- die Fonds-Durchführungsbestimmungen (EG-VO 07/498 idF EU-VO 10/1249);
- die **Qualität von schutz- oder verbesserungsbedürftigem Süßwasser** zur Erhaltung des Lebens von Fischen (RL 06/44/EG idF RL 08/1137);
- die Verhinderung, Bekämpfung und Unterbindung der illegalen, nicht gemeldeten und unregulierten Fischerei (EG-VO 08/1005 idF EU-VO 11/202);

- deren Durchführungsbestimmungen (EG-VO 09/1010 idF EU-VO 13/865);
- die Aufstellung einer Liste von Verhaltensweisen, die einen schweren Verstoß gegen die Vorschriften der gemeinsamen Fischereipolitik darstellen (EG-VO 99/1447);
- eine **Kontrollregelung** zur Sicherstellung der Einhaltung der Vorschriften der gemeinsamen Fischereipolitik (EG-VO 09/1224 idF EU-VO 14/508);
- die Verwendung **nicht heimischer** und **gebietsfremder Arten** der Aquakultur (EG-VO 07/708 idF EU-VO 11/304);
- **Gesundheits- und Hygienevorschriften** für Tiere in Aquakultur und Aquakulturerzeugnissen und zur Verhütung und Bekämpfung bestimmter Wassertierkrankheiten (RL 06/88/EG idF RL 14/22/EU);
- **technische Maßnahmen** zur Erhaltung der Fischbestände (EG-VO 97/894 idF EG-VO 07/809) und
- die **Datenerhebung** im Fischereisektor (EG-VO 01/1639 idF EG-VO 04/1581)

2. In **Österreich** regeln die Fischerei- und Aquakultur:

- die **Fischereigesetze*** der Bundesländer, die in den folgenden Abschnitten B. Ausübung der Fischerei und C. Fischereipolizeiliche Bestimmungen näher ausgeführt sind. Sie weisen ähnlich lautende Bestimmungen auf, maßgeblich sind aber die Bestimmungen des jeweiligen Landesfischereigesetzes und die hiezu erlassenen Verordnungen;
- die **Fleischuntersuchungsverordnung***, 6. Abschnitt, welcher die Bestimmungen über die Untersuchung von Fischereierzeugnissen – auch zur Direktvermarktung – , Beurteilung der Genusstauglichkeit, Kennzeichnung und Untersuchungsbescheinigung, enthält;
- die **Aquakultur-Seuchenverordnung***, die Gesundheits- und Hygienevorschriften für Tiere der Aquakultur und Aquakulturerzeugnisse sowie die Verhütung und Bekämpfung bestimmter Wassertierkrankheiten (Sofortmaßnahmen bei Seuchenverdacht, Seuchenbekämpfungsmaßnahmen und Impfungen);
- weitere **Verordnungen*** über die
  a) **Vermarktungsnormen** für **Fischereierzeugnisse**;
  b) **Anerkennung von Erzeugerorganisationen** für Fischereierzeugnisse;
  c) **Statistik** über die **Aquakulturproduktion**;
  d) **Bekämpfung der illegalen**, nicht gemeldeten und unregulierten **Fischerei**;
  e) **Kontrolle** der Verbraucherinformation bei Fischerei- und Aquakulturerzeugnissen;
- das **Strafgesetzbuch** den strafrechtlichen Schutz (siehe C 4) und ein
- Bundesgesetz die **Belastung des öffentlichen Wassergutes mit Fischereirechten**.

* BG: Belastung öffentlichen Wassergutes mit Fischereirechten, BGBl I 2001/157
Strafgesetzbuch, §§ 138 und 139, Eingriff in ein fremdes Fischereirecht
Abwasseremissionsverordnung – AEV – Aquakultur, BGBl II 2004/397
Aquakultur-Seuchenverordnung, BGBl II 2009/315 idF II 2015/2
Aquakultur-Statistikverordnung 2012, BGBl II 2012/344
Fleischuntersuchungsverordnung 2006, BGBl II 2006/109 idF II 2014/204, 6. Abschnitt, Fischuntersuchung
IUU-Fischerei-Verordnung zur Bekämpfung der illegalen Fischerei, BGBl II 2009/382
VO über die Kontrolle der Verbraucherinformation bei Erzeugnissen der Fischerei und Aquakultur, BGBl II 2008/221 idF II 2014/4
VO über Vermarktungsnormen für Fischereierzeugnisse, BGBl II 2008/263
VO über die Anerkennung von Erzeugerorganisationen für Fischereierzeugnisse, BGBl II 2009/33
Bgld Fischereigesetz, LGBl 1949/1 idF 2013/79
Ktn Fischereigesetz – K-FG, LGBl 2000/62 idF 2013/85
NÖ Fischereigesetz 2001, LGBl 6550-6

NÖ Fischereiverordnung 2002, LGBl 6550/1-1
OÖ Fischereigesetz, LGBl 1983/60 idF 2013/90
OÖ Fischereiverordnung, LGBl 1983/97 idF 2014/101
OÖ Almfischereiordnung, LGBl 2008/57
OÖ Atterseefischereiverordnung, LGBl 1985/88 idF 2010/17
OÖ Donaufischereiordnung, LGBl 1984/51 idF 2014/102
OÖ Innfischereiordnung Braunau, LGBl 1986/6
OÖ Mondseefischereiordnung, LGBl 1993/86 idF 2014/118
OÖ Traunseefischereiordnung, LGBl 1984/43 idF 2015/46
Sbg Fischereigesetz 2002, LGBl 2002/81 idF 2013/106
Sbg Fischereiverordnung, LGBl 2013/7
Stmk Fischereigesetz 2000, LGBl 1999/85 idF 2014/52
Stmk Fischereiprüfungsverordnung, LGBl 2000/7 idF 2006/29
Tir Fischereigesetz 2002, LGBl 2002/54
Tir Erste Durchführungsverordnung zum Fischereigesetz 2002, LGBl 2002/69
Tir Zweite Durchführungsverordnung zum Fischereigesetz 2002, LGBl 2002/70
Vbg Fischereigesetz, LGBl 2000/47 idF 2013/44
Vbg Fischereiverordnung, LGBl 2001/36 idF 2014/87
Vbg Bodenseefischereigesetz, LGBl 2002/1 idF 2013/44
Wr Fischereigesetz, LGBl 1948/1 idF 2014/16
Wr Fischereiprüfungsverordnung, LGBl 2011/7
Wr Verordnung betreffend den Vorgang bei der Verpachtung der Fischerei in Pachtrevieren, LGBl 1949/9 idF 2000/64

B. Ausübung der Fischerei

1. Berechtigung

Das Fischereirecht besteht in der ausschließlichen Berechtigung, in jenen Gewässern, auf die sich das Recht erstreckt (Fischwasser), Fische, Krustentiere und Muscheln zu hegen, zu fangen und sich anzueignen.

2. Kreis der Berechtigten

Das Fischereirecht kann z.B. dem **Grundeigentümer** des Gewässerbettes zustehen, **vom Grundeigentum unabhängig** sein oder als **Grunddienstbarkeit** bestehen. Die **Verpachtung** des Fischereirechtes ist gestattet.

3. Fischwasser

Fischgewässer sind natürliche oder künstliche Gerinne und Wasseransammlungen, die in ihrer Beschaffenheit für die Fischzucht geeignet sind.

4. Bewirtschaftung

Der Fischereiberechtigte ist verpflichtet, das Fischwasser ordentlich zu bewirtschaften, Verunreinigungen zu vermeiden und seiner Besatzpflicht – Einsetzen von Jungfischen oder Brütlingen – nachzukommen. Zur Ausübung der Fischerei sind der Fischereiberechtigte, die Fischer und ihr Aufsichtspersonal gesetzlich **berechtigt, fremde Ufergrundstücke** im unvermeidlichen Ausmaß **zu betreten** und zu benützen; sie haben aber einen allfällig zugefügten Schaden zu ersetzen. Ausgenommen von diesem Recht sind aber Wohn-, Wirtschafts- und Fabriksgrundstücke.

5. Offenkundige Fischereirechte

am öffentlichen Wassergut gemäß § 4 Wasserrechtsgesetz können in jenen Fällen vom Finanzamt mit gebührenfreier Urkunde für das Grundbuch bestätigt werden, in denen die Ausübung des Fischereirechtes über 20 Jahre, insbesondere durch Eintragung des Fischereiberechtigten oder seines Rechtsvorgängers in den Fischereikataster oder in das Fischereibuch (siehe: C 6), belegt ist.

C. Fischereipolizeiliche Bestimmungen

1. **Zeit und Art des Fischfanges**

   Die Landesregierung kann über die Zeit und Art des Fischfanges, über die Mindestmaße der Fische, besondere Fangbeschränkungen, Fangarten, Verkaufszeiten und dergleichen im Verordnungsweg besondere Bestimmungen erlassen.

2. **Schonvorschriften**

   Die Landesregierung kann für bestimmte Fischarten Schonzeiten und Mindestlängen durch Verordnung festsetzen.

3. **Beschränkungen und Verbote für bestimmte Fangarten**

   Explosivstoffe, Schusswaffen, Betäubungsmittel, Gifte, Harpunen und Schlingen sowie künstliches Licht dürfen zum Fischfang nicht verwendet werden. Die Fischerei unter Verwendung von Elektrogeräten bedarf der Bewilligung der Landesregierung.

4. **Strafrechtlicher Schutz des Fischereirechtes**

   a) Wer vorsätzlich oder fahrlässig ein **Gewässer so verunreinigt**, dass dadurch der Fischbestand gefährdet wird, kann mit einer Freiheitsstrafe bis zu **drei Jahren** oder einer Geldstrafe bis zu 360 Tagessätzen bestraft werden.

   b) Wer **unter Verletzung eines fremden Fischereirechtes fischt**, Fische tötet, verletzt, sich aneignet, eine fremde, der Fischerei dienende Sache zerstört, beschädigt oder sich aneignet, die Tat in der Schonzeit, mit einer elektrischen Fanganlage, einem Sprengstoff, in einer den Fischbestand gefährdenden Weise, gewerbsmäßig oder in Begleitung eines Beteiligten ausführt, begeht einen **strafbaren Eingriff in ein fremdes Fischereirecht*** und kann je nach Schwere des Eingriffes und der Höhe des Schadens mit Freiheitsstrafen bis zu **drei Jahren** bestraft werden.

5. **Fischerkarte**

   Fischerkarten können von der Bezirksverwaltungsbehörde als

   - **Jahresfischerkarten,** geltend für ein Kalenderjahr und auf den Namen des Fischereiberechtigten oder einer anderen Person lautend oder als
   - **Gastfischerkarten,** die nicht auf einen Namen lauten, sondern den jeweiligen Inhaber berechtigen, auf einen Zeitraum zwischen einem Tag und einem Jahr ausgestellt werden.

6. **Fangverzeichnis – Fischereikataster**

   Besitzer von Jahresfischerkarten haben ein Fangverzeichnis (Fangstatistik) der von ihnen im Kalenderjahr in jedem Fischrevier gefangenen Fische zu führen. Im Burgenland, in Kärnten und in der Steiermark besteht ein von der Bezirksverwaltungsbehörde (BH), in Wien ein vom Fischereiausschuss geführter **Fischereikataster**, in Salzburg ein vom Landesfischereiverband geführtes **Fischereibuch**, in welchem die Fischwässer und Fischereirechte – inhaltlich dem Grundbuch ähnlich – vermerkt sind.

7. **Seuchen in der Aquakultur, Fischhygiene und Fischuntersuchung**

   Siehe: Tierseuchen XXII/A, Fleischuntersuchung und -hygiene XXII/B.

XVI. Bienenzucht

Die Ausübung der Bienenzucht ist als landwirtschaftliche Urproduktion – Halten von Nutztieren – jedem gestattet. Der enorme ökologische und ökonomische Nutzen der Bienen wird durch die folgenden gesetzlichen Bestimmungen gefördert und gesichert.

A. Gesetzliche Grundlagen

Die Bienenzucht ist durch folgende Gesetze, Verordnungen und Richtlinien geregelt:

1. **ABGB*** – Allgemeines Bürgerliches Gesetzbuch, § 384 betreffend das **Eigentum an Bienenschwärmen**, siehe folgend B/1;
2. **Bienenzucht- bzw. Bienenwirtschaftsgesetze*** und -verordnungen der Bundesländer*, im Einzelfall ist die landesrechtliche Bestimmung maßgebend; siehe folgend B/2, 5 und 6;
3. **Bienenseuchengesetz***, siehe folgend B/3;
4. **Honigverordnung 2004***, siehe folgend B/4;
5. **NÖ Bienenrassen-Verordnung***, wonach zur Haltung und Zucht von Bienen die Stämme der Kärntner Biene (*Apis mellifica carnica*) zugelassen sind;
6. **EU-Honig-Richtlinie***; sie gilt für Honigerzeugnisse, enthält im Anhang I die Verkehrsbezeichnungen, die Beschreibung und Begriffsbestimmungen über Honig, ein Verzeichnis und Herkunftsbezeichnungen der hauptsächlichen Honigarten, im Anhang II die Merkmale der Zusammensetzung von Honig;
7. **EU-Verordnung** über eine gemeinsame Marktorganisation – GMO*, Artikel 55 bis 57 und Anhang I Teil XXII betreffend den Bienenzuchtsektor.

   Sie regelt die **Beihilfen** im **Bienenzuchtsektor**.

   - **Imkereiprogramme**: Zur Verbesserung der Erzeugungs- und Vermarktungsbedingungen für Bienenzuchterzeugnisse können die Mitgliedstaaten nationale Dreijahresprogramme – „Imkereiprogramme" – auflegen, die in enger Zusammenarbeit mit den Imkerverbänden erstellt werden. Bestimmte beihilfefähige Maßnahmen können in die Imkereiprogramme aufgenommen werden, z.B. technische Hilfe für Imker oder Imkervereinigungen, die Bekämpfung der Varroose und sonstiger Bienenstockfeinde und -krankheiten oder die Rationalisierung der Wanderimkerei etc.
   - Das zu 50 % EU-kofinanzierte Imkereiprogramm findet in der GAP seine Fortsetzung.
   - Die Maßnahmen zur **Bekämpfung der Varroose** werden erweitert.
   - Neue Maßnahmen zur Marktüberwachung und **Erhöhung der Produktqualität** hinsichtlich der Ausnutzung des Marktpotenzials werden erstellt.
8. **EU-Durchführungsverordnung über Maßnahmen zur Verbesserung der Erzeugungs- und Vermarktungsbedingungen für Bienenzuchterzeugnisse***. Die Imkereiprogramme enthalten eine
   - Beschreibung der **Lage des Sektors**, Gesamtzahl der Imker und Bienenstöcke, Honigerzeugung, Liste der Ziele des Imkereiprogrammes;
   - Beschreibung der **Maßnahmen mit Kostenschätzung und Finanzierungsplan** für die Bereiche: technische Hilfe, Bekämpfung der Varroose, Rationalisierung der Wanderimkerei, Analyse des Honigs, Wiederauffüllung des Bienenbestandes und Programme der angewandten Forschung und ein
   - Verzeichnis der **Organisationen** und **Genossenschaften** in der Bienenwirtschaft, die mit der Behörde bei der Aufstellung der Imkereiprogramme zusammenarbeiten etc.

* ABGB, § 384
Bienenseuchengesetz, BGBl 1988/290 idF I 2005/67
Honigverordnung 2004, BGBl II 2004/40
Tiergesundheitsdienst-Verordnung 2009 – TGD-VO 2009, BGBl II 2009/434, Anhang 3, Bienenbetriebserhebung
Tierkennzeichnungs- und Registrierungsverordnung 2009 – TKZVO 2009, BGBl 2009/291 idF 2011/35, § 1 Abs 1 Z 2: Registrierung von Imkern
Bgld Bienenzuchtgesetz, LGBl 1965/14 idF 2013/79
Ktn Bienenwirtschaftsgesetz – K-BiWG, LGBl 2007/63 idF 2013/85
NÖ Bienenzuchtgesetz, LGBl 6320-5
NÖ Verordnung über Bienenrassen, LGBl 6320/1-0
OÖ Bienenzuchtgesetz, LGBl 1983/45 idF 2013/90
OÖ Bienenschutzverordnung, LGBl 2003/60
Sbg Bienenwirtschaftsgesetz, LGBl 1968/11 idF 2013/106
Stmk Bienenzuchtgesetz – BZG, LGBl 1998/18 idF 2010/5
Tir Bienenwirtschaftsgesetz, LGBl 1980/24 idF 2012/150
Vbg Bienenzuchtgesetz, LGBl 1990/20 idF 2013/44
Wr Gesetz über die Haltung und Zucht von Bienen, LGBl 2000/56
RL 93/45/EWG über die Herstellung von Nektar ohne Zucker- oder Honigzusatz
RL 00/13/EG idF RL 13/20/EU über die Etikettierung von Honig nach Artikel 2 der Honigrichtlinie
RL 01/110/EG idF RL 14/63/EU über Honig – Honigrichtlinie
EG-VO 04/917 idF EU-VO 13/768 mit Durchführungsbestimmungen über Maßnahmen zur Verbesserung der Erzeugungs- und Vermarktungsbedingungen für Bienenzuchterzeugnisse
EU-VO 13/1308 idF EU-VO 13/1310 über eine gemeinsame Marktorganisation, Artikel 55–57 Bienenzuchtsektor
EG-VO 11/87 zur Benennung des EU-Referenzlaboratoriums für Bienengesundheit

B. Besondere Bestimmungen

1. Eigentum an Bienenschwärmen

Häusliche Bienenschwärme fallen nicht unter das Recht des freien Tierfanges. Der Eigentümer hat das Recht, sie auf fremdem Grunde zu verfolgen, doch hat er dem Grundeigentümer den ihm allenfalls verursachten Schaden zu ersetzen. Wenn der Eigentümer des Mutterstockes den Bienenschwarm zwei Tage lang nicht verfolgt, kann der jeweilige Grundeigentümer sich die Bienen auf seinem Grunde aneignen und behalten. Auf öffentlichen Grundstücken steht dieses Recht jedermann zu.

2. Bienenzuchtgesetze

Diese enthalten für die Bienenzucht wichtige Bestimmungen, z.B. über

a) Grundsätze der Aufstellung von Haus- und Wanderbienenständen und deren Aufsicht;
b) die Aufstellung von Bienenständen an der Grundgrenze und die Abstände, insbesondere wenn die Flugöffnungen gegen fremde Grundstücke gerichtet sind;
c) Raubbienen;
d) Zählung von Bienenvölkern;
e) Wanderung mit Bienen, insbesondere den Schutz der örtlichen Bienenzüchter in diesem Zusammenhang;
f) Bienenrassen (in NÖ in eigener VO, in Sbg durch VO der Landwirtschaftskammer, in Stmk im Gesetz ausschließlich die Carnica-Rasse zulässig, in Tir nur die dunkle Tiroler Biene oder die graue Carnica durch VO, in Wien die Rasse „Carnica (*Apis mellifera carnica*)“.
g) anerkannte Belegstellen und Schutzgebiete;
h) Schutzmaßnahmen für Bienen bei Anwendung von Pflanzenschutzmitteln im Kulturpflanzenschutz;

i) Beförderung von Bienen – in bienendicht verschlossenen Behältern möglichst während der Dämmerung oder Nachtzeit.

3. Bienenkrankheiten

Die ansteckenden Bienenkrankheiten, und zwar die ansteckenden Brutkrankheiten, die Acariose, die Nosematose, die Varroose, und deren seuchenartiges Auftreten sollen durch die Bestimmungen des Bienenseuchengesetzes verhindert bzw. erfolgversprechend bekämpft werden. Vorkehrungen wie Sperre, Reinigung und Desinfektion von Bienenständen etc. sind vorgesehen.

4. Honigverordnung 2004

Diese Verordnung setzt die EU-Richtlinie 01/110/EG in österreichisches Recht um.
Sie definiert den Honig als den von Honigbienen gesammelten Süßstoff, der von ihnen verarbeitet, durch Stoffe bereichert, in Waben gespeichert und gereift wurde. Er ist im Wesentlichen eine konzentrierte Lösung verschiedener Zuckerarten und enthält auch weitere Inhaltsstoffe. Die Verordnung bestimmt, dass bei der Honiggewinnung auf die ursprüngliche Beschaffenheit und Zusammensetzung zu achten ist und der gewonnene Honig möglichst wenig Fremdkörper enthält. Nur solche Erzeugnisse dürfen als „Honig" bezeichnet werden.

Honigarten werden im Wesentlichen unterschieden nach

- Herkunft (Blüten- oder Nektarhonig aus dem Nektar von Pflanzen; Honigtauhonig, der aus auf lebenden Pflanzenteilen befindlichen Sekreten von an Pflanzen saugenden Insekten stammt)
- Art der Gewinnung oder Zusammensetzung (Waben-, Scheiben-, Tropf-, Schleuder- oder Presshonig)
- Verwendungszweck (zum unmittelbaren Genuss oder zur Weiterverarbeitung)

Zusammensetzung von Honig:

Honig hat den Anforderungen in der Anlage der Verordnung zu entsprechen und darf u.a.

- keine für die menschliche Gesundheit gefährlichen Stoffe bzw. Verunreinigungen enthalten,
- keinen fremden Geruch aufweisen,
- nicht in Gärung oder Schäumen übergegangen sein,
- nicht so stark erhitzt worden sein, dass seine natürlichen Enzyme zerstört oder hinsichtlich des Säuregrades künstlich verändert worden sind.

Kennzeichnung von Honig:

Auf dem Etikett ist das Ursprungsland, in dem der Honig erzeugt wird, anzugeben; weiters ist anzugeben: Honig aus EU-Ländern, Honig aus Nicht-EU-Ländern.

5. Hausbienenstände – Abstandsvorschriften

Hausbienenstände müssen, wenn deren Flugöffnung gegen eine fremde Grundgrenze bzw. gegen eine öffentliche Verkehrsfläche gerichtet ist, bestimmte Abstände aufweisen, wobei alle Landesgesetze einen **Regelabstand** vorschreiben bzw. bei gewisser Situierung, Setzung eines Scheidemittels oder nachbarliche Zustimmung eine **Verringerung der Abstände** zulassen.

- **Burgenland**
  a) 10 Meter Abstand zwischen Hausbienenstand und Grundgrenze;
  b) geringer Abstand zulässig, wenn in einer Entfernung von mindestens 4 m vor den Flugöffnungen eine wenigstens 2 m hohe Trennwand (Mauer, dichte Pflanzung) steht, die beidseitig mindestens 2 m länger als die Flugseite des Hausbienenstandes ist;

c) weiters, wenn die Flugöffnungen gegenüber unbebauten Grundstücken mindestens 3 m höher liegen;
d) der Nachbar mit einem geringeren Abstand einverstanden ist;
e) bei Abwendung der Flugöffnungen von fremden Grundstücken ist eine beliebig geringere Entfernung ohne Trennwand möglich;
f) die Flugfront muss von öffentlichen Verkehrswegen mindestens 10 m, von Autobahnen mindestens 40 m entfernt sein.

- **Kärnten**

a) 20 m gegenüber Grundstücken, auf denen sich Krankenanstalten, Kuranstalten, Altenheime, Schulen, Kindergärten, öffentliche Spiel- und Liegewiesen oder Sport- und Spielflächen, Freibäder, Campingplätze und ähnlichen Zwecken dienende öffentliche oder gewerbliche Einrichtungen befinden;
b) 15 m gegenüber öffentlichen Verkehrsflächen;
c) 10 m gegenüber sonstigen Nachbargrundstücken, sofern die Eigentümer und die sonstigen Nutzungsberechtigten nicht einem geringeren Abstand zustimmen. Wenn Belästigungen nicht zu befürchten sind, dürfen die Abstände gemäß a) und b) um jeweils 5 m und c) um 6 m verringert werden, wenn innerhalb dieser Abstände ein die Flugöffnungen überragendes, mindestens 2,5 m hohes Hindernis (Mauer, Planke, dichte Bepflanzung u. dgl.) besteht, das beiderseits wenigstens 2 m länger ist als die Flugfront des Bienenstandes. In den Fällen c) darf der Abstand auch dann auf 4 m verringert werden, wenn sich die Flugöffnungen gegenüber unbebauten Grundstücken mindestens 3 m über dem Erdboden befinden.

- **Niederösterreich**

a) 10 m Abstand von der Grundgrenze
b) 15 m Abstand von allen Seiten bei öffentlichen Verkehrsflächen
c) Der Abstand kann bei öffentlichen Verkehrsflächen von den Flugöffnungen auf 10 m, von den übrigen Seiten bzw. gegen fremde Grundstücke auf 4 m verringert werden, wenn ein die Flugöffnungen mindestens 2 m überragendes Hindernis (Mauer, dichte Pflanzung) besteht.

- **Oberösterreich**

a) 10 m Abstand;
b) geringerer Abstand ist zulässig, wenn mit dem Nachbareigentümer vereinbart;
c) weiters, wenn in einer Entfernung von mindestens 4 m vor den Flugöffnungen ein mindestens 2 m hohes Scheidemittel (Mauer, dichte Pflanzung) steht und dieses beidseitig mindestens 2 m länger als die Flugseite des Bienenstandes ist;
d) wenn die Flugöffnungen gegenüber unbebauten Grundstücken mindestens 3 m höher liegen;
e) der Bürgermeister kann geringere Abstände, mindestens aber 3 m, bewilligen, wenn keine Belästigungen der Nachbarschaft zu befürchten sind und keine öffentlichen Interessen entgegenstehen;
f) 50 m Abstand von Krankenhäusern, Altenheimen, Schulen, Kuranstalten, Bädern etc. erforderlich.

- **Salzburg**

a) 7 m Abstand;
b) geringerer Abstand als 7 m zulässig, wenn der Eigentümer des Nachbargrundstückes einen geringeren Abstand gestattet;
c) weiters, wenn in einer Entfernung von mindestens 3 m vor den Flugöffnungen ein wenigstens 2 m hohes Scheidemittel, wie Mauer, Planke, dichte Pflanzung, steht und dieses beidseitig mindestens 2 m länger als die Flugseite des Bienenstandes ist;
d) bei mehr als 50 Bienenvölkern ist jedenfalls ein Scheidemittel zu errichten, es sei denn, die unterste Flugöffnung liegt wenigstens 3 m über dem Erdboden.

- **Steiermark**

  a) 7 m Abstand;
  b) geringerer Abstand zulässig, wenn der Nachbargrundeigentümer eine solche gestattet;
  c) weiters, wenn in einer Entfernung von mindestens 3 m vor den Flugöffnungen ein wenigstens 2 m hohes Scheidemittel, wie Mauer, Planke, dichte Pflanzung, steht und dieses beidseitig mindestens 2 m länger als die Flugseite des Bienenstandes ist;
  d) wenn die Flugöffnungen gegenüber unbebauten Flächen mindestens 3 m höher als diese liegen;
  e) sind die Flugöffnungen von fremden Grundstücken abgewandt, ist keine Abstandseinhaltung erforderlich.

- **Tirol**

  a) 10 m Abstand;
  b) 7 m Abstand zulässig, wenn in einem Abstand von 3 m vor den Flugöffnungen ein mindestens 2 m hohes Flughindernis, das beidseitig um mindestens 2 m über die Flugseiten hinausreicht, besteht;
  c) noch geringerer Abstand zulässig, mindestens aber 3 m, wenn eine Vereinbarung mit dem Nachbarn besteht;
  d) bei öffentlichen Verkehrsflächen gelten die geringeren Abstandsbestimmungen in b) und c) nicht; es sind immer 10 m Abstand erforderlich.

- **Vorarlberg**

  a) 10 m Abstand;
  b) 7 m Abstand zulässig, wenn in einem Abstand von höchstens 3 m von den Flugöffnungen des Bienenstandes ein mindestens 1,80 m hohes Flughindernis, das beidseitig um mindestens 2 m über die äußerste Flugöffnung hinausreicht, besteht;
  c) auf Antrag des Bienenhalters kann der Bürgermeister, allfällig unter Auflagensetzung, geringere Abstände zulassen, wenn Belästigungen nicht zu erwarten sind und die Nachbarn zustimmen;
  d) keine Ausnahme, wenn sich auf dem Nachbargrundstück regelmäßig Personen aufhalten (Wohngebäude, Schulen, Krankenhäuser etc.).

- **Wien**

  a) 7 m Abstand;
  b) geringerer Abstand als 7 m zulässig, wenn eine Vereinbarung mit dem Grundnachbarn vorliegt;
  c) weiters, wenn zwischen den Flugöffnungen und der Grundgrenze in einer Entfernung von mindestens vier Metern von dieser ein die Flugöffnungen wenigstens zwei Meter überragendes zweckentsprechendes Flughindernis (z.B. eine Mauer, eine Planke, eine dichte Pflanzung oder dergleichen) besteht, das in beiden Richtungen wenigstens zwei Meter länger als die Flugfront des Bienenstandes ist, oder
  d) weiters, wenn die einem unbebauten Nachbargrundstück zugewandten Flugöffnungen mindestens drei Meter über dem Boden liegen.
  e) Weiters kann der Magistrat auf Antrag des Eigentümers eines Bienenvolkes einen geringeren Abstand als sieben Meter mit Bescheid bewilligen, wenn der betroffene Nachbar ausreichend geschützt ist und dem geringeren Abstand öffentliche Interessen nicht entgegenstehen.

6. Wanderbienenstände – Abstandsvorschriften

- **Kärnten**

  a) 300 m Abstand bei Neuaufstellung von 20 bis 50 Bienenständen
  b) 500 m Abstand bei Neuaufstellung von über 50 Bienenständen zum nächsten besiedelten Heimbienenstand mit mehr als 15 Bienenstöcken.

c) 200 m Abstand gegenüber anderen Wanderbienenständen zu den Flugöffnungen und 100 m nach allen übrigen Seiten, sofern nicht die Bienenhalter der benachbarten Bienenstände einem geringeren Abstand zustimmen.

- **Niederösterreich**

a) Mindestens 500 m von Heimbienenständen entfernt
b) Gegen andere Wanderbienenstände mindestens 200 m zu den Flugöffnungen und 100 m gegen alle anderen Seiten
c) Geringere oder keine Abstände, wenn eine Vereinbarung mit dem benachbarten Bienenstandinhaber getroffen wurde
d) Zusätzlich sind die in Punkt 5 genannten Abstände der NÖ-Hausbienenstände einzuhalten

- **Oberösterreich**

a) Es darf keine Gefährdung anderer Heim- oder Wanderbienenstände erfolgen
b) Über 30 Völker mindestens 1000 m von anderen Heimbienenständen; sonst 500 m
c) Gegen Nachbargrundstücke 10 m; gegen Krankenhäuser, Schulen etc. 50 m
d) Geringere oder keine Abstände, wenn eine Vereinbarung mit den benachbarten Bienenhaltern oder Grundeigentümern getroffen wurde

- **Steiermark**

a) bis 50 Völker sind 500 Meter, über 50 Völker sind 1000 Meter Luftlinie vom nächsten besiedelten Ortsbienenstand einzuhalten
b) Aufstellung in geringerer Entfernung der Flugfront des Bienenstandes als 25 Meter von der Grundgrenze: Nur mit Zustimmung des Nachbargrundbesitzers!

- **Tirol**

a) Es darf keine Gefährdung von Heimbienenständen erfolgen
b) Bis 30 Völker: 250 m Abstand; über 30 Völker: 500 m Abstand
c) Zwischen Wanderbienenständen: 250 m Abstand, sofern keine abweichende Vereinbarung unter den Wanderbienenhaltern getroffen wurde

- **Vorarlberg**

a) Mindestens 400 Meter von Heimbienenständen
b) Mindestens 100 Meter zwischen den einzelnen Wanderbienenständen
c) die vorgenannten Abstände gelten nicht, wenn der Wanderbienenstand innerhalb der letzten fünf Jahre vor der Errichtung des Heimbienenstandes benützt worden ist

- **Wien**

a) Mindestens 250 m von Heimbienenständen
b) Jedenfalls solcher Abstand von besiedelten Heimbienenständen bzw. rechtmäßig bestehenden Wanderbienenständen, dass die Haltung dieser Bienenstände nicht beeinträchtigt wird

7. Immissionen (Einwirkungen) durch Aufstellen von Bienenstöcken

Auch bei der Abwehr des Bienenfluges als Immission kann **nur Unterlassung** des Eingriffes gefordert werden, da die Auswahl der Schutzmaßnahmen dem Bienenhalter überlassen bleibt. Bestimmte sichernde Maßnahmen können vom beeinträchtigten Nachbarn nicht verlangt werden.

XVII. Maßnahmen der Bodenreform

Maßnahmen der ländlichen Bodenreform sind solche gesetzlichen Aktionen und allenfalls auch zwangsweise Eingriffe auf dem Gebiet der Landeskultur, welche die gegebenen **Bodenbesitz-, Bodenbenützungs- oder Bodenbewirtschaftungsverhältnisse** den geänderten sozialen oder wirtschaftlichen Bedürfnissen entsprechend einer planmäßigen Neuordnung oder Regulierung unterziehen. Es können umfassende Aktionen sein, wie z.B. die Grundzusammenlegung, oder auch auf den Einzelfall abgestellte Maßnahmen, wie z.B. die Flurbereinigung, die Durchführung eines Siedlungsverfahrens oder die Einräumung eines Bringungsrechtes.

Zu den Angelegenheiten der Bodenreform gehören:

1. **Flurverfassung**, und zwar die **Grundzusammenlegung** und **Flurbereinigung** land- und forstwirtschaftlicher Grundstücke, **Teilung gemeinschaftlicher Grundstücke**, Regulierung der gemeinschaftlichen Benutzungs- und Verwaltungsrechte an **Agrargemeinschaften**;
2. Regulierung und Ablösung von **Wald- und Weideservituten**;
3. Landwirtschaftliches **Siedlungswesen**;
4. Land- und forstwirtschaftliche **Bringungsrechte**, und zwar **Güter-** und **Seilwege**;
5. Sicherung und **Schutz der Alm- und Weidewirtschaft**.

Die Bodenreformangelegenheiten sind in den einzelnen Grundsatzgesetzen des Bundes und Ausführungsgesetzen der Bundesländer geregelt. In Angelegenheiten der Bodenreform entscheidet seit 2014 die Landesregierung als Agrarbehörde. Über Beschwerden entscheidet das Landesverwaltungsgericht. Siehe: XXVI/A/3.

Befreiung von Gebühren, Steuern und öffentlichen Abgaben

In den Angelegenheiten der Bodenreform sind mit Ausnahme der Siedlungsverfahren (siehe: C 3) Eingaben, Vollmachten, Beilagen, Bescheide, Urkunden, wie z.B. Flurbereinigungs-, Tausch- und Kaufverträge und dergleichen, die zur Durchführung eines Verfahrens von den Agrarbehörden erforderlich sind, von den Stempel- und Rechtsgebühren, den Steuern und öffentlichen Abgaben sowie den grundbücherlichen Einverleibungskosten **befreit**!

* Agrarverfahrensgesetz – AgrVG 1950, BGBl 1950/173 idF I 2013/189
Bgld Gesetz betreffend die Einrichtung einer Agrarbehörde, LGBl 1949/10 idF 2013/79
Ktn Agrarbehördegesetz – K-ABG, LBGl 2011/3 idF 2013/85
NÖ Gesetz über die Agrarbezirksbehörde, LGBl 6075-1
OÖ Agrarbehördegesetz – Oö. AgrbG, LGBl 2011/108 idF 2013/90
Sbg Gesetz über die Agrarbehörde, LGBl 1986/75 idF 2013/106
Stmk Agrarbezirksbehördengesetz 2003, LGBl 2003/10 idF 2013/139
Tir Agrarbehördengesetz 1948, aufgehoben im LGBl 2013/130
Vbg Gesetz über die Einrichtung einer Agrarbezirksbehörde, LGBl 1949/1 idF 2013/44
Wr Agrarbehördengesetz, LGBl 1971/6 idF 2013/34

A. Flurverfassung

Gesetzliche Grundlagen sind das Flurverfassungsgrundsatzgesetz*, die Flurverfassungsgesetze* der einzelnen Bundesländer sowie die Landesgesetze über die Agrargemeinschaften und die Grundzusammenlegung*.

Zur Flurverfassung gehören:

- Die Zusammenlegung land- und forstwirtschaftlicher Grundstücke,
- die Flurbereinigung und
- die Ordnung der rechtlichen und wirtschaftlichen Verhältnisse an agrargemeinschaftlichen Grundstücken.

1. Grundzusammenlegung (Kommassierung)

a) Zweck

Sie stellt eine **agrarische Reform** dar, die durch wirtschaftliche **Umformung der Bodenbesitzverhältnisse** gestaltend eingreift. Sie dient der Schaffung und Erhaltung einer leistungsfähigen Landwirtschaft. Zu diesem Zweck können die Besitz-, Benützungs- und Bewirtschaftungsverhältnisse im ländlichen Lebens- und Wirtschaftsraum durch **Neueinteilung** nach zeitgemäßen volks- und betriebswirtschaftlichen Gesichtspunkten im Wege eines Zusammenlegungsverfahrens verbessert oder neu gestaltet werden. Der zwangsweise Eingriff der Staatsgewalt in die Sphäre des Privateigentums ist rechtlich nicht als Enteignungsmaßnahme, sondern als agrarrechtlicher Eigentumseingriff vor allem im Interesse der betroffenen Grundbesitzer anzusehen.

b) Vorteile

- Beseitigung des Flurzwanges;
- Erleichterung der Bodenbewirtschaftung durch den Einsatz zeitgemäßer Landmaschinen;
- Beseitigung lästiger Servitutsrechte, zahlloser Raine und Furchen, allzu schmaler Riemenparzellen und damit verbundener Besitzstreitigkeiten;
- Gewinnung fester Besitzgrenzen und von Kulturboden.

c) Durchführung

Einleitung: Das Zusammenlegungsverfahren wird von Amts wegen mit Verordnung eingeleitet.
Zusammenlegungsgebiet: Das Zusammenlegungsgebiet (einzelne Katastralgemeinden, Ortsgemeinden oder Teile hievon) wird in der Verordnung so bestimmt, wie es die Ziele der Zusammenlegung voraussichtlich erfordern. Auch während des Verfahrens können Grundstücke in das Zusammenlegungsgebiet einbezogen oder ausgeschieden werden.
Zusammenlegungsgemeinschaft: Die Eigentümer der Zusammenlegungsgrundstücke bilden die Zusammenlegungsgemeinschaft.
Schätzung: Die Grundstücke werden aufgrund übereinstimmender Erklärungen der Parteien oder amtlicher Ermittlung geschätzt.
Neuordnung: Bei der Neuordnung des Zusammenlegungsgebietes hat eine Gesamtlösung in rechtlicher und wirtschaftlicher Hinsicht zu erfolgen, die auf eine geordnete Entwicklung des land- und forstwirtschaftlichen Lebens-, Wirtschafts- und Erholungsraumes sowie der landwirtschaftlichen Betriebe Bedacht zu nehmen hat.
Vorläufige Übernahme bzw. Geldabfindungen: Nach Erlassen des Planes der gemeinsamen Anlagen und Maßnahmen, jedoch noch vor der Erlassung des Zusammenlegungsplanes kann die Agrarbehörde die vorläufige Übernahme von Grundabfindungen oder die Auszahlung von vorläufigen Geldabfindungen anordnen.
Zusammenlegungsplan: Nach Rechtskraft des Zusammenlegungsplanes hat die Agrarbehörde, sofern eine vorläufige Übernahme der Grundabfindungen noch nicht erfolgt ist, diese anzuordnen, alle Arbeiten, wie z.B. Vermarkung und dergleichen, zu vollenden und die Richtigstellung des Grundbuches und des Grundkatasters zu veranlassen.

d) Grunddienstbarkeiten – Pachtverhältnisse

- Grunddienstbarkeiten, wie z.B. Wegerechte, aber auch Reallasten (ausgenommen Ausgedinge), **erlöschen ohne Entschädigung**. Sie werden von der Agrarbehörde nur dann aufrecht erhalten oder neu begründet, wenn sie im öffentlichen Interesse oder aus wirtschaftlichen Gründen notwendig sind.
- Der Pächter kann innerhalb einer Frist von **drei Monaten** nach Rechtskraft des Zusammenlegungsbescheides das Pachtverhältnis kündigen. Es endet dann zum Ende des laufenden Pachtjahres, jedoch frühestens drei Monate nach Kündigung.

e) Umweltverträglichkeitsprüfung im Zusammenlegungsverfahren

Die EU-Richtlinie über die Umweltverträglichkeitsprüfung* bestimmt, dass bei der Flurbereinigung die Mitgliedstaaten anhand einer **Einzeluntersuchung** oder aufgrund **festgelegter Schwellenwerte** bestimmen, ob das Projekt einer **Prüfung** zu unterziehen ist.

Das Bundes-Flurverfassungs-Grundsatzgesetz 1951 bestimmt in Ausführung dieser RL eine **Umweltverträglichkeitsprüfung** vor Erlassung des Planes der gemeinsamen Maßnahmen und Anlagen

- bei **neuer Entwässerung** von Kulturland von mehr als 30 Hektar;
- bei **Veränderungen des Geländeniveaus** von mehr als 1 Meter Höhe bei bestimmter Schwellenwertüberschreitung;
- bei möglichen **Beeinträchtigungen von Schutzgebieten** wildlebender Vogelarten, natürlichen Lebensräumen wildlebender Tiere und Pflanzen, Wasserschutzgebieten, Schutz- und Bannwäldern, Nationalparks, Natur- und Landschaftsschutzgebieten oder geschützten Landschaftsteilen oder
- wenn sich durch die Maßnahmen und Anlagen die **qualitative oder quantitative Ausstattung** an naturnahen Strukturelementen **nachhaltig wesentlich verringern** würde. Im Einzelfall sind die jeweiligen Bestimmungen der für die Ausführung zuständigen Landesgesetze maßgeblich.
  Siehe: Umweltverträglichkeit XX/A/6.

2. Flurbereinigung

a) Zweck

Anstelle eines (größeren) Zusammenlegungsverfahrens kann ein Flurbereinigungsverfahren durchgeführt werden, wenn dadurch

- die Besitz-, Benützungs- oder Bewirtschaftungsverhältnisse in einem kleineren Gebiet oder bei einer kleineren Anzahl land- und forstwirtschaftlicher Betriebe oder lediglich durch einzelne Maßnahmen verbessert oder neu gestaltet werden;
- eine zweckmäßige Zwischenlösung bis zur späteren Durchführung eines Zusammenlegungsverfahrens erreicht wird.

b) Durchführung

Es gelten die Bestimmungen für die Zusammenlegung sinngemäß, jedoch

- wird das Verfahren von Amts wegen mit Bescheid eingeleitet;
- werden anstelle des Zusammenlegungsgebietes die einzelnen Grundstücke oder die Grundbuchseinlagen bezeichnet;
- wird anstelle des Zusammenlegungsplanes ein Flurbereinigungsplan erlassen.

Tausch- oder Flurbereinigungsverträge in verbücherungsfähiger Form oder **Parteienübereinkommen,** die von der Agrarbehörde niederschriftlich beurkundet werden **(Flurbereinigungsübereinkommen)** können einem Flurbereinigungsverfahren zugrunde gelegt werden, wenn sie zur Durchführung der Flurbereinigung geeignet oder erforderlich sind.

Beachte:

Bei Tauschgeschäften unter Landwirten, die dem Zweck der Flurbereinigung zumindest auf einer Vertragsseite entsprechen, ist die Durchführung eines Flurbereinigungsverfahrens aus **Kostenersparnisgründen** (Gebühren-, Steuern- und Abgabenbefreiung) zweckmäßigerweise in Anspruch zu nehmen!

3. Agrargemeinschaften

a) Rechtliche Entwicklung

Sie sind einerseits aus den von alters her auf dem Lande bestandenen Eigentumsgemeinschaften, nämlich den verschiedenen Formen der alten Dorfgemeinschaften an Wald und Wiese, hervorgegangen, andererseits auch anlässlich der Ablösung von Einforstungsrechten aufgrund des kaiserlichen Wald- und Weideservitutenpatentes 1853 entstanden.

Die Weiterentwicklung war verschiedenartig; in vielen Fällen ging das Eigentum der Agrargemeinde auf die politische Gemeinde über und den berechtigten Höfen verblieben nur mehr Nutzungsrechte oder kamen in manchen Fällen auch die Nutzungsrechte abhanden. Aus dieser Entwicklung heraus ist die rechtliche Situation der Agrargemeinschaften zu verstehen.

Auf ihre Rechtsverhältnisse passen die bürgerlich-rechtlichen Bestimmungen über das Miteigentum in keiner Weise, sondern liegt ihnen vielmehr ein Nutzungsrecht zugrunde, das nicht einer einzelnen Person oder einer Personengemeinschaft, sondern bestimmten Höfen zugute kommen soll (Sachgemeinschaft). Daher ist nicht eine bestimmte Person, sondern der jeweilige Eigentümer eines Hofes nutzungsberechtigt und sind die Anteile am agrargemeinschaftlichen Besitz mit der Stammsitzliegenschaft verbunden.

b) **Agrargemeinschaftliche Grundstücke** sind solche,

- auf denen zwischen bestandenen Obrigkeiten und Gemeinden oder Ortschaften oder ehemaligen Untertanen sowie zwischen zwei oder mehreren Gemeinden oder Ortschaften gemeinschaftliche Besitz- oder Nutzungsverhältnisse bestehen oder
- welche von allen oder bestimmten Mitgliedern einer Gemeinde, Ortschaft oder eines Ortsteiles, einer Nachbarschaft oder einer ähnlichen agrarischen Gemeinschaft aufgrund ihrer persönlichen oder mit einem Hofbesitz verbundenen Mitgliedschaft gemeinschaftlich oder wechselseitig benützt werden.

c) Teilung – Regulierung – Veräußerung – Belastung

Die näheren Voraussetzungen, unter welchen eine Genehmigung zu erteilen ist, weiters unter welchen wirtschaftlichen und rechtlichen Voraussetzungen und in welchen Fällen Teilungen oder Regulierungen vorgenommen werden können, sind bundesländerweise ähnlich, jedoch nicht immer gleich geregelt. Die Ordnung der rechtlichen und wirtschaftlichen Verhältnisse an agrargemeinschaftlichen Grundstücken kann entweder durch General- oder Spezialteilung oder durch Regulierung erfolgen.

Teilung

Bei der Teilung werden Teilflächen durch Auseinandersetzung zwischen den Beteiligten den einzelnen Mitgliedern ins Eigentum übergeben **(Generalteilung)** oder durch Auflösung der Agrargemeinschaft Anteilsrechte in Einzeleigentum umgewandelt **(Spezialteilung)**; der Anspruch besteht auf vollen Gegenwert möglichst in Grund und Boden.

Regulierung

Die Regulierung der gemeinschaftlichen Benützungs- und Verwaltungsrechte erfolgt

- durch Feststellung des nachhaltigen Ertrages,
- durch Feststellung der Anteilsrechte der einzelnen Berechtigten,
- durch Vornahme wirtschaftsnotwendiger und rentabler Verbesserungen,
- durch Aufstellung eines Wirtschaftsplanes und von Verwaltungssatzungen.

Der Anspruch der Beteiligten besteht auf den anteilsmäßigen wirtschaftlich zulässigen Nutzungen.

Veräußerung und Belastung

Die Agrarbehörde hat die Genehmigung insbesondere dann zu versagen, wenn der wirtschaftliche Betrieb der berechtigten Liegenschaften gefährdet würde, Interessen der Landeskultur oder allgemeine wirtschaftliche Gesichtspunkte dagegensprechen.

d) Aufgaben der Agrarbehörde

- Überwachung der Agrargemeinschaften
- Feststellung der agrargemeinschaftlichen Liegenschaften
- Erteilung der Genehmigung zur Veräußerung, Belastung und Teilung von agrargemeinschaftlichen Grundstücken
- Entscheidung über Streitigkeiten, die entweder zwischen den Mitgliedern einer Agrargemeinschaft und dieser oder ihren Organen aus dem Mitgliedsverhältnis entstehen

* Flurverfassungs-Grundsatzgesetz 1951, BGBl 1951/103 idF I 2013/189
Bgld Flurverfassungs-Landesgesetz 1970, LGBl 1970/40 idF 2007/22
Ktn Flurverfassungs-Landesgesetz 1979 – K-FLG, LGBl 1979/64 idF 2013/85
NÖ Flurverfassungs-Landesgesetz 1975, LGBl 6650-10
OÖ Flurverfassungs-Landesgesetz 1979, LGBl 1979/73 idF 2013/90
Sbg Flurverfassungs-Landesgesetz 1973 – FLG 1973, LGBl 1973/1 idF 2014/80
Stmk Zusammenlegungsgesetz 1982 – StZLG 1982, LGBl 1982/82 idF 2013/139
Stmk Agrargemeinschaftengesetz 1985 – StAgrGG 1985, LGBl 1986/8 idF 2013/139
Tir Flurverfassungslandesgesetz 1996 – TFLG 1996, LGBl 1996/74 idF 2014/70
Vbg Flurverfassungsgesetz, LGBl 1979/2 idF 2013/44
Vbg Gemeindegutgesetz, LGBl 1998/49 idF 2013/44
RL 03/35/EG über die Öffentlichkeitsbeteiligung bei der Ausarbeitung umweltbezogener Pläne und Programme
RL 11/92/EU idF 14/52/EU über die Umweltverträglichkeitsprüfung bei bestimmten öffentlichen und privaten Projekten

B. Wald- und Weidenutzungsrechte

(Einforstungsrechte)

1. Rechtliche Entwicklung und gesetzliche Grundlagen

Die Wald- und Weidenutzungsrechte, die so genannten bäuerlichen Einforstungsrechte, gehen ursprünglich auf die Gemeinnutzung der Wälder und Almen im Mittelalter durch die ortsansässigen Bewohner der Gebirgsgegenden zurück, die die notwendigen Waldprodukte für ihren Haus- und Gutsbedarf entnehmen durften. Im Laufe der Zeit wurden jedoch große Waldkomplexe Eigentum des Landesfürsten (Forstregal); als zwangsläufige Folge dieser Entwicklung ergab sich die Notwendigkeit einer Schadloshaltung der ortsansässigen Untertanen für den Gemeingebrauch in der Weise, dass ihnen die Entnahme der für den Haus- und Gutsbedarf notwendigen Forstprodukte soweit zugestanden wurde, soweit er nicht durch Eigenwälder gedeckt werden konnte.
Die generelle Regelung dieser Nutzungsrechte erfolgte im Zuge der Schaffung eines neuzeitlichen Agrarrechtes im Zusammenhang mit der Befreiung der früher untertänigen Bauern durch das kaiserliche Wald- und Weideservitutenpatent 1853. Im Burgenland gibt es aufgrund dieses Patentes keine Holz-, Weide- und Forstproduktebezugsrechte. Nur aus dieser Entwicklung heraus kann die heutige Rechtslage derartiger Nutzungen verstanden werden. Die derzeitigen gesetzlichen Grundlagen sind das Wald- und Weideservitutengrundsatzgesetz* und die Wald- und Weideservituten-(Einforstungs-)landesgesetze* der einzelnen Bundesländer.

2. Arten der Nutzungsrechte (Einforstungsrechte)

a) alle wie immer genannten **Bezugsrechte von Holz** und sonstigen Forstprodukten in oder aus einem fremden Wald (Waldservituten)
b) die **Weiderechte** auf fremdem Grund und Boden
c) **sonstige Feldservituten**, bei denen das dienstbare Gut Wald oder zur Waldkultur gewidmeter Boden ist, jedoch mit Ausnahme der Wegerechte (in Kärnten auch auf Acker- und Wiesengrundstücken)

Beachte:

- Die reinen Wegerechte im Wald sind nicht als Nutzungsrechte im Sinne der Wald- und Weideservitutengesetze anzusehen, da sie **keinen Mitgenuss am Ertrag** des verpflichteten Grundes erbringen.
- Diese Nutzungsrechte können **weder ersessen** werden noch durch Nichtausübung **verjähren.** Sie erlöschen auch nicht durch Vereinigung des berechtigten und verpflichteten Gutes in der Hand desselben Eigentümers.
- Eine **Neubegründung oder Veränderung** dieser Nutzungsrechte, z.B. die Übertragung des Rechtes auf eine andere Liegenschaft durch ein Rechtsgeschäft, kann nur mit **Genehmigung der Agrarbehörde** erfolgen. In Kärnten ist die Genehmigung durch die Agrarbehörde nicht erforderlich.

3. Regulierung, Ablösung und Sicherung von Nutzungsrechten

Die Grundlage hiefür bildet das durch Übereinkommen, Urkunden oder sonstige Beweismittel nachgewiesene Ausmaß der Nutzungsrechte und der Gegenleistungen, nicht aber das Ausmaß der tatsächlichen Ausübung! Die näheren Bestimmungen, ob eine Regulierung, Neuregulierung oder Ablösung erfolgen kann, unter welchen Voraussetzungen die Ablösung oder entschädigungslose Aberkennung zulässig sind, wer antragsberechtigt ist und dergleichen, enthalten die einzelnen Landesgesetze.

a) Die **Regulierung**, aber auch die Neuregulierung, wenn eine Regulierung bereits erfolgt ist, hat die Aufgabe, die näheren Bestimmungen über den Ort, die Zeit, das Ausmaß und die Art der Nutzung und Gegenleistung festzusetzen, soweit die Bestimmungen der Regulierungsurkunde lückenhaft oder mangelhaft sind oder durch Veränderungen in den Verhältnissen Ergänzungen nach den Bedürfnissen der Beteiligten notwendig sind. Es können Ersatzleistungen für unbedeckte Nutzungsrechte, Trennungen von Wald- und Weidenutzungsrechten und die Umwandlung von Holz- und Streubezugsrechten verfügt werden.
b) Die **Ablösung** kann unter bestimmten Voraussetzungen durch Abtretung von Grund oder Anteilsrechten des Verpflichteten an agrargemeinschaftlichen Grundstücken oder durch Zahlung eines Ablösekapitals erfolgen.
c) Die **Sicherung** von Weiderechten, die durch agrarbehördlich bewilligte Aufforstungen beeinträchtigt werden, ist durch Zuweisung eines anderen Weidebodens oder Zuerkennung einer auf dem verpflichteten Gut sicherzustellenden Rente vorzunehmen.
d) **Umweltverträglichkeitsprüfung:** Aufgrund der EU-Umweltverträglichkeits-RL 85/337/EWG idF RL 03/35/EG und dem UVP-Gesetz 2000 sind vor Erlassung eines Bescheides zur Trennung von Wald und Weide die mitwirkenden Behörden, der Umweltanwalt und die Standortgemeinden zu informieren. Der Umweltanwalt kann die Feststellung beantragen, ob für das Vorhaben eine UVP durchzuführen ist.

Beachte:

Für Abholzungen zum Zwecke der Umwandlung in eine andere Bodennutzungsart ist im agrarbehördlichen Verfahren eine UVP vorzunehmen.

* Servitutenpatent, RGBl 1853/130
Wald- und Weideservitutengrundsatzgesetz, BGBl 1951/103 idF I 2013/189

Ktn Wald- und Weidenutzungs-Landesgesetz – K-WWLG, LGBl 2003/15 idF 2013/85
NÖ Wald- und Weideservituten-Landesgesetz 1980, LGBl 6610-4
OÖ Einforstungsrechtegesetz – Oö. ERG, LGBl 2007/51 idF 2013/90
Sbg Einforstungsrechtegesetz, LGBl 1986/74 idF 2013/106
Sbg Gesetz über die Weidezäune, LGBl 1970/43
Stmk Einforstungslandesgesetz 1983 – StELG 1983, LGBl 1983/1 idF 2013/139
Tir Wald- und Weideservitutengesetz, LGBl 1952/21 idF 2013/130
Vbg Servituten-Ablösungsgesetz, LGBl 1921/120 idF 2013/44

C. Landwirtschaftliches Siedlungswesen

1. Zweck und gesetzliche Grundlage

Zum Zwecke der **Verbesserung der Agrarstruktur** können landwirtschaftliche Siedlungsverfahren mit dem Ziel durchgeführt werden, solche bäuerlichen Betriebe zu schaffen und zu erhalten, deren Erträgnisse allein oder in Verbindung mit einem Nebenerwerb einer bäuerlichen Familie einen angemessenen Lebensunterhalt sichern.
Gesetzliche Grundlage hiefür sind das landwirtschaftliche Siedlungsgrundsatzgesetz* und die landwirtschaftlichen Siedlungsgesetze* der einzelnen Bundesländer.

2. Gegenstand von Siedlungsverfahren

a) Die **Neuerrichtung** von Betrieben
b) Die **Verlegung** von Wohn- und Wirtschaftsgebäuden aus wirtschaftlich ungünstigen Orts- und Hoflagen
c) Die **Umwandlung** von Betrieben, die ihre Selbstständigkeit verloren haben (Zulehen, Huben usw.) in selbstständig bewirtschaftete Betriebe
d) Die **Übertragung** von Betrieben, deren Eigentümer sie selbst nicht mehr bewirtschaften wollen oder wegen Krankheit oder Alters nicht mehr können oder in der Landwirtschaft nicht hauptberuflich tätig sind, in das Eigentum von Personen, die für die Führung bäuerlicher Betriebe geeignet sind, insbesondere von weichenden Bauernkindern oder von land- und forstwirtschaftlichen Dienstnehmern, sofern es sich hiebei nicht um Verwandte in gerader Linie, den Ehegatten, ein Stief-, Wahl-, Schwieger- oder Pflegekind handelt
e) Die **Umwandlung** von Pacht in Eigentum, sofern nicht die in d) genannten Personen (Verwandte) beteiligt sind
f) Die **Aufstockung** (Arrondierung)
g) Die **Miteigentumsbereinigung** ideell oder materiell geteilten Eigentums

3. Durchführung eines Siedlungsverfahrens

Siedlungsverfahren werden nur über **Antrag** durchgeführt. Den Antrag können sowohl die Personen stellen, die einen dementsprechenden bäuerlichen Betrieb schaffen wollen, als auch die Personen, welche Liegenschaften, Grundstücke, Gebäude oder Rechte zur Verfügung stellen; aber auch Agrargemeinschaften und gemeinnützige landwirtschaftliche Siedlungsgesellschaften und -genossenschaften.

Beachte:

- Wer einen **fremden Hof** im Wege der bäuerlichen Übergabe übernimmt,
- ein **landwirtschaftliches Gründstück** für seinen Betrieb dazukauft,
- seine **Pachtliegenschaft** kauft,
- als Miteigentümer die **übrigen Anteile** erwirbt und dergleichen, soll prüfen, ob ein Siedlungszweck vorliegt. Bei Zutreffen dieser Voraussetzungen können in einem von der

Agrarbehörde durchzuführenden Siedlungsverfahren die Gebühren und Abgaben erspart werden. Bei Zuteilung mittels Bescheides kann auch die Grundbuchseintragungsgebühr erspart werden.

- **Siedlungsverfahren** sind **nicht** von der **Grunderwerbssteuer** befreit. Nur bei **Realteilung, Grundzusammenlegung und Flurbereinigung** (siehe voriger Punkt A/2 Flurbereinigung) fällt nach wie vor **keine Grunderwerbssteuer** an.

  Die Agrarbehörde kann, soweit sich die Beteiligten auf einen Übergang von Rechten geeignet haben, diese Rechte (z.B. das Eigentum an einem Grundstück) **mit Bescheid zuteilen** oder wenn von den Beteiligten verbücherungsfähige Verträge (z.B. Kaufverträge) vorgelegt werden, **bescheidmäßig feststellen**, dass sie den Zielsetzungen dieses Gesetzes entsprechen und einen Siedlungsvorgang zum Gegenstand haben.

* Landwirtschaftliches Siedlungs-Grundsatzgesetz, BGBl 1967/79 idF 1971/358
Bgld ldw Siedlungsgesetz, LGBl 1970/41 idF 2000/50
Ktn ldw Siedlungsgesetz, LGBl 1970/122 idF 1994/23
NÖ ldw Förderungsfonds- und Siedlungsgesetz 1972, LGBl 6645-6
OÖ ldw. Siedlungsgesetz – Oö. LSG 1970, LGBL 1970/29 idF 2013/90
Sbg ldw. Siedlungsgesetz 1970, LGBl 1970/68 idF 2011/53
Stmk ldw. Siedlungs-Landesgesetz 1991 – StSLG 1991, LGBl 1991/29
Tir ldw. Siedlungsgesetz 1969, LGBl 1969/49 idF 2013/130
Vbg bäuerliches Siedlungsgesetz – BSG, LGBl 1970/37 idF 2013/44
Wr ldw Siedlungsgesetz, LGBl 1971/7 idF 2013/34

D. Land- und forstwirtschaftliche Bringungsrechte

1. Zweck und gesetzliche Grundlagen

Ein Bringungsrecht ist das zugunsten von land- und forstwirtschaftlichen Grundstücken eingeräumte Recht, Personen und Sachen über fremden Grund zu bringen und zu diesem Zweck

a) eine Bringungsanlage zu errichten, auszugestalten, zu erhalten, zu benützen und zu verwalten,

b) eine fremde Bringungsanlage mitzubenützen und auszugestalten,

c) die zu bringenden Sachen auf fremdem Grund zu lagern und

d) die zur Errichtung, Ausstattung und Erhaltung einer Bringungsanlage notwendigen Sachen über fremden Grund zu bringen und auf fremdem Grund zu lagern.

Gesetzliche Grundlagen für die Bringungsrechte sind das Güter- und Seilwegegrundsatzgesetz*, die Güter- und Seilwegelandesgesetze* der einzelnen Bundesländer und das Forstgesetz*.

2. Voraussetzungen für die Einräumung, Verfahren und Entschädigung

Landwirtschaftliches Bringungsrecht: (siehe: Zwangswegerechte VII/F/1),
Forstliches Bringungsrecht: (siehe: Bringung über fremden Boden XIII/G/3).

* Güter- und Seilwege-Grundsatzgesetz 1967, BGBl 1967/198 idF I 2013/189
Forstgesetz 1975, BGBl 1975/440 idF I 2013/189, §§ 66 und 67
Bgld Gesetz über das landwirtschaftliche Bringungsrecht 1949, LGBl 1949/4 idF 2014/1
Ktn Güter- und Seilwege-Landesgesetz – K-GSLG, LGBl 1998/4 idF 2013/85
NÖ Güter- und Seilwege-Landesgesetz 1973, LGBl 6620-4
OÖ Bringungsrechtegesetz 1998 – OÖ BRG 1998, LGBl 1998/39 idF 2013/90
Sbg Güter- und Seilwege-Landesgesetz 1970, LGBl 1970/41 idF 2014/79

Sbg Güterwege-Verordnung, LGBl 1989/102 idF 1993/131
Sbg Seilwege-Verordnung, LGBl 1970/53 idF 2013/75
Stmk Güter- und Seilwege-Landesgesetz – GSLG 1969, LGBl 1970/21 idF 2013/139
Tir Güter- und Seilwege-Landesgesetz 1970 – GSLG 1970, LGBl 1970/40 idF 2013/130
Vbg Güter- und Seilwegegesetz – GSG, LGBl 1963/25 idF 2014/23

E. Alp- und Weideschutz

Die Bewirtschaftung von Almen (Alpen) und ständigen Weiden zur Viehhaltung kann infolge ihrer Höhenlage, der damit verbundenen klimatischen Verhältnisse und der relativ kurzen Vegetationsperiode nur beschränkt ausgenützt werden; außerdem sind die Almen oftmals weit von den Heimgütern entfernt oder befinden sich in einer ungünstigen örtlichen Lage. Deshalb erfordern sie manchmal eine getrennte oder besondere Bewirtschaftung.

Almen sind Grundflächen, die sich aufgrund der örtlichen Höhenlage und der allgemeinen Beschaffenheit für die Almwirtschaft eignen, gleichgültig ob sie im Kataster als Almen eingetragen sind oder nicht; vielmehr können es Grundstücke mit verschiedenen Kulturgattungen sein. Meist handelt es sich aber um Wiesen, Weiden oder Wald, auch um Alpen oder unproduktiven Grund und Boden.

Der heutige Trend zur Rationalisierung auch in der Landwirtschaft und die oft mühsame Bewirtschaftung von Almen lassen den Bauern Gedanken aufkommen, diese Bewirtschaftung aufzugeben, da sie in vielen Fällen nur die kostenlose Pflege der Umwelt im Interesse auch der Allgemeinheit darstellt.

In einzelnen Bundesländern bestehen daher Landesgesetze, betreffend den Schutz der Almen (Alpen) und die Förderung der Alm-(Alp-)wirtschaft*; in diesen ist insbesondere bestimmt, dass z.B.

- alle Almen, Alpen, Weiden und sonstigen nach ihrer allgemeinen Beschaffenheit und Lage zur almwirtschaftlichen Nutzung geeigneten Grundstücke samt ihren notwendigen Einrichtungen erhalten und als solche ordentlich bewirtschaftet werden müssen;
- die **Entziehung** von Grundflächen aus der almwirtschaftlichen Nutzung, die Kulturumwandlung des Almbodens und dergleichen verboten ist;
- ein **Wirtschaftsplan** (Almordnung), bei Gemeinschaftsalmen auch ein **Verwaltungsstatut**, zum Zwecke der Sicherung eines möglichst nachhaltigen Ertrages zu erstellen ist;
- **Anteilsrechte** an gemeinschaftlichen Almen und Weiden in der Regel von der Heimliegenschaft nicht gültig abgesondert werden können und dergleichen.

Die **Agrarbehörden** können aber aus berücksichtigungswürdigen Gründen **Ausnahmen** von den vorgenannten Bestimmungen zulassen. Sie haben weiters die **Aufsicht** über alle Almen und Weiden hinsichtlich der Erhaltung und Bewirtschaftung, insbesondre der Einhaltung der Wirtschaftspläne und Statuten und dergleichen. Die unmittelbare Aufsicht obliegt dem **Alminspektor**. Zur Übersicht über den Bestand aller Almen besteht bei jeder Agrarbezirksbehörde ein **Alm- bzw. Alpbuch bzw. Almkataster**. Die Anpassung einiger den heutigen Verhältnissen nicht mehr entsprechenden Bestimmungen, wie z.B. die Bewilligungspflicht für die Kulturumwandlung von Almboden in Wald und dergleichen, ist in Salzburg in Ausarbeitung. In der Steiermark und in Tirol sind bereits neue Almschutzgesetze in Geltung, in welchen keine Bewirtschaftungsbestimmungen mehr enthalten sind.

In Vorarlberg bestehen im Landwirtschaftsförderungsgesetz Richtlinien für die Förderung der Alpwirtschaft.

* Bgld Gesetz betreffend gemeinschaftliche Weide auf Stoppelfeldern, Brachen, Wiesen und Hutweiden, LGBl 1933/58

Ktn Gesetz betreffend den Schutz der Almen und die Förderung der Almwirtschaft, LGBl 1923/38 idF 1923/63
NÖ Gesetz zur Erhaltung der Weidewirtschaft, LGBl 6630-2
OÖ Alm- und Kulturflächenschutzgesetz, LGBl 2013/90
Sbg Almbuchverordnung, LGBl 1995/71
Sbg Landwirtschaftsförderungsgesetz, LGBl 1975/16 idF 1994/65, § 14
Stmk Almschutzgesetz 1984, LGBl 1984/68 idF 2013/139
Tir Almschutzgesetz, LGBl 1987/49 idF 2013/130
Vbg Land- und Forstwirtschaftsförderungsgesetz, LGBl 2004/44, §§ 3 und 6 g

XVIII. Landwirtschaft und Gewerbe

A. Abgrenzung vom Gewerbe

Die land- und forstwirtschaftliche Urproduktion, die land- und forstwirtschaftlichen Nebengewerbe, die Vermittlungstätigkeit der Maschinenringe, bestimmte Tätigkeiten der land- und forstwirtschaftlichen Erwerbs- und Wirtschaftsgenossenschaften, der Buschenschank und die häusliche Nebenbeschäftigung der Privatzimmervermietung sind nicht als gewerbliche Tätigkeiten im Sinne der Gewerbeordnung 1994* anzusehen.

Die Bestimmungen über die land- und forstwirtschaftlichen Tätigkeiten und Rechte sind nicht in einem eigenen Gesetz für die Land- und Forstwirtschaft, sondern in der Ausnahmebestimmung des umfangreichen § 2 der Gewerbeordnung enthalten.

Die Grenzen zwischen land- und forstwirtschaftlicher und gewerblicher Tätigkeit, insbesondere bei den land- und forstwirtschaftlichen Nebengewerben, dem Buschenschank und der häuslichen Nebenbeschäftigung der Privatzimmervermietung, sind fließend und nicht immer ganz genau abgrenzbar.

Der Landwirt, der sich nicht auf die Urproduktion im Pflanzenbau, Gartenbau oder in der Tierzucht und dergleichen beschränkt, sondern in der Bearbeitung, Verarbeitung, Vermarktung oder Nachbarschaftshilfe weitergehen will, muss entweder

- die folgenden Bestimmungen von C bis H beachten, um nicht eine Übertretung der Gewerbeordnung zu begehen oder, wenn ihm diese nicht ausreichen,
- die für die beabsichtigte Tätigkeit erforderliche Gewerbeberechtigung erwerben.

1. Freie Anmeldegewerbe

- **Handelsgewerbe**, wie z.B. Holz-, Obst-, Viehhandel etc.
  Jeder Landwirt kann die Gewerbeberechtigung für den jeweiligen Handel beantragen. Er benötigt hiefür keinen Befähigungsnachweis, ausgenommen für die unter 2. genannten Gewerbe.
- **Eingeschränkte Gastgewerbe**, soferne sie über die Tätigkeiten im Rahmen der Almbewirtschaftung (siehe: D 10), des Buschenschankes (siehe: G) oder des Urlaubes am Bauernhof (siehe: H) hinausgehen. Dazu zählen:

a) **Schutzhütte**; die **Beherbergung von Gästen**, die **Verabreichung von Speisen** jeder Art, der Verkauf von warmen und angerichteten kalten Speisen, Ausschank und Verkauf alkoholischer und nichtalkoholischer Getränke in unverschlossenen Gefäßen im Rahmen eines **einfach ausgestatteten Betriebes**, in einer für den öffentlichen Verkehr **nicht oder schlecht erschlossenen Gegend** und auf die **Bedürfnisse der Bergsteiger** und **Bergwanderer** eingestellt.

b) **Buffetbetrieb**; die **Verabreichung bestimmter Speisen** und der **Ausschank bestimmter Getränke**. Der Speisenkatalog ist gleich wie beim Buschenschankbuffet (siehe: G/4), jedoch beschränkt auf die Bereitstellung von **8 Verabreichungsplätzen**.

c) **Buschenschankbuffet**; gleicher Speisenkatalog wie beim Buffetbetrieb (siehe: G/4), jedoch **keine Beschränkung der Verabreichungsplätze**.

d) **Fremdenbeherbergung**; bis 10 Betten samt Frühstück und kleinen Imbissen, Ausschank von nichtalkoholischen Getränken und Bier in verschlossenen Gefäßen. Dieses freie Anmeldegewerbe überschneidet sich im Umfang großteils mit „Urlaub am Bauernhof" (siehe: H6).

Darüber hinausgehende Gast- und Fremdenbeherbergungstätigkeiten fallen unter das reglementierte Gastgewerbe und erfordern einen Befähigungsnachweis.

2. **Befähigungsnachweise** sind erforderlich für:

- **Verbundenes Gärtner- und Blumenbinderhandwerk**
  Zu den reglementierten Gewerben zählt das verbundene Handwerk der Gärtner und Blumenbinder (Floristen). Gemäß § 18 Abs. 7 GewO kann der Befähigungsnachweis für das Gewerbe der Gärtner auch durch das Zeugnis über die erfolgreich abgelegte Gärtnermeisterprüfung gemäß den Vorschriften über die land- und forstwirtschaftliche Berufsausbildung erbracht werden.
  Mit Verordnung* sind zusätzlich weitere Zugangsvoraussetzungen (fachliche Qualifikation) für das Gärtner- und Floristenhandwerk festgelegt worden.
- **Teilgewerbe**
  Sie sind Tätigkeiten eines reglementierten Gewerbes, deren selbstständige Ausführung auch von Personen erwartet werden kann, die die Befähigung hiefür auf vereinfachte Art nachweisen, z.B. durch Zeugnisse über die erfolgreich abgelegte Lehrabschlussprüfung, über eine fachliche Tätigkeit, über den erfolgreichen Besuch einer Schule oder eines Lehrganges. Dazu zählen in der Landwirtschaft die Friedhofsgärtnerei und der Huf- und Klauenbeschlag.

* Gewerbeordnung 1994, BGBl 1994/194 idF I 2015/48,
Urprodukteverordnung, BGBl II 2008/410
Verordnung über Zugangsvoraussetzungen für das verbundene Handwerk der Gärtner und Blumenbinder (Floristen), BGBl II 2003/49 idF II 2008/399
Verordnung über den Befähigungsnachweis für das gebundene Gewerbe des Huf- und Klauenbeschlages, BGBl 1992/155
1. Teilgewerbe-Verordnung, BGBL II 1998/11, § 1, Zif. 11 und 13, Friedhofsgärtnerei, Huf- und Klauenbeschlag

B. Land- und forstwirtschaftliche Urproduktion

Die folgenden Tätigkeiten, die so genannte land- und forstwirtschaftliche Urproduktion, kann der Bauer aus gewerblicher Sicht ohne jede Einschränkung ausüben:

1. **Hervorbringung und Gewinnung pflanzlicher Erzeugnisse** mit Hilfe der Naturkräfte einschließlich des Wein-, Obst- und Gartenbaues und der Baumschulen; hinsichtlich des **Weinbaues** ferner der **Zukauf** von höchstens 1500 Liter aus dem EWR stammenden Weins oder 2000 kg aus dem EWR stammenden Trauben pro Hektar bewirtschafteter Betriebsfläche und Kalenderjahr; in der **Steiermark** der Zukauf von höchstens 3000 kg Trauben, jedoch aus **demselben Weinbaugebiet**; hinsichtlich aller Betriebszweige mit Ausnahme des Weinbaues, ferner der Zukauf von aus dem EWR stammenden Erzeugnissen des jeweiligen Betriebszweiges, wenn deren Einkaufswert nicht mehr als **25 % des Verkaufswertes** aller Erzeugnisse des jeweiligen Betriebszweiges beträgt; hinsichtlich aller Betriebszweige, ferner der Zukauf von inländischen Erzeugnissen des jeweiligen Betriebszweiges im ernteausfallsbedingten Umfang.

Abgrenzung im Gartenbau

- Der landwirtschaftliche Gärtner zieht und pflegt Gemüse, Blumen etc. hauptsächlich auf eigenem Grund oder Pachtgrund.
- Der gewerbliche Gärtner zieht und pflegt Blumen auf fremdem Grund, wie z.B. der Friedhofsgärtner, legt fremde Gärten an, wie z.B. der Gartenarchitekt, oder besorgt die gärt-

nerische bzw. blumenbinderische Ausschmückung von Festsälen, all dies, ohne eigenen Grund und Boden.

- Ein landwirtschaftlicher Gärtner ist zur Anfertigung von Kränzen, Sträußen und Gebinden aus Kunstblumen oder deren Mitverwendung nicht befugt.
- Die selbstständige Obstbaumpflege ist Gewerbe, nicht Land- und Forstwirtschaft.

2. **Halten von Nutztieren** zur Zucht, Mästung oder Gewinnung tierischer Erzeugnisse

- Zu den Nutztieren gehören nicht nur Haustiere, sondern auch Bienen, Schnecken und Tiere, die zur Pelzgewinnung gehalten oder gezüchtet werden.
- Unter den Ausdruck „Nutztiere“ fällt jede Tierhaltung, aus der durch Zucht, Mästung oder Gewinnung tierischer Erzeugnisse ein „Nutzen“ gezogen wird.
- Ein Zusammenhang der Tierzucht mit Grund und Boden wird nicht gefordert. Viehmastbetriebe, bei denen ausschließlich oder überwiegend fremdes Futter verwendet wird, sind auch von der Gewerbeordnung ausgenommen.

3. **Jagd und Fischerei** (siehe: XIV und XV)
4. **Produkte, die der Urproduktion zugehörig sind**

Früher war es in Grenzbereichen (z.B. Kürbiskernöl, Kompost etc.) strittig, ob das eine oder andere von Land- und Forstwirten hergestellte und mehr oder weniger be- und verarbeitete Produkt noch als der land- und forstwirtschaftlichen Urproduktion zugehörig oder schon als Be- und Verarbeitungsprodukt gegolten hat, was beachtliche gewerbe-, sozial- und steuerrechtliche Konsequenzen, aber auch eingeschränkte Vermarktungsmöglichkeiten zur Folge hatte.

Nunmehr ist durch Verordnung festgelegt, welche von Land- und Forstwirten hergestellten Produkte der land- und forstwirtschaftlichen Urproduktion zugehörig sind.

Dabei ist vom **alten Herkommen**, der **langjährigen Übung**, der **Abnehmererwartung** hinsichtlich Angebotsform und -zustand des Produktes, der sich **wandelnden Auffassung über eine Vermarktungsfähigkeit** und den Erfordernissen einer **Sicherung der Nahversorgung** im ländlichen Raum auszugehen.

Die **Urprodukteverordnung*** regelt, welche Produkte als der land- und forstwirtschaftlichen Urproduktion zugehörig gelten:

- Fische und Fleisch von sämtlichen landwirtschaftlichen Nutztieren und von Wild (auch gerupft, abgezogen, geschuppt, im Ganzen, halbiert, bei Rindern auch gefünftelt); den Schlachttierkörpern können auch die zum menschlichen Genuss nicht verwendbaren Teile entfernt werden;
- Milch (roh oder pasteurisiert), Sauerrahm, Schlagobers, Sauermilch, Buttermilch, Jogurt, Kefir, Topfen, Butter (Alm-, Landbutter), Molke, alle diese ohne geschmacksverändernde Zusätze, sowie typische bäuerliche, althergebrachte Käsesorten, wie z.B. Almkäse/Bergkäse, Zieger/Schotten, Graukäse, Kochkäse, Rässkäse, Hobelkäse, Schaf- oder Ziegen(misch)frischkäse (auch eingelegt in Öl und/oder gewürzt), Bierkäse;
- Getreide; Stroh, Streu (roh, gehäckselt, gemahlen, gepresst), Silage;
- Obst (Tafel- und Pressobst), Dörrobst, Beeren, Gemüse und Erdäpfel (auch gewaschen, geschält, zerteilt oder getrocknet), gekochte Rohnen (rote Rüben), Edelkastanien, Mohn, Nüsse, Kerne, Pilze einschließlich Zuchtpilze, Sauerkraut, Suppengrün, Tee- und Gewürzkräuter (auch getrocknet), Schnittblumen und Blütenblätter (auch getrocknet), Jungpflanzen, Obst- und Ziersträucher, Topfpflanzen, Zierpflanzen, Gräser, Moose, Flechten, Reisig, Wurzeln, Zapfen;
- Obstwein (insbesondere Most aus Äpfeln und/oder Birnen), Obststurm, Süßmost, direkt gepresster Gemüse-, Obst- und Beerensaft sowie Nektar und Sirup (frisch oder pasteurisiert), Wein, Traubenmost, Sturm, Beerenwein, Met, Holunderblütensirup;

- Rundholz, Brennholz, Hackschnitzel, Rinde, Christbäume, Forstpflanzen, Forstgewächse, Reisig, Schmuckreisig, Holzspäne, Schindeln, Holzkohle, Pech, Harz; weiters rohe Bretter und Balken sowie gefrästes Rundholz, sofern das Rohmaterial zumindest zu 65 % aus der eigenen Produktion (dem eigenen Wald) stammt;
- Eier, Federn, Haare, Hörner, Geweihe, Zähne, Klauen, Krallen, Talg, Honig, Cremehonig, Propolis, Gelee Royale, Blütenpollen, Wachs, Komposterde, Humus, Naturdünger, Mist, Gülle, Rasenziegel, Heu (auch gepresst), Angora- oder Schafwolle (auch gesponnen), Speiseöle (insbesondere aus Sonnenblumen, Kürbis oder Raps), wenn diese bei befugten Gewerbetreibenden gepresst wurden, Samen (tierischen oder pflanzlichen Ursprungs) sowie im Rahmen der Land- und Forstwirtschaft anfallende Ausgangsprodukte für Medizin, Kosmetik, Farben und dergleichen.

Kompost – Urprodukt, Düngemittel oder Abfall

- Nach der **Urprodukteverordnung** ist die rechtliche Beurteilung von **Komposterde, Humus, Naturdünger, Mist, Gülle** als Urprodukt klargestellt.
- Nach dem **Düngemittelgesetz** (siehe: XXI/D/6) werden unter Düngemittel auch „Wirtschaftsdünger“, wie unter anderem **Kompost, Stroh und ähnliche Reststoffe aus der pflanzlichen Produktion** ohne Zusatz von Nährstoffen, verstanden.
- Nach dem **Abfallwirtschaftsgesetz** (siehe: XX/H/3a und e) ist die Erfassung und Behandlung unter anderem von kompostierbarem Material dann nicht als Abfall geboten, wenn es im landwirtschaftlichen Betrieb anfällt und dort verwendet wird.
- Nach dem **Wasserrechtsgesetz** (siehe: XII/C/1a) sind die Bestimmungen hinsichtlich der bewilligungsfreien Stickstoffaufbringung zu beachten.

C. Direktvermarktung

Land- und Forstwirten steht als Erzeugern das Recht zu, ihre Erzeugnisse („Gutes vom Bauernhof“) aus der Urproduktion (siehe: B/1 bis 4) unbeschränkt und die weiterverarbeiteten Erzeugnisse (siehe insbesondere: D und G) sowie Dienstleistungen (siehe: D, G und H) in dem dort genannten Rahmen zu verkaufen und anzubieten. Diese **Verkaufsrechte** können in folgenden **Verkaufsformen** erfolgen:

1. Ab-Hof-Verkauf

Für den Milchverkauf sind die Bestimmungen der Milchhygieneverordnung (siehe: XXI/G/7b) einzuhalten. Die Bestimmungen des Qualitätsklassengesetzes und der hiezu ergangenen Verordnungen gelten bei dieser Verkaufsform nicht!

2. Verkaufslokal

Das Halten eines oder mehrerer Verkaufslokale, z.B. **Bauernladen, Weinabgabestelle** des Weinbauern oder **Blumengeschäft** des Gärtners, ist zulässig. Diese Lokale können **auch außerhalb der Betriebsstätte** gelegen sein. Für sie gelten die **Ladenschlussvorschriften nicht.** Den Verkauf können auch **beauftragte Personen**, jedoch immer auf **Rechnung und Gefahr des Landwirtes** durchführen. Bei Benützung eines Verkaufsladens durch **mehrere Landwirte** ist eine genaue, erkennbare **Trennung der Produkte** des einzelnen Landwirtes notwendig.

3. Bauernmarkt

Marktähnliche Verkaufsveranstaltungen, bei denen **Land- und Forstwirte aus ihrer eigenen Produktion Erzeugnisse**, wie sie von Land- und Forstwirten im Rahmen der gesetzlichen Möglichkeiten (siehe: XVIII/B und D/I) auf den Markt gebracht werden, **feilbieten und verkaufen**, sind keine Märkte im Sinne der Gewerbeordnung.

a) **Auf privaten Grundstücken**, soweit nicht Eigengrund, ist die Zustimmung des Eigentümers erforderlich. Weitere Vorschriften bestehen nicht.

b) **Auf öffentlichen Grundstücken** der Gemeinde ist dies möglich, wenn der Gemeinde das vom Landeshauptmann verliehene **Marktrecht** zusteht. Der Verkauf ist nur im Rahmen der von der Gemeinde erlassenen **Marktordnung** zulässig, in welcher die **Art der Waren,** die **Verkaufsstände,** die **Einhebung des Entgeltes** und die **Marktzeiten** enthalten sind.

   Wenn **kein Marktrecht** der Gemeinde besteht, können gelegentlich Märkte **(Gelegenheits- oder Quasi-Märkte)** über Ansuchen der Gemeinde bei der Bezirkshauptmannschaft bewilligt werden.

4. Feilbieten im Umherziehen

Land- und Forstwirten ist das Feilbieten im Umherziehen – nunmehr auch vom Fahrzeug aus – von Ort zu Ort oder von Haus zu Haus nur mit folgenden in ihrem land- und forstwirtschaftlichen Betrieb hervorgebrachten Erzeugnissen gestattet:

- **Obst, Gemüse, Kartoffel, Eier, Naturblumen, Brennholz**
- **Rahm, Topfen, Käse, Butter**

Die Gemeinde kann das Feilbieten im Umherziehen allenfalls auf bestimmte Zeit oder bestimmte Gemeindeteile mit Verordnung untersagen, wenn die öffentliche Sicherheit, die Volksgesundheit, der Jugendschutz oder der Schutz der Bevölkerung vor übermäßigen Belästigungen eine solche Maßnahme erfordern.

5. Aufsuchen von Bestellungen

Land- und Forstwirte können als Anbieter ihrer pflanzlichen und tierischen Produkte sowohl Landwirte als auch die übrige Bevölkerung zum Sammeln und Entgegennehmen von Bestellungen ohne Einschränkung aufsuchen. Milch und Milchprodukte dürfen unter bestimmten Voraussetzungen an Wiederverkäufer, nicht aber an Verbraucher, zugestellt werden.

6. Ernte durch den Käufer

Der Land- und Forstwirt kann seine Ernte auch durch

- Holzverkauf am Stock,
- Selbstpflücken, z.B. von Erdbeeren und anderen Früchten, vermarkten.

7. Buschenschankbetrieb

Umfang des Rechtes, siehe Buschenschank XVIII/G/2 und 3.

8. Urlaub am Bauernhof

Umfang des Rechtes, siehe „Häusliche Nebenbeschäftigung“ XVIII/H.

9. Bauernmalerei, Holzschnitzerei

Auf die Ausübung der **„schönen Künste“**, das ist die **eigenschöpferische Tätigkeit** in einem Kunstzweig, wie z.B. Holzschnitzerei, Hinterglasmalerei, Stickerei ohne Muster und dergleichen, wie sie auch von Landwirt(inn)en betrieben wird, ist die Gewerbeordnung ebenfalls nicht anzuwenden und können diese Produkte (Kunstwerke) ohne Weiteres verkauft werden. Dies gilt aber nicht für schablonenhafte Herstellungen nach vorliegendem Muster, wie z.B. Stickereien auf Muster.

Gesellschaftsformen in der Direktvermarktung: Siehe XXIII/G.

Direktvermarktung von Rohmilch und Lebensmitteln: Lebensmittelrechtliche und hygienische Behandlungs-, Lagerungs- und Transportbestimmungen siehe: XXI/G/10 und 11.

D. Land- und forstwirtschaftliche Nebengewerbe

Die verschiedenen Nebengewerbe der Land- und Forstwirtschaft stellen an sich gewerbliche Tätigkeiten dar, sofern sie losgelöst von der land- und Forstwirtschaft ausgeübt werden; nur im Zusammenhang mit der land- und forstwirtschaftlichen Tätigkeit und unter den folgenden Voraussetzungen sind sie von den gewerberechtlichen Bestimmungen ausgenommen. Die Unterordnung der „Nebengewerbe“ unter die Land- und Forstwirtschaft ergibt sich schon aus der Bezeichnung.

Als land- und forstwirtschaftliche Nebengewerbe kommen u.a. in Betracht:

- Betrieb von Käsereien, Molkereien, Keltereien etc.,
- Schlachtung und Ausschrotung selbstgezogener Nutztiere,
- Betrieb von Sägen, Anfertigung von Kränzen, Herstellung von Besen.

1. **Die Verarbeitung und Bearbeitung überwiegend** des eigenen Naturproduktes unter der Voraussetzung, dass der Charakter des jeweiligen Betriebes als land- und forstwirtschaftlicher Betrieb gewahrt bleibt; die Be- und Verarbeitung kann auch durch einen befugten Gewerbetreibenden im Lohnverfahren erfolgen; der Wert der allenfalls mitverarbeiteten Erzeugnisse muss gegenüber dem Wert des be- oder verarbeiteten Naturproduktes untergeordnet sein.

   Abgrenzungsbeispiele:

   - Die **Urprodukteverordnung** enthält auch bestimmte be- und verarbeitete land- und forstwirtschaftliche Erzeugnisse (z.B. **Fleisch, Milchverarbeitungs- und Käseprodukte, Sauerkraut, Obstsäfte, rohe Bretter, Komposterde, Wolle und Speiseöle** etc.). Für diese gelten die vorgenannten einschränkenden Bestimmungen über die Unterordnung als Nebengewerbe nicht.
   - **Adventkränze** und **Allerheiligengestecke** dürfen nur im Rahmen des Nebengewerbes angeboten werden.
   - **Rohe Bretter** sind Urprodukt, **Möbel** sind Gewerbe.
   - **Wein-, Obstsaft- und Kürbiskernölverkauf** in Flaschen ist Urprodukt,
   - Typisches **Bauernbrot** darf nur aus eigenem Getreide hergestellt und im Rahmen des Nebengewerbes angeboten werden.
   - Die **Schlachtung und Ausschrotung selbstgezogener Haustiere** gilt bis zu den genannten Grenzen in der Urprodukteverordnung (z.B. gerupft, halbiert etc.) als Urprodukt.

2. **Das Verarbeiten von Wein zu Sekt (Obstschaumwein),**

   wenn es durch einen gewerblichen Sekterzeuger im Lohnverfahren erfolgt.

3. **Der Abbau der eigenen Bodensubstanz**

   Der Landwirt kann auf seinem Grund einen Steinbruch, den Sand-, Schotter- und Lehmabbau und dergleichen als landwirtschaftliche Nebenbeschäftigung betreiben; er hat hiebei aber die wasser-, naturschutz-, gegebenenfalls auch die baurechtlichen Vorschriften und dergleichen zu beachten (siehe auch: XII/C, XX/B/1 und 2, XX/E/5). Die Bodensubstanz wird oftmals auch mit Abbauverträgen (siehe: XI/K) an sand- und schotterverarbeitende Gewerbebetriebe verkauft. Abbau an der Grundgrenze (siehe: Vertiefungen an der Grenze VI/E/4).

4. **Nachbarschaftshilfe mit Dienstleistungen**

   Der Bauer kann Dienstleistungen mit **landwirtschaftlichen Betriebsmitteln,** die er im eigenen Betrieb verwendet – aber auch **ohne derartige Betriebsmittel** – für andere **Bauern** im selben oder angrenzenden Verwaltungsbezirk erbringen. Die Dienstleistung mit einem **Mähdrescher** darf er nur im selben Verwaltungsbezirk oder in einer an diesen

Verwaltungsbezirk angrenzenden Ortsgemeinde vornehmen; weiters darf er erbringen: Dienstleistungen

a) **zur Kulturpflege im ländlichen Raum** (Mähen von Straßenrändern und -böschungen und öffentlichen Grünflächen, Pflege von Biotopen und Rasenflächen von Sportanlagen, Stutzen von Hecken im Rahmen der vorgenannten Tätigkeiten samt Abtransport des bei diesen Tätigkeiten anfallenden Mähgutes)

b) **zur Verwertung organischer Abfälle – Biotonne** (Sammeln und Kompostieren fremder kompostierbarer Abfälle mit in der Land- und Forstwirtschaft üblichen Methoden)

c) **für den Winterdienst** (Schneeräumung und -transport sowie Streuen von Verkehrsflächen, die hauptsächlich der Erschließung land- und forstwirtschaftlich genutzter Grundflächen dienen)

Beachten Sie hier insbesondere die haftungsrechtlichen Fragen!

Land- und forstwirtschaftliche Betriebsmittel sind insbesondere Zugmaschinen, Arbeitsmaschinen, Motorkarren, Anhänger, land- und forstwirtschaftliches Arbeitsgerät wie Motorsägen und dergleichen. Diese Betriebsmittel müssen nicht überwiegend im eigenen Betrieb verwendet werden; dadurch wird auf die Zurverfügungstellung der Betriebsmittel im Rahmen der Maschinenringe Rücksicht genommen.

Die **Betriebshelfer,** die auf einem Bauernhof die anfallenden Arbeiten im Falle der Erkrankung des Bauern besorgen, fallen auch unter die Nachbarschaftshilfe.

Beispiele:

- Der Bauer kann z.B. mit einer Motorsäge im Wald des Nachbarn Baumfällungen vornehmen; er darf diese Tätigkeit aber nicht örtlich uneingeschränkt oder bei Nichtlandwirten oder als Haupterwerb besorgen.
- **Gattersäge:** Sägen, mit denen das im Wald geschlägerte Holz zu Brettern verarbeitet wird, sind **keine land- und forstwirtschaftlichen Betriebsmittel,** weil die **Verarbeitung des im Walde geschlägerten Holzes zu Brettern** keine land- und forstwirtschaftliche Tätigkeit, sondern **Nebengewerbe** darstellt. Der Forstwirt kann im Rahmen des forstwirtschaftlichen Nebengewerbes das im Wald eines anderen Forstwirtes geschlägerte Holz zu Brettern verarbeiten, sofern in seiner Säge **hauptsächlich** aus dem eigenen Wald stammendes Holz ver- oder bearbeitet wird.
- Der Bauer kann bei einem anderen Bauern im eigenen oder angrenzenden Verwaltungsbezirk, z.B. bei der Ernte oder im Falle einer Erkrankung und dergleichen, mit seiner bloßen Arbeitskraft mithelfen.

5. **Fuhrwerksdienste**

Der Bauer kann Fuhrwerksdienste mit **hauptsächlich im eigenen Betrieb verwendeten** selbstfahrenden Arbeitsmaschinen, Zugmaschinen, Motor- und Transportkarren, die in ihrer **Leistungsfähigkeit den Bedürfnissen des eigenen Betriebes entsprechen,** für **andere Bauern** im selben Verwaltungsbezirk oder in einer an diesen Bezirk angrenzenden Ortsgemeinde vornehmen; diese Tätigkeit darf nur zur Beförderung von **land- und forstwirtschaftlichen Erzeugnissen,** von Gütern zur Bewirtschaftung land- und forstwirtschaftlich genutzter Grundstücke oder von Gütern, die der Tierhaltung dienen, zwischen Wirtschaftshöfen und Betriebsgrundstücken oder zwischen diesen und der nächsten Abgabe-, Übernahme-, Verarbeitungs- oder Verladestelle erfolgen.
Diese einschränkende Bestimmung soll einerseits das Entstehen selbstständiger, von der Land- und Forstwirtschaft losgelöster Verkehrsunternehmen verhindern, andererseits die notwendige Nachbarschaftshilfe gewährleisten.

Beispiel:

Der Bauer darf mit seinem Traktor einem anderen Bauern dessen Ernteprodukte entgeltlich vom Feld zur Hofstelle befördern. Er darf dies aber nicht für einen Bauern außerhalb des eigenen Verwaltungsbezirkes bzw. einer daran angrenzenden Ortsgemeinde tun. Er darf hiefür keinen für die Bedürfnisse des eigenen Betriebes überdimensionierten Traktor kaufen. Er darf den Fuhrwerksdienst auch nicht für einen Nichtlandwirt besorgen. Weiters darf er die Fuhrwerksdienste nicht andauernd, womöglich gar als Hauptbeschäftigung durchführen und den eigenen Betrieb nur untergeordnet bewirtschaften.

6. **Fuhrwerksdienste mit Zugtieren – Vermieten und Einstellen von Reittieren**

Fuhrwerksdienste mit tierbespannten Fuhrwerken sind dem Bauern ohne Einschränkung gestattet. Dazu gehört auch die Kutschen- oder Schlittenfahrt mit einem Pferdegespann. Die Vermietung von Reittieren wird beim „Urlaub am Bauernhof" von Bedeutung sein. Dem Landwirt ist auch das **Einstellen fremder Reittiere** (Unterstand, Betreuung, Fütterung etc.) gegen Entgelt gestattet.

- Aber: Die gewerbsmäßige Tätigkeit eines **Pferdetrainers** ist nicht landwirtschaftliches Nebengewerbe, sondern freies Gewerbe!

7. **Das Vermieten land- und forstwirtschaftlicher Betriebsmittel**,

die im eigenen Betrieb verwendet werden, an andere Bauern im selben oder angrenzenden Verwaltungsbezirk.

8. **Das Vermieten land- und forstwirtschaftlicher Beförderungsbetriebsmittel**,

die **hauptsächlich** im eigenen Betrieb verwendet werden, an andere Bauern im selben Verwaltungsbezirk oder einer daran **angrenzenden Ortsgemeinde**.

9. **Der Betrieb von Anlagen zur Erzeugung und Lieferung von Wärme aus Biomasse***

mit einer Brennstoffwärmeleistung bis einschließlich 4 Megawatt durch **natürliche Personen, Gesellschaften bürgerlichen Rechts** oder **land- und forstwirtschaftliche Erwerbs- und Wirtschaftsgenossenschaften**, wenn im betreffenden Gebiet keine leitungsgebundenen Energieträger – ausgenommen elektrische Energie! – vorhanden sind. Ausnahmeverordnungen sind unter bestimmten Voraussetzungen möglich.
Es können auch **Landwirte** oder **Gemeinschaften von Landwirten** neben den **land- und forstwirtschaftlichen Erwerbs- und Wirtschaftsgenossenschaften** solche Anlagen betreiben. Andere als die vorgenannten Rechtsformen sind nicht zulässig.

* EU-Empfehlung 88/349/EWG zur stärkeren Nutzung erneuerbarer Energien in der Gemeinschaft

10. **Die Verabreichung und das Ausschenken selbsterzeugter Produkte**

sowie von **ortsüblichen**, in Flaschen abgefüllten **Getränken** im Rahmen der **Almbewirtschaftung (so genanntes „Almbuffet")**.

Hinsichtlich der Abgrenzung wird es gewisse Schwierigkeiten geben, weil die „Almbewirtschaftung" sicherlich einen Teil der land- und forstwirtschaftlichen Bewirtschaftung darstellt, aber die Grenzen nicht näher definiert sind. Vorerst bleiben noch einige weitere Fragen offen, insbesondere hinsichtlich des Kreises der „Bewirtschafter", wie z.B. Agrargemeinschaft, aber auch hinsichtlich der „Ortsüblichkeit".

Eine klare Abgrenzung wird jedoch von beachtlicher Bedeutung sein, weil so manche Landwirte schon seit Langem den Wunsch haben, ein derartig eingeschränktes Buffet mit Speisenverabreichung und Getränkeausschank zu betreiben. Ein Landwirt in den herkömmlichen Almgebieten Österreichs wird dabei kein Problem haben. Die Frage stellt sich aber bei einem Landwirt, der ebenfalls seine selbsterzeugten Produkte verabreichen und seine selbsterzeugten Getränke ausschenken will, wenn sein Betrieb im Hügelland gelegen ist. Diese Gegend ist kein Almgebiet! Es wird also zu beachten sein, dass diese Tätigkeiten auf die **Almgebiete** beschränkt sind und dass eine **„Bewirtschaftung"** erfolgt.

Eine Definition der Alm kann lauten:
Almen sind Grundflächen, die sich aufgrund der örtlichen Höhenlage und der allgemeinen

Beschaffenheit für die Almwirtschaft eignen, gleichgültig, ob sie im Kataster als Almen eingetragen sind oder nicht; vielmehr können es Grundstücke mit verschiedenen Kulturgattungen sein, meist aufgrund der klimatischen Verhältnisse und der relativ kurzen Vegetationsperiode nur beschränkt bewirtschaftet.

Beachte:

- Das Vermieten – Ziffer 7 und 8 – ist ebenso wie die Erbringung von Dienst- und Fuhrwerksdienstleistungen – Ziffer 4 und 5 – gestattet.
- Die in den Ziffern 4, 5, 7 und 8 angeführten Bestimmungen enthalten **Einschränkungen** auf bestimmte örtliche Gebiete, land- und forstwirtschaftliche Betriebsmittel, land- und forstwirtschaftliche Fuhrwerke, für land- und forstwirtschaftliche Zwecke und Betriebe; eben auf die bäuerliche Nachbarschaftshilfe. Der Zweck dieser sehr verschiedenartigen Bestimmungen ist, einerseits die bäuerliche Nachbarschaftshilfe in ihren vielfältigen Formen zu gewährleisten und von den gewerberechtlichen Bestimmungen auszunehmen, andererseits aber eine selbstständige Gewerbeausübung zu verhindern. Durch diese Abgrenzungsmerkmale wird der Begriff „Nebengewerbe" und seine Unterordnung unter die Land- und Forstwirtschaft im Allgemeinen genau bestimmt. Grenzfälle bleiben aber da und dort sicherlich bestehen.

Betriebsanlagengenehmigung:

Das 1993 eingeführte Betriebsanlagengenehmigungsverfahren auch für **Anlagen der Nebengewerbe** der Land- und Forstwirtschaft – wie bei gewerblichen Betriebsanlagen – wurde 1995 vom Verfassungsgerichtshof als verfassungswidrig aufgehoben, weil dem Bundesgesetzgeber Regelungen, die die Land- und Forstwirtschaft betreffen, nicht zustehen. Inwieweit und wann allfällig die jeweiligen Landesgesetzgeber derartige Betriebsanlagengenehmigungen auch für die Nebengewerbe der Land- und Forstwirtschaft beschließen, bleibt abzuwarten. Jedenfalls sind die Länder nach der Kompetenzlage angehalten, vergleichbare Regelungen zu erlassen.

Solche Anlagen sind z.B. Kompostieranlagen, Sägen, Getreide- oder Futtermittelmahlanlagen, Darren, Fleischverarbeitungsanlagen, Ölmühlen, Maschinenhallen, Anlagen zum Einstellen von Reittieren und dergleichen.

Die Gewerbeordnungs-Novelle 1997 verlangt für die Verwendung von Anlagen, die für land- und forstwirtschaftliche Nebengewerbe eingesetzt werden, dann eine Betriebsanlagengenehmigung, wenn

- es sich um Anlagen handelt, die weder für den Betrieb der Land- und Forstwirtschaft als solches noch für den Betrieb von Nebengewerben nach der bisherigen Rechtslage vor 1997 anerkannt sind;
- der Kapitaleinsatz zur Be- und Verarbeitung im Vergleich zum Kapitaleinsatz in der Land- und Forstwirtschaft unverhältnismäßig hoch ist oder
- fremde Arbeitskräfte überwiegend für die Be- und Verarbeitung der Naturprodukte beschäftigt werden.

E. Maschinenringe

Maschinenringe sind Organisationen überbetrieblicher Zusammenarbeit in der Land- und Forstwirtschaft auf Vereinsbasis. Ihr satzungsmäßiger Vereinszweck umfasst die **Vermittlungstätigkeit** von Dienstleistungen, Fuhrwerksdiensten, Vermietung von Betriebsmitteln und auch von Reittieren zwischen den Vereinsmitgliedern (Landwirte, aber auch Gemeinden, soweit es sich um Dienstleistungen gemäß XVIII./D/4a) bis c) handelt), ohne hiebei einen wirtschaftlichen Erfolg zu erzielen. Diese Vermittlungstätigkeit ist ebenfalls von den Bestimmungen der Gewerbeordnung ausgenommen.

F. Land- und forstwirtschaftliche Erwerbs- und Wirtschaftsgenossenschaften

Zu den Tätigkeiten land- und forstwirtschaftlicher Erwerbs- und Wirtschaftsgenossenschaften, deren Geschäftsbetrieb der Förderung des Erwerbes oder der Wirtschaft der Mitglieder dient, den so genannten **Förderungsgenossenschaften**, zählen:

1. Der Betrieb von Sägen, Mühlen, Molkereien, Brennereien, Keltereien und sonstigen nach altem Herkommen üblichen Zweigen der Verarbeitung land- und forstwirtschaftlicher Erzeugnisse (so genannte **Verwertungsgenossenschaften**, wie z.B. Molkerei-, Käserei- und Winzergenossenschaften);
2. die Vermittlung des Ein- und Verkaufes und die Versteigerung von Zuchtvieh (so genannte **Zuchtgenossenschaften**, wie z.B. Pferde-, Rinder-, Schweine-, Braunvieh- und Fleckviehgenossenschaften);
3. der Verkauf und die Versteigerung bestimmter pflanzlicher und tierischer Erzeugnisse (so genannte **Absatz- oder Verwertungsgenossenschaften**, wie z.B. Obst- und Gemüseverwertungsgenossenschaften, Imkergenossenschaften, Waldgenossenschaften) einschließlich des Einkaufes von Verpackungen und Umhüllungen für diese Erzeugnisse;
4. die Züchtung, Vermehrung, Bearbeitung, Verwertung und Beschaffung von Saatgut (so genannte **Saatbaugenossenschaften**);
5. die Nutzung von land- und forstwirtschaftlichen Grundstücken und ortsfesten land- und forstwirtschaftlichen Betriebseinrichtungen, sofern diese Tätigkeiten der Hervorbringung pflanzlicher Erzeugnisse oder dem Halten von Nutztieren dienen, sowie die Nutzung von Kühlanlagen, letztere aber nur für den Eigengebrauch der Mitglieder (so genannte **Nutzungsgenossenschaften**);
6. die Wahrnehmung der Rechte der Mitglieder hinsichtlich der Ausübung von Wald- und Weidenutzungsrechten sowie besonderer Felddienstbarkeiten (so genannten **Einforstungsgenossenschaften**);

Diese Tätigkeiten sind von den Bestimmungen der Gewerbeordnung ausgenommen. Die **Einkaufs- und Verkaufsgenossenschaften**, die so genannten **Lagerhausgenossenschaften**, fallen aber unter die Bestimmungen der Gewerbeordnung.

G. Buschenschank

1. Zweck

Der **Wein-, Obstwein-, Obstmost- und Schnapsabsatz** des Wein- oder Obstbauern soll durch die Möglichkeit des Ausschankes in Buschen- oder Mostschenken gefördert werden. Die Verwertung im Rahmen des Buschenschankes erschließt dem Landwirt eine zusätzliche Absatz- und **Einnahmequelle**. Sie stellt an sich eine gast- und schankgewerbliche Tätigkeit dar, die aber unter bestimmten Voraussetzungen allen Wein- und Obstbauern gestattet ist. Der Wein- und Obstbauer soll aber in erster Linie Bauer bleiben und nicht Quasi-Gastwirt sein wollen.

2. Betrieb und Umfang

Unter Buschenschank ist der **buschenschankmäßige Ausschank** von **Wein und Obstwein**, von **Trauben- und Obstmost** und von **Trauben- und Obstsaft** sowie von **selbst gebrannten geistigen Getränken („Schnaps")** durch Besitzer von Wein- und Obstgärten, soweit es sich um deren eigene Erzeugnisse handelt, zu verstehen; im Rahmen des Buschenschankes ist auch die **Verabreichung von kalten Speisen** und der **Ausschank von Mineralwasser und kohlensäurehältigen Getränken** zulässig, jedoch nur unter der Voraussetzung, dass diese Tätigkeiten dem Herkommen im betreffenden Bundesland in Buschenschenken entsprechen. Die Verabreichung von warmen Speisen aufgrund dieser Ausnahmebestimmung ist nicht zulässig.

Den Buschenschankbetreibern ist es untersagt, selbst oder durch die im Betrieb beschäftigten Personen **alkoholische Getränke an Jugendliche** auszuschenken oder ausschenken zu lassen, abzugeben oder abgeben zu lassen, wenn Jugendlichen dieses Alters nach den landesrechtlichen Jugendschutzbestimmungen der Genuss von Alkohol **verboten** ist. Sie müssen an geeigneter Stelle in den Betriebsräumen einen Anschlag mit diesem Verbotshinweis anbringen und zur Altersfeststellung der Jugendlichen einen amtlichen Lichtbildausweis verlangen.

3. Buschenschankgesetze

Der Buschenschank im Umfang der Ziffer 2. ist von den Bestimmungen der Gewerbeordnung ausgenommen. Neben dieser gewerberechtlichen Bestimmung* ist der Buschenschank in den Bundesländern Burgenland, Kärnten, Niederösterreich, Steiermark und Wien durch eigene Buschenschankgesetze* geregelt. Die wichtigsten Bestimmungen dieser Buschenschankgesetze sind:

a) Speisenkatalog

Der Buschenschenker kann folgende Speisen verabreichen bzw. Getränke ausschenken:

- **Burgenland:** Schinken, geräuchertes Fleisch, alle heimischen Wurst- und Käsesorten, Speck, kaltes Fleisch und Geflügel, Salate, Essiggemüse, hartgekochte Eier, Brotaufstriche aller Art, Grammeln, Salzmandeln, Erdnüsse, Weinbeißer, Kartoffelrohscheiben, Salzgebäck, Brot und Gebäck, heimisches Obst und Gemüse in rohem Zustand sowie Mineralwasser, Sodawasser, ein kohlensäurehaltiges Erfrischungsgetränk und Milch.
- **Kärnten:** kalte selbsterzeugte Speisen, einschließlich Germ- und Schmalzgebäck, Butter, hartgekochte Eier, Salat, Essiggemüse, Brot und Gebäck, heimisches Mineral- und Tafelwasser sowie Glühwein und Glühmost.
- **Niederösterreich:** kalte Speisen, ausgenommen Süßwaren, und typisch bäuerliche Mehlspeisen, wie Grammel- und Schmergebäck, Bauern- und Schmerkrapfen, Prügelkrapfen, Pofesen und typisch bäuerliche Obstkuchen aus eigener Erzeugung, zwei alkoholfreie kohlensäurehältige Getränke und Fruchtsäfte.
- **Steiermark:** Glühwein, Glühobstwein, heimische Mineralwasser, Sodawasser, heimische Fruchtsäfte und Milch; kalte Speisen aus bäuerlichen Produkten, sofern sie dem Herkommen in Buschenschenken in der Steiermark entsprechen; gekochte oder gebratene Edelkastanien und Obst.
- **Wien:** Schinken, alle heimischen Wurst- und Käsesorten, geräuchertes Fleisch, Speck, kaltes Fleisch, kaltes Geflügel, Sardinen, Sardellenringe, Rollmöpse, Salate, Gemüse, hartgekochte Eier, Brotaufstriche aller Art, Butter, Schmalz, Grammeln, Salzmandeln, Erdnüsse, Weingebäck, wie Weinbeißer, Kartoffelrohscheiben und Salzgebäck, Brot und Gebäck, heimisches Obst und Gemüse, Mineralwässer, Sodawasser und kohlensäurehältige Getränke.

Die **Verabreichung von warmen Speisen** und anderen als den vorgenannten Speisen und Getränken ist in Buschenschenken **verboten**!

Ausnahme:

- In der **Steiermark** ist die Verabreichung **warmer gekochter und gebratener Edelkastanien** und der Ausschank von **Glühwein und Glühobstwein** gestattet.
- In **Kärnten** ist der Ausschank von **Glühwein und Glühmost** gestattet.

Die verabreichten Speisen und ausgeschenkten Getränke müssen den Bestimmungen des Lebensmittelrechtes entsprechen.

Siehe: Lebensmittelwesen, einschließlich Verbraucherinformation-Allergene XXI/G.

b) **Anmeldung**

Die beabsichtigte Ausübung des Buschenschankes ist in der Steiermark vier Wochen vorher bei der Bezirkshauptmannschaft, in Wien drei Wochen vorher beim Magistrat, im Burgenland und in Niederösterreich zwei Wochen vorher bei der Gemeinde anzumelden; erfolgt innerhalb dieser Fristen keine Untersagung von der Behörde, kann mit dem Ausschank begonnen werden. In Kärnten hat die Anmeldung bei der Bezirkshauptmannschaft zu erfolgen, welche innerhalb von vier Wochen die Anmeldung bescheidmäßig zur Kenntnis zu nehmen oder zu untersagen hat. Ergeht innerhalb dieser Frist kein Bescheid, kann mit dem Ausschank begonnen werden.

c) **Bezeichnung „Buschenschenke“ oder „Mostschenke“**

Nur Buschenschankberechtigte dürfen die Bezeichnung „Bäuerliche Buschenschenke“, „Bäuerliche Buschenschank“, „Buschenschank“, „Buschenschenke“ oder entsprechende Wortverbindungen führen. Most- oder Obstweinbuschenschenken dürfen die genannten Bezeichnungen nur in Verbindung mit dem Wort „Most“ oder „Obstwein“ verwenden.

In Niederösterreich und Wien sind das ortsübliche Buschenschankzeichen und eine Namenstafel anzustecken.

d) **Ausschankzeitraum**

Dieser ist im Burgenland und in Niederösterreich auf höchstens drei Monate ohne Unterbrechung, in Kärnten auf 12 Wochen ohne Unterbrechung eingeschränkt. Zwischen den Ausschankzeiten muss ein Zeitraum von mindestens 4 Wochen, in Kärnten von 10 Tagen liegen. In der Steiermark besteht keine derartige Einschränkung.
Die **tägliche Ausschankzeit** bewegt sich zwischen 6 und 24 Uhr im Burgenland und in Niederösterreich, zwischen 8 und 24 Uhr in der Steiermark sowie zwischen 9 und 23 Uhr in Kärnten. In Wien werden die täglichen Ausschankzeiten nach den Bedürfnissen der ortsansässigen Bevölkerung verordnet.

e) **Persönliche und sachliche Voraussetzungen**

Die Buschenschenker müssen persönlich geeignet sein. Die Ausschankmöglichkeiten haben den üblichen Anforderungen in Buschenschenken zu entsprechen und sind in gutem Zustand zu halten.

f) **Veranstaltungen und Spiele**

Das Abhalten von Tanz- und sonstigen Veranstaltungen sowie das Halten von Spielen, Spielautomaten, in der Steiermark auch von Musikautomaten, ist verboten. Im Burgenland sind erlaubte Kartenspiele, in der Steiermark sind Brauchtumsveranstaltungen und kulturübergreifende musikalische Veranstaltungen gestattet.
Musikdarbietung: Siehe AKM-Beitrag XXIV/B/2

g) **Ernteausfallsbedingter Traubenzukauf**

In Kärnten, der Steiermark und in Wien ist unter selbsterzeugtem Wein auch jener aus im ernteausfallsbedingten Umfang zugekauften Trauben zu verstehen. Dabei müssen diese aus der Weinbauregion stammen. In Niederösterreich ist der generell zulässige Zukauf von Wein und Trauben (siehe: XVIII/B/1 Zukauf im Weinbau) möglich.

h) **Heurigengebiet**

In Wien darf der Buschenschank nur in einem Heurigengebiet – in bestimmten Teilen des Wiener Stadtgebietes – ausgeübt werden.
Weinbuschenschank darf in der Steiermark nur in einem Weinbaugebiet gemäß § 21 Weingesetz 2009 ausgeübt werden.

4. Buschenschankbuffet als freies Gewerbe

- Der Buschenschenker, der mit dem „kalten“ Speisenkatalog nicht das Auslangen finden will, kann im Rahmen des Buschenschankbuffets zusätzlich folgende genau abgegrenzte

Speisen und Getränke verabreichen bzw. ausschenken: gebratene, gegrillte oder gesottene Würste, gebratenes/gegrilltes Rind- und Schweinefleisch (ausgenommen Innereien), gegrilltes Geflügel und Fisch, Pommes frites, Fleisch- und Wurstsalate und -mayonnaisen, Brotaufstriche, belegte Brötchen, übliche kalte Beilagen wie Essiggemüse, Mayonnaise, Senf, Kren, Brot und Gebäck in einfacher Art, vorverpackt angeliefertes Speiseeis, Milchmischgetränke, andere nichtalkoholische kalte Getränke und Flaschenbier.

- **Verboten** ist die Verabreichung von Mehlspeisen, gebackenen Speisen (z.B. Wienerschnitzel), Kalbfleisch, Schaffleisch, anderen als Fleisch- und Wurstsalaten und der Ausschank von Kaffee und Tee.
- Eine Sitzplatzbeschränkung wie beim „Buffetbetrieb/Almbuffet" besteht nicht.
- Jeder kann das Gewerbe anmelden. Ausbildungsvoraussetzungen bestehen nicht.
- Konsequenzen steuer-, sozial- und betriebsanlagenrechtlicher Art bestehen.
- **Nebenrechte:** Der Verkauf bestimmter Waren (Brot, Gebäck, Ansichtskarten, Reiseproviant) und die Erbringung bestimmter Dienstleistungen (Einstellen von Fahrzeugen, Vermieten von Sportgeräten, Halten von Spielen) ist erlaubt.

* Gewerbeordnung 1994, BGBl 1994/194 idF I 2015/48, § 2 Abs 9
Bgld Buschenschankgesetz, LGBl 1979/57 idF 2007/2
Ktn Buschenschankgesetz – K-BuG, LGBl 1984/46 idF 2013/85
NÖ Buschenschankgesetz, LGBl 7045-4
Stmk Buschenschankgesetz 1979, LGBl 1979/42 idF 2013/87
Wr Buschenschankgesetz, LGBl 1976/4 idF 2013/39

H. Häusliche Nebenbeschäftigung „Urlaub am Bauernhof"

1. Begriff

Darunter ist der von den Mitgliedern des eigenen Hausstandes betriebene Erwerbszweig der **Zimmervermietung und Verköstigung** von Gästen im Rahmen des Fremdenverkehrs zu verstehen; soweit diese Tätigkeit von Landwirten betrieben wird, wird sie **„Urlaub am Bauernhof"**, auch **„Ferien am Bauernhof"**, genannt und bietet eine zusätzliche Erwerbsmöglichkeit. Diese Bestimmungen gelten aufgrund eines Erlasses von 1996 auch für **Ferienwohnungen**, soferne neben der bloßen Vermietung auch verschiedene zusätzliche Dienstleistungen wie bei der Fremdenbeherbergung erbracht werden, z.B. Verköstigung und/oder Reinigung. Für die „bloße Raumvermietung" ohne jedwede Serviceleistung gilt die Grenze von 10 Fremdenbetten nicht, weil es sich um kein Gewerbe, sondern um Miete handelt.

2. Gesetzliche Grundlage

Neben der gewerberechtlichen Ausnahmebestimmung* ist die Beherbergung und teilweise Verköstigung von Fremden als häusliche Nebenbeschäftigung in den Bundesländern Oberösterreich im Tourismusgesetz*, in Tirol und Wien in Privatzimmervermietungsgesetzen* geregelt. Für diese Bundesländer sind im Einzelfall die landesgesetzlichen Bestimmungen maßgebend. In den übrigen Bundesländern bestehen hinsichtlich der Privatzimmervermietung keine besonderen landesgesetzlichen Bestimmungen. Wohl aber gelten die gewerbe- und verfassungsrechtlichen Grenzen, z.B. Bettenobergrenzen, auch in diesen Ländern.

3. Umfang

Die Privatzimmervermietung darf **keine andauernde Tätigkeit** und **keine Haupterwerbsquelle** sein. Sie muss untergeordnet sein und darf nur von den gewöhnlichen Mitgliedern des eigenen Hausstandes (Angehörige, ldw. Hilfskräfte) betrieben werden. Eigene Hilfskräfte dürfen zu diesem Zweck nicht aufgenommen werden.

4. **Zimmervermietung**

Es dürfen maximal zehn Fremdenbetten in beliebiger Ausstattung zur Verfügung gestellt werden. Sie müssen den sanitären, bau- und feuerpolizeilichen Erfordernissen und den Bedürfnissen des Fremdenverkehrs entsprechen und für die Privatzimmervermietung geeignet sein. Es dürfen nicht in jedem Einzelfall zehn Fremdenbetten angeboten werden; das Ausmaß richtet sich vielmehr nach den vorhandenen räumlichen und personellen Möglichkeiten. Die Mieträumlichkeiten müssen zur Wohnung bzw. zum Haus des Vermieters gehören. Eine darüber hinausgehende Vermietung erfordert die Konzession der Gästebeherbergung.

5. **Verköstigung**

Diese darf nicht gasthausmäßig und nicht an jeden Vorbeikommenden erfolgen, sondern nur an die beherbergten Gäste. Der Zimmervermieter darf keine Auswahl an Speisen anbieten, sondern nur eine Mahlzeit zu einer vorausbestimmten Zeit. Es dürfen keine zugekauften alkoholischen Getränke angeboten werden.
In Salzburg ist lediglich die Verabreichung eines Frühstücks gestattet; in Niederösterreich die Verabreichung eines Frühstücks und nur in Einschichtlagen – ab 1 km Entfernung vom nächsten Gastgewerbebetrieb – die Verabreichung anderer Speisen. Die Verköstigung darf nicht gegen die Bestimmungen des Lebensmittelrechts verstoßen. Siehe: Lebensmittelwesen XXI/G. Bei Musikdarbietung: Siehe AKM-Beitrag XXIV/B/2.

6. **Fremdenbeherbergung als freies Gewerbe**

- Es beinhaltet das Recht der Beherbergung von Gästen bis 10 Fremdenbetten, die Verabreichung des Frühstücks und kleiner Imbisse, den Ausschank nichtalkoholischer Getränke und Flaschenbier sowie gebrannter geistiger Getränke als Beigabe zu diesen Getränken an die Gäste.
- Konsequenzen steuer-, sozial- und betriebsanlagenrechtlicher Art bestehen.
- Die Nebenrechte sind gleich wie beim Buschenschankbuffet (siehe: G/4).
- Wegen der Überschneidung zur häuslichen Nebenbeschäftigung wird der Bauer genau überlegen, ob sich der zusätzlich mögliche Ausschank von Flaschenbier samt Schnapsbeigabe bzw. die Nebenrechte und die Gewerbeanmeldung lohnen.

* Gewerbeordnung 1994, BGBl 1994/194 idF I 2015/48, § 2 Abs 1 Z 9
Bundesverfassungsgesetznovelle 1974, Artikel III, BGBl 1974/444
NÖ Tourismusgesetz 2010, LGBl 7400-2, § 13 Abs 10
OÖ Tourismusgesetz 1990, LGBl 1989/81 idF 2013/90, § 39a
Tir Privatzimmervermietungsgesetz, LGBl 1959/29 idF 2012/150

XIX. Landwirtschaft und öffentliche Straßen

Die Berührungspunkte zwischen Landwirtschaft und öffentlichen Straßen sind für Anrainer durch lange gemeinsame Grenzen und Grundinanspruchnahmen für den Straßenbau, für Straßenbenützer durch Benützungs- und Beitragsbestimmungen sowie besondere Bestimmungen für landwirtschaftliche Fahrzeuge im Straßenverkehr zahlreich. Die gesetzlichen Grundlagen sind in den Straßengesetzen*, der Straßenverkehrsordnung*, dem Kraftfahrgesetz* und dem Liegenschaftsbewertungsgesetz* enthalten.

Beachte:

Für die Benützung fremder **Privatwege** gelten die Bestimmungen über die Wegerechte (siehe: Grunddienstbarkeiten und Wegerechte VII/A/2 und VII/B).

* Bundesstraßengesetz 1971, BGBl 1971/286 idF I 2013/96
Bgld Straßengesetz 2005, LGBl 2005/79 idF 2013/79
Ktn Straßengesetz 1991 – K-StrG, LGBl 1991/72 idF 2013/85
NÖ Straßengesetz 1999, LGBl 8500-3 idF 2015/57
OÖ Straßengesetz 1991, LGBl 1991/84 idF 2015/42
Sbg Landesstraßengesetz 1972 – LStG 1972, LGBl 1972/119 idF 2005/58
Stmk Landes-Straßenverwaltungsgesetz, LGBl 1964/154 idF 2013/87
Tir Straßengesetz, LGBl 1989/13 idF 2014/187
Vbg Straßengesetz – StrG, LGBl 2012/79 idF 2014/58

A. Straßengattungen

Es gibt **Bundesautobahnen** und **Bundesstraßen**, in Niederösterreich **Landeshauptstraßen, Landesstraßen**, in einigen Bundesländern **Bezirksstraßen** und **Konkurrenzstraßen, Eisenbahnzufahrtsstraßen, Gemeindestraßen** und als niedrigste Straßengattung, die in den einzelnen Bundesländern verschieden genannten Straßen und Wege, wie z.B. **Ortschafts-, Genossenschafts-, Güter-, Wander-, Verbindungs-** und **öffentliche Interessentenwege** sowie die dem **öffentlichen Verkehr dienenden Privatwege**. Straßen und Wege der niedrigsten Straßengattung dienen vorwiegend dem öffentlichen Verkehr von örtlicher Bedeutung, insbesondere den Bewohnern einer beschränkten Anzahl von Liegenschaften, der verkehrsmäßigen Erschließung des ländlichen Raumes, einzelner landwirtschaftlicher Anwesen oder dem Touristen- und Fremdenverkehr.

B. Straßenbeitragspflichten

1. Beitragspflicht zur Straßenerrichtung und -erhaltung

Für die Errichtung und Erhaltung von **Ortschafts-, Genossenschafts-, Güter-, Verbindungs-** und **öffentlichen Interessentenstraßen** und **Wegen** können die Anrainer und Benützer zur anteilsmäßigen Kostentragung herangezogen werden. Die Gemeinden haben unter bestimmten Voraussetzungen – z.B. nach Maßgabe ihres Interesses, des allgemeinen öffentlichen Interesses oder in berücksichtigungswürdigen Fällen – Beiträge zu leisten, Zuschüsse zu gewähren oder einen Anteil der Kosten zu tragen. Die Beitragspflichtigen (Interessenten) können von der Gemeinde, dem Bürgermeister oder sonstigen Straßenrechtsbehörden zu **Beitragsgemeinschaften, Weggenossenschaften, Weginteressentschaften** oder **Weggemeinschaften** zusammengefasst werden; für diese Gemeinschaften, Genossenschaften oder Interessentschaften können Satzungen erlassen werden, die zumindest die folgenden Bestimmungen enthalten müssen:

- Namen, Zweck, Sitz und Umfang
- Rechte und Pflichten der Mitglieder
- Ermittlung des Schlüssels für die Aufteilung der Kosten
- Wirkungsbereich ihrer Organe und dergleichen

2. Beitragspflicht bei Mehrbenützung einer Straße

Wer eine öffentliche Straße – Gemeindestraße, Ortschafts-, Verbindungs-, Genossenschafts- oder Interessentenweg – mit Fahrzeugen dauernd oder zeitweise **über das gewöhnliche Maß hinaus** in Anspruch nimmt und abnützt, kann zu einer Beitragsleistung für die Straßenerhaltung oder Wiederinstandsetzung herangezogen werden. Die **Holzbringung** nach einer Fällung oder die **Sand- und Schotterabfuhr** aus einer Schottergrube sind solche beitragsbegründenden Mehrbenützungen.

C. Enteignung

Für den **Straßen- und Wasserbau, für Leitungsrechte**, aber auch als **Bodenbeschaffung** für den Wohnungsbedarf etc. kann das **Liegenschaftseigentum**, die Einräumung, Einschränkung oder Aufhebung dinglicher Rechte – **Servituten, Reallasten** – im Wege der Enteignung gegen angemessene Entschädigung in Anspruch genommen werden (siehe: V/A/4a Enteignung).

Liegenschaftsbewertung

Für die Wertermittlung ist in der Regel der **Verkehrswert** heranzuziehen. Der Verkehrswert ist der Preis, der bei einer Veräußerung im Geschäftsverkehr üblicherweise erzielt werden kann. Der Sachverständige hat das **Wertermittlungsverfahren** unter Berücksichtigung des jeweiligen Standes der Wissenschaft und der im redlichen Geschäftsverkehr bestehenden Gepflogenheiten auszuwählen, soweit nichts anderes angeordnet wurde.

Ermittlungsverfahren nach dem Liegenschaftsbewertungsgesetz*:

1. Das Vergleichswertverfahren

In diesem Verfahren ist der Wert der Sache durch Vergleich mit tatsächlich erzielten Kaufpreisen vergleichbarer Sachen zu ermitteln. Abweichende Eigenschaften und geänderte Marktverhältnisse sind durch Zu- und Abschläge zu berücksichtigen.

2. Das Ertragswertverfahren

In diesem Verfahren ist der Wert der Sache durch Kapitalisierung des zu erwartenden oder erzielten Reinertrages zum angemessenen Zinssatz und der zu erwartenden Nutzungsdauer zu ermitteln. Vom tatsächlich erzielten Ertrag aus der Bewirtschaftung (Rohertrag) ist der Bewirtschaftungsaufwand (für Betrieb, Instandhaltung und Verwaltung) und allfällig eine Abschreibung abzuziehen und daraus errechnet sich der Reinertrag.

3. Das Sachwertverfahren

In diesem Verfahren ist der Wert durch Zusammenzählung des Bodenwertes, des Bauwertes und des Wertes sonstiger Bestandteile und des Zubehörs zu ermitteln.

a) Der Bodenwert ist als Vergleichswert durch Heranziehung von Kaufpreisen vergleichbarer unbebauter und unbestockter Liegenschaften zu ermitteln.

b) Der Bauwert ist die Summe der Werte der baulichen Anlagen. Bei der Ermittlung ist vom Herstellungswert auszugehen und die technische und wirtschaftliche Wertminderung abzuziehen. Ebenso sind die örtliche Lage, baurechtliche Beschränkungen und erhebliche Abweichungen von den üblichen Baukosten gesondert zu berücksichtigen.

* Liegenschaftsbewertungsgesetz – LBG, BGBl 1992/150
Eisenbahn-Enteignungsentschädigungsgesetz – EisbEG, BGBl 1954/71 idF I 2010/111
Bodenbeschaffungsgesetz, BGBl 1974/288 idF I 2003/112

D. Anrainerbestimmungen im Bundesstraßengesetz

1. Bauwerke an der Straße

In einer Entfernung von 25 m beiderseits von Autobahnen bzw. 15 m auf den übrigen Bundesstraßen sowie bei Zu- und Abfahrtsstraßen von Autobahnen dürfen – soweit nicht einer Ausnahme zugestimmt wird – weder Neu-, Zu- und Umbauten vorgenommen noch Einfriedungen oder sonstige Anlagen jeder Art errichtet werden.

2. Arbeitsverrichtungen nahe der Straße

Baumfällungen, die Holzbringung, Wasserableitungen, Sprengungen sowie Grab- und Bohrarbeiten und dergleichen auf angrenzenden Grundstücken, die eine Bundesstraße gefährden, dürfen nur mit Bewilligung der Straßenbehörde durchgeführt werden; hiebei können von der Behörde Bedingungen zur Vermeidung von Gefährdungen auferlegt werden.

3. Waldungen entlang der Straße

Die Straßenbehörde kann über Antrag der Bundesstraßenverwaltung

- die Schlägerung, Auslichtung oder eine bestimmte Betriebsbewirtschaftung eines angrenzenden Waldes in einer Breite von vier Metern zu beiden Seiten der Straße wegen schlechter Sicht und dergleichen **ohne Entschädigung** bescheidmäßig anordnen (siehe auch: Ausästung von Bäumen XIX/F/5a).
- Waldungen längs einer Bundesstraße nach den Bestimmungen des Forstgesetzes zum Schutz der Straßen und des Straßenverkehrs gegen Lawinengefahr, Rutsch- und Abbruchgefahr, Seitenwind, Blendung oder Eintönigkeit des Straßenbildes und dergleichen in Bann legen (siehe auch: Bannwald XIII/C/2)

4. Wasserableitung, Schneezäune

- Die Wasserableitung von Hausdächern, Drainagen, Abwässern und dergleichen auf die öffentliche Straße ist verboten; Ausnahmen können über Antrag bewilligt werden.

Der an die Straße angrenzende Grundeigentümer muss jedoch dulden:

- Den freien Wasserabfluss von der Straße auf seinen Grund und die Ablagerung von Schnee **ohne Entschädigung**;
- die Aufstellung von Schneezäunen und anderen jahreszeitlich bedingten Vorkehrungen auf seinem Grund **ohne Entschädigung**;
- die Herstellung von Abteilungsgräben, Sickergruben und dergleichen **gegen angemessene Entschädigung**.

5. Viehweide, Baum- und Grasnutzung auf der Straße

Das Weiden von Vieh auf Anlagen der Bundesstraße und jede eigenmächtige Baum- und Grasnutzung ist verboten.

6. Pflügen neben der Straße

Das Pflügen eines uneingefriedeten Grundstückes, das gegen eine Bundesstraße gerichtet ist, darf innerhalb von vier Metern von der Straße nur parallel zur Straße erfolgen.

7. **Einwirkungen (Immissionen) von der Straße**

Der Anrainer muss Einwirkungen von der Straße beim Straßenbau oder der Straßenerhaltung dulden. Wird dadurch die ortsübliche Benützung des angrenzenden Grundstückes wesentlich beeinträchtigt, steht dem Anrainer ein **Entschädigungsanspruch** zu.
Daher muss der Anrainer im Zuge der winterlichen Schneeräumung die reine Schneeablagerung ohne Entschädigung, hingegen die Salz-Streusplitt-Gemischablagerungen nur gegen angemessene Entschädigung dulden (siehe auch: Einwirkungen an der Grenze VI/J).

8. **Hofeinfahrten**

Anschlüsse von Wegen, Zu- und Abfahrten von Grundstücken in die Bundesstraße dürfen nur mit Bewilligung der Bundesstraßenverwaltung angelegt oder abgeändert werden.

9. **Ablagerung auf der Straße**

Die Bundesstraßen dürfen nicht als Lagerplatz für Gerätschaften, Dünger, Erde und dergleichen benützt werden.

* Wr Gesetz über die Reinhaltung von Straßen – Wr.ReiG, LGBl 2007/47

E. Anrainerbestimmungen in den Landesstraßengesetzen

Die für die Anrainer von Bundesstraßen im vorigen Punkt D. aufgezählten Verbote, Pflichten zur Duldung, Abstandhaltung und dergleichen gelten auch für andere Straßengattungen, wie z.B. Landes- und Gemeindestraßen; jedoch bestehen in den einzelnen Landesstraßengesetzen zum Teil abweichende, jedenfalls weniger strenge Bestimmungen; insbesondere sind die geforderten Mindestabstände in der Regel geringer.

Zusätzlich bestehen – jeweils nur in einzelnen Bundesländern – weitere **Anrainerverpflichtungen**, wie z.B.

- das **Verbot des Einackerns und Überfahrens** von Straßengräben,
- genauere Anordnungen für die **Überbrückung** von Straßengräben,
- genauere Anordnungen für **lebende Zäune und Hecken** an Straßen (siehe auch: Bäume und Einfriedungen neben der Straße XIX/F/5),
- die Verpflichtung der **Teich- und Schottergrubeneinfriedung**,
- Abstandsbestimmungen für **Baumpflanzungen** längs der Straße (siehe auch: Ausästung von Bäumen XIX/F/5a),
- das **Dulden der Nutzung** eines an die Fahrbahn angrenzenden Grundstreifens für Schotter-, Straßenkot-, Grabenaushub- und Straßenbaustoffablagerung durch die Straßenverwaltung und dergleichen.

F. Straßenbenützungs- und Anrainerbestimmungen in der Straßenverkehrsordnung*

1. **Fuhrwerksverkehr**

Für den Fuhrwerksverkehr bestehen hinsichtlich des sorgfältigen Lenkens, der Maße und Gewichte sowie der Beschaffenheit und Ausstattung, aber auch der Beleuchtung, tauglichen Bespannung und das Ankoppeln ausführliche Bestimmungen.

Die Fuhrwerkslenker müssen mindestens 16 Jahre alt sein; die Länge, Breite und Höhe von Fuhrwerken darf die einzelnen erlaubten Höchstmaße nicht überschreiten; das Gesamtgewicht muss der Beschaffenheit der Fahrzeuge, der Straße und der Leistungsfähigkeit des Gespannes entsprechen; die Bremsen müssen wirksam, zwei Lampen zur Beleuchtung sowie zwei Rückstrahler müssen vorhanden sein; die Zugtiere müssen tauglich sein; an ein Fuhrwerk darf nur ein weiteres Fuhrwerk angekoppelt werden und dergleichen.

2. Viehtrieb

a) Die Viehtreiber müssen im Hinblick auf die Anzahl und die Art der Tiere und auf die für den Viehbetrieb in Betracht kommenden Straßen körperlich und geistig geeignet sein. Ein MIndestalter ist nicht vorgeschrieben.

b) Von einer Person dürfen nur maximal drei Zug- oder Reittiere in Koppeln geführt werden. Bei größeren Viehtrieben sind Gruppen zu bilden und zwischen den einzelnen Gruppen größere Abstände einzuhalten. Bei Stieren sind besondere Sicherheitsmaßnahmen zu treffen.

c) Der Viehtrieb auf der Straße muss so vorgenommen werden, dass der übrige Verkehr dadurch möglichst wenig behindert wird. Der Viehtrieb muss auf der rechten Fahrbahnseite erfolgen und von einer angemessenen Zahl von Treibern begleitet werden.

d) Vieh darf nicht auf Gehsteigen, Radwegen oder Straßenbanketten getrieben werden oder auf der Fahrbahn lagern.

e) Tiere dürfen nur kurzzeitig auf der Straße anhalten; dabei haben die Treiber zu sorgen, dass andere Straßenbenützer nicht behindert oder gefährdet werden.

f) Bei Dämmerung und Dunkelheit, starkem Nebel oder, wenn es die Witterung sonst erfordert, muss der Viehtrieb, wenn die sonstige Beleuchtung nicht ausreicht, an seinem Anfang durch einen Treiber mit einer nach vorne weiß und an seinem Ende durch einen Treiber mit einer nach hinten rot leuchtenden Lampe gesichert werden. Beim Treiben oder Führen von einzelnen Tieren genügt eine hell leuchtende Lampe.

3. Reiten

Reiter müssen körperlich geeignet und des Reitens kundig sein und das 16. Lebensjahr vollendet haben. Jüngere Personen dürfen nur in Begleitung Erwachsener reiten; dies gilt jedoch nicht im Rahmen eines landwirtschaftlichen Betriebes, wenn der Reiter das 12. Lebensjahr vollendet hat. Reiter dürfen nur die Fahrbahn oder allenfalls vorhandene Reitwege benützen; sie müssen bei Dunkelheit oder wenn es die Witterung sonst erfordert bei Benützung einer nicht ausreichend beleuchteten Fahrbahn durch hell leuchtende Laternen an der linken Seite gekennzeichnet sein.

4. Weiden an Straßen

a) Vieh, das auf nicht abgezäunten Grundstücken, an Autobahnen oder Vorrangstraßen weidet, muss von Personen, die zum Treiben und Führen von Tieren geeignet sind, beaufsichtigt und von der Straße ferngehalten werden; ebenso auf nicht abgezäunten Grundstücken an anderen Straßen, die keine ausreichende Sicht auf diese Grundstücke zulassen.

b) Alpgebiete und Gebiete, auf denen der unbeaufsichtigte Weidegang nach altem Herkommen üblich ist, können von der Behörde mittels Verordnung von der vorgenannten Bestimmung ausgenommen werden, wenn keine Bedenken der Verkehrssicherheit entgegenstehen.

5. Bäume und Einfriedungen neben der Straße

a) Ausästung von Bäumen

Bäume, Sträucher und Hecken, welche infolge ihrer unmittelbaren Situierung neben der Straße die Verkehrssicherheit – freie Sicht über den Straßenverlauf oder auf Einrichtungen zur Regelung und Sicherheit des Verkehrs, Oberleitungs- und Beleuchtungsanlagen – oder die Benützbarkeit der Straße beeinträchtigen, sind auszuästen oder zu entfernen.

- Ein **Entschädigungsanspruch** besteht nur für die Ausästung oder Beseitigung von Obstbäumen, die nicht in den Luftraum über der Straße hineinragen.
- Die **stehende Feldfrucht** wie Mais, Getreide und dergleichen fällt nicht unter die Entfernungspflicht.

b) Stacheldrahtzaun – elektrischer Weidezaun

Spitze Gegenstände wie **Stacheldraht, Glasscherben** und ähnliche dürfen an Einfriedungen, die von der Straße nicht mehr als zwei Meter entfernt sind, nur in einer Höhe von mehr als zwei Metern über der Straße und weiters nur so angebracht werden, dass eine Gefährdung der Straßenbenützer nicht möglich ist (siehe: VI/B/4).
Elektrische Weidezäune dürfen nur in einer Entfernung von mehr als zwei Metern von der Straße angebracht werden.

6. Verunreinigungen der Straße

Jede gröbliche oder die Sicherheit der Straßenbenützer gefährdende Verunreinigung der Straße ist verboten. Der Fahrzeuglenker hat **größere Erdmengen,** die auf seinen Fahrzeugrädern, insbesondere bei land- und forstwirtschaftlichen Fahrzeugen, anhaften, vor dem Einfahren auf eine **staubfreie Straße** zu **entfernen.**

7. Wintersport auf Straßen

a) Öffentliche Straßen und Straßen mit öffentlichem Verkehr

Die Ausübung des Wintersportes, also das Schifahren, Schlittschuhlaufen oder Rodeln und dergleichen, ist auf öffentlichen Straßen im Ortsgebiet und auf Hauptverkehrsstraßen wie Bundes-, Landes- und sonstigen Vorrangstraßen verboten. Auf anderen öffentlichen Straßen wie Gemeindestraßen ohne Vorrang, Ortschafts- und Verbindungswegen, öffentlichen Interessentenwegen, Güterwegen, Genossenschaftsstraßen, Privat- und Forststraßen mit öffentlichem Verkehr und dergleichen darf der Wintersport zwar ausgeübt werden, jedoch müssen die Wintersportler auf andere Straßenbenützer Rücksicht nehmen und ihnen ausweichen.
Das Gehen mit angeschnallten Schiern oder das Ziehen von Rodeln oder sonstigen Wintersportgeräten entlang des Straßenrandes ist nicht als wintersportmäßige Benützung zu werten: vielmehr gelten diese Personen als Fußgänger.

b) Privatstraßen und Forststraßen

Auf Privatstraßen ist die Ausübung des Wintersportes nur mit **Zustimmung des jeweiligen Grundeigentümers** gestattet. Auch hier ist auf andere Straßenbenützer, wie z.B. Servitutsberechtigte Rücksicht zu nehmen.
Auf Forststraßen, die für das allgemeine Befahren erkennbar gesperrt sind, ist die Ausübung des Wintersportes, soweit es sich um ein **Befahren** der Forststraße handelt, ebenfalls nur mit ausdrücklicher Zustimmung des Forststraßenerhalters bzw. Waldeigentümers gestattet.
Das Recht, den Wald und somit auch die Forststraße zu Erholungszwecken zu **betreten** (siehe auch: Waldbetretungsrecht XIII/D/1) und sich dort aufzuhalten, beinhaltet keine darüber hinausgehende Benützung, insbesondere nicht das Befahren einer Forststraße im Wald oder eines Waldweges. **Rodeln oder Schibobfahren** ist dem Befahren gleichzusetzen und mangels ausdrücklicher Gestattung verboten. Das **Schifahren** ist noch im Betreten inbegriffen. Das **Präparieren von Loipen** oder Abfahrten ist im Betretungsrecht nicht mehr enthalten.
Das Schifahren auf einer Forststraße ist daher an sich zulässig; jedoch darf der Zweck der Forststraße für die Forstwirtschaft dadurch nicht beeinträchtigt werden. Der Schifahrer muss auf Forstfahrzeuge Rücksicht nehmen, ihnen ausweichen und notfalls auf halbe Sicht fahren; ansonsten wird ihn bei einem Unfall höchstwahrscheinlich ein Verschulden treffen.

Ob und auf welchen Straßen der Wintersport überhaupt ausgeübt werden darf, hängt somit ausschließlich von der Art und Widmung der betreffenden Straße ab. Wer Wintersport auf Straßen betreiben will, soll sich daher vorher über die Zulässigkeit der Ausübung informieren, um sich vor allfälligen Nachteilen zu bewahren.

* Straßenverkehrsordnung 1960, BGBl 1960/159 idF I 2014/88
EG-VO 06/561 idF EG-VO 09/1073 zur Harmonisierung bestimmter Sozialvorschriften im Straßenverkehr
EU-VO 14/165 über Fahrtenschreiber im Straßenverkehr

G. Landwirtschaftliche Fahrzeuge im Straßenverkehr

Für landwirtschaftliche Fahrzeuge und Anhänger bestehen im Kraftfahrgesetz* und in der Kraftfahrgesetz-Durchführungsverordnung* nähere Bestimmungen über die Arten der Fahrzeuge, die einzelnen Bauartgeschwindigkeiten, die Ausrüstung, den Führerschein, die Personenbeförderung, die wiederkehrende Begutachtung und Überprüfung, die Abmessungen, die Wechselkennzeichen, die Wirtschaftsfuhren, die Verwahrung und Kennzeichnung der Ladung und dergleichen.

1. Arten der landwirtschaftlichen Fahrzeuge und Anhänger

a) **Zugmaschinen (Traktoren)**

Die im üblichen Sprachgebrauch als Traktor bezeichnete Zugmaschine ist ein Kraftwagen, der nach seiner Bauart und Ausrüstung ausschließlich oder vorwiegend zum Ziehen von Anhängern oder Geräten überwiegend auf nicht für den Fahrzeugverkehr bestimmten Landflächen oder zur Verwendung als Geräteträger bestimmt ist, auch wenn er eine beschränkte Ladefläche aufweist. Zugmaschinen werden in solche mit einer Bauartgeschwindigkeit bis 25 km/h – mit bestimmten Ausnahmen und Erleichterungen – und in solche über 25 km/h ohne derartige Begünstigungen eingeteilt.

b) **Motorkarren**

Dieser ist ein Kraftwagen mit einem höchsten zulässigen Gesamtgewicht bis 7000 kg und einer Bauartgeschwindigkeit bis 40 km/h, der nach seiner Bauart und Ausrüstung dazu bestimmt ist, wahlweise als Lastkraftwagen, als Zugmaschine oder als selbstfahrende Arbeitsmaschine verwendet zu werden.

c) **Selbstfahrende Arbeitsmaschine**

Als solche gilt ein Kraftfahrzeug, das nach seiner Bauart und Ausrüstung ausschließlich oder überwiegend zur Durchführung von nicht in der Beförderung von Personen oder Gütern auf Straßen bestehenden Arbeitsvorgängen bestimmt ist. Dazu zählt insbesondere auch der Mähdrescher.

d) **Einachszugmaschinen**

sind mit einem anderen Fahrzeug oder Gerät so verbunden, dass sie mit diesem ein einziges Kraftfahrzeug bilden. Sie gelten nicht als landwirtschaftliches Fahrzeug, sondern als Sonderkraftfahrzeug.

e) **Nicht zum Verkehr zugelassene Anhänger**

dürfen auf Straßen mit öffentlichem Verkehr nur gezogen werden, wenn sie vorne, seitlich und hinten eine bestimmte Ausrüstung aufweisen.

f) **Zum Verkehr zugelassene Anhänger**

müssen für die Zulassung zum Verkehr durch die Behörde genehmigt werden. Bei einer Beschränkung der Geschwindigkeit auf 25 km/h bestehen hinsichtlich der Ausrüstung einige Erleichterungen.

2. Bauartgeschwindigkeit

Das ist die Geschwindigkeit, die das Kraftfahrzeug aufgrund seiner Bauart nicht überschreiten darf. Sie muss auf der Fahrzeughinterseite in Form einer Tafel oder Klebefolie angebracht sein. Es bestehen verschiedene Erleichterungen und Ausnahmen.

3. Ausrüstung

Für landwirtschaftliche Kraftfahrzeuge bestehen nähere Bestimmungen über die Beleuchtungseinrichtungen, Warneinrichtungen, Fahrtrichtungsanzeiger, Alarmblinkanlagen, Rückspiegel, Bereifung, Radabdeckungen, Scheibenwischer, Aufschriften, Kennzeichentafeln und allfällige Schutzvorrichtungen.

4. Lenkerberechtigung – Führerschein

Der Erwerb der Gruppe F ist ab dem Alter von 16 Jahren – bei wirtschaftlicher Notwendigkeit und beschränkt auf ldw. Fahrzeuge – möglich. Der Erwerb der Gruppe B berechtigt zur Lenkung landw. Kraftfahrzeuge bis 3500 kg samt Anhänger bis 750 kg.
Bei Wirtschaftsfuhren muss lediglich der Führerschein mitgeführt werden.

5. Personenbeförderung

Auf Zugmaschinen und Motorkarren darf die im Typenschein bzw. Zulassungsschein eingetragene Anzahl von Personen befördert werden. Auf der Ladefläche von Motorkarren und Zugmaschinen dürfen dann noch weitere Personen befördert werden, wenn deren Sicherheit gewährleistet ist. Die Mitnahme von Kindern unter 5 Jahren auf Zugmaschinen ist verboten. Kinder zwischen 5 und 12 Jahren dürfen dann mitgeführt werden, wenn der Abstand zu den Fußrasten ihrer Körpergröße entspricht, sie sich anhalten und abstützen können.

6. Wirtschaftsfuhren

Als solche gelten die Güterbeförderung im luf. Betrieb innerhalb der betriebszugehörigen Liegenschaften und bis zur nächsten Sammelstelle (Lagerhaus, Bahnverladestation etc.) mit betrieblichen Fahrzeugen.

Bei Wirtschaftsfuhren darf nur eine nicht starre Ladung wie Heu u. dgl. über den seitlichen Rand des Fahrzeuges hinausreichen, wenn das Fahrzeug samt der Ladung ohne Zugfahrzeug eine Länge von 12 m, eine Breite von 3,5 m und eine Höhe von 4 m nicht überschreitet. Bei einer derartigen Ladung beträgt die erlaubte Höchstgeschwindigkeit für zum Verkehr zugelassene Anhänger 20 km/h und für nicht zum Verkehr zugelassene Anhänger 10 km/h. Zusätzlich ist zur Anzeige der Fahrtrichtungsänderung oder eines Fahrstreifenwechsels eine Signalstange zu verwenden, wenn die Blinkleuchten oder Handzeichen infolge der Breite der Ladung nicht ausreichend erkennbar sind.

7. Weitere Bestimmungen bestehen über

a) wiederkehrende Begutachtung und Überprüfung,
b) Wechselkennzeichen,
c) Fahrzeugabmessungen,
d) Anhänger-Arbeitsmaschinen,
e) Personenbeförderung auf Anhängern,
f) gleichzeitiges Ziehen eines zum Verkehr zugelassenen und eines nicht zum Verkehr zugelassenen Anhängers,
g) gleichzeitiges Ziehen eines Einachs- und eines Zweiachsanhängers,
h) Kennzeichnung einer Langgutfuhre,
i) Verwahrung der Ladung,

j) Überbreite bei selbstfahrenden Arbeitsmaschinen,
k) Mitführen des Warndreieckes bzw. von Unterlegkeilen.

* Kraftfahrgesetz 1967, BGBl 1967/267 idF I 2015/26
KfG-Durchführungsverordnung 1967 (KDV), BGBl 1967/399 idF II 2015/40
Führerscheingesetz – FSG, BGBl I 1997/120 idF I 2014/52
RL 76/432/EWG idF 97/54/EG über Bremsanlagen land- und forstw. Zugmaschinen auf Rädern
RL 06/126/EG idF 14/85/EU über den Führerschein

XX. Umweltschutz und Raumordnung

Dem Umweltschutz kommt in der Rechtsordnung eine sehr beachtliche Wichtigkeit zu.

Die **Land- und Forstwirtschaft** wird durch ihre örtliche Lage und Funktion naturgemäß im besonderen Ausmaß berührt. Nur wenige Gesetze enthalten noch Ausnahmen von den strengen Umweltbestimmungen für die land- und forstwirtschaftliche Bewirtschaftung. Dafür gleichen Förderungen für den ländlichen Raum diese Nachteile und Einbußen teilweise aus.

A. Allgemeine Umweltbestimmungen

1. Umweltrecht in der EU

Der Bereich Umwelt ist generell in den Artikel 130r bis 130t EG- Vertrag sowie in weiteren Richtlinien* und Verordnungen* zu deren Sanierung, Verbesserung und Förderung sowie zur Verminderung von Umweltverschmutzung und Schäden geregelt.

1. Umweltrecht in Österreich

In Österreich regeln im Bereiche der Umwelt zahlreiche Bundes- und Landesgesetze* den Schutz einschließlich strafrechtlicher Sanktionen, die Umweltverträglichkeit, Förderung, Informationen, Haftung und Kontrolle.

3. Vorrangige Maßnahmen zur Verbesserung der Agrarumwelt

Die **EU-Verordnung über die Förderung der ländlichen Entwicklung** durch den Europäischen Landwirtschaftsfonds für die Entwicklung des ländlichen Raums – **ELER** (EU-VO 13/1305) – regelt im Titel III die Maßnahmen zur Verwirklichung einer oder mehrerer Prioritäten im ländlichen Raum.

Voraussetzungen für Beihilfen bzw. Finanzzahlungen sind

- **bestimmte Maßnahmen** in der agrarischen Umwelt, wie z.B. in der land- und fortwirtschaftlichen Bodennutzung oder im Tierschutz; siehe XXI/B/3;
- **benachteiligte Gebiete** bzw. **bestimmte Investitionen**, und zwar:

a) Investitionen in die **Entwicklung von Waldgebieten** und in die Verbesserung der **Lebensfähigkeit von Wäldern**. Die Förderung betrifft die:

- **Aufforstung** und Anlage von Wäldern;
- Einrichtung von **Agrarforstsystemen** durch private Landbesitzer und Gemeinden;
- **Vorbeugung von Schäden,** Wiederherstellung des ursprünglichen Zustands von Wäldern nach **Waldbränden, Naturkatastrophen,** des Auftretens von **Schädlingen** und Krankheiten und Gefahren im Zusammenhang mit dem Klima;
- Investitionen zur Stärkung der Widerstandsfähigkeit, des ökologischen Wertes und Potenzials der Waldökosysteme für die Eindämmung des Klimawandels;
- Investitionen in Techniken der Forstwirtschaft und die Verarbeitung, Mobilisierung und Vermarktung forstwirtschaftlicher Erzeugnisse.

b) **Agrarumwelt- und Klimamaßnahme**; sie zielt auf die Erhaltung sowie auf die Förderung der notwendigen Änderungen der landwirtschaftlichen Verfahren ab, die sich positiv auf die Umwelt und das Klima auswirken.

c) **ökologischer/biologischer Landbau**; die Förderung wird aktiven Landwirten für einen Zeitraum von 5 bis 7 Jahren gewährt, die sich verpflichten, ökologische/biologische Bewirtschaftungsverfahren und -methoden gemäß der EG-VO 07/834 einzuführen oder beizubehalten und die über die Grundanforderungen, Kriterien und Mindestanforderungen für den Einsatz von Dünge- und Pflanzenschutzmitteln sowie sonstige einschlägige verpflichtende Anforderungen gemäß dem nationalen Recht hinausgehen; siehe auch: XXI/D/2 Ökologische/Biologische Produktion.

d) Zahlungen im Rahmen von **Natura 2000** und der **Wasserrahmenrichtlinie**;
sie werden jährlich je Hektar landwirtschaftlicher Fläche oder Waldfläche zum Ausgleich zusätzlicher Kosten und von Einkommensverlusten gewährt, die durch Nachteile in dem Gebiet aufgrund der **Flora-Fauna-Habitat-RL** 92/43/EWG, der **Vogelschutz-RL** 09/147/EG und der **Wasserrahmen-RL** 00/60/EG entstehen.

e) Zahlungen für aus **naturbedingten oder anderen spezifischen Gründen benachteiligte Gebiete**. Hierzu haben die Mitgliedstaaten die Gebiete zu bestimmen:
- **Berggebiete:** Sie müssen durch eine erhebliche Einschränkung der Bodennutzung und bedeutend höhere Bearbeitungskosten wie folgt gekennzeichnet sein:
sehr schwierige klimatische Verhältnisse mit erheblich verkürzter Vegetationszeit infolge der Höhenlage;
in geringerer Höhenlage starke Hangneigung des Großteiles der Flächen ohne oder nur mit kostspieligem Maschineneinsatz;
oder ein Zusammentreffen beider Gegebenheiten, wenn die Benachteiligung durch jede dieser Gegebenheiten für sich genommen zwar geringer ist, beide zusammen aber eine ebenso große Benachteiligung ergeben; Berggebiete: EG-VO 99/1257;
- **andere Gebiete als Berggebiete**, die aus **erheblichen naturbedingten Gründen benachteiligt** sind, wenn mindestens 60 % der landwirtschaflichen Flächen mindestens ein Kriterium von Anhang III mit dem angegebenen Schwellenwert erfüllen: niedrige Temperatur, Trockenheit, übermäßige Bodenfeuchtigkeit, begrenzte Wasserführung, unvorteilhafte Bodentextur oder Steinigkeit, Durchwurzelungstiefe, schlechte chemische Eigenschaften oder steile Hanglage;
- andere aus **spezifisch anderen Gründen benachteiligte Gebiete**, wenn sie durch besondere Gründe benachteiligt sind und es notwendig ist, die Landbewirtschaftung zur Erhaltung oder Verbesserung der Umwelt, zur Erhaltung des ländlichen Lebensraums und zur Erhaltung des Fremdenverkehrspotenzials fortzuführen.

f) **Tierschutzzahlungen**; sie werden aktiven Landwirten für einen Zeitraum von 1 bis 7 Jahren gewährt, die sich verpflichten, Vorhaben durchzuführen, die in einer oder mehreren **Tierschutzverpflichtungen** bestehen, die über die obligatorischen Grundanforderungen sowie sonstige verpflichtende Anforderungen hinausgehen.
Diese jährlich gewährten Zahlungen entschädigen die Landwirte für die Gesamtheit oder einen Teil der zusätzlichen Kosten – auch Transaktionskosten für gezahlte Prämien – und Einkommensverluste infolge der eingegangenen Verpflichtung.

g) **Waldumwelt- und Waldklimadienstleistungen** und **Erhalt der Wälder**;
die Förderung wird Waldbesitzern für Vorhaben gewährt, die über die Grundanforderungen hinausgehen und in einer oder mehreren Waldumwelt- und Klimaverpflichtungen bestehen.

h) **Risikomanagement**; die Förderung betrifft Finanzbeiträge für
- Prämien für **Ernte-, Tier- und Pflanzenversicherung** (z.B. Hagelversicherung);
- wirtschaftliche Einbußen infolge **widriger Witterungsverhältnisse**, einer **Tierseuche** oder **Pflanzenkrankheit, Schädlingsbefalles** oder **Umweltvorfalles**;
- die **Einkommensstabilisierung** – bei Einkommensrückgängen von über 30 %.

i) **Innovations- und Kooperationsentwicklung** im ländlichen Raum – **LEADER**;
das Ziel von LEADER ist die Integrierte Förderung dieser Entwicklung im ländlichen Raum. Die Förderung wird für Ansätze zur Umsetzung hochwertiger, integrierter Strategien für eine nachhaltige Entwicklung gewährt.

j) **Investitionen**;
Voraussetzung für eine Förderung aus dem ELER ist eine Bewertung der erwarteten Umweltauswirkungen, wenn die Investition negative Auswirkungen auf die Umwelt haben dürfte. Die förderungsfähigen Ausgaben sind begrenzt auf

- Errichtung, Erwerb/Leasing, Modernisierung von **unbeweglichem Vermögen**;
- Kauf oder Leasingkauf neuer **Maschinen** oder Anlagen;
- Ausarbeitung von **Waldwirtschaftsplänen** und weitere Investitionen.

k) **Investitionen in Bewässerung**;
Voraussetzung für förderfähige Ausgaben sind

- ein **Bewirtschaftungsplan für das Flusseinzugsgebiet** gemäß den Anforderungen der Wasserrahmenrichtlinie;
- die Installation eines Wasserzählers als Teil der Investition;
- zur Verbesserung einer bestehenden Bewässerungsanlage oder eines Teils einer Bewässerungsinfrastruktur der Hinweis auf eine ex ante durchgeführte Bewertung auf ein **Wassereinsparpotenzial** von mindestens 5–25 % im Einklang mit den technischen Parametern der bestehenden Anlage oder Infrastruktur;
- bei Grund- oder Oberflächenwasserkörpern die Gewährleistung der **Senkung des Wasserverbrauches** um mindestens 50 % des durch die Investition ermöglichten Wassereinsparpotenzials bzw. in einem einzelnen landwirtschaftlichen Betrieb die **Senkung des Gesamtwasserverbrauches** des Betriebs um mindestens 50 % des durch die Investition ermöglichten Wassereinsparpotenzials;
- bei Nettovergrößerungen der bewässerten Fläche mit Auswirkungen auf einen Grund- oder Oberflächenwasserkörper darf der Zustand des Wasserkörpers nicht niedriger als gut eingestuft sein bzw. muss nachgewiesen werden, dass die Investition keine erheblichen negativen Umweltauswirkungen haben wird.

* EU-VO 13/1305 idF EU-VO 14/1378 über die Förderung der ländlichen Entwicklung, Titel III Maßnahmen

4. Umwelt- und Klimaprogramme

a) **Programmplanung**
Die **EU-VO 13/1305 über die Förderung der ländlichen Entwicklung** sieht im Titel II Artikel 6 ff. eine **Programmplanung für den ländlichen Raum** vor.
Das **EIP – Europäisches Innovations- und Partnerschaftsnetzwerk** – ist ein Spezialprogramm „Unternehmerische Initiative und Innovation"; es fördert die **landwirtschaftliche Produktivität, Nachhaltigkeit und Innovation** sowie kleine und mittlere Unternehmen (KMU) in der EU. Ein Schwerpunkt ist die „ÖKO-Innovation" zur **Reduzierung von Umweltbelastungen,** z.B. Projekte zur **Vermeidung von Umweltverschmutzung** oder der effizienten Nutzung **natürlicher Ressourcen**. Es soll u.a. die Beteiligung der Interessenträger in der Land- und Forstwirtschaft stärken.
Die Mitgliedstaaten können **nationale Programme**, auch **thematische Teilprogramme** für Junglandwirte, Kleinbetriebe, Berggebiete, Frauen in ländlichen Gebieten und weitere erstellen. Die Programme haben bestimmte Inhalte aufzuweisen. Nationale Programmvorschläge müssen von der Kommission genehmigt werden.

Die **EU-VO 13/1293** stellt ein Programm für die **Umwelt und Klimapolitik – LIFE** – für 2014 bis 2020 mit dem Ziel auf, insbesondere

- zu einer **ressourceneffizienten, CO_2-emissionsarmen** und **klimaresistenten Wirtschaft** beizutragen;
- das **Natura-2000-Netz** zu unterstützen und die **Schädigung der Öko-Netze** zu bekämpfen;
- die **Umweltqualität, Umwelt- und Klimapolitik** und ihr **Recht** zu verbessern;
- eine **bessere Verwaltungspraxis** in diesem Bereich auf allen Ebenen zu fördern.

b) **Programm für die ländliche Entwicklung in Österreich – LE 2020**
Dieses genehmigte Programm setzt Maßnahmen der EU-VO 13/1305 für ländliche Gebiete um und stellt für den Zeitraum 2014 bis 2020 sicher, dass

- die Landwirtschaft **innovativ und wettbewerbsfähig** bleibt,
- die Betriebe **umweltschonend und nachhaltig wirtschaften**,
- die Produktion **hochwertiger und leistbarer Lebensmittel** sichergestellt wird.

Es eröffnet neue Erwerbschancen für die Landwirtschaft und den gesamten ländlichen Raum, der an Attraktivität gewinnt. **Diversifizierung, Vielfalt** und **Aktivitäten** für **kleine und mittlere Unternehmen** stehen im Mittelpunkt.

c) **Agrarumweltprogramme ÖPUL** – enthalten im LE 2020
Bei Einhaltung der **allgemeinen ÖPUL-Bestimmungen** wie Cross Compliance (siehe XX/A/3, XXI/B/3) und **weiterer Mindestanforderungen**, wie fachspezifische Weiterbildung bei anerkannten Bildungsträgern, werden **Prämien** gewährt für

- biologische Wirtschaftsweise, umweltgerechte und biodiversitätsfördernde Bewirtschaftung,
- Einschränkung ertragssteigernder Betriebsmittel, Verzicht auf Fungizide und Wachstumsregulatoren,
- Anbau seltener landwirtschaftlicher Kulturpflanzen, Begrünung von Ackerflächen – Zwischenfruchtanbau und System Immergrün, Mulch- und Direktsaat,
- Erhaltung gefährdeter Nutztierrassen,
- bodennahe Ausbringung flüssiger Wirtschaftsdünger, Erosionsschutz Obst/Wein/Hopfen, Pflanzenschutzmittelverzicht bei Wein/Hopfen, Silageverzicht,
- Einsatz von Nützlingen, Bewirtschaftung von Bergmähwiesen, Alpung und Behirtung,
- vorbeugenden Grundwasserschutz, Bewirtschaftung auswaschungsgefährdeter Ackerflächen, vorbeugenden Oberflächengewässerschutz auf Ackerflächen,
- Naturschutz und Weide-Tierschutz, Natura 2000 – Landwirtschaft.

* Übereinkommen über die biologische Vielfalt, BGBl 1995/213
VO über ökologische Mindestkriterien für die Gewährung von ausschließlich national finanzierten betrieblichen Förderungsmaßnahmen, BGBl 1995/859
Energiecharta über Effizienz und Umweltaspekte, BGBl III 1998/81 und 82
RL 03/35/EG über die Öffentlichkeits-Beteiligung bei der Ausarbeitung umweltbezogener Pläne und Programme
EU-VO 13/1305 idF EU-VO 14/1378 über die Förderung der ländlichen Entwicklung, Titel II Artikel 6 bis 12 Programmplanung

5. Umweltförderung

Das Umweltförderungsgesetz* enthält Förderungsziele zum Schutz der Umwelt durch

- geordnete Abwasserentsorgung;
- Verringerung der Luftverschmutzung;
- Leistungen an Nachbarländern zu umweltentlastenden Auswirkungen auf Österreich;

- Sicherung und Sanierung von Altlasten.

Förderungen können bei Vorliegen der vorgenannten Ziele und bei Einhaltung der Richtlinien gewährt werden, wenn sie einen Effekt für den Umweltschutz bewirken.

Ökologische Mindestkriterien für Förderungsmaßnahmen. Siehe auch: **Regeln der guten fachlichen Praxis,** XII/C/2, XXI/B/3c und 5 f. und **Ökologischer Landbau** XXI/D/2.

* Umweltförderungsgesetz – UFG, BGBl 1993/185 idF I 2015/51
Umweltfondsgesetz, BGBl 1983/567 idF 1990/325
Umweltkontrollgesetz, BGBl I 1998/152 idF BGBl I 2014/40

6. Umweltverträglichkeit

Das **Ziel** der **Umweltverträglichkeitsprüfung** ist es, Umweltschäden nach dem Vorsorgeprinzip von vornherein zu vermeiden, die Umwelteinwirkungen ganzheitlich zu betrachten und eine bessere Vorbereitung der Projekte zu erreichen.

In der Land- und Forstwirtschaft müssen bestimmte Projekte vor ihrer Genehmigung auf ihre Umweltauswirkungen – Menschen, Tiere, Pflanzen, Boden, Wasser, Luft, Klima, Landschaft und ihre Wechselwirkungen – überprüft werden.

Die potenziellen Umweltauswirkungen sind zu beurteilen nach

- dem Ausmaß der Auswirkungen und seinem grenzüberschreitenden Charakter,
- der Wahrscheinlichkeit, Schwere und Komplexität von Auswirkungen,
- der Dauer, Häufigkeit und Reversibilität der Auswirkungen.

a) Die **EU-Umweltverträglichkeitsprüfungs-Richtlinie*, UVP-RL**, bestimmt in der Landwirtschaft folgende Projekte:

- Flurbereinigung;
- Verwendung von Ödland/naturnahen Flächen zu intensiver Landwirtschaftsnutzung;
- wasserwirtschaftliche Projekte, einschließlich Bodenbe- und -entwässerung;
- bestimmte Erstaufforstungen und Abholzungen;
- Anlagen zur Intensivhaltung/-aufzucht von Geflügel oder Schweinen mit mehr als
  a) 85.000 Plätzen für Masthähnchen und -hühnchen, 60.000 Plätzen für Hennen,
  b) 3.000 Plätzen für Mastschweine über 30 kg oder
  c) 900 Plätzen für Sauen;
- intensive Fischzucht und Landgewinnung am Meer.

b) Das **Umweltverträglichkeitsprüfungsgesetz – UVP-G 2000*** – bestimmt in Umsetzung der EU-Richtlinie in der Land-, Forst- und Wasserwirtschaft unter anderem folgende Anlagen im vereinfachten Verfahren:

- **Bodenentwässerung** (Drainage) mit einer Fläche von mindestens 300 Hektar;
- **Bodenbewässerung** mit einer Fläche pro Jahr von mindestens 2500 Hektar;
- **Tierhaltungen** ab 48.000 Legehennen-, Junghennen- oder Truthühnerplätzen, 65.000 Mastgeflügelplätzen, 2500 Mastschweineplätzen und 700 Sauenplätzen, wobei bei gemischten Beständen die Prozentsätze der jeweils erreichten Platzzahlen addiert werden bzw. Bestände bis 5 % der Platzzahlen unberücksichtigt bleiben;
- intensive **Fischzucht** mit einer jährlichen Produktionskapazität ab 300 Tonnen;
- Umwandlung von **Ödland** oder **naturnahen Flächen** für Zwecke der intensiven Landwirtschaftsnutzung von mindestens 70 Hektar;
- **Rodungen** auf einer Fläche von mindestens 20 Hektar;
- **Rodungserweiterungen** innerhalb von 10 Jahren um weitere 5 Hektar.

In **schutzwürdigen Gebieten** nach der EU-Vogelschutzrichtlinie, Flora-Fauna-Habitat-Richtlinie, in Bannwäldern, Nationalpark- und Naturschutzgebieten, Wasserschutz- und Wasserschongebieten, luftbelasteten Gebieten und Alpinregionen sind folgende Vorhaben und Anlagen bereits ab niedrigeren Mindestschwellen einer UV-Prüfung im vereinfachten Verfahren zuzuführen:

- **Tierhaltungen** ab 40.000 Hennenplätzen, 42.500 Mastgeflügelplätzen, 1400 Mastschweineplätzen und 450 Sauenplätzen;
- intensive **Fischzucht** mit einer jährlichen Produktionskapazität ab 150 Tonnen;
- Umwandlung von **Ödland** oder **naturnahen Flächen** für Zwecke der intensiven Landwirtschaftsnutzung von mindestens 35 Hektar;
- **Rodungen** auf einer Fläche von mindestens 10 Hektar;
- **Rodungserweiterungen** innerhalb von 10 Jahren um weitere 2,5 Hektar.

c) Die **Flurverfassungs-Landesgesetze** bestimmen in Umsetzung der EU-Richtlinie die UV-Prüfung im **Zusammenlegungsverfahren**. Siehe XVII/A/1e.

Über Berufungen gegen UVP-Bescheide entscheidet das Bundesverwaltungsgericht.

* Umweltverträglichkeitsprüfungsgesetz 2000 – UVP-G 2000, BGBl 1993/697 idF I 2014/14
Übereinkommen über die UVP im grenzüberschreitenden Rahmen, BGBl III 1997/201
RL 01/42/EG über die Prüfung der Umweltauswirkungen bestimmter Pläne und Programme – Strategische Umweltprüfungsrichtline – SUP-RL
RL 11/92/EU idF 14/52/EU über die Umweltverträglichkeitsprüfung bei bestimmten öffentlichen und privaten Projekten

7. Umweltinformation

Der EG-Vertrag verpflichtet die Gemeinschaft bei der Erarbeitung von Umweltmaßnahmen, verfügbare wissenschaftliche und technische Daten zu berücksichtigen.

a) Die **EU-Umweltagentur-Verordnung*** hat die Errichtung einer Europäischen **Umweltagentur** und die Einführung eines Europäischen **Umweltinformations- und Umweltbeobachtungsnetzes** zum Ziel.

b) Die Richtlinie über den **Zugang zu Informationen*** bzw. das österreichische **Umweltinformationsgesetz*** bezwecken den freien Zugang zu den bei den Behörden vorhandenen Umwelt-Daten (Luft-, Gewässer- oder Bodenzustand, gefährliche Vorhaben, beeinträchtigende Auswirkungen etc.) sowie deren Verbreitung und Veröffentlichung.

c) Die **INSPIRE**-Richtlinie* regelt die Schaffung der **Geodateninfrastruktur** für Zwecke der Umweltpolitik und anderer Maßnahmen, die **Auswirkungen auf die Umwelt** haben können. Sie unterstützt die Entscheidungsfindung über Konzepte und Maßnahmen. INSPIRE stützt sich auf die von den Mitgliedstaaten geschaffenen Geodateninfrastrukturen.

d) Die **Geodateninfrastrukturgesetze*** der Bundesländer regeln in Umsetzung der INSPIRE-RL den Auf- und Ausbau einer **umweltrelevanten** Geodateninfrastruktur, Metadaten und Geodatensätze, Netzdienste, elektronisches Netzwerk, Nutzung, Beschränkungen und Entgelte etc.

* Umweltinformationsgesetz – UIG, BGBl 1993/495 idF I 2013/97
Geodateninfrastrukturgesetz – GeoDIG, BGBl I 2010/14 idF I 2012/109
Bgld Geodateninfrastrukturgesetz – Bgld. GeoDIG, LGBl 2011/8 idF 2013/79
Ktn Informations- und Statistikgesetz – K-ISG, LGBl 2005/70 idF 2013/85
NÖ Auskunftsgesetz, LGBl 0020-4 idF 2015/58, Abschnitte 2 und 3, Umweltinformation und Geodateninfrastruktur

OÖ Geodateninfrastrukturgesetz – Oö. GeoDIG, LGBl 2010/79 idF 2013/90
Sbg ADDSG-Gesetz, inkl. Geodateninfrastruktur, LGBl 1988/73 idF 2013/106
Stmk Geodateninfrastrukturgesetz – StGeodIG, LGBl 2011/35 idF 2013/87
Stmk Umweltinformationsgesetz 2005 – StUIG, LGBl 2005/65 idF 2013/87
Tir Geodateninfrastrukturgesetz – TGeoDIG, LGBl 2010/54
Tir Umweltinformationsgesetz 2005 – TUIG 2005, LGBl 2005/89 idF 2013/130
Vbg Geodateninfrastrukturgesetz – L-GIG, LGBl 2010/13 idF 2013/44
Vbg Umweltinformationsgesetz – LGBl 2005/56 idF 2013/44
Wr Geodateninfrastrukturgesetz – WGeoDIG, LGBl 2010/37 idF 2013/35
RL 03/4/EG über den Zugang der Öffentlichkeit zu Umweltinformationen
RL 03/98 über die Weiterleitung von Informationen des öffentlichen Sektors
RL 07/2/EG, EG-VO 09/976 und EU-VO 10/268 zur Schaffung einer Geodateninfrastruktur in der EU – INSPIRE
EG-VO 09/401 über die EU-Umweltagentur und das Umweltinformations- und -beobachtungsnetz

8. Umwelthaftung und Strafrecht

a) Das **Umwelthaftungsgesetz*** regelt auf der Grundlage des Verursacherprinzips
- Maßnahmen zur **integrierten Vermeidung und Sanierung von Umweltschäden**,
- deren Kostentragung und Verwaltungsstrafbestimmungen bei Verletzungen.

b) Die **IPPC-Anlagen-Landesgesetze*** regeln in Umsetzung der IPPC-Richtlinie* (= Integrated Pollution Prevention and Control)
- industrielle Anlagen, die im Anhang I der RL angeführt sind, wie Abwasser, Chemie, Zement, Stahl, Nahrungsmittel, Getränke etc.;
- deren Bewilligung, Überprüfung, Anpassung, Kontrolle und Betreiberpflichten etc.

c) Das **Strafgesetzbuch*** enthält Strafsanktionen bis zu 3 Jahren Freiheitsstrafe gegen
- vorsätzliche oder fahrlässige **Beeinträchtigung von Wasser, Boden oder Luft**;
- schwere Beeinträchtigung durch **Lärm**;
- umweltgefährdendes Beseitigen von **Abfällen** und Betreiben von Anlagen;
- **Gefährdung des Tier- und Pflanzenbestandes**, wenn dadurch eine größere Gefahr für Leib und Leben von Menschen oder den Tier- oder Pflanzenbestand in einem größeren Gebiet oder eine Verunreinigung oder Beeinträchtigung für lange Zeit anhält.

* Bundes-Umwelthaftungsgesetz– B-UHG, BGBl I 2009/55 idF I 2013/97
Umweltstrafrecht – Strafgesetzbuch §§ 180 bis 183
Bgld Umwelthaftungsgesetz – Bgld. UHG, LGBl 2010/5 idF 2013/79
Bgld IPPC-Anlagen-, Seveso II-Betriebe und Umweltinformationsgesetz, LGBl 2007/8 idF 2014/41
Ktn IPPC-Anlagengesetz, LGBl 2002/52 idF 2014/2
NÖ IPPC-Anlagen und Betriebe Gesetz – NÖ IBG, LGBl 8060-3
NÖ Umwelthaftungsgesetz – NÖ UHG, LGBl 6200-1
NÖ Umweltschutzgesetz – LGBl 8050-8
OÖ Umwelthaftungsgesetz – Oö. UHG, LGBl 2009/95 idF 2013/90
OÖ Umweltschutzgesetz 1996, LGBl 1996/84 idF 2014/36
Sbg Umweltschutz- und Umweltinformationsgesetz – UUIG, LGBl 2005/59 idF 2014/39
Stmk IPPC-Anlagen- und Seveso II-Betriebe-Gesetz, LGBL 2003/85 idF 2013/87
Stmk Umwelthaftungsgesetz – StUHG, LGBl 2010/10 idF 2013/87
Stmk Gesetz über Einrichtungen zum Schutz der Umwelt – StESUG, LGBl 1988/78 idF 2014/130
Tir Umwelthaftungsgesetz – T-UHG, LGBl 2010/5 idF 2013/130
Vbg Gesetz über Betreiberpflichten zum Schutze der Umwelt, LGBl 2001/20 idF 2014/18
Wr Umwelthaftungsgesetz – Wr. UHG, LGBL 2009/38 idF 2013/31
Wr Umweltschutzgesetz, LGBl 1993/25 idF 2013/31
RL 04/35/EG idF 13/30/EU über Umwelthaftung zur Vermeidung und Sanierung von Umweltschäden
RL 10/75/EU über Industrieemissionen und die integrierte Vermeidung und Verminderung der Umweltverschmutzung (neue IPPC-Richtlinie)

B. Natur- und Landschaftsschutz

Seine Aufgabe ist die Erhaltung, Pflege und der Schutz der Umwelt, Natur, Landschaft, Naturdenkmäler, wildwachsender Pflanzen und freilebender Tiere.

Sein Ziel ist die möglichst unbeeinträchtigte Erhaltung der Vielfalt und Schönheit der Naturlandschaft, um den Menschen eine gesunde und erholsame Umwelt zu ermöglichen.

In der EU regeln Verordnungen und Richtlinien die Erhaltung der Fauna und Flora, mit dem Ziel

- die Süßwasserqualität zum Leben von Fischen zu erhalten (RL 06/44/EG idF 08/1137/EG);
- wildlebende Vogelarten zu erhalten (Vogelschutzrichtlinie – RL 09/147/EG idF 13/17/EU);
- Vögel und ihre natürlichen Lebensräume zu schützen (Empfehlung 75/66/EWG);
- wandernde wildlebende Tierarten zu erhalten (B 82/461/EWG);
- Exemplare wildlebender Tier- und Pflanzenarten durch Überwachung des Handels zu schützen (EG-VO 97/338 idF EU-VO 13/75 und EG-VO 06/865 idF EU-VO 13/1283);
- natürliche Lebensräume sowie freilebende Tiere und wildwachsende Pflanzen zu erhalten (Flora-Fauna-Habitatrichtlinie, RL 92/43/EWG idF RL 13/17/EU).

In Österreich ist der Natur- und Landschaftsschutz durch Natur- und Landschaftsschutzgesetze und Verordnungen*, Berg- und Naturwachtgesetze*, Baumschutzgesetze und Verordnungen* sowie weitere Schutzgesetze der einzelnen Bundesländer geregelt, die inhaltlich ähnlich sind (siehe auch: Alp- und Weideschutz: XVII/E).

Beachte:

Im Einzelfall sind die Bestimmungen der jeweiligen Landesgesetze maßgebend.

Arten des Schutzes:

- **Naturschutz**
- **Landschaftsschutz**
- **Naturdenkmalschutz**
- **Pflanzen- und Tierschutz**
- **Seen-, Gewässer- und Uferschutz**

1. Naturschutz

Gebiete, wie z.B. Berg-, Seen-, Fluss- oder alpine Landschaften, Moore und Sümpfe und dergleichen, die wegen ihrer weitgehenden Ursprünglichkeit, der besonderen Vielfalt ihrer Tier- und Pflanzenwelt, wegen seltener oder gefährdeter Tier- und Pflanzenarten erhaltungswürdig sind, können durch Verordnung zu **Naturschutzgebieten** erklärt werden. In einem Naturschutzgebiet dürfen keine die Natur schädigenden, verunstaltenden oder beeinträchtigenden Eingriffe vorgenommen werden. Für die land-, forst-, jagd- und fischereiwirtschaftliche Nutzung bestehen teilweise noch Ausnahmen, sofern nicht ausdrücklich bestimmte Verbote erlassen werden.

2. Landschaftsschutz

Gebiete, die wegen ihrer besonderen landschaftlichen Schönheit oder Eigenart (z.B. Au- oder Berglandschaft) als Kulturlandschaft von seltener Charakteristik sind oder durch ihren Erholungswert besondere Bedeutung haben, können durch Verordnung zu **Landschaftsschutzgebieten** erklärt werden. In Landschaftsschutzgebieten dürfen keine Handlungen vorgenommen werden, die das Landschaftsbild verunstalten, das ökologische Gleichgewicht der Natur und die Erholungswirkung und dergleichen stören. Der Abbau der Bodensubstanz (Sand, Schotter, Lehm, Torf, Steinbrüche und dergleichen), die Errichtung von Siedlungen, Errichtung von bestimmten Bauten, Erdbewegungen größeren Ausmaßes, Drainagen und dergleichen bedürfen der naturschutzrechtlichen Bewilligung. Für die land-, forst-, jagd- und fischereiwirtschaftliche Nutzung sowie Bauten und Anlagen, die für die land- und forstwirtschaftliche Bewirtschaftung unerlässlich sind, bestehen teilweise noch Ausnahmen.

3. Naturdenkmalschutz

Naturgebilde, die wegen ihrer Eigenart, Seltenheit oder Schönheit, ihrer wissenschaftlichen oder kulturellen Bedeutung oder ihres besonderen Gepräges für das Landschafts- oder Ortsbild erhaltungswürdig sind, können von der Bezirksverwaltungsbehörde zu **Naturdenkmälern** erklärt werden. Als Naturgebilde gelten insbesonders: Landschaftlich hervorragende einzelne Bäume, Baum- und Gehölzgruppen, Quellen, Wasserfälle, Felsbildungen, Gletscherspuren, Klammen und Schluchten, Naturhöhlen und dergleichen.

4. Schutz der Pflanzen- und Tierwelt

Wildwachsende Pflanzen und freilebende Tiere, deren Bestand gefährdet ist und für die ein Schutzbedürfnis besteht, können durch Verordnung gänzlich teil- oder zeitweise geschützt werden. Die geschützten Pflanzen dürfen nicht von ihrem Standort entfernt, beschädigt oder vernichtet werden, im frischen oder getrockneten Zustand erworben, befördert oder feilgeboten werden. Die geschützten Tiere dürfen nicht verfolgt, gefangen, getötet, in lebendem oder totem Zustand erworben, befördert oder feilgeboten werden.

Schutz der Pilze: Siehe Sammeln von Beeren und Pilzen XIII/E/3.

5. Gewässer- und Uferschutz

Fließende und stehende natürliche Gewässer (Bäche und Seen) und deren Uferbereiche können als Landschaftsschutzgebiete erklärt oder sonst geschützt werden. Schädigende oder verunstaltende Eingriffe sind verboten, insbesondere das Ausbaggern, Materialablagern, z.T. die Beseitigung des Baumbewuchses, Geländekorrekturen und dergleichen.

In der **Steiermark** sind alle natürlich stehenden Gewässer und deren Uferbereich bis in eine Entfernung von 150 Metern landeinwärts als Landschaftsschutzgebiet geschützt. Im Bereich der natürlich fließenden Gewässer bedarf die Errichtung von **Wasserkraftanlagen**, Herstellung von **Schutz- und Regulierungswasserbauten, Bodenentnahmen** in einem 10 Meter breiten Uferstreifen, **Roden des Uferbewuchses** und die **Schutt- und Abfallagerung** im Uferbereich sowie das **Zuschütten von Altarmen** der naturschutzbehördlichen Bewilligung.

Für die land-, forst-, jagd- und fischereiwirtschaftliche Nutzung können Ausnahmebewilligungen erteilt werden (siehe: Reinhaltung, Schutz und Pflege der Gewässer XII/C und D).

6. Europaschutz – Natura 2000

Gebiete von gemeinschaftlicher Bedeutung zur Erhaltung der natürlichen Lebensräume, der wildlebenden Tiere, Pflanzen und Vogelarten, die von der EU-Kommission als Teil des kohärenten europäischen ökologischen Netzes mit der Bezeichnung „Natura 2000“ festgelegt worden sind, sind durch Verordnung der einzelnen Naturschutzgesetze zu besonderen Schutzgebieten mit der Bezeichnung **„Europaschutzgebiet“** zu erklären. Die flächenmäßige Begrenzung, der Schutzgegenstand (bedrohte Tier- und Pflanzenlebensräume und Arten) und Schutzzweck (Erhaltung, Bewahrung oder Wiederherstellung eines günstigen Lebensraumes oder einer Tier- oder Pflanzenart) sind in der Verordnung festzulegen. Bestimmte Pläne und Projekte, die zu einer erheblichen Beeinträchtigung des Schutzzweckes führen können, sind anzeige- oder bewilligungspflichtig.

7. Baumschutz

Zum Schutze des Baumbestandes, insbesondere in städtischen Ballungsgebieten, bestehen in einzelnen Bundesländern Baumschutzgesetze* bzw. in Niederösterreich und Salzburg Bestimmungen in den Naturschutzgesetzen* und können hiezu Verordnungen der Gemeinden erlassen werden, die einen bestimmten Baumbestand in bestimmten vorwiegend Siedlungsgebieten dahingehend unter Schutz stellen, dass diese Bäume nicht entfernt oder keine Krüppelschnitte vorgenommen werden dürfen bzw. die Entfernung an eine behördliche Bewilligung gebunden und bei Bewilligungen eine Ersatzpflanzung bzw. Ersatzzahlung vorgeschrieben wird.

* Bgld Naturschutz- und Landschaftspflegegesetz – NG 1990, LGBl 1991/27 idF 2013/79
Bgld Nationalparkgesetz Neusiedlersee-Seewinkel, LGBl 1993/28 idF 2013/79
Ktn Naturschutzgesetz 2002 – K-NSG 2002, LGBl 2002/79 idF 2013/85
Ktn Bergwachtgesetz – K-BWG, BGBl 1973/25 idF 2013/85
Ktn Nationalpark- und Biosphärenparkgesetz – K-NBG, LGBl 1983/55 idF 2013/85
Ktn Pflanzenartenschutzverordnung, LGBl 2007/9
Ktn Tierartenschutzverordnung, LGBl 1989/3 idF 2013/25
Ktn Pilzverordnung, LGBl 1996/53 idF 2010/73
NÖ Naturschutzgesetz 2000 – NÖ NSchG 2000, LGBl 5500-11
NÖ Nationalparkgesetz, LGBl 5505-3
NÖ VO über den Nationalpark Donau-Auen, LGBl 5505/1-0
OÖ Natur- und Landschaftsschutzgesetz 2001 – Oö. NSchG 2001, LGBl 2001/129 idF 2014/92
OÖ Nationalparkgesetz – OÖ NPG, LGBl 1997/20 idF 2013/90
Sbg Naturschutzgesetz 1999 – NSchG, LGBl 1999/73 idF 2013/106
Sbg Nationalparkgesetz 2014 – S.NPG, LGBl 2015/3 idF 2015/45
Sbg Allgemeine Landschaftsschutzverordnung 1995 – ALV, LGBl 1995/89 idF 2001/32
Sbg Seenschutzverordnung 2003, LGBl 2004/15 idF 2008/32
Sbg Höhlengesetz, LGBl 1985/63 idF 2013/106
Sbg Pilzeschutzverordnung, LGBl 1994/47 idF 2003/33
Stmk Naturschutzgesetz, LGBl 1976/65 idF 2014/55
Stmk Nationalparkgesetz Gesäuse – NPG, LGBl 2002/61 idF 2013/87
Stmk Artenschutzverordnung, LGBl 2007/40
Stmk Baumschutzgesetz 1989, LGBl 1990/18 idF 2013/87
Stmk Berg- und Naturwachtgesetz 1977, LGBl 1977/49 idF 2013/87
Tir Naturschutzgesetz 2005 – TNSchG 2005, LGBl 2005/26 idF 2015/14
Tir Bergwachtgesetz 2003, LGBl 2002/90 idF 2013/130
Tir Pilzschutzverordnung 2005, LGBl 2005/68
Vbg Gesetz über Naturschutz und Landschaftsentwicklung, LGBl 1997/22 idF 2014/9
Wr Naturschutzgesetz, LGBl 1998/45 idF 2013/31
Wr Biosphärenparkgesetz – Wienerwald, LGBl 2006/47
Wr Nationalparkgesetz Donau-Auen, LGBl 1996/37 idF 2013/31
Wr Baumschutzgesetz, LGBl 1974/27 idF 2013/45
Wr Naturschutzverordnung, LGBl 2000/5 idF 2010/12
Naturhöhlengesetz, BGBl 1928/169 idF 1974/786
Artenhandelsgesetz 2009 – ArtHG 2009, BGBl I 2010/16
Artenschutz-Übereinkommen, BGBl 1982/188 idF III 2014/155
Übereinkommen zum Schutz der Alpen (Alpenkonvention), BGBl III 2002/230 bis 236
Übereinkommen über die Erhaltung der europäischen wildlebenden Pflanzen und Tiere und ihrer natürlichen Lebensräume, BGBl 1983/372 idF III 2011/68
Übereinkommen zum Schutz des Kultur- und Naturerbes der Welt, BGBl 1993/60 idF III 2014/156

C. Kulturpflanzenschutz

Der Erfolg der Pflanzenerzeugung ist ständig durch Schadorganismen bedroht. Der Schutz der Pflanzen gegen diese Schadorganismen ist unbedingt erforderlich, um Ertragsminderungen zu verhindern und darüber hinaus die Produktivität der Landwirtschaft zu steigern.

Der Kulturpflanzenschutz umfasst Maßnahmen

- zur Bekämpfung von Pflanzenkrankheiten und Schädlingen,
- zum Schutz gegen die Einschleppung, Ausbreitung oder das Verbringen von Schadorganismen der Pflanzen,
- über das Inverkehrbringen und die Anwendung von Pflanzenschutzmitteln.

1. Gesetzliche Bestimmungen

a) In der EU bestehen zahlreiche Verordnungen* und Richtlinien* über

- die Bekämpfung von Pflanzenkrankheiten und -schädlingen;
- Höchstgehalte an Rückständen von Pestiziden und Schädlingsbekämpfungsmitteln;
- die Festsetzung von Pflanzenschutzmittelwirkstoffen;
- das Inverkehrbringen und die Anwendung von bestimmten Pflanzenschutzmitteln;
- Einstufungen, Verpackungen, Kennzeichnung und Beschränkungen des Inverkehrbringens und der Verwendung bestimmter gefährlicher Stoffe und Zubereitungen und
- zum Schutz gegen die Einschleppung, Ausbreitung oder das Verbringen von Schadstofforganismen der Pflanzen oder Pflanzenerzeugnisse in die Mitgliedsstaaten.

b) In Österreich sind
- der Pflanzenschutz im Pflanzenschutzgesetz 2011* des Bundes und den (Kultur)pflanzenschutzgesetzen* der Bundesländer,
- der Schutz forstlicher Kulturen im Forstgesetz* (siehe: Forstschutz XIII/F),
- der Schutz des Saat- und Pflanzgutes im Saatgutgesetz (siehe: Saat- und Pflanzgut XXI/D/1), im forstlichen Vermehrungsgutgesetz (siehe: XXI/D/3) und im Rebenverkehrsgesetz (siehe: Rebenverkehr XXI/C/2),
- der Verkehr und die Verwendung von Pflanzenschutzmitteln und sonstigen gefährlichen Stoffen im Pflanzenschutzmittelgesetz 2011* und hiezu ergangenen Verordnungen, im Chemikaliengesetz* und der Giftverordnung* des Bundes und den landwirtschaftlichen Chemikalien- bzw. Pflanzenschutzmittelgesetzen* der Bundesländer geregelt.

2. Pflanzenschutz

a) Das **Pflanzenschutzgesetz 2011*** über Maßnahmen zum Schutz gegen das Verbringen von Schadorganismen der Pflanzen und Pflanzenerzeugnisse sowie über Grundsätze für den Schutz der Pflanzen vor Krankheiten und Schädlingen setzt EU-Richtlinien um und regelt insbesondere
- Schadorganismen, befallene Pflanzen und Pflanzenerzeugnisse;
- Anforderungen für Schutzgebiete und Pflanzenschutzmaßnahmen;
- die Voraussetzungen, unter denen Pflanzen und Pflanzenteile innerhalb der EU verbracht, in die EU eingeführt oder in Drittländer ausgeführt werden dürfen;
- die Organisation des amtlichen Pflanzenschutzdienstes;
- den Pflanzenpass und das Pflanzengesundheitszeugnis;
- Pflanzensendungen, Eintrittstellen und Einfuhrverbote;
- die amtliche Untersuchung, ein Verzeichnis und Maßnahmen;
- die Überwachung und Kontrolle;
- Strafbestimmungen und Sicherungsmaßnahmen.

b) Die **Pflanzenschutzverordnung 2011*** enthält Bestimmungen über die
- Registrierung und Eintragung in das amtliche Verzeichnis, den Pflanzenpass;
- Schutzgebiete, deren Anerkennung und Untersuchung;
- Ausnahmen für das Verbringen, z.B. in grenznahen Gebieten und Kleinmengen.

* Pflanzenschutzgesetz 2011, BGBl I 2011/10 idF I 2013/189
Pflanzenschutzverordnung 2011, BGBl II 2011/299 idF II 2014/266
Pflanzenschutzverordnung-Holz, BGBl II 2001/319 idF I 2011/10
Eintrittstellen-Verordnung 2014, BGBl II 2014/30
Pflanzenschutz-Formularverordnung, BGBl II 2005/123 idF I 2011/10
Pflanzenschutz-Maßnahmen-Verordnung, BGBl. II 2007/195 idF I 2011/10
Bgld Pflanzenschutzgesetz 2003, LGBl 2004/47 idF 2013/68
Bgld Stare-Vertreibungs-Verordnung 2015, LGBl 2015/26

Ktn Kulturpflanzenschutzgesetz – K-KPSG, LGBl 2001/53 idF 2013/85
Ktn Verordnungen zur Bekämpfung diverser Pflanzenschädlinge, LGBl 1949/67 und 68, 2007/66 und 67, 2010/90 und 2010/9 idF 2012/29
NÖ Kulturpflanzenschutzgesetz 1978, LGBl 6130-5
OÖ Pflanzenschutzgesetz 2002 – Oö. PflSchG 2002, LGBl 2002/67 idF 2013/90
Sbg Kulturpflanzenschutzgesetz, LGBl 1949/43 idF 1991/46
Stmk Pflanzenschutzgesetz, LGBl 2002/82 idF 2013/158
Stmk Feuerbrandverordnung, LGBl 2003/33 idF 2013/109
Stmk Kartoffelzystennematodenverordnung 2010, LGBl 2010/52
Stmk Maiswurzelbohrerverordnung 2015, LGBl 2015/22 idF 2015/32
Tir Pflanzenschutzgesetz 2001, LGBl 2001/41 idF 2013/130
Tir Feuerbrand-Verordnung, LGBl 2000/19 idF 2008/24
Vbg Pflanzenschutzgesetz, LGBl 2007/58 idF 2013/44
Vbg Verordnungen zur Bekämpfung diverser Pflanzenschädlinge, LGBl 1998/51–53, 1998/55, 2008/39, 2009/11, 2010/36 und 2013/23
Wr Pflanzenschutzgesetz, LGBl 2002/36 idF 2012/31
RL 69/464/EWG, RL 74/647/EWG und RL 93/85/EWG idF RL 06/56/EG zur Bekämpfung des Kartoffelkrebses, von Nelkenwicklern und der bakteriellen Ringfäule der Kartoffel
RL 92/70/EWG über die erforderlichen Untersuchungen für die Anerkennung von Schutzgebieten
RL 98/57/EG idF RL 06/63/EG, RL 06/91/EG und RL 07/33/EG zur Bekämpfung der Rastonia solanacearum (Smith), der San-José-Schildlaus und der Kartoffelnemathoden
RL 90/642/EWG idF 06/4/EG, RL 86/362/EWG idF 07/73/EG und RL 86/363/EWG idF 08/17/EG über Höchstgehalte an Rückständen von Schädlingsbekämpfungsmitteln auf und in bestimmten Erzeugnissen pflanzlichen Ursprungs, einschließlich Obst und Gemüse bzw. auf und in Getreide bzw. auf und in Lebensmitteln tierischen Ursprungs
RL 92/90/EWG über die Verpflichtungen der Erzeuger und Einführer von Pflanzen
RL 92/105/EWG und RL 05/17/EG über die Vereinheitlichung der Pflanzenpässe
RL 93/51/EWG über das Verbringen bestimmter Pflanzen(erzeugnisse) durch Schutzgebiete
RL 95/44/EG idF 97/46/EG mit den Bedingungen, unter denen bestimmte Pflanzen zu Versuchs-, Forschungs- und Züchtungszwecken in die Gemeinschaft eingeführt werden dürfen
RL 98/22/EG mit Mindestanforderungen für die Durchführung von Pflanzengesundheitskontrollen
RL 00/29/EG idF EU-VO 14/652 zum Schutz gegen die Einschleppung und Ausbreitung von Schadorganismen der Pflanzen und Pflanzenerzeugnisse
EG-VO 05/396 idF EU-VO 13/1004 über Höchstgehalte an Pestizidrückständen in oder auf Lebens- und Futtermitteln pflanzlichen und tierischen Ursprungs
EG-VO 08/690 idF EU-VO 14/707 zur Anerkennung pflanzengesundheitlich besonders gefährdeter Schutzgebiete

3. Pflanzenschutzmittel – Chemikalien

Das **Ziel** dieser Bestimmungen ist

- die **Gewährleistung eines hohen Schutzniveaus** für das Leben und die Gesundheit von Mensch und Tier und für die Umwelt sowie
- das **bessere Funktionieren des Binnenmarkts** durch die Harmonisierung der Vorschriften für das Inverkehrbringen von Pflanzenschutzmitteln,
- die **Verbesserung der landwirtschaftlichen Produktion** und
- der **Schutz vor schädlichen Einwirkungen** durch chemische Stoffe.

a) Die **EU-Pflanzenschutzmittel-Verordnung*** regelt

- die Zulassung und das Inverkehrbringen von Pflanzenschutzmitteln, ihre Verwendung und Information über die allfällig schädlichen Auswirkungen;
- die Genehmigung von Wirkstoffen, die in Pflanzenschutzmitteln enthalten sind oder aus denen diese bestehen, Ausnahmen für Wirkstoffe mit geringem Risiko, weiters Zusatzstoffe und zulässige und unzulässige Beistoffe, die Kontrolle und Sanktionen;

Hierzu ergangene **Durchführungsverordnungen** regeln im Detail die Wirkstoffe, Risikobewertung und Kennzeichnung von Pflanzenschutzmitteln.

b) Die **EU-REACH-Verordnung*** (= Registration, Evaluation and Authorisation of Chemicals) regelt die

- Registrierungspflicht von chemischen Stoffen, Bewertung und Zulassung;
- Informationsanforderungen, Nutzung von Daten, Informationen der Lieferkette;
- Beschränkungen für die Herstellung, das Inverkehrbringen und die Verwendung bestimmter gefährlicher Stoffe, Gemische und Erzeugnisse.

c) Das **Pflanzenschutzmittelgesetz 2011*** über den Verkehr mit Pflanzenschutzmitteln und über Grundsätze für die Verwendung von Pflanzenschutzmitteln regelt in Umsetzung der EU-Pflanzenschutzmittel-Verordnung* und der Pestizid-Richtlinie*

- die **Voraussetzungen** für das **Inverkehrbringen**;
- das **Betriebs- und Pflanzenschutzmittelregister**;
- die amtliche **Pflanzenschutzmittelkontrolle**, die Probenahmen, Maßnahmen und Beschlagnahme; Pflichten der Geschäfts- und Betriebsinhaber sowie die Einfuhr;
- die **Verwendung von Pflanzenschutzmitteln**;
- Aktionspläne, Strafbestimmungen und den Verfall.
- Die **Pflanzenschutzmittelverordnung*** enthält besondere Zulassungsanforderungen an Pflanzenschutzmittel, die im **Haus- und Kleingartenbereich** verwendet werden.

d) Das **Chemikaliengesetz 1996*** über den Schutz des Menschen und der Umwelt vor Chemikalien. Sein Ziel ist der vorsorgliche Schutz des Lebens und der Gesundheit des Menschen und der Umwelt vor unmittelbar oder mittelbar schädlichen Einwirkungen, die durch das Herstellen und Inverkehrsetzen, den Erwerb, das Verwenden oder die Abfallbehandlung von Stoffen, Zubereitungen oder Fertigwaren entstehen können.

Es setzt u.a. die EU-REACH-Verordnung um und enthält Bestimmungen über

- **die Anmeldung neuer Stoffe, Einstufung, Kennzeichnung, Verpackung, Prüfung** und **Überwachung** sowie über die **Umweltverträglichkeit** und den Verkehr mit **Giften**.
- den **Geltungsbereich**

  Das Gesetz gilt **nicht für Lebensmittel und Verzehrprodukte, Wein und Obstwein, Tabakerzeugnisse und Futtermittel**; einzelne Bestimmungen gelten **nicht für Lebensmittelzusatzstoffe, Weinbehandlungsmittel, Futtermittelstoffe, Pflanzenschutzmittelstoffe und Zubereitungen sowie Saatgut**.
- die **Verpackungs- und Kennzeichnungspflicht**

  Gefährliche Stoffe und Zubereitungen dürfen nur in Verkehr gebracht werden, wenn ihre Verpackung bei bestimmungsgemäßer und vorhersehbarer Verwendung keine Gefahr für das Leben und die Gesundheit oder die Umwelt herbeiführen können und sie entsprechend ihren Eigenschaften deutlich sicht- und lesbar und dauerhaft auf jeder Verpackung gekennzeichnet sind. Bei der Kennzeichnung bestehen höhere Standards als in der EU!
- **Generelle Verbote und (Werbe)beschränkungen** sind direkt im Gesetz enthalten oder können durch Verordnung erlassen werden, soweit gefährliche Stoffe und Zubereitungen auch bei bestimmungsgemäßer Verwendung eine Gefahr darstellen können. Auch hier bestehen teilweise höhere Standards als in der EU!
- den **Verkehr mit Giften**

  Gifte sind Stoffe, die sehr giftig, giftig oder gesundheitsschädlich sind. Sie werden in einer **Giftliste** näher bezeichnet. Nur in der Giftliste enthaltene Gifte dürfen in Österreich in Verkehr gebracht werden, wobei die Standards auch hier höher als in der EU sind. Nur Berechtigte dürfen Gifte abgeben oder erwerben. Zum Erwerb sind u.a. Inhaber einer **Giftbezugsbewilligung** berechtigt. Diese Bewilligung kann ein **Giftbezugsschein** zum einmaligen Bezug oder eine **Giftbezugslizenz** zum mehrmaligen Bezug eines oder mehrerer Gifte sein.

- die **Aufzeichnungspflicht von Giften**
  Der Erwerber und Verbringer hat eine genaue und fortlaufende siebenjährige Aufzeichnung über Art, Menge, Herkunft und Verbleib der erworbenen Gifte zu führen. **Ausgenommen sind Land- und Forstwirte** über den Verbleib von Giften bei Pflanzenschutzmitteln, wenn diese ausschließlich im eigenen Betrieb verwendet werden. Aufzeichnungspflichten aufgrund von Landesgesetzen bleiben davon unberührt.
- **Schutzmaßnahmen beim Verkehr, Umgang und der Beseitigung von Giften**
  Der Empfänger hat dem Abgeber seine Identität nachzuweisen, die Berechtigung vorzulegen und den Empfang zu bestätigen. Die Behältnisse und Verpackungen von abgegebenen oder verwendeten Giften dürfen in ihrer Form, Aufmachung und Bezeichnung keinen Anlass zu Verwechslungen mit Arznei-, Lebens- und Futtermitteln oder sonstigen Waren des täglichen Gebrauchs geben. Die Beseitigung von Giften hat schadlos zu erfolgen bzw. kann sie der Letztverbraucher kostenlos dem Abgeber zurückgeben. Diese Standards sind ebenfalls höher als in der EU und können durch Verordnung noch weitere Detailbestimmungen erlassen werden.
- die Verwendung von **Giften in der Landwirtschaft** gemäß folgendem Punkt f.

e) Die **Chemikalienverordnung*** enthält Bestimmungen über

- die Einstufung, Neueinstufung, Verpackung und Kennzeichnung;
- das Sicherheitssortenblatt von gefährlichen Stoffen und Zubereitungen;
- die Ausnahmen hievon und notwendige Hinweise.

f) Die **Giftverordnung*** enthält Bestimmungen über die

- Giftbezugsbewilligung, Aufzeichnungspflicht, Bezug und Abgabe von Giften;
- besonderen Schutzmaßnahmen bei der Lagerung von Giften;
- Sorgfalts- und Unterweisungspflicht, Sachkenntnisse und Kenntnisse der „Ersten Hilfe“.

g) Die **Landes-Pflanzenschutzmittelgesetze*** sehen verschiedene Maßnahmen – unter Berücksichtigung der Grundsätze des **integrierten Pflanzenschutzes**, der Grundsätze der **guten Pflanzenschutzpraxis** und der Anwendung des **Vorsorgeprinzips** – vor.

Sie regeln in Ausführung des Pflanzenschutzmittelgesetzes 2011, des Chemikaliengesetzes 1996 und des Unionrechtes zum Schutz des Lebens und der Gesundheit sowie der Umwelt in ähnlicher Weise

- bestimmungs- und sachgemäße **Verwendung** nur von gekennzeichneten Mitteln, Verwendungsdauer, Lagerung und Aufzeichnungen;
- örtliche und zeitliche **Einschränkungen** oder **Verbote** der Verwendung hinsichtlich der mit der Verwendung verbundenen Risiken unter bestimmten Bedingungen;
- **Verwendungsberechtigung** von Pflanzenschutzmitteln durch sachkundige Personen – **Fort- und Weiterbildung** für berufliche Verwender und Berater – Landwirte mit praktischer Betätigung oder landwirtschaftlichem Fachschulabschluss etc.;
- **Beschaffenheit**, Wartung, Handhabung, Reinigung und Kontrolle der **Pflanzenschutzgeräte, Schutzbekleidung** und Schutzausrüstung;
- **Ausbildungsbescheinigung**, Information und Sensibilisierung der Öffentlichkeit;
- **Verringerung der Risiken** und **quantitativen** Verwendung von Pflanzenschutzmitteln;
- den **integrierten Pflanzenschutz** sowie alternative Methoden oder Verfahren;
- **Überwachung** der Verwendung von Pflanzenschutzmitteln;
- weitere Pflichten des Verfügungsberechtigten;
- Probenahme, Untersuchung, Beschlagnahme und Verfall.

Verwendung von Pflanzenschutzmitteln durch den Landwirt:

Der **Landwirt** hat bei der **Verwendung** dieser Mittel die vorgenannten Bestimmungen einzuhalten. Die Verwendung umfasst das **Gebrauchen, Verbrauchen, Anwenden, Ausbringen, Lagern, Vorrätighalten und innerbetriebliche Befördern** von Pflanzenschutzmitteln zum Zweck der Anwendung

* Chemikaliengesetz 1996 ChemG, BGBl I 1997/53 idF I 2015/14
Chemikalienverordnung 1999, BGBl II 2000 idF II 2008/393
Chemikalien-Verbotsverordnung, BGBl II 2003/477 idF II 2008/361
Giftinformations-Verordnung 1999, BGBl II 1999/137 idF II 2005/289
Giftliste-Meldeverordnung, BGBl II 1999/129
Giftliste-Verordnung 2002, BGBl II 2003/126
Giftverordnung 2000, BGBl II 2001/24
Pflanzenschutzmittelgesetz 2011, BGBl I 2011/10 idF I 2013/189
Pflanzenschutzmittelverordnung 2011, BGBl II 2011/233 idF II 2013/198
Bgld Pflanzenschutzmittelgesetz 2012, LGBl 2012/46 idF 2014/45
Ktn Landes-Pflanzenschutzmittelgesetz – K-LPG, LGBl 1991/31 idF 2014/17
NÖ landwirtschaftliches Pflanzenschutzmittelgesetz, LGBl 6170-3
OÖ Bodenschutzgesetz 1991, LGBl 1997/63 idF 2014/3, §§ 16–21, Pflanzenschutzmittel
Sbg Pflanzenschutzmittelgesetz 2014 – S.PMG 2014, LGBl 2013/102
Stmk Pflanzenschutzmittelgesetz 2012, LGBl 2012/87 idF 2014/154
Tir Pflanzenschutzmittelgesetz 2012, LGBl 2012/56
Vbg Pflanzenschutzgesetz, LGBl 2007/58 idF 2013/44, §§ 9a ff., Pflanzenschutzmittel
Vbg Pflanzenschutzmittelverordnung, LGBl 2014/15
Wr Pflanzenschutzmittelgesetz, LGBl 1990/18 idF 2013/34
RL 09/128/EG über die nachhaltige Verwendung von Pestiziden – Pestizid-Richtlinie
EG-VO 94/933 idF EG-VO 95/2230 über die Festsetzung der Wirkstoffe von Pflanzenschutzmitteln
EG-VO 96/1610 über die Schaffung eines Schutzzertifikates für Pflanzenschutzmittel
EG-VO 06/1907 idF EU-VO 14/895 zur Registrierung, Bewertung, Zulassung und Beschränkung chemischer Stoffe, zur Schaffung einer Europäischen Agentur für chemische Stoffe – REACH-Verordnung
EG-VO 08/1272 über die Einstufung, Kennzeichnung und Verpackung von Stoffen und Gemischen
EG-VO 09/1107 idF EU-VO 14/652 über das Inverkehrbringen von Pflanzenschutzmitteln
EG-VO 09/1185 idF EU-VO 11/656 über Statistiken zu Pestiziden
EU-VO 12/649 idF EU-VO 14/1078 über die Aus- und Einfuhr gefährlicher Chemikalien

D. Raumordnung

Raumordnung ist die **planmäßige, vorausschauende Gestaltung eines Gebietes**, um die nachhaltige und bestmögliche Nutzung und Sicherung des Lebensraumes im Interesse des Gemeinwohles zu gewährleisten. Dabei ist aufgrund der gegebenen Strukturverhältnisse auf die natürlichen Gegebenheiten, die Erfordernisse des Umweltschutzes sowie die wirtschaftlichen, sozialen, gesundheitlichen und kulturellen Bedürfnisse der Bevölkerung und die freie Entfaltung der Persönlichkeit in der Gemeinschaft Bedacht zu nehmen.

Die Raumordnungsgesetze* der Bundesländer enthalten ähnlich lautende Bestimmungen, wobei im Einzelfall die Bestimmungen des jeweiligen Landesgesetzes maßgeblich sind.

1. Raumordnungsgrundsätze

- Die Qualität der Lebensgrundlagen ist durch sparsame und sorgsame Verwendung der natürlichen Boden-, Wasser- und Luftressourcen zu erhalten und zu verbessern;
- die Nutzung von Grundflächen hat unter Beachtung eines sparsamen Flächenverbrauches, einer wirtschaftlichen Aufschließung sowie Vermeidung gegenseitiger nachteiliger Beeinträchtigungen zu erfolgen. Die Zersiedelung ist zu vermeiden;
- die Ordnung benachbarter Räume, Planungen und Maßnahmen sind aufeinander abzustimmen.

2. Umweltprüfung und Umweltbericht

Im Rahmen der Erstellung und Änderung von Plänen und Programmen (Entwicklungsprogramme, örtliche Entwicklungskonzepte und Flächenwidmungspläne) ist bei Projekten, die einer Umweltverträglichkeitsprüfung unterliegen oder bei denen naturschutzrechtliche Europaschutzgebiete beeinträchtigt werden, eine Umweltprüfung durchzuführen. Ausgenommen sind geringfügige Plan- und Programmänderungen und kleine Gebiete.

In einem Umweltbericht sind die voraussichtlichen Auswirkungen, die die Verwirklichung der Planung hat, einschließlich der Ergebnisse möglicher Alternativen darzustellen.

3. Rauminformationssystem

Als Grundlage für die Planungsmaßnahmen sind der Zustand des Raumes, seine Entwicklung und die Einflussfaktoren zu erheben, zu untersuchen und auf dem letzten Stand zu halten.

4. Überörtliche Raumordnung – ihre Aufgaben sind

- die Grundlagen und Raumforschung, insbesondere die Bestandsaufnahme, die Festlegung der Methodik und das Monitoring;
- die zusammenfassende Planung nach den Raumordnungsgrundsätzen und -zielen für das Landesgebiet und seiner Teile;
- überörtlich raumbedeutsame Maßnahmen abzustimmen und zu koordinieren;
- andere Planungsträger bei ihren Planungen und Maßnahmen zu beraten und ihnen die Ziele und Festlegungen der überörtlichen Raumordnung bekanntzugeben;
- bei Planungen des Bundes und der benachbarten Länder auf die Wahrung der Belange der überörtlichen Raumordnung des Landes hinzuwirken;
- auf die Bildung von Kleinregionen als Gemeindekooperationen und die Erstellung kleinregionaler Entwicklungskonzepte hinzuwirken.

Aufgrund der überörtlichen Raumordnung sind Entwicklungsprogramme zu erstellen:

a) das **Landesentwicklungsprogramm**; es hat die anzustrebende räumlich funktionelle Entwicklung des Landes darzustellen;

b) **regionale Entwicklungsprogramme**; sie haben die anzustrebende räumlich funktionelle Entwicklung der Planungsregion darzustellen.

5. Raumordnungsbeirat – Raumordnungsgremien

Zur Beratung der Landesregierung in den **Angelegenheiten der überörtlichen Raumordnung** ist ein Raumordnungsbeirat, in den Angelegenheiten der **örtlichen Raumordnung** ist ein Raumordnungsgremium mit einer bestimmten Mitgliederanzahl einzurichten. Weiters sind **Regionalversammlungen** und ein **Regionalvorstand** einzurichten.

6. Örtliche Raumordnung – Ihre Aufgaben sind

- aufgrund der Bestandsaufnahme die Planung für eine den Raumordnungsgrundsätzen entsprechende Ordnung des Gemeindegebietes aufzustellen und zu entwickeln;
- raumbedeutsame Maßnahmen der Gemeinde, anderer Planungsträger und Unternehmen nach den Raumordnungsgrundsätzen aufeinander abzustimmen (Koordinierung);
- bei der Raumordnung und den Fachplanungen des Bundes und des Landes auf die Wahrung der Belange der örtlichen Raumordnung der Gemeinde hinzuwirken. Die strategischen Lärmkarten und die Aktionspläne sind zu berücksichtigen.

  a) **Örtliches Entwicklungskonzept**

  Jede Gemeinde hat zur Festlegung der langfristigen Entwicklungsziele und für weitere Planungen ein örtliches Entwicklungskonzept aufzustellen und fortzuführen.

b) **Flächenwidmungsplan**

Jede Gemeinde hat in Durchführung der Aufgaben der örtlichen Raumordnung für ihr Gemeindegebiet einen Flächenwidmungsplan aufzustellen und fortzuführen.

Der Flächenwidmungsplan hat das gesamte Gemeindegebiet **räumlich zu gliedern** und die Nutzungsart für alle Flächen entsprechend den räumlich funktionellen Erfordernissen festzulegen. Dabei sind **folgende Nutzungsarten** vorzusehen:

- Bauland

  Baulandarten sind vollwertiges Bauland, Aufschließungs- und Sanierungsgebiete; Baugebiete sind: Wohngebiete, Kerngebiete, Einkaufszentren-, Gewerbe- und Industriegebiete, Kur- und Erholungsgebiete, Ferienwohngebiete und Dorfgebiete.

  Dorfgebiete sind Flächen, die für Bauten land- und forstwirtschaftlicher Nutzung in verdichteter Anordnung bestimmt sind, wobei auch Wohnbauten und sonstige Nutzungen zulässig sind, die den wirtschaftlichen, sozialen, religiösen und kulturellen Bedürfnissen der Bewohner von Dorfgebieten dienen und sich der Eigenart des Dorfgebietes entsprechend einordnen lassen, soweit sie keine diesem Gebietscharakter widersprechenden Belästigungen der Bewohnerschaft verursachen;
- **Verkehrsflächen** für die Abwicklung des fließenden und ruhenden Verkehrs;
- **Freiland/Grünland**

  Alle nicht als Bauland oder Verkehrsflächen festgelegten Grundflächen gehören zum Freiland. Sofern im Freiland keine baulichen Nutzungen außerhalb der Land- und/oder Forstwirtschaft zulässig sind, dienen die Flächen des Freilandes der land- und forstwirtschaftlichen Nutzung oder stellen Ödland dar.

Vorbehaltsflächen

Als solche können Flächen für notwendige Einrichtungen, die öffentlichen Zwecken dienen und dem umliegenden Gebiet zugeordnet sind, wie z.B. Schulen, Krankenhäuser, Kindergärten, Altenheime, Seelsorgeeinrichtungen, Friedhöfe, Rüsthäuser und Park- und Sportanlagen, ausgewiesen werden.

Tierhaltungsbetriebe

Im Flächenwidmungsplan sind nach Maßgabe des örtlichen Entwicklungskonzeptes rund um Tierhaltungsbetriebe ab einer bestimmten Größe der Geruchszahl der Geruchsschwellenabstand und der Belästigungsbereich auszuweisen. Der ausgewiesene Geruchsschwellenabstand hat die Wirkung, dass Wohnnutzungen nicht bewilligt und Baugebiete nicht neu ausgewiesen werden dürfen.

7. Bebauungsplanung

Jede Gemeinde hat zur Umsetzung der im Flächenwidmungsplan festgelegten Bebauungsplanzonierung Bebauungspläne zu erstellen und fortzuführen.

* Bgld Raumplanungsgesetz, LGBL 1969/18 idF 2013/79
Ktn Raumordnungsgesetz – K-ROG, LGBl 1969/76 idF 2001/36
Ktn Gemeindeplanungsgesetz 1995 – K-GplG 1995, LGBl 1995/23 idF 2013/85
Ktn Grundstücksteilungsgesetz – K-GTG, LGBl 1985/3 idF 2013/85
Ktn Orts- und Stadtkernverordnung – K-OSKV, LGBl 2003/44
NÖ Raumordnungsgesetz 2014, LGBl 2015/3
OÖ Raumordnungsgesetz 1994 – Oö.ROG, LGBl 1993/114 idF 2013/90
Sbg Raumordnungsgesetz 2009 – ROG 2009, LGBl 2009/30 idF 2013/106
Stmk Raumordnungsgesetz 2010 – StROG, LGBl 2010/49 idF 2014/140
Tir Raumordnungsgesetz 2011 – TROG 2011, LGBl 2011/56 idF 2014/187
Vbg Raumplanungsgesetz, LGBl 1996/39 idF 2015/22
Wr Bauordnung, LGBl 1930/11 idF 2014/25, 1. Teil, Stadtplanung
RL 01/42/EG über die Prüfung der Umweltauswirkungen bestimmter Pläne und Programme – Strategische Umweltprüfungsrichtlinie – SUP-RL
RL 02/49/EG idF EG-VO 08/1137 über die Bewertung und Bekämpfung von Umgebungslärm

E. Bauordnung

Die Bauordnungen der Bundesländer* enthalten in Ergänzung der örtlichen Raumordnung Vorschriften über die Erschließung und Widmung von Baugrund, bautechnische Erfordernisse und das Bauverfahren etc., wobei im Einzelfall das jeweilige Landesgesetz maßgebend ist.

1. Bebauungsregeln

Bauwerke dürfen in der Regel nur auf solchen Grundstücken errichtet werden, die

- nach ihrer Lage, Form, Größe und Beschaffenheit für die vorgesehene Bebauung geeignet und insbesondere nicht durch Hochwasser, Lawinen, Steinschlag, Rutschungen, Vermurungen und Bodensenkungen gefährdet sind;
- eine Widmungsbewilligung besitzen oder im Flächenwidmungsplan als bebauungsfähig ausgewiesen sind;
- den Grundsätzen der örtlichen Raumordnung entsprechen;
- eine gesicherte und geeignete Zufahrtsmöglichkeit von einer öffentlichen Verkehrsfläche besitzen;
- eine dem vorgesehenen Verwendungszweck entsprechende einwandfreie Wasser- und Energieversorgung sowie Abwasserbeseitigung aufweisen.

2. Abstände

Gebäude müssen von der Nachbargrundgrenze, von Verkehrsflächen (Baufluchtlinie!) und von anderen Bauwerken in der Regel bestimmte **Mindestabstände** aufweisen oder in verbauten Gebieten **unmittelbar aneinandergebaut** werden, soweit sich aus bestehenden Bebauungsplänen nicht etwas anderes ergibt.
Die Baubehörde kann geringere Abstände der Gebäude voneinander, bei bestimmten Bauten von untergeordneter Bedeutung, wie z.B. Geräteschuppen, Kleingaragen, Holzanlagen, Bienenhütten und dergleichen, geringere Abstände von der Grundstücksgrenze zulassen oder größere Abstände festsetzen, wenn der Verwendungszweck des Bauwerkes ortsunübliche Belästigungen oder Gefährdungen der Nachbarschaft erwarten lässt.
Die Mindestabstände von der Grundgrenze sind in den einzelnen Bundesländern sehr unterschiedlich geregelt und bei Bedarf ist Einsicht in das jeweilige Landesgesetz zu nehmen.

3. Gestaltungsvorschriften

Die äußere Gestaltung von Gebäuden, insbesondere der Fassade, Dachform, Dachdeckung und Farbgebung hat so zu erfolgen, dass die Eigenart des Straßen-, Orts- und Landschaftsbildes, Denkmale und hervorragende Naturgebilde, geschichtlich oder gestalterisch wertvolle bauliche Anlagen nicht gestört werden.

4. Bautechnische Vorschriften

Die einzelnen Bauordnungen enthalten weiters genaue Bestimmungen über die Bauausführung, insbesondere die Baustoffe, den Wärme- und Schallschutz, die Isolierung, Heizung, Rauchfänge, Brandmauern, Stiegenhäuser, Decken sowie über landwirtschaftliche Bauten wie Stallungen, Düngerstätten und Silos.

5. Bewilligungspflichtige Baumaßnahmen

- Der Neu-, Zu- und Umbau von Gebäuden;
- wesentliche Änderungen von Gebäuden;
- der Abbruch von Gebäuden;
- die Herstellung von Einfriedungen im verbauten Gebiet gegen öffentliche Verkehrsflächen und von Einfriedungsmauern;
- die Veränderung der Höhenlage eines im Bauland gelegenen Grundstückes;

- die Errichtung baulicher Anlagen größeren Umfanges unter der Erde; insbesondere Schachtbrunnen, Kanalanlagen, Schutzräume und Keller;
- die Aufstellung von Motoren, Maschinen, Apparaten und sonstigen Gegenständen, wenn hiedurch eine Gefahr für die Sicherheit, eine Gefährdung oder Belästigung von Menschen eintreten kann.

6. Ausnahmen von der Bewilligungspflicht in der Land- und Forstwirtschaft

- **Burgenland:** Errichtung und Änderung von Wohngebäuden und sonstigen Gebäuden bis zu einer Wohnnutzfläche von 200 m² und der dazugehörenden Nebengebäude, wie z.B. Garagen, **Gartenhäuschen**; Errichtung und Änderung von anderen Bauwerken als Gebäuden; Änderung des Verwendungszweckes von Gebäuden.
- **Kärnten: Solaranlagen** bis zu 16 m² Fläche, **Kompostierungsanlagen** von biogenem Abfall, **Bildstöcke, Hochsitze, Wildzäune, Futterstellen** etc.
- **NÖ:** Land- und forstwirtschaftliche Bringungsanlagen, **Gerätehütten und Gewächshäuser** bis 10 m² Fläche und bis 3 m Höhe, **Solaranlagen, Senk- und Schmutzwassersammelgruben** bis 60 m³, **Einfriedungen** im Grünland; **Hochstände**, Gartengriller, Spielplatzgeräte, **Pergolen, Marterln** und Brauchtumseinrichtungen etc.
- **OÖ:** Mauern bis 1,5 m Höhe, **Einfriedungen** land- und forstwirtschaftlicher Grundstücke, **Wild- und Weidezäune, Pergolen, Fahrsilos** mit Umfassungswänden bis 1,5 m Höhe, Folientunnel ohne Feuerungsanlagen etc.
- **Salzburg:** Ortsübliche **Einfriedungen** land- und forstwirtschaftlicher Grundstücke, **Hochstände, Fütterungsanlagen, Kleinkapellen, Kleinmühlen und Getreidekästen** bis 20 m² Fläche, **Selch-, Dörr- und Backofenhäuschen** etc.
- **Steiermark:** Errichtung, Änderung oder Erweiterung von **Nebengebäuden** (ebenerdig, unbewohnbar, bis 3 m Höhe und 30 m² Fläche), **landesübliche Zäune, Folientunnel, Hagelnetzanlagen, Flachsilos, Beregnungsanlagen**, kleinere bauliche Anlagen, wie **Kleinkompostieranlagen, Gewächshäuser** bis 3 m Höhe und 30 m² Fläche.
- **Tirol: Stützmauern und Einfriedungen** bis 2 m Höhe, **Terrassen, Pergolen, Holz- und Geräteschuppen** bis 2,8 m Höhe und 10 m² Fläche, ortsübliche **Holzstädeln**, **Holzbienenhäuser, Folientunnel, Reitanlagen, Solaranlagen** bis 20 m² Fläche.
- **Vorarlberg:** ortsübliche **Einfriedungen** land- und forstwirtschaftlicher Grundstücke.
- **Wien: Gartenhäuschen, Lauben, Pergolen, Saletteln, Geräte- und Werkzeughütten** bis 12 m² Fläche und bis 2,50 m Höhe, **Folientunnel, Einfriedungen** gegen Privatgrundstücke bis 2,5 m Höhe, Solar- und Parabolanlagen etc.

7. Bauverfahren

Bewilligungspflichtige Baumaßnahmen dürfen nur nach baubehördlicher Bewilligung durchgeführt werden. Der Bauwerber hat um die Baubewilligung unter Anschluss der erforderlichen Unterlagen, insbesondere des Nachweises der Widmungs-(Bauplatz-)bewilligung, eines Grundbuchauszuges, einer allfällig erforderlichen Zustimmungserklärung des Grundeigentümers, der Baupläne und einer Baubeschreibung anzusuchen. Sodann wird über das Bauansuchen eine örtliche Erhebung und mündliche Bauverhandlung abgeführt und in der Folge die Baubewilligung entweder erteilt, unter bestimmten Bedingungen oder Auflagen erteilt oder versagt. Dem Grundnachbarn (Anrainer) steht das Recht zu, gegen die geplante Baumaßnahme bestimmte Einwendungen zu erheben.

8. Baubehörde

Baubehörde in I. Instanz ist der **Bürgermeister** (Magistrat, Stadtsenat oder BH).

Baubehörde in II. Instanz ist der **Gemeinderat** (Stadtsenat, Berufungskommission).

9. Bauprodukte – Marktüberwachung

a) Die **EU-Verordnung** über die **Vermarktung von Bauprodukten*** zielt darauf ab,

- Bauwerke so zu entwerfen und auszuführen, dass sie weder die Sicherheit von Menschen, Haustieren oder Gütern gefährden noch die Umwelt schädigen.
- Sie legt Bedingungen für das **Inverkehrbringen** von Bauprodukten oder ihre **Bereitstellung auf dem Markt** durch Regeln fest, und zwar über
- die Angabe der **Leistung von Bauprodukten** – ihre **wesentlichen Merkmale** und die Verwendung der **CE-Kennzeichnung** für Industrieerzeugnisse im EU-Binnenmarkt.

b) Die **EU-Verordnung** über die **Marktüberwachung*** stellt sicher, dass diese Produkte – auch aus Drittländern – die Anforderungen an Gesundheit und Sicherheit – auch am Arbeitsplatz –, an Verbraucher- und Umweltschutz erfüllen.

c) Das **Bauproduktegesetz*** des Bundes und die **Bauprodukte- und Marktüberwachungsgesetze*** der Bundesländer setzen diese EU-Vorschriften um und regeln die

- **Bereitstellung** von Bauprodukten **auf dem Markt**;
- **Verwendung** von Bauprodukten mit und ohne technische Spezifikationen;
- **bautechnische Zulassung**, die Verwendung sonstiger Bauprodukte und
- **Marktüberwachung** von Bauprodukten sowie die **Berichtspflichten** der Baubehörde an die Marktüberwachungsbehörde bei Kenntniserlangung von Mängeln.

* Bgld Baugesetz 1997, LGBl 1998/10 idF 2013/79
Bgld Bauverordnung 2008, LGBl 2008/63 idF 2015/27
Bgld Bauprodukte- und Akkreditierungsgesetz – Bgld. BPG, LGBl 2007/32 idF 2013/79
Ktn Bauordnung 1996 – K-BO 1996, LGBl 1996/62 idF 2015/31
Ktn Bauvorschriften – K-BV, LGBl 1985/56 idF 2012/80
Ktn Bauproduktegesetz – K-BPG, LGBl 2013/46 idF 2013/85
NÖ Bauordnung 2014 – NÖ BO 2014, LGBl 2015/1 idF 2015/6
NÖ Bautechnikverordnung 2014, LGBl 2015/4
NÖ Bauprodukte- und Marktüberwachungsgesetz 2013, LGBl 8204-0
OÖ Bauordnung 1994 – Oö. BauO, LGBL 1994/66 idF 2013/90
OÖ Bautechnikgesetz 2013 – I Oö. BauTG; LGBl 2013/35 idF 2014/89, Bauprodukte §§ 54 ff.
OÖ Bautechnikverordnung 2013, LGBl 2013/36 idF 2015/61
Sbg Bautechnikgesetz, LGBl 1976/75 idF 2014/76
Sbg Baupolizeigesetz 1997 – BauPolG, LGBl 1997/40 idF 2014/76
Sbg Bebauungsgrundlagengesetz, LGBl 1968/69 idF 2009/118
Sbg Bauproduktegesetz – BauProdG, LGBl 2014/75
Stmk Baugesetz, LGBl 1995/59 idF 2015/34
Stmk Bauprodukte- und Marktüberwachungsgesetz 2013, LGBl 2013/83
Stmk Bautechnikverordnung 2012 – StBTV, LGBl 2012/120
Tir Bauordnung 2011 – TBO 2011, LGBl 2011/57 idF 2014/150
Tir Bauproduktegesetz – TBG, LGBl 2001/95 idF 2013/130
Vbg Baugesetz, LGBl 2001/52 idF 2015/23
Vbg Bautechnikverordnung, LGBl 2012/84 idF 2014/53
Vbg Bauproduktegesetz, LGBl 2014/3
Wr Bauordnung, LGBl 1930/11 idF 2014/25
Wr Bauproduktegesetz 2013 – WBPG 2013, LGBl 2014/23
Bauproduktegesetz, BGBl I 1997/55 idF I 2001/136
RL 10/31/EU über die Gesamtenergieeffizienz von Gebäuden
RL 12/27/EU über Maßnahmen zur Förderung von Energieeffizienz
EG-VO 08/765 über die Marktüberwachung betreffend Vermarktung von Produkten
EU-VO 11/305 idF EU-VO 14/574 über die Vermarktung von Bauprodukten

F. Luftreinhaltung

Die Erhaltung der Luftqualität dort, wo sie gut ist, und Verbesserung der Luftqualität, wo sie schlecht ist, die Verringerung der Luftverschmutzung und Festlegung von Luftqualitätszielen zur Vermeidung oder Verringerung schädlicher Auswirkungen auf die menschliche Gesundheit und die Umwelt zählen zu einem wesentlichen Anliegen des Umweltschutzes.

1. EU-Luftreinhaltebestimmungen

In der EU regeln Verordnungen* und Richtlinien*

- das **Programm für Umwelt und Klimapolitik** – LIFE 2014–2020 (EG-VO 13/1293);
- die Qualität von Otto- und Dieselkraftstoffen (RL 98/70/EG idF 14/77/EU) und die Überwachung und Verringerung der **Treibhausgasemissionen** (RL09/30/EG);
- Emissionshöchstgrenzen für **Luftschadstoffe** (RL 01/81/EG idF 13/17/EU);
- die integrierte **Vermeidung und Verminderung der Umweltverschmutzung** infolge industrieller Tätigkeiten (RL 10/75/EU);
- die Schaffung eines **EU-Schadstofffreisetzungs- und -verbringungsregisters** (EG-VO 06/166 idF EG-VO 09/596);
- die Überwachung der Treibhausgasemissionen in der EU und die **Umsetzung des Kyoto-Protokolls** (E 04/280/EG) samt Durchführungsbestimmungen (E 05/166/EG);
- die Typgenehmigung von Kraftfahrzeugen hinsichtlich **der Emissionen** von PKWs und Nutzfahrzeugen (EG-VO 07/715 idF EU-VO 12/459);
- die **Luftqualität** und **saubere Luft für Europa** (RL 08/50/EG);
- die Überwachung und Bekämpfung der **Luftverschmutzung** durch Ozon (RL 92/72/EWG);
- die Produktion, Ein- und Ausfuhr, Verwendung und das Inverkehrbringen sowie die Rückgewinnung, das Recycling, die Aufarbeitung und Zerstörung von **ozonabbauenden Stoffen** samt Informationen (EG-VO 09/1005 idF EU-VO 13/1088).

2. Bundes-Luftreinhaltegesetz*

a) **Ziel** des Gesetzes ist die **Erhaltung der natürlichen Zusammensetzung der Luft** zum Schutz der Gesundheit des Menschen und des Lebens von Tieren und Pflanzen.

Jedermann ist bei seinen Handlungen/Unterlassungen verpflichtet, darauf zu achten, dass

- die Luft nicht durch **Luftschadstoffe**, wie z.B Gase, Dämpfe oder Geruchsstoffe, in einem dem Gesetz widersprechenden Ausmaß verändert wird,
- Beeinträchtigungen und Belästigungen Dritter durch **Rauch und üble Gerüche** – ausgenommen geringfügige Geruchs- und Rauchentwicklung – vermieden werden.
- **Ausgenommen** sind Emissionen bei behördlicher Genehmigung oder **ordnungsgemäßer landwirtschaftlicher Bewirtschaftung**.

b) **Verbrennen von Materialien außerhalb von Anlagen**

Verboten ist das punktuelle und flächenhafte Verbrennen von

- **biogenen Materialien** (unbehandelte Materialien pflanzlicher Herkunft, wie Stroh, Holz, Rebholz, Schilf, Laub, Baum- und Grasschnitt) und
- **nicht biogenen Materialien** (Altreifen, Gummi, Kunststoffe, Lacke, synthetische Materialien, behandeltes Holz und sonstige Stoffe, deren Verbrennung außerhalb dafür bestimmter Anlagen die Luft verunreinigt) außerhalb dafür bestimmter Anlagen.

c) **Ausnahmen vom Verbot**

- Verbrennen im Freien im Rahmen von **Übungen zur Brand- und Katastrophenbekämpfung** des Bundesheeres und der Feuerwehren,
- **Lager- und Grillfeuer** (mit trockenem unbehandelten Holz oder Holzkohle),
- **Abflammen** (Hitzebehandlung von bewachsenen oder unbewachsenen Böden, wobei Schadorganismen zerstört werden, ohne dabei zu verbrennen) im Rahmen der integrierten Produktion bzw. biologischen Wirtschaftsweise
- **punktuelles Verbrennen von geschwendetem Material** in schwer zugänglichen alpinen Lagen zur Verhinderung der Verbuschung.

Mit Verordnung des Landeshauptmannes können zeitliche und räumliche Ausnahmen vom Verbot des Verbrennens von biogenen Materialien zugelassen werden für das

- Verbrennen von **schädlings- und krankheitsbefallenen Materialien** zur wirksamen Bekämpfung von Schädlingen und Krankheiten bei Erforderlichkeit mangels anderer ökologisch vertretbarer Methoden,
- **Räuchern** im Obst- und Weingartenbereich als Maßnahme des Frostschutzes,
- **Feuer im Rahmen von Brauchtumsveranstaltungen** (mit biogenen Materialien),
- Abbrennen von **Stroh auf Stoppelfeldern**, wenn dies zum Anbau von Wintergetreide oder Raps unbedingt erforderlich ist, sofern eine Verrottung des Strohs im Boden aufgrund von Trockenheit nicht zu erwarten ist,
- Verbrennen von **Rebholz** in schwer zugänglichen Lagen im Monat April und
- punktuelle Verbrennen biogener Materialien, das aufgrund von **Lawinenabgängen** die Nutzbarkeit von Weideflächen in schwer zugänglichen alpinen Lagen beeinträchtigt.

Nicht gilt das Gesetz bzw. die Ausnahme für **Forstschutzmaßnahmen** (siehe XIII/F) und bei Überschreitung der **Alarmwerte** nach dem Ozongesetz bzw. Immissionsschutzgesetz – Luft.

3. Ozon

Im **Ozongesetz*** sind als stufenweise Maßnahmen nach Art der Warnstufen (Vor-, I und II) die Untersagung schulischer Veranstaltungen im Freien, Aufruf zu freiwilligen Verhaltensweisen, Anordnungen zur Reduktion der Ozonvorläufersubstanzen, wie z.B. Verbot des **Verbrennens biogener Materialien,** Beschränkung des Kfz-Verkehrs, **ausgenommen landwirtschaftliche Nutzfahrzeuge** und Fahrzeuge zum **Lebensmittel-, Schlacht- und Stechviehtransport**, vorgesehen.

4. Immissionsschutzgesetz – Luft

Ziel des **Immissionsschutzgesetzes – Luft** ist der dauerhafte Schutz der Gesundheit der Menschen, des Tier- und Pflanzenbestandes, ihrer Lebensgemeinschaften, Lebensräume und deren Wechselbeziehung sowie der Kultur- und Sachgüter vor schädlichen bzw. vor unzumutbar belästigenden Luftschadstoffen und die vorsorgliche Verringerung der Immission von Luftschadstoffen. Mit diesem Gesetz wird ein weiterer Schritt in der Luftreinhaltepolitik gesetzt und werden umweltrelevante EU-Richtlinien umgesetzt. Im Gegensatz zum Ozongesetz ist dieses Gesetz kein Instrument des Krisenmanagements zur unverzüglichen Abwehr von Gesundheitsschäden, sondern ein Instrument einer langfristigen Luftreinhaltepolitik.

* Bundesluftreinhaltegesetz – BLRG, BGBl I 2002/137 idF I 2013/97
Ozongesetz, BGBl 1992/210 idF I 2003/34
Immissionsschutzgesetz-Luft – IG-L, BGBl 1997/115 idF I 2010/77
Aktionsplan zum IG-L, BGBl II 2002/207
Emissionshöchstmengengesetz-Luft – EG-L, BGBl I 2003/34
Emissionskatasterverordnung, BGBl II 2002/214
Emissionsmessverordnung-Luft – EMV-L, BGBl II 2011/153 idF II 2013/127
Bgld Verbrennungsverbot-Ausnahmeverordnung – VVAV, LGBl 2011/28
Ktn Verbrennungsverbot-Ausnahmeverordnung 2011, K-VvAV 2011, LGBl 2011/31 idF 2013/64

NÖ Ausnahmeverordnung vom Verbrennungsverbot für biogene Materialien, LGBl 8102/3-2
NÖ VO über erforderliche Sicherheitsvorkehrungen beim Verbrennen im Freien, LGBl 4400/6-1
OÖ Schädlingsverbrennungsverordnung, LGBl 2012/26 idF 2013/77
Sbg Brauchtumsfeuer-Verordnung, LGBL 2011/38
Stmk BrauchtumsfeuerVO, LGBl 2011/22 idF 2015/38
Stmk VBA-Verordnung – IGL Steiermark, LGBl 2014/117 idF 2014/147
Tir VO, mit der Ausnahmen vom Verbot des Verbrennens biogener Materialien außerhalb von Anlagen zugelassen werden, LGBl 2011/12
Vbg Landes-Luftreinhaltegesetz, LGBl 1994/42 idF 2013/44
Vbg VO über das Verbrennen biogener Materialien außerhalb von Anlagen, LGBl 2011/16

G. Bodenschutz

Die EU-Klärschlamm-Richtlinie* sowie die Bodenschutzgesetze* und -verordnungen*, Klärschlamm-*, Müllkompostgesetze* und -verordnungen* der einzelnen Bundesländer dienen dem **Schutz der landwirtschaftlichen Böden** vor einem die Produktionskraft gefährdenden **Schadstoffeintrag**, der Erhaltung einer nachhaltigen **Bodenfruchtbarkeit** und der Verhinderung von **Bodenerosion** und **Bodenverdichtung**.

Die gesetzlichen Bestimmungen sehen folgende Maßnahmen vor:

1. Erhebungen und Kontrollen des Belastungsgrades der Böden.
2. Erlassung von Bodenschutzprogrammen bzw. -konzepten.
3. Versuche bezüglich
   - bodenschonender Anbautechnik und Bearbeitung,
   - Optimierung des Dünge- und Pflanzenschutzmitteleinsatzes als Grundlage für Empfehlungen an die Eigentümer landwirtschaftlicher Böden.
4. Bedachtnahme bei der Düngung auf
   - die Eigenschaften des Standortes,
   - den Versorgungszustand des Bodens,
   - den Nährstoffbedarf der Pflanzen und
   - die Ertragsmöglichkeiten.
5. Vermeidung von Bodenerosionen durch pflanzenbauliche, kulturtechnische und landtechnische Maßnahmen.
6. Zur Verhinderung der Überdüngung mengenmäßige, örtliche und zeitliche Beschränkungen für die Gülleausbringung.
7. Ausbringung von Klärschlamm auf landwirtschaftliche Böden,
   - entweder nur nach Untersuchungen, Zeugnisausstellung, in mengenmäßiger und zeitlicher Ausbringungsbeschränkung (Bgld, Ktn, NÖ, OÖ, Stmk und Vbg)
   - oder generelles Verbot (Sbg, Tir, Wien).

   Auf Waldböden ist die Ausbringung von Klärschlamm als Waldverwüstung verboten.

* Kompostverordnung, BGBl II 2001/292
Bgld Bodenschutzgesetz, LGBl 1990/87 idF 2001/32
Bgld Klärschlamm- und Müllkomkostverordnung, LGBl 1991/82 idF 2001/4
Ktn Klärschlamm- und Kompostverordnung – K-KKV, LGBl 2000/74 idF 2004/5
NÖ Bodenschutzgesetz, LGBl 6160-5
NÖ Klärschlammverordnung, LGBl 6160/2-5
OÖ Bodenschutzgesetz 1991, LGBl 1991/115 idF 2013/3
OÖ Klärschlammverordnung 2006, LGBl 2006/62
Sbg Bodenschutzgesetz, LGBl 2001/80 idF 2009/31
Sbg Klärschlamm-Bodenschutzverordnung, LGBl 2002/85
Stmk landwirtschaftliches Bodenschutzgesetz, LGBl 1987/66 idF 2004/8

Stmk Bodenschutzprogrammverordnung, LGBl 1987/87 idF 1988/11
Stmk Gülleverordnung, LGBl 1987/88 idF 1991/89
Stmk Klärschlammverordnung 2007, LGBl 2007/89 idF 2007/94
Tir Feldschutzgesetz 2000, LGBl 2000/58 idF 2013/130, 3. Abschnitt, Klärschlamm
Vbg Klärschlammgesetz, LGBl 1985/41 idF 2013/44
Vbg Klärschlammverordnung, LGBl 1997/75 idF 2002/27
Wr Gesetz über das Verbot der Ausbringung von Klärschlamm, LGBl 2000/8
RL 86/278/EWG idF EG-VO 09/219 über den Schutz der Umwelt und insbesondere der Böden bei der Verwendung von Klärschlamm in der Landwirtschaft

H. Abfallwirtschaft

Die Abfallwirtschaft, die die umweltgerechte und wirtschaftliche Vermeidung, Sammlung, Verwertung, Behandlung und Entsorgung von Abfall (Hausmüll, Sperrmüll, Problemstoffe, Giftmüll, auch landwirtschaftlicher Abfall und dergl.) regelt, zählt zu einem wichtigen Anliegen des Umweltschutzes. Das starke Anwachsen der verschiedenen Abfälle in unserer Gesellschaft stellt eine schwere Belastung für die Umwelt dar.

1. Gesetzliche Grundlagen

Die Abfallwirtschaft ist durch das Bundesabfallwirtschaftsgesetz*, das Altlastensanierungsgesetz*, die Abfallnachweisverordnung*, die Deponieverordnung*, die Abfall(wirtschafts)-gesetze der einzelnen Bundesländer sowie EU-Richtlinien über Abfälle* und Abfalldeponien* geregelt.

2. EU-Abfall-Richtlinien

Die Richtlinien* über Abfälle, Abfalldeponien und Abfallannahme auf Abfalldeponien, die Verbrennung, Bewirtschaftung und Verbringung von Abfällen, über Altbatterien und Altakkumulatoren, Verpackungen und Verpackungsabfälle etc. verpflichten die Mitgliedsstaaten, ihre Rechtsvorschriften über die Abfallbeseitigung derart anzugleichen, dass ungleiche Wettbewerbsbedingungen vermieden und als wesentliche Zielsetzung der Schutz der menschlichen Gesundheit sowie der Umwelt gegen nachteilige Auswirkungen der Sammlung, Beförderung, Behandlung, Lagerung und Ablagerung von Abfällen erreicht wird. Insbesondere müssen Verfahren und Methoden angewendet werden, die

- Wasser, Luft, Boden und die Tier- und Pflanzenwelt nicht gefährden;
- die Umgebung und das Landschaftsbild nicht beeinträchtigen und
- keine Geräusch- und Geruchsbelästigungen verursachen.

Weiters sind Maßnahmen gegen die unkontrollierte Ablagerung, Beseitigung oder Ableitung von Abfällen und gefährlichen Abfällen zu ergreifen, Abfallbewirtschaftungspläne zu erstellen und bestehende Abfalldeponien an den Stand der Deponietechnik anzupassen.

3. Abfallwirtschaftsgesetz 2002 des Bundes (AWG 2002)

Dieses Gesetz regelt die Abfallwirtschaft hinsichtlich Abfallvermeidung und Abfallverwertung, der Pflichten der Abfallbesitzer, Abfallsammler und -behandler, Sammel- und Verwertungssysteme, Behandlungsanlagen einschließlich Deponien und die grenzüberschreitende Verbringung von Abfall.

a) Die Abfallwirtschaft ist im Sinne des Vorsorgeprinzips und der Nachhaltigkeit danach auszurichten, dass
   - schädliche Einwirkungen und Emissionen von Luftschadstoffen vermieden bzw. möglichst gering gehalten werden,
   - Ressourcen (Rohstoffe, Wasser, Energie, Flächen) geschont werden,

- die Abfälle kein höheres Gefährdungspotential aufweisen als Primärrohstoffe,
- die Ablagerung zurückbleibender Abfälle keine Gefährdung für die Nachfolgegeneration darstellt.

b) Ausgenommen vom Geltungsbereich sind u.a. Kadaver und Konfiskate, Schlachtabfälle und Abfälle aus der Fleischverarbeitung nach TKV-Ablieferungspflicht (siehe: Tierkörperverwertung XXII/D).

c) Es besteht **Aufzeichnungspflicht** für Abfallbesitzer. Nicht der Aufzeichnungspflicht unterliegen u.a. private Haushalte und **nicht buchführungspflichtige land- und forstwirtschaftliche Betriebe** hinsichtlich der bei ihnen anfallenden nicht gefährlichen Abfälle und Problemstoffe bzw. gefährlicher Abfälle, soferne sie einem rücknahmeberechtigten Abfallsammler übergeben werden.

d) Die **Meldepflicht** der Abfallersterzeuger gefährlicher Abfälle gilt nicht für private Haushalte und **nicht buchführungspflichtige land- und forstwirtschaftliche Betriebe** hinsichtlich der bei ihnen anfallenden gefährlichen Abfälle, die einem rücknahmeberechtigten Abfallsammler übergeben werden, bzw. Problemstoffe.

e) **Qualitätsanforderungen an Komposte oder Erden** aus Abfällen, insbesondere die Art und Herkunft der Ausgangsmaterialien, Gütekriterien für Komposte und Erden aus Abfällen etc., können durch Verordnung festgelegt werden.

4. Wasserrechtsgesetz – Pflichten des Grundeigentümers

Der Landwirt als Grundeigentümer, auf dessen Grundstück gefährliche Abfälle, Altöle oder gesetzwidrige Deponien zurückgelassen wurden, hat diese, wenn er der Ablagerung zugestimmt oder sie freiwillig geduldet hat und ihm zumutbare Abwehrmaßnahmen unterlassen hat, auf seine Kosten zu entsorgen bzw. die Kosten zu tragen.

5. Abfallnachweisverordnung – Aufzeichnungspflicht

Der Landwirt, der gesammelte Abfälle aus privaten Haushalten oder kommunalen Einrichtungen, wie z.B. Biotonne oder Grünschnitt aus Kulturpflege, empfängt, gilt als Abfallsammler und ist aufzeichnungspflichtig.

6. Deponien

Das **AWG 2002*** und die **Deponieverordnung 2008*** enthalten Bestimmungen zur Umsetzung der Ziele und Grundsätze des AWG und zum Schutz öffentlicher Interessen

- über die Deponiegenehmigung, Verfahren, Betrieb, Bauaufsicht und Überwachung;
- über Deponieklassen, Deponierungsverbote, Deponiestandorte, Deponietechnik und Deponiebetrieb (Einrichtungen, Personal, Kontrollen, Registrierungs-, Aufzeichnungs- und Meldepflichten, Deponieaufsicht).

7. Abfallwirtschaftsgesetze der Länder

Diese Gesetze und hiezu ergangene Verordnungen regeln länderweise teilweise abweichend die Vermeidung, Sammlung, Verwertung und Entsorgung von Abfällen (Müll). Die nachfolgenden Bestimmungen berühren auch die Landwirtschaft nachhaltig:

a) **Müllabfuhr-Anschlusspflicht**

Die Eigentümer der im **Abfuhrbereich** gelegenen Grundstücke, auch land- und forstwirtschaftliche Betriebe, sind berechtigt und verpflichtet, diese an die öffentliche Müllabfuhr anzuschließen und damit den auf ihren Grundstücken anfallenden Hausmüll, Sperrmüll, Problemstoffe und Altstoffe durch die öffentliche Müllabfuhr sammeln und abführen zu lassen.
Die Eigentümer außerhalb des Abfuhrbereiches sind berechtigt und verpflichtet, den bei ihnen anfallenden Müll den Abfallhandlungsanlagen oder Sammelstellen oder bereitgestellten Sammelbehältern zuzuführen.
Die Anschlusspflicht besteht kraft Gesetzes mit der Benützbarkeit der Müllabfuhreinrichtungen und es bestehen keine Ausnahmen für Landwirte.

b) Die Gemeinden haben Müllabfuhrordnungen auf Basis der Abfallwirtschaftspläne zu beschließen, die u.a. zu enthalten haben:
   - Zeitpunkt der Benützbarkeit der Einrichtungen und Anlagen,
   - Abfuhrbereich, Art, Größe und Anzahl der Müllbehälter,
   - Häufigkeit und Zeiträume der Abfuhr, auch des Sperrmülls,
   - Höhe der Müllabfuhrgebühren.

c) Erstellung von Abfallwirtschaftskonzepten bzw. -plänen und Errichtung von Abfallbehandlungsanlagen etc.

d) **Enteignung, Betreten von Grundstücken**
   - Zur Überwachung der Gesetzesbestimmungen sind Behördenvertreter zum Betreten von Grundstücken, auf denen Abfall anfällt, gelagert oder behandelt wird, berechtigt und ist ihnen die erforderliche Auskunft zu erteilen. Dies gilt auch für Erhebungen von Standorten, notwendige Bodenuntersuchungen und Vorarbeiten, wobei verursachte Schäden zu ersetzen sind.
   - Für die Errichtung von Abfallbehandlungsanlagen samt Zufahrten ist die Grundstücksenteignung gegen angemessene Entschädigung zulässig.

* Abfallwirtschaftsgesetz 2002 – AWG 2002, BGBl I 2002/102 idF I 2013/193
Altlastensanierungsgesetz, BGBl 1989/299 idF I 2013/103
Abfallbehandlungspflichtenverordnung, BGBl II 2004/459
Abfallnachweisverordnung 2012 – ANV 2012, BGBl II 2012/341
Abfallverbrennungsverordnung – AVV, BGBl II 2002/389 idF II 2013/127
AEV – Abfallbehandlung, BGBl II 1999/9
VO über die getrennte Sammlung biogener Abfälle, BGBl 1992/68 idF 1994/456
Deponieverordnung 2008, BGBl II 2008/39 idF 2014/104
Kompostverordnung, BGBl II 2001/292
Verpackungsverordnung 2014, BGBl II 2014/184
Bgld Abfallwirtschaftsgesetz 1993, LGBl 1994/10 idF 2013/79
Ktn Abfallwirtschaftsordnung 2004, LGBl 2004/17 idF 2014/85
NÖ Abfallwirtschaftsgesetz 1992, BGBl 8240-6
OÖ Abfallwirtschaftsgesetz 2009 – Oö. AWG 2009, LGBl 2009/71 idF 2013/90
Sbg Abfallwirtschaftsgesetz 1998, LGBl 1999/35 idF 2013/45
Sbg Hausabfallverordnung 2008, LGBl 2008/85
Stmk Abfallwirtschaftsgesetz 2004, LGBl 2004/65 idF 2014/87
Tir Abfallwirtschaftsgesetz, LGBl 2008/3 idF 2013/130
Vbg Landes-Abfallwirtschaftsgesetz – L-AWG, LGBl 2006/1 idF 2013/44
Vbg Abfallabfuhrverordnung, LGBl 2006/28
Wr Abfallwirtschaftsgesetz, LGBl 1994/13 idF 2013/45
RL 94/62/EG idF 13/2/EU über Verpackungen und Verpackungsabfälle
RL 99/31 idF 11/97/EU über Abfalldeponien
E 00/532/EG über ein Abfallverzeichnis
E 03/33/EG über Kriterien für die Annahme von Abfällen auf Abfalldeponien
EG-VO 06/1013 idF EG-VO 10/413 über die Verbringung von Abfällen
RL 08/98/EG über Abfälle
RL 10/75/EG über Industrieemissionen – Vermeidung und Verminderung der Umweltverschmutzung

I. Abwasserentsorgung

In zusammenhängenden Siedlungsgebieten sollen die häuslichen Abwässer grundsätzlich in Kanalisationsanlagen gesammelt und in zentralen Kläranlagen gereinigt werden. Auf dem **Bauernhof in Streulage** treffen diese Voraussetzungen nicht zu. Aber auch dort soll eine geordnete Abwasserentsorgung sichergestellt werden.

Die tierischen Abgänge aus Ställen gehören nicht zu den vorgenannten Abwässern. Sie gelten vielmehr in **landwirtschaftlichen Betrieben** als **Dünger** und werden in dafür geeigneten Anlagen gesammelt.

Für die Beseitigung der **tierischen Abfälle und Abwässer** aus **gewerblichen Massentierhaltungen** sind besondere Vorkehrungen nach den Vorschriften der Gewerbeordnung maßgebend, wobei die Abgrenzung zwischen Landwirtschaft und Gewerbe im Bewertungsgesetz geregelt ist.

1. Gesetzliche Grundlagen

Diese Grundlagen sind einerseits im Wasserrechtsgesetz und in verschiedenen Emissionsverordnungen für die Abwasserreinigung bzw. für kommunales Abwasser und andererseits in den Kanal- bzw. Kanalisationsgesetzen* der einzelnen Bundesländer enthalten, die je nach Bundesland sehr abweichende Bestimmungen enthalten.

2. Bestimmungen über die Abwasserentsorgung von Bauernhöfen

a) Grundsätze der Entsorgung

Anfallende Schmutz- und Regenwässer sind in einer nach den Erfahrungen der Technik, den Erfordernissen des Umweltschutzes und der Hygiene entsprechenden Weise abzuleiten oder zu entsorgen. Die Einleitung von Hausabwässern in Güllegruben ist nur in einigen Bundesländern unter bestimmten Voraussetzungen möglich, z.B. wenn kein öffentlicher Kanal besteht, wenn sie aus dem eigenen Betrieb stammen oder eine Ausnahme von der Anschlusspflicht oder Geringfügigkeit etc. vorliegen.

b) Abwasserarten

Hausabwässer, Regenwässer, landwirtschaftliche Produktionsabwässer, Stallabwässer wie Jauche, Gülle und Flüssigmist.

c) Kanalanschlusszwang

Die einzelnen Landesgesetze enthalten verschieden geregelte Voraussetzungen für den Anschlusszwang, so z.B. das Vorliegen eines öffentlichen Entsorgungsbereiches oder die Entfernung zwischen öffentlichem Kanal und Hauskanal bzw. Liegenschaftsgrenze bzw. Bauwerk von nicht mehr als 30, 50, 100 oder 200 Metern bzw. im öffentlichen Abwasserentsorgungsbereich bzw. die Möglichkeit der Ableitung ohne Pumpvorgang bzw. ohne übermäßige technische Aufwendungen, wobei weitere Ausnahmen unter bestimmten Voraussetzungen möglich sind.

d) Entsorgung hauseigener Senkgrubeninhalte auf Felder

Diese ist je nach Bundesland nur dann zulässig, wenn z.B. kein öffentlicher Kanal besteht, sie im Rahmen der ordnungsgemäßen Landwirtschaft auf bewirtschaftete Kulturflächen erfolgt, sie vermischt mit Gülle oder Jauche ausgebracht wird, sie unter Berücksichtigung des Wasserrechtsgesetzes gewässerverträglich unter Berücksichtigung der Bodenzusammensetzung erfolgt, sie geringfügig ist bzw. eine Überdüngung und Nährstoffüberfrachtung der Flächen nicht erfolgt.

e) Entsorgung fremder Senkgrubeninhalte auf Felder

Diese ist je nach Bundesland nur dann zulässig, wenn z.B. kein öffentlicher Kanal besteht, eine wasserrechtliche Bewilligung vorliegt, die Ausbringung nur von Wohngebäuden auf bewirtschaftete landwirtschaftliche Kulturflächen erfolgt. In Kärnten und der Steiermark besteht keine Unterscheidung zwischen fremden und hauseigenen Senkgrubeninhalten; im Burgenland und Vorarlberg ist sie verboten, in Salzburg soll sie nach dem Bodenschutzgesetz verboten werden und in Tirol besteht noch keine endgültige Regelung.

f) Pflanzenkläranlagen

Die Errichtung von Pflanzenkläranlagen ist in einzelnen Bundesländern unter Berücksichtigung des Wasserrechtsgesetzes und der Abwasseremissionsverordnungen zulässig, wenn diese dem Stand der Technik entsprechen.

g) Mitbenützung fremder Grundstücke

Wenn der Anschluss einer Hauskanalanlage nur über fremden Grund möglich ist, muss dessen Grundeigentümer die Leitungsverlegung oder Mitbenützung bestehender Anlagen gegen angemessene Entschädigung dulden.

* Bgld Kanalanschlussgesetz 1989, LGBl 1990/27 idF 2013/80
Ktn Gemeindekanalisationsgesetz – K-GKG, LGBl 1999/62 idF 2013/85
NÖ Kanalgesetz 1977, LGBl 8230-9
OÖ Abwasserentsorgungsgesetz 2001, LGBl 2001/27 idF 2013/90
Sbg Bautechnikgesetz, LGBl 1976/75 idF 2014/76, § 34 Abwasser
Sbg Almgebäude-Abwasser-Verordnung, LGBl 2011/9
Stmk Kanalgesetz, LGBl 1988/79 idF 2013/87
Tir Kanalisationsgesetz 2000 – TiKG 2000, LGBl 2001/1 idF 2013/130
Vbg Kanalisationsgesetz – KanalG, LGBl 1989/5 idF 2013/44
Wr Kanalanlagen- und Einmündungsgebührengesetz, LGBl 1955/22 idF 2013/60
RL 91/271/EWG idF 13/64/EU über die Behandlung von kommunalem Abwasser

J. Lärmschutz

Die Arten des Lärms sind vielfältig; Verkehrs-, Bau-, Wohn-, Maschinenlärm und dergleichen; die Belästigungen für die Umwelt sind beachtlich.

In der EU bestehen zahlreiche Richtlinien zur Lärmbekämpfung, insbesondere über den zulässigen Geräusch- oder Schallemissionspegel von Kraftfahrzeugen (RL 70/157/EWG idF 13/15/EU), Krafträdern (RL 78/1015/EWG), Baumaschinen (RL 79/113/EWG), Haushaltsgeräten (RL 86/594/EWG idF 05/32/EG).

Das ABGB räumt dem betroffenen Nachbar ein **Untersagungsrecht** ein, wenn der Lärm das gewöhnliche ortsübliche Ausmaß überschreitet **und** die ortsübliche Nutzung eines Nachbargrundstückes wesentlich beeinträchtigt (siehe auch Einwirkungen an der Grenze VI/E/3). Zusätzlich bestehen in den Bundesländern in eigenen Baulärmgesetzen* und Lärmschutzverordnungen*, Sicherheits- und Polzeistrafgesetzen* nähere Bestimmungen, welche die Lärmerregung und die Lärmbelästigung möglichst einschränken sollen.

Ungebührliche Lärmerregung

Landwirtschaftliche Tätigkeiten, z.B. Verwendung von Mähdreschern in der Nacht, Ausbringung von Spritzmitteln, Verwendung von Schussapparaten zur Vertreibung des Wildes von Kulturflächen und dergleichen, verursachen verschiedenartigen Lärm, der von Nachbarn oftmals als störend wahrgenommen wird. Welche Tätigkeiten sind nun als betriebsüblich oder gar notwendig anzusehen und damit zu dulden? Welche Tätigkeiten und Lärmquellen stellen eine so genannte **„ungebührliche Lärmerregung“** dar und können nach den Bestimmungen der Landesgesetze untersagt bzw. zur Anzeige gebracht werden, was dann eine Verwaltungsstrafe zur Folge haben kann?

Die landesgesetzlichen Bestimmungen sind ähnlich und lauten meist so:

(1) Wer ungebührlicherweise störenden Lärm erregt, begeht eine Verwaltungsübertretung.
(2) Unter störendem Lärm sind die wegen ihrer Lautstärke für das menschliche Empfindungsvermögen unangenehm in Erscheinung tretenden Geräusche zu verstehen.

(3) Lärm wird dann ungebührlicherweise erregt, wenn das Tun oder Unterlassen, das zur Erregung des Lärms führt, jene Rücksichten vermissen lässt, die im Zusammenleben mit anderen Menschen verlangt werden müssen.
(4) Die Gemeinde kann durch Verordnung bestimmte lärmerregende Tätigkeiten zeitlich und örtlich beschränken.

1. Störend

Um störend zu sein, muss der Lärm seiner Art und/oder Intensität nach geeignet sein, das Wohlbefinden normal empfindender Menschen zu beeinträchtigen. Die Feststellung einer tatsächlich eingetretenen Störung ist nicht nötig. Es kommt auch nicht darauf an, ob sich bestimmte Personen gestört fühlen. Es ist ein objektiver Maßstab unter Zugrundelegung der tatsächlichen Gegebenheiten, nicht nach Ö-Normen oder Flächenwidmungen vorzunehmen.

2. Ungebührlich

Zur Ungebührlichkeit ist auszuführen, dass ein gewisses Maß von Lärm, auch wenn es als störend empfunden wird, geduldet werden muss. Störender Lärm ist dann als ungebührlich erregt anzusehen, wenn er durch ein Verhalten ausgelöst wurde, welches die nötige und zumutbare Rücksichtnahme auf die Umwelt vermissen lässt. Es gibt aber keine landesgesetzlichen Vorschriften darüber, wann ein Anspruch auf Nachtruhe anzunehmen ist. Gemeinden können allerdings eigene Lärmschutzverordnungen erlassen.

Steiermark: Wer durch **groben Unfug** (Schreien, Johlen, Trompetenblasen, Schießen, Ablassen von Steinen, Feuermachen usw.) die **Ruhe in Wald und Flur stört**, die Jagd beeinträchtigt oder Wegweiser, Markierungszeichen bzw. Zäune beschädigt, Tore offen lässt oder das Weidevieh stört, ist nach dem Gesetz über die Wegfreiheit im Bergland* von der Bezirksverwaltungsbehörde mit einer Geldstrafe bis zu 72 Euro zu bestrafen.

3. Landwirtschaftliche Tätigkeiten

Wenn daher ein Landwirt zur Nachtzeit lärmende Tätigkeiten mit seinem Traktor verrichtet, wäre dieser Lärm dann nicht ungebührlich erregt, wenn dies aus sachlichen Gründen nicht anders möglich ist (z.B. weil die Maschine über den Maschinenring nur zu dieser Zeit einsatzbereit ist und ansonsten die Ernte verderben würde oder weil in den Sommermonaten eine Spritzung aufgrund der Temperatur nur in den Abendstunden möglich ist).

* Sicherheitspolizeigesetz – SPG, BGBl 1991/566 idF I 2014/97, § 81 Störung der öffentl. Ordnung
Bgld Straßengesetz 2005, LGBl 2005/79 idF 2013/78, VI. Abschnitt: Lärmschutz
Bgld Landes-Polizeistrafgesetz, LGBl 1986/35 idF 2014/58, § 2 Lärmerregung
Ktn Bauordnung 1996 – K-BO 1996, LGBl 1996/62 idF 2013/85, § 28 Baulärm
Ktn Landes-Sicherheitsgesetz – K-LSiG, LGBl 1977/74 idF 2013/85, § 2 Lärmerregung
NÖ Polizeistrafgesetz, LGBl 4000-7, § 1 Lärmerregung
OÖ Polizeistrafgesetz – Oö. PolStG, LGBl 1979/36 idF 2014/66, §§ 3 und 4 Lärmerregung
Sbg Landessicherheitsgesetz – S. LSG, LGBl 2009/57 idF 2013/107, § 28 Lärmerregung
Stmk Landes-Sicherheitsgesetz, LGBl 2005/24 idF 2013/147, § 1 Lärmerregung
Stmk Gesetz über die Wegfreiheit im Bergland, LGBl 1922/107 idF 2013/87, § 6 Ruhestörung
Tir Landes-Polizeigesetz, LGBl 1976/60 idF 2014/1, 1. Abschnitt, Lärmerregung
Vbg Landes-Sicherheitsgesetz, LGBl 1987/1 idF 2013/61, 1. Abschnitt: Lärmstörungen
Wr Landes-Sicherheitsgesetz – WLSG, LGBl 1993/51 idF 2013/33, § 1 Lärmerregung
Wr Umgebungslärmschutzgesetz, LGBl 2006/19
RL 02/49/EG idF EG-VO 08/1137 über die Bewertung und Bekämpfung von Umgebungslärm

K. Denkmal- und Ortsbildschutz

Denkmale sind von Menschen geschaffene Gegenstände von geschichtlicher, künstlerischer oder kultureller Bedeutung. Der Denkmalschutz* umfasst alle Maßnahmen, die die Zerstörung und nachteiligen Veränderungen von erhaltungswürdigen Denkmälern verhindern sollen.

Ortsbild ist das vorwiegend durch Bauten geprägte wahrnehmbare Bild einer Stadt, eines Ortes oder Ortsteiles. Ortsgebiete, die wegen ihres eigenartigen, für die örtliche Bautradition charakteristischen Gepräges besonders erhaltungswürdig sind, können zu Ortsbildschutzgebieten erklärt werden. In solchen Gebieten ist das äußere Erscheinungsbild der Gebäude zu erhalten und kann die Behörde die Verhinderung bzw. Abstellung grober Beeinträchtigungen des Ortsbildes veranlassen.

Die EU-Kommission hat eine Empfehlung* an die Mitgliedsstaaten zum **Schutz des baulichen Kulturerbes** und des **natürlichen Lebensraumes** bzw. das EU-Parlament hat eine Entschließung über den **Schutz des europäischen Kulturgutes** ausgesprochen, wonach verstärkte Anstrengungen und Gegenmaßnahmen notwendig sind, das bauliche Kulturerbe und die natürliche Umwelt als Zeugen der kulturellen Identität Europas von Verfall und Untergang zu retten. Diese Feststellung gilt **auch für ländliche Gebiete**.

Ortsbildschutz- bzw. -pflegegesetze* wurden in den Bundesländern Oberösterreich, Burgenland, Kärnten, Salzburg, Steiermark und Tirol erlassen; zusätzlich bestehen für einzelne Orte und Städte Ortsbildschutzverordnungen und Altstadterhaltungsgesetze.

* Denkmalschutzgesetz – DMSG, BGBl 1923/533 idF I 2013/92
Verordnung über den Denkmalbeirat, BGBl II 2003/572
Europäisches Übereinkommen zum Schutz des archäologischen Erbes, BGBl III 2015/22
Übereinkommen zum Schutz des Kultur- und Naturerbes der Welt, BGBl 1993/60 idF III 2014/156
Übereinkommen zur Erhaltung des immateriellen Kulturerbes, BGBl III 2009/76 idF III 2015/20
Bgld Dorferneuerungs-Verordnung 2003, LGBl 2003/69
Ktn Ortsbildpflegegesetz 1990 – K-OBG, LGBl 1990/32 idF 2015/31
Ktn Orts- und Stadtkernverordnung – K-OSKV, LGBl 2003/44
Sbg Ortsbildschutzgesetz 1999, LGBl 1999/74 idF 2013/107
Stmk Ortsbildgesetz 1977, LGBl 1977/54 idF 2013/87
Tir Bauordnung 2011 – TBO 2011, LGBl 2011/57 idF 2014/150, § 50 Ortsbildschutz
Vbg Raumordnungsgesetz, LGBl 1996/39 idF 2013/44, § 28 (2) c Ortsbild
Empfehlung 75/65/EWG zum Schutz des baulichen Kulturerbes und natürlichen Lebensraumes
Entschließung 2001/C/73/04 des EU-Rates zur architektonischen Qualität der städtischen und ländlichen Umwelt

L. Feldschutz

Zum Schutze des Feldgutes, insbesondere gegen Feldfrevel, bestehen in einzelnen Bundesländern Feldschutzgesetze*, die im Wesentlichen Bestimmungen über den Umfang des Feldgutes, die Arten des Feldfrevels sowie die Bestellung und die Aufgaben der Feldschutzorgane enthalten. Das Tiroler Feldschutzgesetz enthält weitere Bestimmungen über die Viehweide, die Erhaltung von Einfriedungen und einen Mindestabstand bei der Umwandlung von Grundflächen in Wald, jedoch keine Bestimmung über Feldschutzorgane.

1. Feldgut

Darunter sind die in der Landwirtschaft hervorgebrachten oder verwendeten Sachen zu verstehen, wie z.B.

- landwirtschaftlich genutzte Grundstücke, wie Äcker, Wiesen, Weiden, Gärten, Wein- und Obstgärten,
- Einrichtungen zur Verarbeitung, Lagerung und Konservierung des Erntegutes,
- Bienenstöcke, Feld-, Alm- und Geräteschuppen, Presshäuser und Schuppen, Heu-, Stroh-, Rohr- und Fruchtschober,
- Zäune, Hecken, Fischteiche und Anlagen, Weinstecken, Dünger,
- Feldwege, Stege, alle noch nicht eingebrachten Früchte und Saaten,
- die auf dem Felde zurückgelassenen landwirtschaftlichen Maschinen, Geräte und Werkzeuge sowie das Zug- und Weidevieh.

2. Feldfrevel

Die unbefugte, eigenmächtige oder mutwillige Beschädigung von Feldgut sowie die Verletzung von Rechten am Feldgut sind als Feldfrevel verboten, insbesondere

- das Gehen, Lagern, Reiten, Fahren und Abstellen von Fahrzeugen in Gärten, Weingärten, auf bebauten Äckern, auf Wiesen und Weiden zur Zeit des Graswuchses, weiters auf Privatwegen, die durch Einfriedungen oder Verbotstafeln gekennzeichnet sind, sowie die Beseitigung von Einfriedungen und Verbotstafeln oder Öffnen von Sperrvorrichtungen,
- das Einackern, Umgraben von Feldwegen und Fußsteigen, das Verrücken und Beseitigen von Grenzzeichen,
- das Abbrechen, Abreißen oder Abschneiden von Stämmen, Ästen, Zweigen, Blüten, Früchten, Getreideähren, Weinreben, Schoten oder Pflanzen von bebauten Äckern oder des Grases auf Wiesen und Feldrainen etc.,
- das Aufsammeln von Laub, Früchten und Dünger,
- das Graben von Früchten und Erde, das Ablagern, Ausbringen oder Werfen von Steinen, Schutt und Abfallstoffen auf fremde Grundstücke,
- der Gebrauch fremder Schuppen, Feldhütten oder auf dem Feld belassener Geräte oder Werkzeuge sowie das Verstecken, Verschleppen oder Beschädigen dieser Gegenstände,
- das Umwerfen, Beschädigen oder Zerstreuen fremder Erd- und Düngerhaufen, Frucht- oder Streuhaufen, Heu-, Stroh- oder Fruchtschober,
- das Anmachen von Feuer, die Spiel- und Sportausübung auf fremdem Grund,
- das Verunreinigen oder Beschädigen fremder Fischbehälter, Anlagen der Fischzucht, Bienenstöcke und deren Anlagen sowie der Feldbrunnen,
- die Aneignung von Feldgut, wie Feld- und Baumfrüchten, Samen, Erde, Sand, Schotter und dgl.

Weiters ist die Nachlese in fremden Gärten, Obst- und Weingärten und auch Äckern nur mit Einwilligung des Nutzungsberechtigten gestattet.

Ebenso darf Vieh ohne Aufsicht nur auf eingefriedeten Plätzen freigelassen werden.
Landwirtschaftliche Grundstücke sind in einem solchen Pflegezustand zu halten, dass eine wesentliche Beeinträchtigung der Nachbargrundstücke durch Unkrautsamen hintangehalten wird.
Siehe auch: Einwirkungen an der Grenze VI/E/3 und Kulturpflanzenschutz XX/C/2.

3. Feldschutzorgane

Nach den Bestimmungen einzelner Feldschutzgesetze – nicht in Tirol – kann die Gemeinde Feldschutzorgane bestellen. Diese sind berechtigt, die zum Feldgut gehörigen Grundstücke und Anlagen zu betreten, des Feldfrevels verdächtige Personen anzuhalten und Anzeige zu erstatten und bei Gefahr im Verzuge bestimmte hiebei benützte Gegenstände in Beschlag zu nehmen und in bestimmten Fällen Personen zum Zweck ihrer Vorführung bei der Behörde festzunehmen.

* Bgld Feldschutzgesetz, LGBl 1989/15 idF 2013/79
NÖ Feldschutzgesetz, LGBl 6120-2
OÖ Alm- und Kulturflächenschutzgesetz, LGBl 1999/79 idF 2013/90
Sbg Gesetz über die Weidezäune, LGBl 1970/43
Tir Feldschutzgesetz 2000, LGBl 2000/58 idF 2013/130
Wr Feldschutzgesetz, LGBl 1969/38 idF 2001/11

XXI. Landwirtschaftliche Bewirtschaftung

Im Bereich der landwirtschaftlichen Bewirtschaftung, besonders im Marktordnungs- und Agrarförderungsbereich, sind zahlreiche EU-Bestimmungen zu vollziehen.

Im gemeinsamen Binnenmarkt (siehe: I/A/6/d) haben innerstaatliche Schutzbestimmungen, die den freien Waren-, Personen-, Dienstleistungs- und Kapitalverkehr einschränken, keinen Platz. Bestimmte Ausnahmen zum Schutz des Lebens und der Gesundheit von Menschen und Tieren etc. sind im Artikel 36 EG-V geregelt. Danach bleiben den Mitgliedsstaaten noch einige gesetzliche Möglichkeiten, den innerstaatlichen Markt gegen ganz bestimmte Einfuhren zu schützen. Sie dürfen aber nicht zu Diskriminierungen oder verdeckten Handelsbeschränkungen zwischen den Mitgliedsstaaten eingesetzt werden.

A. Marktordnung

Marktordnungen für Agrarprodukte sind ein zentrales Regelungsinstrument der Gemeinsamen Agrarpolitik (GAP) der EU. Ihre Hauptfunktion ist die Abgrenzung des EU-Binnenmarktes vom Weltmarkt mit seinen zum Teil viel niedrigeren Preisen. Die Preise für eingeführte Agrarprodukte werden innerhalb der EU künstlich hoch gehalten, um die Produzenten im Binnenmarkt vor Konkurrenz aus Drittländern zu schützen. Um ihrer Aufgabe gerecht werden zu können, sehen die Marktordnungen zahlreiche Steuerungselemente vor. Die GAP-Reform 2013 brachte diesbezüglich keine wesentlichen Änderungen, aber doch einige Neuerungen.

1. Einheitliche Gemeinsame Marktordnung – eGMO

Ihre wichtigsten Ziele sind die

- Verbesserung und Straffung der Bestimmungen, um auf aktuelle Herausforderungen, wie **Preisschwankungen, Klimawandel** und dessen Auswirkungen (z.B. Dürre), **steigende Produktionskosten, Wirtschaftskrise** und **Marktstörungen** reagieren zu können;
- Steigerung der **Wettbewerbsfähigkeit der agrarischen Produzenten**;
- Förderung von **Qualitätsprodukten in regionaler Vielfalt**;
- **Produktionssicherung** wegen der weltweit größeren Nachfrage nach Lebensmitteln;
- **Effizienzsteigerung** und Stärkung der Partner in der Nahrungsmittelkette sowie ein
- wirksames, schnelles und umfassendes **Krisenmanagement**, z.B. bei Tierseuchen.

In der **EU** regelt die **Verordnung über eine gemeinsame Marktorganisation für landwirtschaftliche Erzeugnisse (eGMO)***, EU-VO 13/1308 idF EU-VO 13/1310

a) im **Binnenmarkt**

- die **Marktintervention**

  Dazu zählen **öffentliche Intervention** und **Beihilfen** für folgende Maßnahmen: **private Lagerhaltung**, zur **Verbesserung der Nahrungsmittelversorgung**, insbesondere **Schulmilch-, Schulobst- und Gemüseprogramm**, in den Sektoren Obst und Gemüse, Olivenöl und Tafeloliven, Bienenzucht und Hopfen, Stützungsprogramme im **Weinsektor** (förderfähige Maßnahmen, besondere Stützungsmaßnahmen und Verfahren), **Genehmigungssystem** für **Rebpflanzungen**, insbesondere Neuanpflanzungen, Wiederbepflanzungen und Kontrolle;
- die **Vermarktung**

  Dazu zählen **Vermarktungsvorschriften** und -normen (siehe: XXI/F/1.), auch im Zusammenhang mit der Ein- und Ausfuhr, Ursprungsbezeichnungen, geografische Angaben und traditionelle Begriffe im Weinsektor, Sonderbestimmungen für einzelne Sektoren (z.B. Zucker, Wein, Milch);
- die **Erzeugerorganisationen und deren Vereinigungen** und **Branchenverbände** in allen Sektoren betreffend Satzung und Anerkennung, zusätzliche Vorschriften für spezielle

Sektoren (z.B. Obst, Gemüse und Hopfen), **Maßnahmen zur Erleichterung der Anpassung des Angebotes an die Marktnachfrage**, z.B. Verbesserung der Qualität, der Erzeugungs-, Verarbeitungs- und Vermarktungsstrukturen, und zur Erleichterung der Feststellung der Marktpreisentwicklung, Vermarktungsregeln zur Verbesserung und Stabilisierung des gemeinsamen Marktes für Weine sowie **Systeme** für den **Abschluss** von **Verträgen**;

b) im **Handel mit Drittländern** die

- **Einfuhren** (Lizenzen, Zölle, Kontingente, besondere Einfuhrbestimmungen für bestimmte Erzeugnisse, Schutzmaßnahmen und den aktiven Veredelungsverkehr);
- **Ausfuhren** (Lizenzen, Ausfuhrerstattungen und die passive Veredelung);

c) den **Wettbewerb**

- Vorschriften für Unternehmen;
- staatliche Beihilfen;

d) **außergewöhnliche Marktstützungsmaßnahmen** für alle Sektoren

- bei allgemeinen Marktstörungen;
- bei Tierseuchen für alle tierischen Produkte und für den damit verbundenen Vertrauensverlust der Verbraucher infolge von Risiken für die menschliche, tierische oder pflanzliche Gesundheit;
- im Rahmen einer Reserve für Krisen im Agrarsektor;

e) allgemeine Bestimmungen, Durchführungs-, Übergangs- und Schlussbestimmungen.

Mit dieser Verordnung wird eine gemeinsame Marktorganisation für **alle** landwirtschaftlichen Erzeugnisse errichtet, die im Anhang I angeführt sind:

Getreide, Reis, Zucker, Trockenfutter, Saatgut, Hopfen, Olivenöl und Tafeloliven, Flachs und Hanf, Obst und Gemüse, Verarbeitungserzeugnisse aus Obst und Gemüse, Bananen, Wein, lebende Pflanzen und Waren des Blumenhandels, Rohtabak, Rindfleisch, Milch und Milcherzeugnisse, Schweinefleisch, Schaf- und Ziegenfleisch, Eier, Geflügelfleisch, Ethylalkohol landwirtschaftlichen Ursprungs, Bienenzuchterzeugnisse, Seidenraupen und sonstige Erzeugnisse (u.a. Pferde, Esel, Maultiere und andere Tiere).

Ausgenommen sind Erzeugnisse der **Fischerei und Aquakultur**. Diese sind in der Marktorganisation EU-VO 13/1379 idF EU-VO 13/1385 geregelt, siehe: XV/A/1.

Referenzpreise: Die Festsetzung der Referenzpreise sowie die Möglichkeit von Anpassungen erfolgt vom Rat und dem Europäischem Parlament auf Vorschlag der Kommission.

Intervention: Bei der Intervention für Getreide wird **Hartweizen** zusätzlich als beihilfefähiges Erzeugnis anerkannt. Im Rahmen der öffentlichen Intervention erfolgte eine Mengenaufstockung für den Ankauf von Butter. Für die Produkte Gerste, Mais, Rohreis und Rindfleisch kann die Kommission die Intervention eröffnen. Neben der öffentlichen Intervention gibt es weiterhin die Private Lagerhaltung. Die bisherig zugelassenen Erzeugnisse: Olivenöl, Faserflachs, Rindfleisch, Butter, Magermilchpulver, Schweine-, Schaf- und Ziegenfleisch wurden um **Käse mit geschützten Ursprungsbezeichnungen** (siehe: XXI/G/7) erweitert.

Exporterstattungen: Die Erstattungshöhe wird in allen Sektoren auf Null gesetzt wird. Eine Änderung ist nur bei außergewöhnlichen Marktstörungen und Marktkrisen auf Vorschlag der Kommission und Beschluss des Rates möglich.

In **Österreich** regelt das **Marktordnungsgesetz** 2007 – MOG 2007* – die

- Durchführung und Abwicklung der einheitlichen gemeinsamen Marktordnung – eGMO;
- Ausschöpfung der im EGFL (siehe B/2) für die Agrarpolitik bereitgestellten Mittel
- und berücksichtigt die Interessen des Verbraucherschutzes und der Tiergesundheit sowie tierfreundliche Haltungsformen etc.

* Marktordnungsgesetz 2007 – MOG 2007, BGBl I 2007/55 idF I 2014/47
EG-VO 06/1184 idF EU-VO 13/1379 zur Anwendung bestimmter Wettbewerbsregeln auf die Produktion landwirtschaftlicher Erzeugnisse und den Handel mit diesen Erzeugnissen
EU-VO 13/1308 idF EU-VO 13/1310 über eine gemeinsame Marktorganisation für landwirtschaftliche Erzeugnisse

2. Verordnungen für Erzeugnisse der folgenden Sektoren:

- **Getreide**

  Die GAP-Reform 2013 brachte keine wesentlichen Änderungen. Die Möglichkeit zur öffentlichen Intervention für Getreide stellt nur ein Sicherheitsnetz dar.

  a) GMO – Getreide (EG-VO 13/1308 und EG-VO 09/1272 idF EU-VO 13/1333);
  b) Finanzierung (EU-VO 13/1306);
  c) Intervention = Lagerhaltung für Getreide (EU-VO 13/1306 und 06/884 idF EU-VO 11/157, EU-VO 13/1308 und 09/1272 idF EU-VO 13/1333, **Agrar-Interventionsverordnung 2010** – AIV 2010, BGBl II 2010/154);
  d) Flächenzahlungen für landwirtschaftliche Kulturpflanzen (EG-VO 09/691);
  e) Regelung für Direktzahlungen und Stützungsregelungen (EU-VO 13/1307);
  f) Sondermaßnahmen für Regionen in Randlage der Union (EU-VO 13/228).

- **Zucker**

  Für den Zuckersektor gilt eine Verlängerung der Marktordnung bis 2017. Sie bietet ein Mindestmaß an Sicherheit und Kontinuität für Produzenten und Konsumenten und gewährleistet die Stabilität und Berechenbarkeit bei Anbau und Produktion.

  a) GMO – Zucker (EU-VO 13/1308);
  b) Nichtquotenerzeugung (EG-VO 06/967 idF EU-VO 13/994);
  c) Zuckermarkthandel mit Drittländern (EG-VO 06/951 idF EU-VO 13/519);
  d) **Zuckermarktordnungs-Durchführungsverordnung 2008** – ZMODV 2008, BGBl II 2008/232).

- **Obst und Gemüse**

  Die bisherigen strukturbezogenen Förderungen (Betriebsfondsbeihilfen) für Erzeugerorganisationen bleiben für frisches und verarbeitetes Obst und Gemüse in Kraft. Die Position der Produzenten soll durch Bündelung gestärkt und eine markt- und verbraucherorientierte nachhaltige Obst- und Gemüseerzeugung gewährleistet werden.

  a) GMO – Obst und Gemüse (EU-VO 13/1308)
  b) GMO – Verarbeitungserzeugnisse aus Obst und Gemüse (EG-VO 08/361);
  c) besonderen Vorschriften für den Obst- und Gemüsesektor (EG-VO 07/1182);
  d) pauschale Einfuhrwerte (EG-VO 11/17 etc.).

- **Schulmilch- und Schulfruchtprogramme**

  Sie dienen der **Verbesserung der Nahrungsmittelversorgung** von Schülern in Schulen mit der Abgabe von Milch- und Milcherzeugnissen, Obst, Gemüse und Bananen sowie deren Verarbeitungserzeugnissen. Die EU-Beihilfen werden erhöht. Die Verteilung erfolgt nach aktuellen soziodemografischen Daten. Die EU-Kofinanzierung für die Verteilung von Obst und Gemüse in Schulen wird auf Begleitmaßnahmen erweitert.

  Erzeugnisse mit **zugesetztem Zucker, Fett, Salz und Süßungsmitteln** sind aus einem mit Gemeinschaftsbeihilfe kofinanzierten Schulfruchtprogramm **ausgeschlossen**.

a) Schulmilchprogramm – Beihilfe für an Schüler abgegebene Milchprodukte (EU-VO 13/1308, Artikel 26, EG-VO 08/657 idF EU-VO 13/756, **Schulmilch-Beihilfen-Verordnung** – SBV 2008, BGBl II 2008/30 idF II 2009/284, **Schulmilch-Höchstpreis-Verordnung** 2014 bis 31.7.2015, BGBl II 2014/214;
b) Schulobst- und Gemüseprogramm (EU-VO 13/1308, Artikel 23, Anhang V).

- **Wein**

a) GMO – Wein (EU-VO 13/1308);
b) Stützungsprogramme im Weinsektor (EG-VO 08/555 idF EU-VO 14/614);
c) Weinbaukartei, Beförderung von Weinerzeugnissen (EG-VO 09/436 idF EU-VO 13/1251);
d) Weinbauerzeugniskategorien und önologische Verfahren (EG-VO 09/606 idF EU-VO 14/347);
e) Kennzeichnung/Aufmachung von Weinbauerzeugnissen (EG-VO 09/607 idF EU-VO 13/73).

- **Milch und Milcherzeugnisse**

Mit dem **Auslaufen des Milchquoten-Systems** im März 2015 ist ein neues **umfassendes Milchpaket** vorgesehen. Gezielte Angebote für Erzeuger in schwierigen, weniger wettbewerbsfähigen Regionen, z.B. Berggebieten, kommen zur Anwendung. Erzeugerorganisationen/Branchenverbände können zeitlich befristete Regelungen und finanzielle Beiträge, auch für Nichtmitglieder, erlassen.

a) GMO – Milch und Milcherzeugnisse (EU-VO 13/1308 idF 13/1310, Artikel 148 ff. – Milchproduktionsregulierung **befristet bis März 2015**);
b) Lagerhaltung für Butter (EU-VO 13/1306, EG-VO 06/884 idF EU-VO 11/1157, EU-VO 13/1308 und EG-VO 09/1272 idG EU-VO 13/1333, **Agrar-Interventionsverordnung 2010** – AIV 2010, BGBl II 2010/154);
c) Gewährung einer Beihilfe für die private Lagerhaltung von lagerfähigen Käsesorten (EG-VO 08/414, **Käselagerhaltungsbeihilfenverordnung 2008**, BGBl II 2008/299);
d) Gewährung von Beihilfen für die private Lagerhaltung (EG-VO 08/826, **Private Lagerhaltungsverordnung 2010** – PLH-VO 2010, BGBl II 2010/153);
e) Maßnahmen zum Absatz von Rahm, Butter und Butterfett (EU-VO 13/1308, **Butterabsatz-Verordnung 2008**, BGBl II 2008/229);
f) Beihilfen für Futterzwecke (EG-VO 09/1272 idF EU-VO 14/340, **Magermilch- und Magermilchpulver-Beihilfenverordnung** – MM-MMP-BeihV 2008, BGBl II 2008/445 idF II 2009/319);
g) Beihilfen für Kasein (EG-VO 08/760 idF EG-VO 09/548, **Kasein-Verordnung 2008**, BGBl II 2008/305);
h) Meldepflichten für Milch (EU-VO 13/1308 und EU-VO 10/479 idF EU-VO 13/1333, **Milchmeldeverordnung 2010** – MMV 2010, BGBl II 2010/249 idF II 2015/86);
i) Meldepflichten für Käse (EU-VO 10/479).

- **Fleisch und Eier**

In diesen Sektoren brachte die Reform 2013 geringe Änderungen. Die private Lagerhaltung bleibt weiterhin eingeschränkt auf Rind-, Schweine- und Schaffleisch. Im Rahmen der öffentlichen Intervention gilt sie nur für Rindfleisch.

- **Rindfleisch**

a) GMO – Rindfleisch (EU-VO 13/1308)

b) Intervention = Lagerhaltung für Rindfleisch (EU-VO 13/1308 und 06/884 idF EU-VO 11/157, EG-VO 09/1272 idF EU-VO 14/340, **Agrar-Interventionsverordnung 2010** – AIV 2010, BGBl II 2010/154);
c) Schutz lebender Rinder beim Transport als Voraussetzung für die Ausfuhrerstattung (EU-VO 10/817 idF EU-VO 13/519
d) Meldepflichten (**Vieh-Meldeverordnung 2014**, BGBl II 2014/255).

● **Schweinefleisch**
a) GMO – Schweinefleisch (EU-VO 13/1308);
b) Meldepflichten (**Vieh-Meldeverordnung 2014**, BGBl II 2014/255).

● **Schaf- und Ziegenfleisch**
a) GMO – Schaf- und Ziegenfleisch (EU-VO 13/1308);
b) Gewährung von Beihilfen für die private Lagerhaltung (EG-VO 08/826 idF EU-VO 14/501);
c) Meldepflichten (**Vieh-Meldeverordnung 2014**, BGBl II 2014/255).

● **Eier**
a) Einfuhrpreise (EU-VO 10/951, 10/1208 und 10/1058);
b) Einfuhrzölle (EG-VO 95/1484 idF EU-VO 10/248);
c) Ausfuhrerstattung (EU-VO 10/950 und 10/954);
d) Ausfuhrlizenzen (EU-VO 10/1000 und 10/1178 idF EU-VO 11/1379).

● **Geflügelfleisch**
a) Einfuhrpreise (EG-VO 95/1484 idF EU-VO 10/248 und EU-VO 10/1208);
b) Ausfuhrerstattungen (EU-VO 10/63).

● **Bienenzucht**

Das EU-kofinanzierte Imkereiprogramm bleibt aufrecht. Die Maßnahmen zur Bekämpfung der Varroatose werden erweitert. Neu sind Maßnahmen zur Marktüberwachung und zur Erhöhung der Produktqualität zur Nutzung des Marktpotenzials.

GMO – Bienenzucht (EU-VO 13/1308, Art. 55–57 und Anhang I, Teil XXII)

3. Agrarmarkt Austria – AMA

Die AMA ist die einheitliche Marktordnungs- und Interventionsstelle des Bundes zur Vollziehung der EU-Marktordnung und die Marketingeinrichtung der Landwirtschaft.

Das AMA-Gesetz* regelt den näheren Aufbau dieser Marktordnungs- und Interventionsstelle zur Vollziehung der EU-Vorschriften im Bereich der gemeinsamen Marktordnung.

Die Finanzierung der AMA erfolgt durch die öffentliche Hand.

Aufgaben der AMA im eigenen und übertragenen Wirkungsbereich:

a) Zentrale Markt- und Preisberichterstattung über Agrarprodukte, daraus hergestellte Verarbeitungserzeugnisse und landwirtschaftliche Produktionsmittel;
b) Maßnahmen zur Qualitätssteigerung;
c) Förderung der Werbung; Einhebung eines Marketingbeitrages für Erzeugnisse zur
   - Förderung und Sicherung des Absatzes land- und forstwirtschaftlicher Erzeugnisse;
   - Erschließung und Pflege von Märkten für diese Erzeugnisse;

- Verbesserung des Vertriebes dieser Erzeugnisse;
- Förderung allgemeiner Maßnahmen zur Qualitätsverbesserung und -sicherung;
- Förderung sonstiger Marketingmaßnahmen.

d) Vollzug von Marktordnungsaufgaben in 5 Fachbeiräten;

e) Abwicklung der Förderungsverwaltung für Agrarprodukte und Verarbeitungserzeugnisse;

f) sonstige Aufgaben aufgrund anderer Gesetze und Verordnungen.

* Agrarmarkt-Austria-Gesetz – AMA-G 1992, BGBl 1992/376, idF I 2014/74

4. Erzeugerorganisationen (EO) und Branchenverbände

Mit der GAP-Reform 2013 wurden die Erzeugerorganisationen und Branchenverbände zur Stärkung des Produzenten auf alle Sektoren ausgeweitet. Die Mitgliedstaaten haben Anträge auf Anerkennung auf fakultativer Basis zu entscheiden. Dies gilt nicht für die bereits im bisherigen System obligatorisch anzuerkennenden Sektoren Milch, Obst und Gemüse.

In der EU regelt die **Verordnung über eine gemeinsame Marktorganisation für landwirtschaftliche Erzeugnisse (eGMO)**, EU-VO 13/1308, Titel II, Kapitel III, Artikel 152 ff. die **Erzeugerorganisationen und deren Vereinigungen und Branchenverbände**, und zwar:

- die fakultative (= mögliche) **Anerkennung**;
- die **Satzungen**;
- die möglichen **Auslagerungen** von Tätigkeiten z.B. an Tochterunternehmen;
- die **Anerkennungspflicht** für spezielle Sektoren, z.B. Obst und Gemüse, Milch und Milcherzeugnisse, Hopfen, Tabak;
- mögliche **Ausdehnung der Vorschriften** von **repräsentativen Erzeugergemeinschaften** oder Branchenverbänden in bestimmten Wirtschaftsbezirken auf **andere Unternehmungen** oder Gruppierungen; damit verbunden deren Verpflichtung zur Leistung eines **Finanzbeitrages**, wenn ihnen diese Maßnahmen zugute kommen;
- **Anpassung des Angebotes**, sei es an die Marktnachfrage oder Vermarktungsregeln zur Verbesserung oder Stabilisierung des Weinmarktes;
- Systeme für den Abschluss von Verträgen und Verfahrensvorschriften etc.

Die EU-VO 13/1305 über die **Förderung der ländlichen Entwicklung*** regelt in Artikel 27 die **Förderungsmaßnahmen** zur Gründung von Erzeugergemeinschaften und -organisationen.

In **Österreich** regeln in Umsetzung dieser EU-Vorgaben einige Verordnungen* die Anerkennung, Größe, Mitgliedschaft, Auslagerung, Steuerung des Angebotes und operationelle Programme etc. in Erzeugerorganisationen, deren Vereinigungen und Branchenverbänden.

* Verordnung über Erzeugerorganisationen und Vereinigungen von Erzeugerorganisationen für Obst- und Gemüse – Obst- und Gemüse EO-VO, BGBl II 2008/444
Milchsektor-Zusammenschlüsse-Verordnung – MZV, BGBl II 2012/343 idF II 2013/52
Verordnung über die Anerkennung von Erzeugerorganisationen für Fischereierzeugnisse, BGBl II 2009/33
EU-VO 13/1305 idF EU-VO 14/1378, Artikel 27 Gründung von Erzeugergemeinschaften
EU-VO 13/1308, Titel II, Kapitel III, Artikel 152 ff. über Erzeugerorganisationen und deren Vereinigungen und Branchenverbände
EU-VO 13/1379 idF EU-VO 13/1385, Kapitel II, Erzeugerorganisationen für Fischerei- und Aquakulturerzeugnisse

5. Vieh-Meldeverordnung 2014*

Sie dient in Umsetzung von EU-Verordnungen der Erfüllung von Meldepflichten für Rinder und Rindfleisch, Schweine und Schweinefleisch, Schafe und Schaffleisch, Eier, Geflügel und Geflügelfleisch und enthält Bestimmungen über die

- Meldepflichtigen, Häufigkeit und Zeitpunkt der Meldungen;
- Mengen- und Preisauszeichnung nach dem Ursprungsland, Aufzeichnungspflichten.

Zuständig für die Vollziehung ist die Marktordnungsstelle „Agrarmarkt Austria" – AMA.

* Vieh-Meldeverordnung 2014, BGBl II 2014/255

6. Lebensmittelbewirtschaftungsgesetz 1997*

Dieses Gesetz sieht, befristet bis 31. 12. 2016, für den Fall drohender Störungen der Versorgung oder zu deren Behebung Lenkungsmaßnahmen durch Verordnung vor, sofern diese Störungen keine saisonale Verknappungserscheinung darstellen und durch marktkonforme Maßnahmen nicht oder nicht rechtzeitig oder nur mit unverhältnismäßigen Mitteln abgewendet oder behoben werden können.

Lenkungsmaßnahmen können für folgende Waren ergriffen werden: **Lebensmittel, Trinkwasser**, bestimmte Marktordnungswaren, **landwirtschaftliche Erzeugnisse und Tiere**, die für die Gewinnung von Lebensmitteln geeignet sind, **Düngemittel**, Pflanzenschutzmittel, **Futtermittel, Saat- und Pflanzgut.**

Lenkungsmaßnahmen sind:

a) Gebote, Verbote und Anordnungen von Bewilligungspflichten betreffend Produktion, Transport, Lagerung, Verteilung, Abgabe, Bezug, Verbringen, Ein- und Ausfuhr und Verwendung von Waren;
b) Anweisungen an Besitzer von Transport-, Lager- oder Verteilungseinrichtungen;
c) bestimmte Verkaufsverbote gelenkter Waren und
d) bestimmte Meldungsverpflichtungen.

* Lebensmittelbewirtschaftungsgesetz 1997, BGBl 1996/789 idF I 2012/50

7. Versorgungssicherungsgesetz 1992*

Dieses Gesetz sieht, befristet bis 31. 12. 2016, ebenfalls wie das Lebensmittelbewirtschaftungsgesetz Lenkungsmaßnahmen vor, jedoch für Rohstoffe, Tabakwaren, mineralische Stoffe, Kunststoffe, rohe Häute, Felle, Leder, Pelzfelle, Holzstoffe, Spinnstoffe usw. mit Geboten, Verboten, Anweisungen und Verpflichtungen an Besitzer während der Dauer der Versorgungsstörung.

* Versorgungssicherungsgesetz – VerssG 1992, BGBl 1992/380 idF I 2012/50

B. Agrarpolitik

1. Gemeinsame Agrarpolitik – GAP

a) Die **Gemeinsame Agrarpolitik** ist ein Bereich der EU, der auf zwei Säulen beruht:

- den gemeinsamen **Marktordnungen** und
- der **Entwicklung des ländlichen Raums**.

Die GAP 2014 bis 2020 steht unter dem Motto: **„Nahrungsmittel, natürliche Ressourcen, ländliche Gebiete – die künftigen Herausforderungen"**

Zuständig für die Rechtsetzung im Bereich der GAP ist der Rat für Landwirtschaft und Fischerei. Seit 2010 entscheidet das Europäische Parlament in der Agrarpolitik mit.

b) Die **GAP-Reform 2013**: Sie beruht auf 4 Grundverordnungen:

- Verordnung über **Direktzahlungen** – EU-VO 13/1307 idF EU-VO 14/1378;
- Verordnung über eine **gemeinsame Marktorganisation – eGMO** – für landwirtschaftliche Erzeugnisse – EU-VO 13/1308 idF EU-VO 13/1310, siehe XXI/A Marktordnung bzw. über die **Gemeinsame Marktorganisation – GMO** – für Erzeugnisse der Fischerei und Aquakultur – EU-VO 13/1379 idF EU-VO 13/1385, siehe XV/A/1 Fischerei – Aquakultur;
- Verordnung über die **Förderung der ländlichen Entwicklung** – EU-VO 13/1305 idF EU-VO 14/1378;
- Verordnung über die **Finanzierung, Verwaltung** und das **Kontrollsystem der GAP** – EU-VO 13/1306, idF EU-VO 13/1310

Als Ausgleich für das Sinken der Agrarpreise in die Nähe des Weltmarktpreises erhalten europäische Landwirte Direktzahlungen als Stützung für die Betriebsführung.
Die GAP erkennt die bäuerliche Struktur der Landwirtschaft und die strukturellen und natürlichen Unterschiede zwischen den Regionen an und strebt eine Anpassung an.

c) **Entwicklung der Agrarpolitik**

- **Preisstützung** 1952 bis 1992
- **Produkt-Prämien** 1993 bis 2004, z.B. Getreideprämie
- **Betriebsprämie** 2005 bis 2013, Förderungen unabhängig vom Erzeugnis
- **Betriebsprämie + Greening** ab 2014: verpflichtende Anbaudiversifizierung = Anbauabwechslung/Vielfalt, Dauergrünlanderhalt und umweltgerechte Flächennutzung

d) **Ziele der gemeinsamen Agrarpolitik** (Artikel 33 EG-Vertrag)

- Förderung der Produktivität in der Landwirtschaft
- Angemessene Lebenshaltung für die in der Landwirtschaft tätigen Personen
- Stabilisierung der Märkte
- Sicherstellung der Versorgung/Belieferung der Verbraucher zu angemessenen Preisen

e) Gemeinsame **Organisation der Agrarmärkte – GMO** (Artikel 34 EG-Vertrag)

- Gemeinsame Wettbewerbsregeln
- Bindende Koordinierung der verschiedenen einzelstaatlichen Marktordnungen
- Eine europäische Marktordnung

f) **Grundprinzipien** für den gemeinsamen Agrarmarkt

- **Einheit des Marktes** – freier Verkehr der Agrarerzeugnisse innerhalb der EU;
- **Gemeinschaftspräferenz** – Agrarprodukte der EU haben bei der Vermarktung einen Vorrang, Preisvorteil und Schutz gegenüber importierten Produkten, Niedrigpreisprodukten aus Drittländern und vor größeren Schwankungen des Weltmarktes.
- **Finanzielle Solidarität** – alle Ausgaben werden vom Gemeinschaftshaushalt getragen.

2. Finanzierung der Gemeinsamen Agrarpolitik – GAP

a) Die **Verordnung über die Finanzierung, Verwaltung** und **das Kontrollsystem der Gemeinsamen Agrarpolitik** – EU-VO 13/1306 – enthält Vorschriften über

- die **Finanzierung** der Ausgaben im Rahmen der **GAP**, einschließlich des **ländlichen Raumes**, und den Rechnungsabschluss;

- das System der **landwirtschaftlichen Betriebsberatung**;
- die einzurichtenden **Verwaltungs**- und **Kontrollsysteme** – in Österreich: **INVEKOS**;
- die **Cross-Compliance-Regelung**, wonach Landwirte, die Fördermittel beantragen, bestimmte Umwelt-, Tierschutz- und weitere Vorschriften beachten müssen.

Zur Erreichung der Ziele der GAP und zur Gewährleistung der Finanzierung der verschiedenen Maßnahmen werden folgende **Europäische Agrarfonds** eingerichtet:

- **Garantiefonds für die Landwirtschaft – „EGFL"**
- **Landwirtschaftsfonds für die Entwicklung des ländlichen Raums – „ELER"**

Sie sind Teil des Gesamthaushaltsplanes der Gemeinschaft. Aus ihnen werden entweder in einer zwischen den Mitgliedstaaten und der Gemeinschaft geteilten oder in zentraler Mittelverwaltung die folgenden Ausgaben finanziert:

EGFL – Garantiefonds für die Landwirtschaft

- Maßnahmen zur **Regulierung** oder **Stützung der Agrarmärkte**;
- **Direktzahlungen** an die Betriebsinhaber;
- Beteiligung an **Informations- und Absatzförderungsmaßnahmen**;
- Beitrag zum **Schulobst- und -gemüseprogramm** der Union und zu Maßnahmen betreffend **Tierseuchen** und **Vertrauensverlust** der **Verbraucher**.

In zentraler Mittelverwaltung Ausgaben in folgenden Bereichen:

- **Absatzförderung** für landwirtschaftliche Erzeugnisse;
- Maßnahmen zur Erhaltung, Charakterisierung, Sammlung und Nutzung **genetischer Ressourcen** in der Landwirtschaft;
- Aufbau und Pflege von **Informationsnetzen** landwirtschaftlicher **Buchführungen**;
- Systeme für **landwirtschaftliche Erhebungen**, einschließlich über die **Struktur der landwirtschaftlichen Betriebe**.

ELER – Landwirtschaftsfonds für die Entwicklung des ländlichen Raumes
Der ELER finanziert die Beteiligung an den Entwicklungsprogrammen über die Förderung der Entwicklung des ländlichen Raums.

b) Die **Verordnung über die Förderung der ländlichen Entwicklung** durch den Europäischen Landwirtschaftsfonds für die Entwicklung des ländlichen Raums – ELER – EU-VO 13/1305 idF EU-VO 14/1378

Auftrag:
Sicherstellung der **nachhaltigen Entwicklung** der **ländlichen Gebiete** durch Konzentrierung auf eine bestimmte begrenzte Zahl von **Kernprioritäten**, indem der ELER diese Entwicklung des ländlichen Raums – neben anderen Instrumenten – fördert.

Ziele:

- Förderung der **Wettbewerbsfähigkeit** der Landwirtschaft;
- Gewährleistung der **nachhaltigen Bewirtschaftung** der natürlichen Ressourcen und **Klimaschutz**;
- Erreichung einer **ausgewogenen räumlichen Entwicklung** der ländlichen **Wirtschaft** und der **Gemeinschaften**, einschließlich **Arbeitsplätze**.

Prioritäten – Liste der Maßnahmen im Anhang VI:

- Förderung von **Wissenstransfer** und **Innovation** in der LuF, u.a. mit Schwerpunkten **Be-**

ratungs-, **Betriebsführungs-** und **Vertretungsdiensten** sowie des **lebenslangen Lernens** und der **beruflichen Bildung** in der LuF (Art. 13 ff.);

- Verbesserung der **Lebensfähigkeit** der landwirtschaftlichen Betriebe, der **Wettbewerbsfähigkeit**, Förderung **innovativer landwirtschaftlicher Techniken** und der **nachhaltigen Waldbewirtschaftung**;
- Förderung einer **Organisation der Nahrungsmittelkette**, einschließlich der **Verarbeitung** und **Vermarktung**, des Tierschutzes und des Risikomanagements;
- Wiederherstellung, Erhaltung und Verbesserung der **Öko-Systeme**;
- Förderung der **Ressourceneffizienz** und Unterstützung des Agrar-, Lebensmittel- und Forstsektors beim Übergang zu einer **kohlenstoffarmen und klimaresistenten** Wirtschaft;
- Förderung lokaler Aktionsgruppen – **LEADER** für Innovation und Kooperation und verschiedener weiterer Programme, wie z.B. des Programmes COSME – **2014–2020**, welches die Wettbewerbsfähigkeit von Unternehmen fördert;
- Förderung der **gleichberechtigten sozialen Teilhabe, der Armutsbekämpfung** und der **wirtschaftlichen Entwicklung in ländlichen Gebieten**.

Aufteilung der Unionsförderung 2014–2020 im Anhang I:
Hier ist ersichtlich, dass Österreich bei der Förderung für die Entwicklung des ländlichen Raumes aufgrund seiner Größe und Lage verhältnismäßig relativ gut bedacht wurde.

Beihilfen und Voraussetzungen für **förderungswürdige Bewirtschaftungsmaßnahmen**
Siehe: Vorrangige Maßnahmen zur Verbesserung der Agrarumwelt XX/A/3, Umweltprogramm XX/A/4.

c) Die **Gemeinsame Fischereipolitik – GFP*** ist in der EU-VO 13/1380 idF EU-VO 13/1385 geregelt. Sie erstreckt sich auf die **Erhaltung** biologischer Meeresschätze und auf Maßnahmen zur Unterstützung lebender **Süßwasserressourcen** und der Aquakultur sowie der **Verarbeitung und Vermarktung** von Erzeugnissen der Fischerei und Aquakultur (siehe XV/A/1).

* EU-VO 13/1303 über verschiedene Europäische Fonds, einschließlich ELER
EU-VO 13/1305 idF EU-VO 14/1378 über die Förderung der ländlichen Entwicklung durch den Europäischen Landwirtschaftsfonds für die Entwicklung des ländlichen Raumes (ELER)
EU-VO 13/1306 idF EU-VO 13/1310 über Finanzierung, Verwaltung und Kontrollsystem der Gemeinsamen Agrarpolitik
EU-VO 13/1310 mit bestimmten Übergangsvorschriften über die Förderung der Entwicklung des ländlichen Raumes
EU-VO 13/1380 idF EU-VO 13/1385 über die Gemeinsame Fischereipolitik
EU-VO 14/640 zur Ergänzung der EU-VO 13/1306 und die Zahlungsbedingungen sowie Sanktionen im Rahmen von Direktzahlungen, Entwicklungsmaßnahmen für den ländlichen Raum und CC
EU-VO 14/808 mit Durchführungsbestimmungen zur EU-VO 13/1305
EU-VO 14/809 mit Durchführungsbestimmungen zur EU-VO 13/1306
EU-VO 14/907 zur Ergänzung der EU-VO 13/1306 im Hinblick auf die Zahlstellen und anderen Einrichtungen, die finanzielle Verwaltung, den Rechnungsabschluss, Sicherheiten und die Verwendung des Euro
EU-VO 14/908 mit Durchführungsbestimmungen zur EU-VO 13/1306 hinsichtlich der Zahlstellen und anderen Einrichtungen, der Mittelverwaltung, des Rechnungsabschlusses und der Bestimmungen für Kontrollen, Sicherheiten und Transparenz

3. Direktzahlungen und INVEKOS – Integriertes Verwaltungs- und Kontrollsystem

Die Stützungsregelungen im Rahmen der GAP sehen **direkte Einkommensbeihilfen** vor, und zwar eine **Basisprämienregelung** bzw. Regelung für die **einheitliche Flächenzahlung**, um der landwirtschaftlichen Bevölkerung eine angemessene Lebenshaltung zu gewährleisten, verbunden mit der Erhaltung der ländlichen Gebiete.

Mindestanforderungen für den Bezug von Direktzahlungen

Der Betriebsinhaber, der Fördermittel beantragt, muss erfüllen:

- Grundanforderungen an die Betriebsführung, wie z.B. Gesundheit von Mensch, Tier und Pflanzen, Umwelt- und Tierschutz, Lebens- und Futtermittelsicherheit;
- die **Cross-Compliance-Verpflichtung** = Vorschriften zum guten landwirtschaftlichen und ökologischen Zustand.

Verwaltungs- und Kontrollsystem: Jeder Mitgliedstaat hat die besonderen Merkmale der betreffenden Flächen, einschließlich Boden- und Klimaverhältnisse, Bewirtschaftungssysteme, Flächennutzung, Fruchtwechsel, Wirtschaftsweisen und Betriebsstrukturen zu berücksichtigen und ein integriertes Verwaltungs- und Kontrollsystem = **INVEKOS** einzurichten.

In der EU legt die **Verordnung** mit Vorschriften über **Direktzahlungen an Inhaber landwirtschaftlicher Betriebe** im Rahmen von **Stützungsregelungen der GAP** (EU-VO 13/1307 idF EU-VO 14/1378, EU-VO 14/639 und EU-VO 14/641) Folgendes fest:

- Gemeinsame Vorschriften für die Betriebsinhabern direkt gewährten Zahlungen im Rahmen der aufgeführten Stützungsregelungen (**„Direktzahlungen“**), z.B. Mindestanforderungen für den Bezug von Direktzahlungen, Mehrfachanträge etc.;
- spezifische Vorschriften für eine Basisprämie für Betriebsinhaber (**„Basisprämienregelung“**);
- fakultative nationale **Übergangsbeihilfe** sowie **Umverteilungsprämie**;
- Zahlung an Betriebsinhaber, die dem **Klima- und Umweltschutz** förderliche Landbewirtschaftungsmethoden einhalten;
- fakultative Zahlung an Betriebsinhaber in **Gebieten mit naturbedingten Benachteiligungen**, z.B. Berggebieten;
- Zahlung an **Junglandwirte**, die eine landwirtschaftliche Tätigkeit aufnehmen;
- fakultative gekoppelte Stützungsregelung und vereinfachte **Kleinerzeugerregelung**.

In **Österreich** regeln in Umsetzung dieser EU-Vorgaben ab 2015

a) die **Direktzahlungs-Verordnung** 2015* im Rahmen der GAP die Gewährung der

- **Basisprämie**;
- **Dauergrünlandzahlung – „Greeningzahlung“** – für dem Klima- und Umweltschutz förderliche Landbewirtschaftungsmethoden, mit Mindestvorgaben zur Flächenbewirtschaftung im Umweltinteresse („ökologische Vorrangflächen“);
- Zahlung für **Junglandwirte** – bis 40 Jahre alt mit zumindest einer Facharbeiterprüfung;
- fakultativen gekoppelten Stützung bei **Beweidung von Almen** sowie
- Zahlung an **Kleinerzeuger** – solche, die Direktzahlungen bis zu € 1.500,– erhalten.

Sie löst ab 2015 die einheitliche Betriebsprämie, Mutterkuh- und Milchkuhprämie ab.

b) die **Horizontale GAP-Verordnung***, mit horizontalen Regeln für den GAP-Bereich

- die **Beihilfe- und Zahlungsanträge**, die für die Kalenderjahre ab 2015 gestellt werden;
- die **Zuständigkeit der Agrarmarkt Austria** (AMA) für die Wahrnehmung der Zahlstellenaufgaben, wie z.B. Festlegung der Referenzparzellen, Erstellung des Landschaftselementelayers, elektronische Zurverfügungstellung der Formulare und kartografischen Unterlagen, Entgegennahme von Anträgen und Anzeigen (Online-, E- oder Papier-Antrag), teilweise Kontrolle der Cross-Complience-Regelungen;
- das **Verfahren für die Antragstellung**, wonach alle Anträge und Anzeigen, die vom INVEKOS erfasst sind, über die Website **www.ama.at** bei der AMA
  1. durch automationsunterstützte Datenübertragung (**Online-Antrag**) oder

2. auf elektronischem Weg mit Formular (**E-Antrag**) einzureichen sind.
3. Anträge können auch in Papierform, mittels E-Mail oder Telefax eingereicht werden, wenn dies auf der Homepage der AMA ausdrücklich ermöglicht wird.
4. Betriebsinhaber, die die Anträge nicht online oder auf elektronischem Weg einreichen, können sich bei der Landwirtschaftskammer der Hilfestellung bedienen.

- die Anzeigepflicht und Beihilfengewährung bei Betriebsübergaben;
- die beihilfefähige Fläche, Referenzparzellen, Nutzungsarten;
- Antragstellung und Sammelantrag, Cross-Compliance
- Landwirtschaftliche Betriebsberatung und Übertragung von Zahlstellenaufgaben:

Sie löst ab 2015 die INVEKOS-GIS-VO 2011 und die INVEKOS-CC-VO 2010 ab.

Mindestanforderungen zur Einhaltung der **Cross-Compliance-Verpflichtungen** sind:

- Ackerland, das nicht für die landwirtschaftliche Produktion verwendet wird, muss eine Begrünung aufweisen und über die Vegetationsperiode gepflegt werden, soweit nicht aufgrund von naturschutzrechtlichen Vorgaben oder im Rahmen sonstiger vertraglicher Programme oder projektorientierter Vereinbarungen eine abweichende Vorgangsweise vorgesehen ist.
- Flächen, die dem Hopfen-, Obst- oder Weinanbau dienen und auf denen zur Bodengesundung zwischen Rodung und Wiederanpflanzung eine Ruheperiode von mindestens einer Vegetationsperiode stattfindet, sind während der Ruheperiode zu begrünen.
- Auf durchgefrorenen, wassergesättigten oder überschwemmten Böden sowie bei geschlossener Schneedecke ist eine Bodenbearbeitung mit landwirtschaftlichen Maschinen auf landwirtschaftlichen Nutzflächen nicht zulässig.
- In einem Mindestabstand von
  a) 10 m zu stehenden Gewässern mit einer Wasseroberfläche von 1 ha oder mehr oder
  b) 5 m zu Fließgewässern (ab einer Sohlbreite von 5 m) darf keine Bodenbearbeitung (ausgenommen das Neuanlegen der Abstandsstreifen) vorgenommen werden.
- Terrassen dürfen nicht beseitigt werden. Ausgenommen sind jene Terrassen, deren Beseitigung im Rahmen behördlicher Agrarverfahren ausdrücklich vorgesehen ist.
- Betriebe mit einer Besatzdichte von weniger als 0,5 GVE/ha, die über mehr als 5 ha Ackerfläche verfügen, dürfen auf höchstens 85 % der Ackerflächen Getreide (Dinkel, Durum, Gerste, Hafer, Roggen, Triticale und Weichweizen) und Mais anbauen.
- Das Abbrennen von Stroh auf Stoppelfeldern ist verboten – Ausnahme: Genehmigung aufgrund witterungs- und anbaubedingter Umstände oder aufgrund phytosanitärer Gründe.
- Die Flächen sind unter Hintanhaltung einer Verwaldung, Verbuschung oder Verödung durch Pflegemaßnahmen in einem zufriedenstellenden agronomischen Zustand zu erhalten, soweit nicht aufgrund von naturschutzrechtlichen Maßnahmen getroffene vertragliche Auflagen eine abweichende Vorgangsweise vorsehen. Die jährliche Mindestpflegemaßnahme durch Häckseln zur Hintanhaltung einer Verwaldung, Verbuschung oder Verödung darf maximal auf 50 % der Acker-, Spezialkulturen- (Hopfen, Obst- und Weinbau) und Dauergrünlandfläche (ausgenommen Hutweiden, Bergmähder, Streuwiesen und Almen) erfolgen. Auf allen übrigen Flächen muss eine jährliche Nutzung des Aufwuchses durch Ernten oder Beweiden erfolgen. Von der Ernteverpflichtung ausgenommen sind Flächen, auf denen eine Ernte aufgrund von Hagel, Hochwasser, Überschwemmungen oder Vermurungen wirtschaftlich nicht mehr sinnvoll ist.
- Landschaftselemente, die als Bestandteil eines Feldstücks ein untergeordnetes Ausmaß nicht überschreiten und als hervorragende Einzelschöpfungen der Natur (Naturdenkmale) im Rahmen naturschutzrechtlicher Verordnungen und Bescheide besonders geschützt und ausgewiesen sind, dürfen nicht beseitigt werden.

- Die Rebflächen sind durch entsprechende Pflegemaßnahmen, insbesondere Rebschnitt, in einem zufriedenstellenden agronomischen Zustand zu erhalten.
- Eine Bewilligung der Wasserrechtsbehörde ist für bestimmte Benutzungen von öffentlichen Gewässern, privaten Tagwässern und Grundwasser erforderlich.
  Siehe hiezu: Besondere Wassernutzung und Nutzung des Grundwassers XII/B/2 und 3).
- Eine Genehmigung der UVP-Behörde ist erforderlich
  1. für Anlagen zur Bodenbewässerung mit einer jährlichen Bewässerungsfläche von mindestens 2.500 ha sowie
  2. für Anlagen zur Bodenbewässerung mit einer Fläche von mindestens 1.000 ha in Gebieten, in denen zur Erreichung des guten mengenmäßigen oder chemischen Zustands Maßnahmen angeordnet oder Programme nach dem WRG 1959 erlassen worden sind.
- Dauergrünlandflächen dürfen nicht umgebrochen werden
  1. auf Hanglagen mit einer durchschnittlichen Hangneigung größer als 15 % oder
  2. auf Gewässerrandstreifen in einer Mindestbreite
     a) von 20 m zu stehenden Gewässern mit einer Wasseroberfläche von 1 ha oder
     b) von 10 m zu Fließgewässern (ab einer Sohlbreite von 5 m).
- Abweichend von der Ziffer 1 im vorigen Punkt ist zulässig:
  1. ein Tausch von Dauergrünflächen mit anderen landwirtschaftlichen Flächen, der zu keiner Verringerung der Dauergrünflächen führt, oder
  2. ein Umbruch von Dauergrünlandflächen
     a) zur Anlage von Dauerkulturen oder
     b) von höchstens 0,5 ha je Betrieb, wenn der Dauergrünlandanteil des Betriebes (ausgenommen Hutweiden, Bergmähder, Streuwiesen und Almen) mehr als 80 % beträgt.
- Betriebsinhaber, die Dauergrünland umbrechen, haben im Sammelantrag zu melden:
  1. einen Tausch von Dauergrünlandflächen mit anderen landwirtschaftlichen Flächen, der zu keiner Verringerung der Dauergrünlandflächen führt, oder
  2. einen Tausch oder sonstigen Umbruch von Dauergrünland zu anderen landwirtschaftlichen Flächen.
- **Neue Ackerflächen** – Für Ackerland, das im vorangegangenen Kalenderjahr nicht im Sammelantrag angegeben war, hat der Betriebsinhaber nachzuweisen, dass diese Flächen im Jahr 2003 nicht als Dauergrünland genutzt wurden. Wird dieser Nachweis nicht erbracht, gelten für diese Flächen die Anforderungen an das Dauergrünland, außer es liegt ein Fall eines zulässigen Grünlandumbruchs vor.

c) die **Verordnung über ökologische Mindestkriterien – Regeln der guten fachlichen Praxis*** – den guten landwirtschaftlichen und ökologischen Zustand und Dauergrünland, siehe: XII/C/2.

* EU-VO 13/1307 idF EU-VO 14/1001 mit Vorschriften über Direktzahlungen an Inhaber landwirtschaftlicher Betriebe im Rahmen von Stützungsregelungen der GAP
EU-VO 14/639 zur Ergänzung der EU-VO 13/1307 mit Vorschriften über Direktzahlungen an Inhaber landwirtschaftlicher Betriebe im Rahmen von Stützungsregelungen der Gemeinsamen Agrarpolitik
EU-VO 14/641 mit Durchführungsbestimmungen zur EU-VO 13/1307 über Direktzahlungen
Direktzahlungs-Verordnung 2015 (im Rahmen der GAP), BGBl II 2014/368
Horizontale GAP-Verordnung, BGBl II 2015/100 idF II 2015/111
VO über ökologische Mindestkriterien für die Gewährung von ausschließlich nationalfinanzierten betrieblichen Förderungsmaßnahmen, BGBl 1995/859 samt Anlage „Regeln der guten fachlichen Praxis"

4. Land- und Forstwirtschaftliches Betriebsinformationssystem – LFBIS

Das LFBIS ist ein Informationsnetz der verschiedensten Förderungsdaten und sonstiger amtlich erhobener statistischer Daten aus der Land- und Forstwirtschaft.

In der **EU** regeln Verordnungen* und Richtlinien* diverse Erhebungen und Statistiken über Betriebsstrukturen, Produktionsmethoden, Viehbestands-, Fleisch- und Milchstatistiken.
In **Österreich** regelt das LFBIS-Gesetz* die Einrichtung und Führung eines land- und forstwirtschaftlichen Betriebsinformationssystems, wonach der Landwirtschaftsminister die Daten, die einzelne land- und forstwirtschaftliche Betriebe betreffen, ermitteln, verarbeiten und benützen darf, soweit dies zur Erfüllung der ihm übertragenen Aufgaben eine wesentliche Voraussetzung bildet.

Agrarstrukturerhebung 2013 – befristet bis 31.12.2015

Die Agrarstrukturstatistik-Verordnung* über die Struktur der landwirtschaftlichen Betriebe ordnet an, dass die Bundesanstalt Statistik Österreich in Erfüllung der EU-Betriebsstrukturverordnung* Erhebungen durchzuführen und bis 31.12.2014 Statistiken zu erstellen hat. Statistische Einheiten sind landwirtschaftliche Betriebe, die einen der folgenden Schwellenwerte erreichen:

a) ein Hektar landwirtschaftlich genutzte Fläche;
b) 25 Ar Erwerbsweinbaufläche;
c) 15 Ar intensiv genutzte Baumobstfläche oder 10 Ar intensiv genutzte Beerenobst-, Erdbeer-, Gemüse-, Hopfen-, Blumen- oder Zierpflanzenfläche oder Reb-, Forst- oder Baumschulfläche;
d) ein Ar überwiegend gewerbsmäßig bewirtschaftete Gewächshäuser (Hochglas, Folientunnel, Niederglas);
e) Viehhaltung mit drei Rindern, fünf Schweinen, zehn Schafen oder zehn Ziegen oder mindestens 100 Stück Geflügel aller Art.

Viehbestandserhebung

Die Verordnung betreffend die Statistik über den Viehbestand* ordnet an, dass zu den Stichtagen 1. Juni und 1. Dezember Erhebungen durchzuführen und aufgrund der erhobenen Daten halbjährlich Statistiken zu erstellen sind. Statistische Einheiten sind landwirtschaftliche Betriebe, die zu den jeweiligen Stichtagen Rinder, Schweine, Schafe oder Ziegen halten oder im Referenzzeitraum nicht untersuchte Schlachtungen von Schweinen durchgeführt haben.

* LFBIS-Gesetz über das luf. Betriebsinformationssystem, BGBl 1980/448 idF 1994/505
Bundesstatistikgesetz 2000, BGBl I 1999/163 idF I 2010/111
Agrarstrukturstatistik-Verordnung, BGBl II 2013/284
Aquakultur-Statistikverordnung, BGBl II 2012/344
Tierversuchsstatistik-Verordnung 2013, BGBl II 2013/501
Verordnung betreffend die Statistik über den Viehbestand, BGBl II 2012/163
Verordnung über die Statistik der pflanzlichen Erzeugnisse, BGBl II 2012/83
LFBIS-ÖStZ-Verordnung – Datenübermittlung, BGBl 1983/644
2. LFBIS-ÖStZ-Verordnung – Datenübermittlung, BGBl 1984/412
Verordnung über die Übermittlung von Daten des luf. Vermögens, BGBl 1988/60
RL 96/16/EG idF EU-VO 13/1350 betreffend statistische Erhebungen über Milch/-erzeugnisse
EG-VO 08/762 idF EU-VO 13/1350 über die Vorlage von Aquakulturstatistiken
EG-VO 08/1165 idF EU-VO 13/1350 über Viehbestands- und Fleischstatistiken
EG-VO 08/1166 idF EU-VO 14/378 über Erhebungen der Betriebsstruktur und landwirtschaftliche Produktionsmethoden
EG-VO 09/543 idF EU-VO 13/1350 über die Statistik der pflanzlichen Erzeugung
EG-VO 09/1217 idF EU-VO 13/1318 zur Bildung eines Informationsnetzes landwirtschaftlicher Betriebsführungen

5. Österreichische Agrarpolitik

Die innerstaatliche Agrarpolitik und die Förderung der Landwirtschaft werden durch das Landwirtschaftsgesetz*, die Landwirtschaftsförderungsgesetze* der Bundesländer und weitere Verordnungen* geregelt.
Ihre Aufgabe ist es, Maßnahmen zur Sicherung der Ernährung sowie zur Erhaltung einer flächendeckenden, leistungsfähigen, bäuerlichen Landwirtschaft zu treffen, die bestehenden

EU-Kofinanzierungsmöglichkeiten auszuschöpfen und Mindestkriterien festzulegen.

a) Das **Ziel** ist es, unter Bedachtnahme auf die Gemeinsame Agrarpolitik – GAP

- eine gesunde, leistungsfähige Land- und Forstwirtschaft in einem funktionsfähigen ländlichen Raum zu erhalten, dies mit Rücksicht auf die soziale Orientierung, ökologische Verträglichkeit, regionale Ausgewogenheit, die Bergregionen und sonstige benachteiligte Gebiete;
- die vielfältigen Erwerbs- und Beschäftigungskombinationen auszubauen;
- die Produktion, Verarbeitung und Vermarktung marktorientiert auszurichten;
- die Produktivität und Wettbewerbsfähigkeit der Landwirtschaft zu erhöhen;
- den in der Land- und Forstwirtschaft tätigen Personen die Teilnahme am sozialen und wirtschaftlichen Wohlstand zu ermöglichen und
- die Landwirtschaft so zu fördern, dass sie imstande ist, naturbedingte Nachteile auszugleichen, der Bevölkerung die bestmögliche Versorgung mit Lebensmitteln und Rohstoffen zu sichern, sich den Änderungen der volkswirtschaftlichen Verhältnisse anzupassen und die natürlichen Lebensgrundlagen Boden, Wasser und Luft nachhaltig zu sichern, die Kultur- und Erholungslandschaft zu erhalten und zu gestalten sowie den Schutz vor Naturgefahren zu unterstützen.

b) Arten der Förderung und Maßnahmen

- Direktzahlungen
- Zinsenzuschüsse
- Sonstige Beihilfen und Zuschüsse

Förderungsmaßnahmen

- Produktionsneutrale direkte Zuschüsse und leistungsbezogene Zahlungen
- Zur Qualitätsverbesserung und Umweltschonung
- Zur Stärkung der Wettbewerbsfähigkeit in Produktion und Vermarktung
- Zur Betriebserhaltung und Infrastruktur
- Zur Forschung und Entwicklung sowie deren Umsetzung
- Zur land- und forstwirtschaftlichen Investitionsförderung

c) Finanzierung

a) Durch den Bund (ausschließlich finanzierte Bundesförderung) oder

b) durch Bund und Länder (gemeinschaftlich finanzierte Bundesförderung).

d) Berggebiete und benachteiligte förderungswürdige Gebiete

Diese Gebiete sind durch Verordnung* bestimmt worden. Sie sind besonders förderungswürdig. Bergbauernbetriebe außerhalb des bestimmten Berggebietes sind gleichermaßen zu berücksichtigen. Die Maßnahmen erstrecken sich sowohl auf Betriebe als auch auf überbetriebliche Zusammenschlüsse.

e) Bergbauernbetriebe und Betriebe in benachteiligten Regionen

Sie können durch geeignete Maßnahmen gefördert werden. Es sind dies jene Betriebe, in denen sich durch die Verkehrslage und das Klima erheblich erschwerte Lebens- und Produktionsbedingungen ergeben.

f) Ökologische Mindestkriterien

für die Gewährung betrieblicher Förderungsmaßnahmen sind die **Regeln der guten fachlichen Praxis** und bestimmte **Biomasseheizanlagen**.

g) Kommission und ihre Aufgaben

Sie besteht aus Vertretern der politischen Parteien, Kammern und des ÖGB, erstattet Empfehlungen an den Landwirtschaftsminister und wirkt am Grünen Bericht mit.

h) Grüner Bericht

Der Landwirtschaftsminister hat jährlich der Bundesregierung einen Bericht über die Entwicklung der Landwirtschaft im abgelaufenen Jahr vorzulegen.

* Landwirtschaftsgesetz 1992, BGBl 1992/375 idF I 2008/2
Übertragungsverordnung Land- und Forstwirtschaft – ÜV – LF, BGBl 1992/141 idF II 1999/473
VO über die Bestimmung der Berggebiete und benachteiligten förderungswürdigen Gebiete, BGBl 1995/771
Bgld Landwirtschaftsförderungsgesetz, LGBl 1987/59
Ktn Landwirtschaftsgesetz – K-LWG, LGBl 1997/6 idF 2012/106
Ktn Land- und Forstwirtschaftsförderungsrichtlinien, LGBl 2006/6 idF 2008/90
NÖ Landwirtschaftsgesetz, LGBl 6100-4
OÖ Landwirtschaftsgesetz 1994, LGBl 1994/1 idF 2012/53
Stmk Landwirtschaftsförderungsgesetz – StLWFöG, LGBl 2013/32
Stmk Übertragungsverordnung von Förderungsmaßnahmen, LGBl 2013/167 (befristet bis 31.12.2020)
Tir Landwirtschaftsgesetz, LGBl 1975/3
Vbg Land- und Forstwirtschaftsförderungsgesetz – LFFG, LGBl 2004/44
Wr Landwirtschaftsgesetz, LGBl 2000/15
Wr VO: Übertragung von Aufgaben an die LWK, LGBl 2001/44

6. Förderungsmissbrauch – Strafrechtlicher Schutz

Dieser Straftatbestand* – soweit nicht schon ein Betrugs- oder Finanzstraftatbestand vorliegt – ist für Förderungen und die Beihilfen- und Prämiengewährung im Bereich der Land- und Forstwirtschaft von Bedeutung.

Eine Förderung ist eine **Zuwendung**, die zur Verfolgung öffentlicher Interessen aus öffentlichen Haushalten gewährt wird und für die **keine angemessene geldwerte Gegenleistung** erbracht, sondern der Förderungswerber zu einem **bestimmten Verhalten** verpflichtet wird.

Die **missbräuchliche Verwendung** einer gewährten Förderung zu anderen als den gewährten Zwecken wird je nach der Höhe des Förderungsbetrages bestraft mit:

- bis € 3.000,– Freiheitsstrafe bis 6 Monate Geldstrafe bis 360 Tagessätze
- über € 3.000,– Freiheitsstrafe bis 2 Jahre Geldstrafe bis 360 Tagessätze
- über € 50.000,– Freiheitsstrafe 6 Monate bis 5 Jahre

Dies gilt auch für leitende Angestellte einer juristischen Person oder einer Personengemeinschaft ohne Rechtspersönlichkeit oder Personen, die ohne Einverständnis mit denjenigen, denen die Förderung jeweils gewährt wurde, gehandelt haben.

* Strafgesetzbuch § 153 b, Förderungsmissbrauch

C. Weinbau

Ziel und Zweck der nachstehenden Rechtsvorschriften ist die Schaffung von Voraussetzungen, dass die Arbeit des Weinbauern mit einer guten Ernte belohnt wird. Grundlagen hiefür sind einwandfreie Reben, taugliche Weingärten und Verarbeitungsmöglichkeiten.

Das Weinrecht regelt

- in der **EU-Verordnung 13/1308 über eine gemeinsame Marktorganisation für landwirtschaftliche Erzeugnisse*** die nunmehrige Einbindung des Weinsektors in die allgemeine Agrarpolitik. Nähere Bestimmungen bestehen über:
  a) **Stützungsprogramme im Weinsektor**, Umstrukturierung und Umstellung von Rebflächen, „grüne Weinlese“ – vollständige Vernichtung/Entfernung unreifer Traubenbüschel mit Ertragssenkung auf Null, Unterstützung für Investitionen;

b) **Genehmigungssystem und Kontrolle für Rebpflanzungen** – Neuanpflanzungen und Wiederbepflanzung, önologische Verfahren und Analysemethoden, Keltertraubensorten;

c) **Ursprungsbezeichnungen**, geografische Angaben und traditionelle Begriffe (siehe auch: Qualitätssicherung XXI/G/7);

d) **Kennzeichnung und Aufmachung**, Verkehrsbezeichnungen, Aufstellung über das Produktionspotenzial, Begleitdokumente und Register;

e) **Vermarktungsregeln** zur Verbesserung des Weinmarktes, nationale Behörden im Weinsektor und Einfuhrzölle etc.

f) **Erzeugnisse** des Weinsektors. Sie sind im Anhang I Teil XII angeführt.

g) **Begriffsbestimmungen** für den Weinsektor. Sie sind im Anhang II Teil IV angeführt.

h) **Kategorien** von Weinbauerzeugnissen. Sie sind im Anhang VII Teil II angeführt.

i) **Önologischen Verfahren**, Anreicherung, Säuerung und Entsäuerung in bestimmten Weinbauzonen sowie deren Einschränkungen. Sie sind im Anhang VIII Teil I angeführt.

- in der EU-Verordnung 13/1308*, Artikel 145, und in den **Landes-Weinbaugesetzen*** die **Weinbaukartei**;
- im **Weingesetz 2009*** die Herstellung, Verkehrsfähigkeit und sonstige Vorschriften für Wein und Obstwein, die Kontrolle sowie die Förderung der Weinwirtschaft;
- in Verordnungen*, die aufgrund von Ermächtigungen im Weingesetz erlassen wurden, verschiedene Detailausführungen, z.B. die Banderolen und das Kellerbuch etc.;
- im **AMA-Gesetz** die Einhebung eines Marketingbeitrages für Weingärten und Wein;
- in **EU-Verordnungen und Richtlinien***, im **Rebenverkehrsgesetz*** samt Verordnung den Schutz und die Prüfung des Verkehrs mit Weinrebsorten und Rebenvermehrungsgut;
- in **den Landes-Buschenschankgesetzen*** den Weinausschank (siehe: XVIII/G).

1. Wein und Obstwein

- Das **Weingesetz 2009*** regelt

a) den Wein;

die **Herstellung und Verkehrsfähigkeit** von Wein, wie z.B. önologische Verfahren, Alkoholerhöhung und Süßung, über Traubenmost, Sturm, Wein ohne geschützte Ursprungsbezeichnung, Land-, Qualitäts- und Prädikatswein, Schaumwein, Versuchswein, alkoholarmen Wein, weinähnliche Getränke, gesundheitsschädliche, verfälschte, verkehrsunfähige und beschränkt verkehrsfähige Erzeugnisse, Kennzeichnungsbestimmungen und geografische Angaben;

sonstige Vorschriften über Mengenbeschränkung (Hektarhöchstmenge), Rebflächenverzeichnis, staatliche Prüfnummer, Betriebskataster, Ernte-, Erzeugungs- und Bestandsmeldung, Formblätter und Begleitpapiere, Banderole, Ein- und Ausgangsbücher, weinhaltige Getränke und Aufbewahrung weinfremder Stoffe;

b) den **Obstwein**;

die Behandlung, Bezeichnung, gesundheitsschädlichen, verfälschten, verdorbenen, beschränkt verkehrsfähigen und verkehrsunfähigen Obstwein, Ein- und Ausgangsbücher;

c) die **Kontrolle**;

diese obliegt der **Bundeskellereiinspektion**, und zwar zur Überwachung des Inverkehrbringens, der Weinbehandlung und önologischer Verfahren, zur Einsichtnahme in Aufzeichnungen, wie z.B. Weinanalysen und Banderolenhersteller, weiters zur Beratung der Betriebsinhaber über die bezughabenden Bestimmungen und zur Anordnung von Maßnahmen zur Mängelbehebung oder Risikoausschaltung, zur Nachschau in

Herstellungs-, Verarbeitungs-, Lager- und Verkaufsräumen etc. und zu Probeentnahmen, Sicherstellung und Beschlagnahme. Zur Unterstützung dienen die Untersuchungsanstalten und die Mostwäger;

d) die **Strafen**, welche je nach Art und Schwere der Rechtsverletzung vom Gericht (z.B. beim Inverkehrbringen von verkehrsunfähigen oder gesundheitsschädlichen Erzeugnissen) oder von der Verwaltungsbehörde (z.B. bei minderschweren weinrechtlichen Verletzungen) geahndet werden; dazu kommen noch allfällig die Einziehung und der Verfall von Erzeugnissen oder Gegenständen und deren Verwertung;

e) die **Förderung der Weinwirtschaft**,
wobei Bundesmittel für den Absatz von Produkten, für die Qualitätsproduktion und für Maßnahmen zur Behebung von Frostschäden bereitgestellt werden; weiters über die Förderungsrichtlinien, die Abwicklung und Gewährung der Förderung;

f) **Übergangs- und Schlussbestimmungen** sowie Verordnungsermächtigungen.

Folgende aufgrund des Weingesetzes erlassene Verordnungen regeln

- in der **Weinverordnung*** die Weinbehandlung, Schönungs- und Reduktionsmittel, Weinwiederherstellung, Haltbarmachung von Traubenmost, Verwertung von vergärtem Traubensaft, ausländischen versetzten Wein, Untersuchungsanstalten und Kosten;
- in der **Obstweinverordnung*** Begriffsbestimmungen für Erzeugnisse des Obstweinbereiches, Behandlung von Kernobstwein, Verkehrsbezeichnungen und Bezeichnungsvorschriften, Restzucker- und Alkoholgehalt, Nennvolumen, Sichtfeldangaben, Herstellungsverfahren, Produktspezifikationen und Qualitätsobstwein;
- in der **Weinbezeichnungsverordnung*** die Bezeichnungen für Qualitäts- und Landwein, Winzer, Weingut, Herstellerabfüllung, weinhaltige Getränke – „G'spritzter", Herstellung, Abfüller- und Herkunftsangaben, Sorten- und Jahrgangsbezeichnung, Restzucker- und Alkoholgehalt, Nennvolumen, Farbstoffe und Süßungsmittel etc.;
- in der **Weingesetz-Durchsetzungsverordnung*** Verstöße gegen das Weinrecht bei der Herstellung, Einfuhr und Abgabe sowie bei Bezeichnungen und Aufmachungen;
- in der **Weingesetz-Formularverordnung*** Formblätter für die Beförderung von Weinbauerzeugnissen (Transportbescheinigung und Begleitpapier etc.) und sonstige Formblätter über Ernte-, Bestands- und Absichtsmeldungen etc.;
- in der **Weingesetz-Kontrollverordnung*** die Kontrolle und Analyse von Qualitätswein, Landwein und Wein ohne geschützte Ursprungsbezeichnung oder geografische Angabe und das Vorverfahren zum Schutz von Ursprungsbezeichnungen;
- in der **Banderolenverordnung 2008*** die Länge und den Durchmesser, die Art der Anbringung, Farbe und Inhalt, Herstellung und Ausgabe der Banderole;
- in der **Branchenorganisations-Verordnung*** die Einrichtung des nationalen und von regionalen Weinkomitees und deren Aufgaben;
- in den **DAC(= Districtus Austriae Controllatus)-Verordnungen*** bestimmte Bedingungen für regionaltypische Qualitätsweine und Herkunftsprofile des jeweiligen Weinbaugebietes;
- in der **Großlagen-Verordnung 2008*** die Festlegung von Großlagen für bestimmte Weinbauflächen in bestimmten Weinbaugebieten;
- in der **Kellerbuchverordnung*** die Aufzeichnungen über hergestellte, ein- und ausgegangene Erzeugnisse, deren Behandlungsart und die verwendeten Behandlungsstoffe;
- in der **Kostverordnung*** die Weinkostkommission und ein Gremium, die Schulung, Prüfung und Evaluierung der Koster, Einreichung der Proben, Verkostung und das Kosturteil;
- in der **Methodenverordnung*** die Methoden und Toleranzen bei der Weinuntersuchung gemäß der im Anhang genannten Kriterien sowie die zulässigen Abweichungen vom Alkohol- und Restzuckergehalt;

- in der **Verordnung über Rebsorten für Qualitätswein, Landwein und Wein ohne geschützte Ursprungsbezeichnung oder geografische Angabe***, welche Weißwein- und Rotweinrebsorten für die Erzeugung einerseits von Qualitäts-, Prädikats- oder Landwein und andererseits von Wein ohne Ursprungbezeichnung verwendet werden dürfen;
- in der **Verordnung über die Durchführung gemeinschaftlicher Marktordnungsmaßnahmen*** die Rodungsprämie, Absatzförderung auf Drittlandsmärkten, Umstrukturierung, Umstellung und Investitionen.

* Weingesetz 2009, BGBl I 2009/111 idF I 2013/189
Weinbezeichnungsverordnung – WeinBVO, BGBl II 2011/111 idF II 2014/189
Weingesetz-Durchsetzungsverordnung, BGBl II 2001/169 idF I 2009/111
Weingesetz-Formularverordnung, BGBl II 2012/13
Weingesetz-Kontrollverordnung, BGBl II 2010/128
Weinverordnung, BGBl 1992/630 idF I 2009/111
Banderolenverordnung 2008, BGBL II 2008/167 idF I 2009/111
Branchenverband-Verordnung, BGBl II 2011/164
DAC-Verordnung „Eisenberg", BGBl II 2010/57 idF II 2012/89
DAC-Verordnung „Kamptal", BGBl II 2010/321
DAC-Verordnung „Kremstal", BGBl II 2010/322
DAC-Verordnung „Leithaberg", BGBl II 2009/252 idF II 2012/89
DAC-Verordnung „Mittelburgenland", BGBl II 2010/56
DAC-Verordnung „Neusiedlersee", BGBl II 2012/90 idF II 2014/189
DAC-Verordnung „Traisental", BGBl II 2010/323
DAC-Verordnung „Weinviertel", BGBl II 2010/58 idF II 2013/47
DAC-Verordnung „Wiener Gemischter Satz", BGBl II 2013/236
Großlagen-Verordnung 2008, BGBL II 2008/216 idF I 2009/111
Kellerbuchverordnung, BGBl II 2005/149 idF I 2009/111
Kostverordnung, BGBl II 2003/256 idF I 2009/111
Obstweinverordnung, BGBl II 2014/18
Methodenverordnung, BGBl 1989/495 idF I 2009/111
VO zur Durchführung gemeinschaftlicher Marktordnungsmaßnahmen im Weinbereich, BGBl II 2013/279 idF I 2015/63
Übereinkommen zur Gründung der internationalen Organisation für Reben und Wein, BGBl III 2007/15
EU-VO 13/1308 idF EU-VO 13/1310 über eine gemeinsame Marktorganisation für landwirtschaftliche Erzeugnisse, Weinsektor in den Artikeln 39–54, 61–72, 79–83, 91–123, 145–147, 181, 191, 212
EG-VO 08/555 idF EU-VO 14/614 über Stützungsprogramme und Kontrollen im Weinsektor
EG-VO 09/436 idF EU-VO 13/1251 mit Durchführungsbestimmungen hinsichtlich der Weinbaukartei, Informationen zur Marktüberwachung und über Begleitdokumente für die Beförderung von Weinbauerzeugnissen und der Ein- und Ausgangsbücher
EG-VO 09/606 idF EU-VO 14/347 mit Durchführungsbestimmungen hinsichtlich der Weinbauerzeugniskategorien und önologischen Verfahren
EG-VO 09/607 idF EU-VO 13/753 mit Durchführungsbestimmungen der geschützten Ursprungsbezeichnungen und geografischen Angaben, der traditionellen Begriffe sowie der Kennzeichnung und Aufmachung bestimmter Weinbauerzeugnisse

2. Rebsorten und Rebenverkehr

Der Erfolg der Rebenkultur hängt weitgehend vom Einsatz geeigneten Vermehrungsgutes ab. Eine höhere Produktivität der Rebenkultur in der Gemeinschaft kann dadurch erreicht werden, dass die Mitgliedsstaaten bei der Auswahl der zum Verkehr zugelassenen Sorten einheitliche und möglichst strenge Regeln anwenden. Eine Beschränkung des Verkehrs auf bestimmte Sorten ist aber nur gerechtfertigt, wenn sichergestellt wird, dass der Weinbauer auch wirklich Vermehrungsgut dieser Sorten erhält. Rebpflanzen, die zur Erzeugung von

Trauben oder zur Verwendung als Vermehrungsgut für solche Pflanzen bestimmt sind, sollten nur in den Verkehr gebracht werden, wenn sie gemäß den Anerkennungsvorschriften als Vorstufenvermehrungsgut, Basisvermehrungsgut oder zertifiziertes Vermehrungsgut amtlich geprüft und anerkannt worden sind.

Schließlich ist die Weinrebe eine Kulturpflanze von langjähriger Lebensdauer. Daher ist bei der Auswahl der Reben besondere Sorgfalt geboten. Das Ziel der Bestimmungen ist, den Käufer von Reben vor Nachteilen zu schützen, deren nachteilige Wirkungen er erst später erkennen kann.

In der EU regeln Richtlinien*

- die Erzeugung und den Verkehr mit vegetativem Vermehrungsgut von Reben und
- die Prüfung von Rebsorten und den Sortenschutz.

In Österreich regelt das **Rebenverkehrsgesetz 1996***

- das Inverkehrbringen von vegetativem Vermehrungsgut von Reben,
- die Zulassung von Rebsorten zur Anerkennung und Kontrolle, insbesondere das Zulassungsverfahren und die Führung eines Rebsortenverzeichnisses,
- die Verkehrsfähigkeit von Vermehrungsgut, insbesondere die Anforderungen für die Anerkennung und Kontrolle,
- die Aufmachung, insbesondere die Trennung und Kennzeichnung, die Verpackung, den Verschluss und das Etikett,
- die Ein- und Ausfuhr aus bzw. in Drittländer, die Überwachung und Aufzeichnungen.

Weitere Bundes- und Landes-Verordnungen* enthalten Bestimmungen über Qualitätsweinrebsorten und Rebenvermehrungsgut mit herabgesetzten Anforderungen, welche Rebsorten für die Anlage von Weingärten verwendet werden dürfen bzw. welche Aufgaben der Landwirtschaftskammer übertragen werden.

* Rebenverkehrsgesetz 1996, BGBl 1996/418 idF I 2013/189
Rebenverkehrsverordnung, BGBl 1996/466 idF II 2006/291
Verordnung über Rebsorten für Qualitätswein, Landwein und Wein ohne geschützte Ursprungsbezeichnung, BGBl II 2010/161 idF II 2014/189
Bgld Rebenverkehrs-Übertragungsverordnung, LGBl 1997/2 idF 2002/108
NÖ Rebsortenverordnung, LGBl 6150/1-3
NÖ Rebenverkehrs-Übertragungsverordnung, LGBl 6153/1-1
Stmk VO über die Klassifizierung der Rebsorten, LGBl 2004/86 idF 2012/96
Wr Rebenverkehrs-Übertragungsverordnung, LGBL 1997/27 idF 2003/12
EG-VO 94/2100 idF EG-VO 08/15 über den gemeinschaftlichen Sortenschutz
RL 68/193/EWG idF 05/43/EG über den Verkehr mit vegetativem Vermehrungsgut von Reben
RL 04/29/EG über Mindestanforderungen für die Prüfung von Rebsorten

3. Weinbaumaßnahmen und Weinbaukartei

Ziel dieser Bestimmungen ist es, die Voraussetzungen für einen auf Qualität ausgerichteten Weinbau zu gewährleisten.

In der EU regeln Verordnungen* die Weinbaukartei und bestimmte Maßnahmen und Einschränkungen bei Rebpflanzungen. Die bestehende Pflanzungsrechtsregelung gilt bis 2015. Mit der neuen Regelung „Autorisierung von Neu- und Wiederbepflanzung von Rebflächen“ mit einem jährlichem Maximalwachstum von 1 % kann ab 2016 bis 2030 jeder Mitgliedstaat sein Produktionspotenzial nach seinen Vorstellungen entwickeln, damit es zu keinem unkontrollierten Anwachsen der Rebflächen kommt. Österreich kann national oder regional auch niedrigere Ausweitungsgrenzen festlegen und weiters die Genehmigung auf bevorzugte Flächen einschränken. Die beabsichtigte völlige Liberalisierung im Weinbau erfolgte somit nicht.

In Österreich enthalten die Verordnung über Marktordnungsmaßnahmen*, die Landes-Weinbaugesetze* und einige Landes-Verordnungen* über Bergweinbauflächen, Pflanzenschutzmaßnahmen im Weinbau und über Rebschnittmaßnahmen in Erfüllung der EU-Vorgaben zur Beschränkung und Kontrolle folgende Bestimmungen:

a) **Beihilfen** für bestimmte Weinbaumaßnahmen, und zwar die Inanspruchnahme der **Rodungsregelung** – Gewährung der **Rodungsprämie**;

b) **Umstrukturierungs- und Umstellungs**-Maßnahmen und -Beihilfen, z.B. Weingarten-Neuanlegung oder endgültige Aufgabe des Weinbaues;

c) Definitionen der **Weinbaufluren, Weingärten und Bewirtschafter**, Pflanzungen, Hangneigungen etc.;

d) **Pflanzungen und Beschränkungen**
Umfang und Zulässigkeit von Neuauspflanzungen, Wiederbepflanzungen, Pflanzungen zu Versuchszwecken, der Gewinnung von Rebvermehrungsgut, der Schnittweingärten und Rebschulen etc.;

e) **Weinbauaufsicht**
Den Bezirkshauptmannschaften obliegt die Überwachung durch Einholen von Auskünften, Entnahme von Rebmaterialproben und Vornahme von Nachmessungen etc.;

f) **Strafen und Rodungsauftrag**
bei widerrechtlichen Pflanzungen und bei falschen bzw. unterlassenen Angaben in Meldungen;

g) **Weinbaukartei (Weinbaukataster)**
Die EU-Verordnung gibt vor, dass die Mitgliedsstaaten Daten über den Betriebsinhaber, Standort und Fläche der Weinbauparzellen, Merkmale der angepflanzten Reben, widerrechtliche Anpflanzungen, Pflanzrechts- und Rodungsregelung, Unterstützung für Umstrukturierung und Umstellung von Rebflächen jedes einzelnen Betriebes zur Erstellung einer Weinbaukartei sammeln, sichern, aktualisieren und kontrollieren.
Die **Weinbaukataster** nach den Landes-Weinbaugesetzen enthalten demnach ein Verzeichnis sämtlicher Weinbaubetriebe und Weingärten, Eigentümer und Bewirtschafter (z.B. Pächter, Fruchtnießer), Grundstücknummern, Flächenausmaße, Rebsorten, Auspflanzungsjahr und Rebziehungsart etc.
Die Weinbaukataster werden von den Bezirkshauptmannschaften – in der Steiermark von der Landwirtschaftskammer – geführt.

h) **Regionale Reserve** von Pflanzungsrechten;

i) im **Burgenland** Rebschnittmaßnahmen für die einzelnen Rebsorten;

j) in der **Steiermark** die Untersagung der Weinlese für bestimmte Rebsorten vor einem bestimmten Zeitpunkt;

k) in **Wien** in eigenen Verordnungen die Hangneigungszonen für die Bergweinbauflächen und die fachgerechte Bewirtschaftung von Weingärten.

* Verordnung zur Durchführung von gemeinschaftlichen Marktordnungsmaßnahmen im Weinbereich, BGBl II 2013/279 idF II 2015/63, 3. Abschnitt: Umstrukturierung und Umstellung
Bgld Weinbaugesetz 2001, LGBL 2002/61 idF 2014/46
Bgld Weinbauverordnung, LGBl 2003/25 idF 2013/26
Bgld Rebschnittverordnung, LGBl 1991/40
Bgld VO, mit der die zur Aus- und Nachpflanzung zugelassenen Rebsorten bestimmt werden, BGBl 1979/46
NÖ Weinbaugesetz 2002, LGBl 6150-0
Stmk Landesweinbaugesetz 2004, LGBl 2004/22 idF 2013/87
Wr Weinbaugesetz 1995, LGBl 1995/63 idF 2014/52

Wr VO über die Bergweinbauflächen, LGBl 1995/37
Wr VO über den Pflanzenschutz im Weinbau, LGBl 2006/8
EU-VO 13/1308 idF EU-VO 13/1310, Artikel 61–72 Genehmigungssystem für Rebpflanzungen und deren Kontrolle
EU-VO 13/1308 idF EU-VO 13/1310, Artikel 145–147 Weinbaukartei und Aufstellung über das Produktionspotenzial

D. Pflanzenbau

Ziel und Zweck der nachstehenden Rechtsvorschriften ist die Schaffung von Voraussetzungen, dass die Arbeit des Landwirtes im Pflanzenbau sowie des Forstwirtes im Wald mit einer guten Ernte belohnt wird. Grundlagen hiefür sind einwandfreies Pflanz- und Saatgut, qualitativ gute Düngemittel und auch die Pflanzenschutzmaßnahmen, die in den einzelnen Pflanzenschutzgesetzen, im Pflanzenschutzmittel- und Chemikaliengesetz (siehe Kulturpflanzenschutz XX/C) geregelt sind.

Rechtliche Grundlagen sind einige EU-Verordnungen, -Richtlinien* und -Entscheidungen*, das Saatgutgesetz 1997*, das Pflanzgutgesetz 1997*, das Rebenverkehrsgesetz (siehe XXI/C/2), das forstliche Vermehrungsgutgesetz*, das Sortenschutzgesetz*, das Düngemittelgesetz* und zahlreiche Verordnungen, deren Bestimmungen die Qualität verbessern und gegen den unlauteren Wettbewerb schützen sollen.

1. Saat- und Pflanzgut

Der Erfolg des Pflanzenbaues hängt weitgehend von der Verwendung geeigneten Saat- und Pflanzguts von einwandfreier Beschaffenheit ab.
Eine höhere Produktivität wird dadurch erreicht werden, dass die Mitgliedsstaaten bei der Auswahl der zum Verkehr zugelassenen Typen und Sorten einheitliche und strenge Regeln anwenden. Die Erzeugung von qualitativem landwirtschaftlichen Saat- und Pflanzgut sowie Vermehrungsmaterial nimmt daher einen wichtigen Platz ein.

In der **EU** schafft die **RL 02/53/EG** idF EG-VO 03/1829 **einen gemeinsamen Sortenkatalog für landwirtschaftliche Pflanzenarten**. Diese Richtlinie gilt für die Zulassung von Sorten von Betarüben, Futterpflanzen, Getreide, Kartoffeln sowie Öl- und Faserpflanzen zu einem gemeinsamen Sortenkatalog – auf der Grundlage der nationalen Kataloge der Mitgliedsstaaten – für landwirtschaftliche Pflanzenarten, deren Saat- oder Pflanzgut gemäß den Bestimmungen der Richtlinien über den Verkehr mit

- **Betarübensaatgut** (RL 02/54/EG idF RL 04/117/EG),
- **Futterpflanzensaatgut** (RL 66/401/EWG idF RL 12/37/EU),
- **Getreidesaatgut** (66/402/EWG idF RL 12/37/EU),
- **Pflanzkartoffeln** (RL 02/56/EG idF RL 08/973/EG) und mit
- Saatgut von **Öl- und Faserpflanzen** (RL 02/57/EG idF RL 09/74/EG)

gewerbsmäßig in den Verkehr gebracht werden darf.

Weitere Richtlinien bestehen über Anforderungen und das Inverkehrbringen von

- **Gemüse-Saatgut** (RL 02/55/EG idF 13/45/EU);
- **Gemüsepflanzgut und Gemüsevermehrungsmaterial** mit Ausnahme von Saatgut (RL 08/72/EG idF RL/13/45/EU und RL 93/62 und 64/EWG);
- **Vermehrungsmaterial und Pflanzen von Obstarten zur Fruchterzeugung** (RL 08/90/EG idF EU-VO 14/652);
- **Vermehrungsmaterial von Zierpflanzen** (RL 98/56/EG idF EU-VO 14/652 und RL 93/49 idF RL 99/67/EG);

- gemeinschaftliche Klassen von **Kartoffel-Basispflanzgut** sowie die für sie geltenden Anforderungen und Bezeichnungen (RL 93/17/EG) und
- zur **Beschränkung des Verkehrs mit Saatgut** bestimmter Arten von Futter-, Öl- und Faserpflanzen (RL 08/124/EG) sowie
- ein Beschluss über die **Beratungsgruppe „Saatgut“** (B 04/391/EG, Anhang I 5).

In **Österreich** setzen das **Saatgutgesetz 1997*** und das **Pflanzgutgesetz 1997*** die EU-Saatgut- und Pflanzgut-Richtlinien um.

a) **Saatgutgesetz 1997**

Es regelt zur Sicherheit des Käufers über Keimfähigkeit und Sortenreinheit etc.

- die Anerkennung, die Zulassung und das Inverkehrbringen von Saatgut;
- die Sortenzulassung der in der Artenliste angeführten landwirtschaftlichen Pflanzenarten und Gemüsearten, jedoch **ohne Regelung** über die **Kennzeichnung gentechnisch veränderter Sorten.** Eine Kennzeichnungsregelung soll noch 1997 erfolgen.
  Die amtliche Sortenzulassung ist wie in den übrigen EU-Mitgliedsstaaten zur Förderung wertvoller Sorten vorgesehen. Neue Sorten bringen sowohl für die Landwirtschaft als auch für die Verarbeitungsbetriebe, Konsumenten und die Volkswirtschaft einen vielfältigen Nutzen;
- die Ausnahme für innerbetriebliche Vermehrung von alten Landsorten;
- den privaten Saatgutaustausch zwischen Landwirten, Hausgärtnern und deren Vereinigungen (Nachbarschaftshilfe), soweit kein Inverkehrbringen vorliegt;
- die Verwendung von Saatgut aus dem eigenen Betrieb für den eigenen Nachbau, die kein Inverkehrbringen darstellt;
- die technischen Normen und Verfahren;
- die Kontrolle der Produktion und des in Verkehr gebrachten Saatgutes;
- die Anmelde- und Prüfgebühren, welche in einer Tarif-Verordnung festzusetzen sind;
- die **Saatgutanerkennungsbehörde,** die zur Durchführung befähigte Personen insbesondere aus dem Kreis der Landwirtschaftskammern z. B. für die Feldanerkennung, Probenahme und Betriebskontrollen heranziehen kann, und die **Sortenzulassungsbehörde.**

b) **Pflanzgutgesetz 1997**

Dieses Gesetz regelt das Inverkehrbringen von Pflanzgut von Zierpflanzen-, Gemüse- und Obstarten und enthält Bestimmungen über:

- allgemeine und besondere Voraussetzungen von Pflanzgut;
- Anforderungen an das Pflanzgut, Verpackung und Kennzeichnung;
- Zulassung, Aberkennung der Zulassung und Pflichten der Versorger und Labors;
- Registrierung von Sorten von Zierpflanzen- und Obstarten;
- Anerkennung von Obstartenpflanzgut und
- sonstige Bestimmungen, wie Einfuhr aus Drittländern, Strafen, Gebühren etc.

Verkehr mit forstlichem Vermehrungsgut: Siehe folgend: XXI/D/3.

Verkehr mit Vermehrungsgut von Reben: Siehe Rebsorten und Rebenverkehr XXI/C/2.

* Saatgutgesetz 1997, BGBl I 1997/72 idF I 2004/83
Saatgutverordnung 2006, BGBl II 2006/417 idF II 2014/3
Saatgut-Anbaugebiete-VO, BGBl II 2005/128 idF II 2011/77
Pflanzgutgesetz 1997, BGBl I 1997/73 idF I 2013/189
Pflanzgutverordnung, BGBl II 1997/425 idF II 2006/37
Saatgutbeihilfenverordnung 1999, BGBl II 1999/109 idF II 2007/55
Saatgut-Gentechnik-Verordnung, BGBl II 2001/478 idF II 2011/76
Stmk Gesetz über die Sicherung und Förderung der Erzeugung von Hybridmais- und Roggensaatgut, LGBl 1968/31 idF 2013/18

2. Ökologische/Biologische Produktion

Die ökologische/biologische Produktion bildet ein Gesamtsystem der landwirtschaftlichen Betriebsführung und der Lebensmittelproduktion, das Folgendes verbindet:

- **beste umweltschonende Praktiken**,
- ein **hohes Maß der Artenvielfalt**,
- den **Schutz der natürlichen Ressourcen**,
- die **Anwendung hoher Tierschutzstandards** und
- eine **Produktionsweise**, die berücksichtigt, dass **bestimmte Verbraucher** solchen Erzeugnissen, die unter **Verwendung natürlicher Substanzen** und **nach natürlichen Verfahren erzeugt** worden sind, den **Vorzug** geben.

Diese Produktionsweise spielt eine doppelte gesellschaftliche Rolle, denn sie erfüllt einerseits auf einem spezifischen Markt die **Verbrauchernachfrage nach ökologischen/biologischen Erzeugnissen** und stellt andererseits öffentliche Mittel für den **Umwelt- und Tierschutz** und zur **Entwicklung des ländlichen Raumes** bereit.

Ein Ziel der GAP 2014–2020 ist die Verbesserung der Ökosysteme. Marktorientierte Qualitätserzeugnisse, die den Verbraucherwünschen entsprechen, werden diesen Markt weiter anregen.

Die EU-Verordnung über die ökologische/biologische Produktion*

a) schafft die **Grundlage** für eine **nachhaltige Entwicklung der ökologischen/biologischen Produktion**, wobei gleichzeitig ein reibungsloses Funktionieren des Binnenmarkts sichergestellt, ein fairer Wettbewerb gewährleistet, das Vertrauen der Verbraucher gewahrt und die Verbraucherinteressen geschützt werden;

b) legt allgemeine **Ziele und Grundsätze** fest, die Folgendes betreffen:
   - alle Stufen der Produktion, der Aufbereitung und des Vertriebes ökologischer/biologischer Erzeugnisse und deren Kontrollen;
   - die Verwendung von Angaben in der Kennzeichnung und Werbung, die auf die ökologische/biologische Produktion Bezug nehmen:

c) enhält **Produktionsvorschriften**;

d) regelt die Kennzeichnung, Kontrollen, den Handel mit Drittländern und

e) gilt für folgende **Erzeugnisse der Landwirtschaft und Aquakultur**:
   - lebende oder unverarbeitete landwirtschaftliche Erzeugnisse,
   - verarbeitete landwirtschaftliche Erzeugnisse, die als Lebensmittel bestimmt sind,
   - Futtermittel und
   - vegetatives Vermehrungsmaterial und Saatgut für den Anbau.

   Jagd- und Fischereierzeugnisse wild lebender Tiere gelten nicht als aus ökologischer/biologischer Produktion stammend.

* EG-VO 07/834 idF EU-VO 13/517 über die ökologische/biologische Produktion und die Kennzeichnung von ökologischen/biologischen Erzeugnissen

EG-VO 08/889 idF EU-VO 14/354 mit Durchführungsvorschriften über die ökologische/biologische Produktion und die Kennzeichnung und Kontrolle dieser Erzeugnisse hinsichtlich ihrer Produktion

EG-VO 08/1235 idF EU-VO 14/829 mit Durchführungsvorschriften zur EG-VO 07/834 hinsichtlich der Regelung der Einfuhren von ökologischen/biologischen Erzeugnissen aus Drittländern

EU-VO 13/1305 idF EG-VO 14/1378, Artikel 29 über die Förderung des ökologischen/biologischen Landbaues

3. Forstsaat- und Forstpflanzgut

a) In der **EU** regelt die Richtlinie 99/105/EG den Verkehr mit forstlichem Vermehrungsgut.

b) In **Österreich** setzen das **forstliche Vermehrungsgutgesetz 2002*** samt VO die EU-Richtlinie betreffend das Ausgangsmaterial und Vermehrungsgut von Baumarten um.

Das forstliche Vermehrungsgutgesetz enthält Bestimmungen über

- den Anwendungsbereich auf einzelne Baumarten und künstliche Hybriden;
- die Definition des Vermehrungsgutes etc.;
- das Ausgangsmaterial für ausgewähltes bzw. quellengesichertes Vermehrungsgut;
- die Zulassung von Ausgangsmaterial und Gewinnung von Vermehrungsgut;
- das Inverkehrbringen von Vermehrungsgut, Trennung und Kennzeichnung;
- die Ein- und Ausfuhr aus bzw. in Drittländer;
- die Überwachung, Kontrolle, Strafbestimmungen und Gebühren.

* Forstliches Vermehrungsgutgesetz 2002, BGBl I 2002/110 idF I 2013/189
Forstliche Vermehrungsgutverordnung 2002, BGBl II 2002/480 idF II 2012/27

4. Sortenschutz

Mit den rechtlichen Bestimmungen des Sortenschutzes bei Pflanzen sollen einerseits der rasanten Entwicklung Rechnung getragen werden und andererseits die Voraussetzungen für den Beitritt zum „Internationalen Übereinkommen zum Schutz von Pflanzenzüchtungen“ geschaffen werden. Zur wirtschaftlichen Ermöglichung der Züchtertätigkeit sind befristete und ausschließliche Schutzrechte in der Nutzung für neue Sorten vorgesehen. Die Erzeugung und Verwendung wirtschaftseigenen Saatgutes und Vermehrungsgutes durch den Landwirt im eigenen Betrieb ist dadurch nicht eingeschränkt.

In der EU regeln Verordnungen* und Richtlinien*

- den Sortenschutz und Sortenkatalog;
- Mindestanforderungen für die Sortenprüfung bestimmter Pflanzenarten;
- Anforderungen an Vermehrungsmaterial und dessen Inverkehrbringen;
- Gebühren, Verfahren und Ausnahmeregelungen etc.

In Österreich regelt das **Sortenschutzgesetz 2011*** in Umsetzung der EU-Vorgaben

- den Anwendungsbereich, Schutzvoraussetzungen, Wirkung, Dauer und Ende;
- die **Sortenschutzerteilung** wie Anmeldung, Prüfung, Erteilung und Übertragung;
- **Prioritätsrechte**, Aufhebung, Nichtigerklärung und Löschung des Sortenschutzes;
- Pflichten des Sortenschutzinhabers, Einwendungen;
- Anmelde- und **Sortenbezeichnung**, Sorten- und Saatgutblatt, **Sortenschutzregister**;
- Zwangslizenzen, Gebühren, zivilrechtliche Ansprüche;
- strafbare Sortenschutzverletzungen, Verwaltungsstrafen und Übergangsbestimmungen.
- **Sortenschutz-Artenliste**: Die Sorten aller Pflanzengattungen und -arten sind schützbar.

* Sortenschutzgesetz 2001, BGBl I 2001/109 idF I 2013/189
Sortenschutzgebührentarif, BGBl II 2001/314
Sortenschutz-Artenlisten, BGBl II 2006/412
Übereinkommen zum Schutz von Pflanzenzüchtungen, BGBl III 2004/133
EG-VO 94/2100 idF EG-VO 08/15 über den gemeinschaftlichen Sortenschutz
EG-VO 95/1238 idF EU-VO 13/623, EG-VO 95/1239 idF EG-VO 96/448 über Gebühren und Verfahren
EG-VO 95/1768 idF EG-VO 98/2605 über Ausnahmeregelungen
EG-VO 96/2470 zur Verlängerung des gemeinschaftlichen Sortenschutzes für Kartoffeln
RL 70/457/EWG über einen Sortenkatalog für landwirtschaftliche Pflanzenarten

RL 91/682/EWG über das Inverkehrbringen von Vermehrungsmaterial und Pflanzen von Zierpflanzenarten
RL 92/33/EWG idF RL 06/124/EG über das Inverkehrbringen von Gemüsepflanzen und Gemüsevermehrungsmaterial mit Ausnahme von Saatgut
E 92/420/EWG über die Gleichstellung von Erhaltungszüchtungskontrollen
RL 03/90/EG über die Prüfung von Sorten landwirtschaftlicher Pflanzenarten
RL 03/91/EG über Mindestanforderungen für die Sortenprüfung von Gemüsearten
RL 08/90/EG idF EU-VO 14/652 über das Inverkehrbringen von Vermehrungsmaterial und Pflanzen von Obstarten zur Fruchterzeugung

5. Anbau von Pflanzen, aus denen Suchtmittel gewonnen werden können

Der Anbau von Pflanzen **zwecks Gewinnung** eines Suchtmittels ist nach dem österreichischen Suchtmittelgesetz* – ausgenommen wissenschaftliche Institute oder Versuchsanstalten – verboten.

Mohnstroh- und Cannabispflanze fallen nicht unter den Begriff „Suchtmittel". Sie unterliegen lediglich Vorschriften des Suchtmittelgesetzes und der „Einzigen Suchtgiftkonvention 1961" über Beschränkungen hinsichtlich Erzeugung und Verkehr etc. Samen und Blätter für sich allein, also ohne Blüten- und Fruchtstände der Cannabispflanze.

Der beabsichtigte **Hanfanbau** kann bei der Bezirksverwaltungsbehörde angemeldet werden.

Der Anbau des **Opiummohns,** des **Kokastrauches** oder der **Cannabispflanze**, das „Aussetzen, Züchten oder Aufziehen" von Pflanzen in der Absicht der Suchtmittelgewinnung ist eine der Suchtmittelerzeugung vorangehende Handlung, die nicht vom Strafgericht, sondern von der Verwaltungsbehörde zu ahnden ist. Der Anbau kann allenfalls – bei verbotener Zweckbestimmung – als Versuch der Suchtmittelgewinnung beurteilt werden. Gerichtlich strafbar ist nur die „Erzeugung" (Gewinnung und Herstellung) von Suchtmitteln **in großen Mengen.**

Generell erfüllt der Anbau dieser Pflanzen zu gewerblichen oder landwirtschaftlichen Zwecken, wie z.B. Hanfpflanzen zur Verwendung als Textilien, Schnüren, Öl etc., nicht die vom Gesetz verbotene Zweckbestimmung zur Gewinnung eines Suchtmittels.

Beihilfen für Flachs und Hanf – Verpflichtungen

Die Verordnung über die Gewährung von Beihilfen für die Erstverarbeitung von Flachs und Hanf* verpflichtet die Erstverarbeiter von Faserflachs und -hanf, bei der AMA die Zulassung zu beantragen und die beabsichtigte Vernichtung von nicht verarbeitbaren Strohmengen der AMA zu melden. Die Vernichtung hat unter Aufsicht der AMA oder nach deren Genehmigung zu erfolgen.

* Suchtmittelgesetz – SMG, BGBl I 1997/112 idF I 2014/71
Suchtgiftverordnung – SV, BGBl II 1997/374 idF II 2014/242
Flachs- und Hanfverarbeitungsbeihilfenverordnung 2008, BGBl II 2008/24
EU-VO 13/1308 idF EU-VO 13/1310 über eine gemeinsame Marktorganisation für landwirtschaftliche Erzeugnisse, Anhang I Teil VIII, Flachs und Hanf

6. Düngemittel

Eine sachgerechte Nährstoffversorgung der Pflanzen ist die Voraussetzung dafür, dass einerseits die Kulturpflanzen qualitativ hochwertige Ernteprodukte liefern und andererseits ökologisch (siehe: XII/C Reinhaltung der Gewässer) und ökonomisch nicht vertretbare Düngungsmaßnahmen vermieden werden.

In der **EU** regelt die Verordnung über Düngemittel* die Erzeugnisse, die als Düngemittel mit der Bezeichnung „EG-Düngemittel" in Verkehr gebracht werden, sowie die Anforderungen an andere organische Dünge- und Bodenverbesserungsmittel.

In **Österreich** haben das Düngemittelgesetz 1994*, die Düngemittelverordnung 2004*, die Düngemittelprobenahme- und -einfuhrverordnungen* die Zielsetzung, zur Sicherung des Wettbewerbes und zum Schutz der Verbraucher, also der Landwirte, auf dem Düngemittelmarkt überschaubare Verhältnisse zu schaffen. Da die Beschaffenheit und Wirksamkeit von Düngemitteln im Allgemeinen nicht aufgrund von äußerlich erkennbaren Merkmalen beurteilt werden kann, beinhaltet das Gesetz Qualitäts-, Kennzeichnungs-, Verpackungs-, Einfuhr-, Prüfungs- und Überwachungsvorschriften. Das Gesetz bezieht neben Düngemitteln auch Bodenhilfsstoffe, Kultursubstrate und Pflanzenhilfsmittel in seine Regelung ein. Ausgenommen von seinem Geltungsbereich sind z.B. Kohlendioxyd, Wasser, Pflanzenschutzmittel (siehe Pflanzenschutzmittel XX/C/3), Klärschlamm (siehe Klärschlamm XII/C/1 und XX/G) und Müllkompost; Abgrenzung zum Abfall/Kompostierung (siehe: XVIII/B Kompostierung).

a) Düngemittel sind Stoffe, die Pflanzennährstoffe enthalten und dazu bestimmt sind, unmittelbar oder mittelbar Pflanzen zugeführt zu werden und deren Wachstum zu fördern, deren Qualität zu verbessern oder deren Ertrag zu erhöhen.
   Zu ihnen gehören auch Wirtschaftsdünger, das sind tierische Ausscheidungen, Stallmist, Gülle, Jauche, Stroh und ähnliche Reststoffe aus der pflanzlichen Produktion, denen keine Nährstoffe zugesetzt wurden.
   Bearbeitete Wirtschaftsdünger sind solche, die durch chemische oder technische Verfahren verändert wurden.
b) Düngemittel und unbearbeitete Wirtschaftsdünger dürfen nur unter bestimmten Voraussetzungen in Verkehr gebracht werden. Die Typen von Düngemitteln und die Schadstoffhöchstgehalte müssen durch Verordnung zugelassen sein, eine bestimmte Zusammensetzung aufweisen und gekennzeichnet sein.
c) Weitere Bestimmungen regeln die Einfuhr, die Überwachung, die Probenahmen, die Untersuchung, die Beschlagnahme und den Verfall sowie die Gebühren im Anmelde- und Zulassungsverfahren.

* Düngemittelgesetz 1994 – DMG 1994, BGBl 1994/513 idF I 2013/189
Düngemittelverordnung 2004, BGBl II 2004/100 idF II 2014/181
Abwasseremissionsverordnung – AEV – anorganische Düngemittel, BGBl 1996/669
EG-VO 03/2003 idF EU-VO 13/463 über Düngemittel

E. Tierhaltung

Ziel und Zweck der Tierhaltungsvorschriften ist die Schaffung von Voraussetzungen für die erfolgreiche Arbeit der landwirtschaftlichen Tierhaltung. Für diese sind einwandfreie Zuchttiere, die artgerechte Haltung und Behandlung der Tiere und qualitativ gute Futtermittel erforderlich.

Die gesetzlichen Grundlagen sind in den EU-Tierzucht-, Tierschutz-, Tiertransport- und Futtermittelverordnungen*, Richtlinien* und Entscheidungen*, in den Tierzuchtgesetzen* der Bundesländer, im Tierschutzgesetz* und den Tierhaltungsverordnungen*, im Tierversuchsgesetz*, im Strafgesetzbuch*, im ABGB* und im Futtermittelgesetz* etc. enthalten.

1. Tierzucht

Ziel der Tierzuchtbestimmungen ist die Erhaltung und Verbesserung

- der **Leistungsfähigkeit der Tiere** unter Berücksichtigung der **Tiergesundheit** und des **Tierschutzes**;
- der **Wirtschaftlichkeit** und **Wettbewerbsfähigkeit** der tierischen Erzeugung unter Berücksichtigung der **Nachhaltigkeit** und
- die Gewährleistung, dass die gewonnenen Erzeugnisse den an sie gestellten **qualitativen Anforderungen** entsprechen und die **genetische Vielfalt** erhalten.

In der **EU** regeln Richtlinien* und Entscheidungen* die tierzüchterischen Normen, wie z.B.

- Anerkennung von **Züchtervereinigungen** und **Zuchtorganisationen**;

- Eintragung bestimmter Tiere in **Zuchtbücher**, Zuchtbescheinigungen;
- Leistungs- und **Zuchtwertprüfungen** und Zuchtwertschätzungen;
- Zulassung von Tieren zur Zucht, Verwendung deren Spermas, Eizellen und Embryonen.

In **Österreich** regeln die aufgrund der EU-Vorgaben neuen **Landes-Tierzuchtgesetze*** und Verordnungen in sehr ähnlicher Weise

- den **Geltungsbereich** für die Zucht von Rindern und Büffeln, Schweinen, Schafen, Ziegen und Equiden, das sind Hauspferde, Hausesel und deren Kreuzungen;
- die **Zuchtorganisationen**, deren Anerkennung, Rechte und Pflichten, Widerruf der Anerkennung und Änderungen;
- die **Leistungsprüfung und Zuchtwertschätzung**, Anforderungen und Durchführung;
- die **Zuchtbücher und Zuchtregister**, Anforderungen und Eintragung;
- die Anforderungen an **Zuchtbescheinigungen und Herkunftsbescheinigungen**;
- die Übereignung oder **Überlassung von (Zucht-)Tieren** und **Abgabe von Samen, Eizellen und Embryonen** sowie deren Verwendung;
- die **Bescheinigungen** für Tiere, Samen, Eizellen und Embryonen aus Drittstaaten;
- **Datenveröffentlichung** und -übermittlung z.B. an die AMA nach der Direktzahlungs-VO;
- Behörden, **Tierzuchtrat** und Überwachung;
- Außenverkehr, Verordnungsermächtigungen und Strafen;
- **Verpflichtung der Gemeinden**, die männlichen Zuchttiere zur Verfügung zu stellen oder für ihr Halten bzw. zur Durchführung der künstlichen Besamung Beiträge zu leisten.

* Bgld Tierzuchtgesetz 2008 – Bgld. TZG 2008, LGBl 2013/79
Ktn Tierzuchtgesetz 2008 – K-TZG 2008, LGBl 2009/1 idF 2013/85
NÖ Tierzuchtgesetz 2008, LGBl 6300-3
OÖ Tierzuchtgesetz 2009, LGBl 2009/14 idF 2013/90
Sbg Tierzuchtgesetz 2009 – S. TZG, LGBl 2009/38 idF 2013/106
Stmk Tierzuchtgesetz 2009, LGBl 2009/35 idF 2013/87
Tir Tierzuchtgesetz 2008 – TTZG 2008, LGBl 2008/38 idF 2013/130
Vbg Tierzuchtgesetz, LGBl 2009/1 idF 2013/44
Wr Tierzuchtgesetz, LGBl 2010/9 idF 2013/34
EG-VO 08/133 über die Einfuhr von reinrassigen Zuchtrindern
EG-VO 08/504 idF EU-VO 13/519 zur Umsetzung der RL 90/427/EWG in Bezug auf Methoden zur Identifizierung von Equiden
RL 64/432/EWG idF RL 14/64/EU und B 09/976/EG zur Regelung viehseuchenrechtlicher Fragen beim innergemeinschaftlichen Handelsverkehr mit Rindern und Schweinen
RL 87/328/EWG idF RL 05/24/EG über die Zulassung reinrassiger Rinder zur Zucht
RL 88/407/EWG idF RL 08/73/EG und B 11/629/EU über Anforderungen mit gefrorenem Rindersamen
RL 88/661/EWG idF RL 08/73/EG über Tierzuchtnormen für Zuchtschweine
RL 89/361/EWG idF RL 08/73/EG über reinrassige Zuchtschafe und Zuchtziegen
RL 90/118 und 119/EWG über die Zulassung reinrassiger bzw. hybrider Zuchtschweine zur Zucht
RL 90/425 und 427/EWG idF RL 08/73/EG über Tierzucht- und Veterinärvorschriften bzw. Kontrollen im EU-Handel mit lebenden Tieren, Equiden und Erzeugnissen
RL 90/429/EWG idF EU-VO 12/176 über den EU-Handel mit Samen von Schweinen
RL 91/174/EWG über die Vermarktung reinrassiger Tiere
RL 08/73/EG über Informationen im Veterinär- und Tierzuchtbereich
RL 09/156/EG über tierseuchenrechtliche Vorschriften für das Verbringen von Equiden
RL 09/157/EG über reinrassige Zuchtrinder
E 84/247 und 419/EWG idF E 07/371/EG über Züchtervereinigungen und Zuchtorganisationen sowie Einrichtung, Haltung und Eintragung von bzw. in Rinderzuchtbücher
E 86/130 und 404/EWG über Leistungs- und Zuchtwertprüfung und Zuchtbescheinigung für reinrassige Zuchtrinder
E 89/501/EWG über Züchtervereinigungen, die Herdebücher für reinrassige Schweine führen
E 89/502/EWG über die Eintragung reinrassiger Zuchtschweine in die Herdebücher
E 89/503/EWG über die Bescheinigung für reinrassige Zuchtschweine, Samen, Eizellen und Embryonen

E 89/504, 505, 506 und 507/EWG über Züchtervereinigungen, die Register für hybride Zuchtschweine führen sowie deren Eintragung, Bescheinigung und Methoden der Leistungskontrolle
E 90/254, 255, 256, 257 und 258/EWG idF E 05/375/EG über Züchtervereinigungen, die Zuchtbücher für reinrassige Zuchtschafe und Zuchtziegen führen, über die Eintragung in die Zuchtbücher, die Leistungsprüfung und Zuchtwertfeststellung, die Zulassung zur Zucht und die Zuchtbescheinigung
E 92/353/EWG über die Zulassung und Anerkennung von Züchtervereinigungen und -organisationen
E 96/78 und 79/EG über Zuchtbescheinigung und Eintragung von Equiden in Zuchtbücher

2. Tierschutz

Die EU-Tierschutz- und Tiertransportrichtlinien* und Verordnungen*, das Tierschutzgesetz* und die Tierhaltungsverordnungen*, das Tiertransportgesetz 2007*, das Tierversuchsgesetz*, das Strafgesetzbuch*, das ABGB* sowie einige Übereinkommen*

- regeln die Mindestanforderungen der Haltung der verschiedenen landw. Nutztiere,
- haben die besondere Verantwortung des Menschen zum Schutz des Lebens und Wohlbefindens der Tiere als Mitgeschöpfe zum Ziel,
- stellen allgemeine und besondere Grundsätze für die Tierhaltung auf,
- normieren fachliche Anforderungen an den Tierhalter und Betreuer,
- enthalten nunmehr einheitliche Bestimmungen über den Tiertransport, Transportmittel, Betreuer und deren Ausbildung,
- verbieten jede Art von Tierquälerei,
- bestimmen die Zulässigkeit von Tierversuchen,
- regeln die Rechtsstellung der Tiere.

a) Tierschutzgesetz – Tierhaltungsverordnungen

Das **Tierschutzgesetz*** setzt EU-Richtlinien um und regelt insbesondere

- die Förderung des Tierschutzes,
- den Geltungsbereich für alle Tiere, ausgenommen Jagd und Fischerei,
- das Verbot von Tierquälerei, Tötung und Tiereingriffen,
- Tierversuche und Tiertransport,
- allgemeine Tierhaltungsbestimmungen, wie z.B. Anforderungen an den Tierhalter und die Betreuungspersonen, Bewegungsfreiheit, Fütterung und Tränke, bauliche Ausstattung und Haltungsvorrichtungen, Aufzeichnungen und Zuchtmethoden,
- besondere Bestimmungen über Wildtiere, Zoo- und Zirkustiere, Verwendung bei sonstigen Veranstaltungen, Tierheime, entlaufene oder ausgesetzte Tiere,
- die Schlachtung und Tötung,
- Strafbestimmungen, den Verfall und die Vollziehung,
- einen Tierschutzombudsmann, Tierschutzrat sowie einen Tierschutzbericht.

Nähere Tierhaltungsbestimmungen enthalten die beiden Tierhaltungsverordnungen.

Die **1. Tierhaltungsverordnung*** regelt

- die Mindestanforderungen für die Haltung von Pferden und Pferdeartigen, Schweinen, Rindern, Schafen, Ziegen, Schalenwild, Lamas, Kaninchen, Hausgeflügel, Straußen und Nutzfischen,
- die an diesen Tieren zulässigen Eingriffe
- sowie Art und Nachweis der Sachkunde von Betreuungspersonal und sonstigen sachkundigen Personen, die Eingriffe vornehmen dürfen.

Die **2. Tierhaltungsverordnung***

Diese zum Tierschutzgesetz ergangene 2. Verordnung regelt

- die Haltung von Wirbeltieren, die nicht unter die 1. Tierhaltungs-VO fallen, über Wildtiere, die besondere Anforderungen an die Haltung stellen, und über Wildtierarten, deren Haltung aus Tierschutzgründen verboten ist;

- allgemeine Anforderungen an die Tierhaltung;
- besondere Anforderungen an die Haltung von Säugetieren, Vögeln, Reptilien, Amphibien, Fischen und Wildtieren;
- in den 5 Anlagen Mindestanforderung an die Haltung dieser Tierarten.

b) **Tiertransport**

Die EU-Tiertransportverordnung* und in Umsetzung dieser Verordnung das Tiertransportgesetz 2007* regeln EU-einheitlich die Voraussetzungen für den Transport lebender Wirbeltiere innerhalb der EU und die spezifischen Kontrollen bei Tiersendungen.

Erleichterungen für eigene landwirtschaftliche Tiertransporte

- Für Landwirte, die ihre **eigenen Tiere** in ihren **eigenen landwirtschaftlichen Fahrzeugen** zu/von der Alm (Wanderhaltung) ohne km-Begrenzung, sonst
- über eine Entfernung von weniger als 50 km ab ihrem Betrieb transportieren, gelten nur die beiden Artikel 3 über die allgemeinen Bedingungen für Tiertransporte und 27 über Kontrollen, wonach
- **nur transportfähige Tiere** transportiert werden dürfen.
- **Nicht transportfähig** sind Tiere, die sich nicht schmerzfrei oder nicht ohne Hilfe bewegen können, große offene Wunden haben, sich in fortgeschrittener Trächtigkeit (über 90 %) oder bis 7 Tage nach einer Geburt befinden oder Neugeborene mit noch nicht verheilter Nabelwunde.
- Der Tiertransport hat **ohne Verzögerung** zu erfolgen, die Beförderungsdauer ist **so kurz als möglich** zu bemessen,
- ein **tauglich konstruiertes Transportfahrzeug** ist erforderlich;
- eine **ausreichende Raumfläche und Raumhöhe** für die transportierten Tiere muss gewährleistet sein;
- ein **qualifizierter Transportbegleiter** ist erforderlich (der tierhaltende Landwirt weist diese Qualifizierung auf!);
- die Anwendung von **Gewalt** beim Transport ist **verboten**.

Strengere einzelstaatliche Maßnahmen sind möglich.

c) **Tierversuche**

In der **EU** regelt die **Tierversuchsrichtlinie 2010***

- Maßnahmen zum Schutz von Tieren, wie Vermeidung und Verminderung von Tieren für Versuche, Verbesserung der Zucht- und Unterbringungsbedingungen, Zucht, Pflege und Unterbringung der Tiere, Arbeitsweise von Züchtern und Verwendern, Bewertung und Genehmigung von Versuchsprojekten;
- die Einsetzung eines Ausschusses (B 90/67/EWG) und die
- Unterzeichnung eines Europäischen Übereinkommens (B 99/575/EG).

In **Österreich** regelt das **Tierversuchsgesetz** 2012* in Umsetzung der EU-Richtlinie

- zulässige und unzulässige Tierversuche, Tötungs- und Betäubungsmethoden.
- Es enthält Vorschriften über gefährdete Tierarten, nichtmenschliche Primaten, wildlebende bzw. speziell für Versuchszwecke gezüchtete Tiere;
- Anforderungen an Züchter, Lieferanten und Verwender;
- Anforderungen an Projekte, Überwachung und Organisation.

d) **Tierquälerei – Strafrechtlicher Schutz**

Die Tierquälerei wird in zwei Fällen auch strafrechtlich* verfolgt:

- Wer ein Tier **roh misshandelt** oder ihm **unnötige Qualen** zufügt, ist mit einer Freiheitsstrafe bis zu 1 Jahr oder mit Geldstrafe bis zu 360 Tagessätzen zu bestrafen. Diese Tatbestände können nur **vorsätzlich** begangen werden.
  Die **Schächtung** (= langsames Ausblutenlassen durch Halsaufschneiden) von **Scha-**

fen ist zwar mit den Tierschutzwerten der österreichischen Rechtsordnung nicht in Einklang zu bringen. Dieses rituelle Schlachten nach islamischer Religion ist nach einem OGH-Urteil 1996 weder als rohes Misshandeln noch als Zufügen von unnötigen Qualen zu beurteilen und somit nicht als Tierquälerei zu bestrafen.

- Ebenso ist zu bestrafen, wer – wenn auch nur **fahrlässig** – im Zusammenhang mit der **Beförderung einer größeren Zahl von Tieren** diese dadurch, dass er **Fütterung oder Tränke unterlässt**, oder auf andere Weise längere Zeit hindurch einem **qualvollen Zustand aussetzt**. Dieser Tatbestand kann auch fahrlässig, jedoch nur bei einer größeren Anzahl vonTieren begangen werden.

Keine „unnötige" Quälerei ist:

- wenn sie die Grenzen des Vertretbaren nicht überschreitet,
- wenn sie als Mittel angewendet wird, um einen vernünftigen und berechtigten Zweck zu erreichen, z.B. zur **Anhaltung eines Tieres** zu einer **„zumutbaren" Arbeitsleistung** oder zum **Gehorsam** durch Verwendung einer **Peitsche** oder eines Stockes,
- wenn die **Erziehung** des Tieres gewisse **Zwangsmaßnahmen** erfordert, z.B. Anlegen einer Kandare beim **Zureiten eines Pferdes**.

Tellereisen-Verbot: Siehe Jagdrecht XIV/E/8, Fangen und Vergiften

e) **Tiere – Rechtsstellung**

Die Rechtsstellung der Tiere im ABGB* lautet:

- Tiere sind keine Sachen. Sie werden durch besondere Gesetze geschützt. Die für Sachen geltenden Vorschriften des ABGB sind auf Tiere nur insoweit anzuwenden, als keine abweichenden Regelungen bestehen.
- Wird ein Tier verletzt, so gebühren die tatsächlich aufgewendeten Kosten der Heilung oder der versuchten Heilung auch dann, wenn sie den Wert des Tieres übersteigen, soweit auch ein verständiger Tierhalter in der Lage des Geschädigten diese Kosten aufgewendet hätte.

* Tierschutzgesetz – TSchG, BGBl I 2004/118 idF I 2013/80
Durchführungsgesetz unmittelbar anwendbarer EU-Tierschutzbestimmungen, BGBl I 2013/47 idF I 2013/80
1. Tierhaltungsverordnung, BGBl II 2004/485 idF II 2012/61
2. Tierhaltungsverordnung, BGBl II 2004/486 idF II 2012/57
Tierhaltungs-Gewerbeverordnung – TH-GewV, BGBl II 2004/487 idF II 2008/409 (aufgrund des TSchG)
VO über den Schutz von Tieren gegen Quälerei und das artgerechte Halten von Tieren im Rahmen gewerblicher Tätigkeiten, BGBl 1991/32 (aufgrund der GewO)
Tierschutz-Kontrollverordnung – TSchKV, BGBl II 2004/492 idF II 2010/220
Tierschutz-Schlachtverordnung, BGBl II 2004/488 idF II 2006/32
Tierschutz-Veranstaltungsverordnung, BGBl II 2004/493 idF II 2008/70
Geschäftsordnung des Tierschutzrates, BGBl II 2011/90
Tiertransportgesetz 2007 – TTG 2007, BGBl I 2007/54
Tiertransport-Ausbildungsverordnung – TT-AusbVO, BGBl II 2008/92 idF II 2012/451
Vbg Landes-Sicherheitsgesetz, 2. Abschnitt: Halten von Tieren, LGBl 1987/1 idF 2013/61
Wr Tierhaltegesetz, LGBl 1987/39 idF 2015/5
Europ. Übereinkommen zum Schutz von Tieren in landw. Tierhaltungen, BGBl 1993/82
Europ. Übereinkommen über den Schutz von Tieren beim Transport, BGBl 1973/597 idF 1989/591
Tierversuchsgesetz 2012 – TVG 2012, BGBl I 2012/114
Tierversuchs-Verordnung 2012 – TVV 2012, BGBl II 2012/522 idF II 2014/15
Tierversuchsstatistik-Verordnung 2013, BGBl II 2013/501
Strafgesetzbuch, § 222 Tierquälerei
ABGB, §§ 285 a und 1332 a über die Rechtsstellung von Tieren

RL 98/58/EG idF EG-VO 03/806 über den Schutz landwirtschaftlicher Nutztiere
RL 99/22/EG über die Haltung von Wildtieren in Zoos
RL 99/74/EG idF RL 13/64/EU und EG-VO 03/806 über Mindestanforderungen zum Schutz von Legehennen
RL 02/4/EG idF RL 06/83/EG betreffend Registrierung von Legehennenbetrieben
RL 07/43/EG mit Mindestvorschriften zum Schutz von Masthühnern
RL 08/119/EG über Mindestanforderungen für den Schutz von Kälbern
RL 08/120/EG über Mindestanforderungen für den Schutz von Schweinen
RL 10/63/EU zum Schutz der für wissenschaftliche Zwecke verwendeten Tiere
EG-VO 97/1255 idF EG-VO 05/1 über Kriterien für Aufenthaltsorte und den Transportplan
EG-VO 04/882 idF EU-VO 14/652 über Kontrollen im Tierschutz
EG-VO 05/1 über den Schutz von Tieren beim Transport
EG-VO 09/1099 über den Schutz von Tieren zum Zeitpunkt der Tötung
EU-VO 13/1305, Artikel 33 Gewährung von Beihilfen für freiwillige Tierschutzverpflichtungen

3. Futtermittel

Das Ziel der Futtermittelbestimmungen besteht darin, die Bedingungen für das Inverkehrbringen und die Verwendung von Futtermitteln zu harmonisieren. Es soll ein hohes Maß an Lebensmittel- und Futtermittelsicherheit zum Schutz für die Gesundheit des Menschen und die Verbraucherinteressen bei Lebensmitteln unter besonderer Berücksichtigung der Vielfalt des Nahrungsmittelangebots, einschließlich traditioneller Erzeugnisse, sichergestellt werden. Eine angemessene Information für Verwender und Verbraucher soll gewährleistet werden. Das wirksame Funktionieren des Binnenmarktes ist zu unterstützen

a) Die **EU-Richtlinien*** und **Verordnungen*** enthalten Bestimmungen über

- das Inverkehrbringen und die Verwendung von Futtermitteln:
- die Futtermittelsicherheit und Kontrollen im Futtermittelrecht;
- die Verwendung von Futtermitteln für besondere Ernährungszwecke;
- Probenahmeverfahren und Analysemethoden für die Futtermitteluntersuchung;
- genetisch veränderte Futtermittel und Fütterungsarzneimittel;
- unerwünschte Stoffe in Futtermitteln etc.

b) Das **Futtermittelgesetz 1999*** und die **Futtermittelverordnung 2010***

- setzen die EU-Vorschriften in Österreich um,
- regeln die Herstellung, das Inverkehrbringen und die Verwendung von Futtermitteln, Vormischungen und Zusatzstoffen zur Tierernährung und
- schützen die Landwirtschaft vor Erzeugung, Import und Vertrieb minderwertiger oder verseuchter Futtermittel bzw. Mischungen und enthalten nähere Bestimmungen über:
  - **allgemeine Anforderungen** an diese betreffend Gesundheitsschädlichkeit, Höchstgehaltsgrenzen an unerwünschten Stoffen, verbotene oder nicht zugelassene (Zusatz-)Stoffe, Verdorbenheit, erhebliche Minderung der Brauchbarkeit oder Irreführung der tatsächlichen Beschaffenheit etc.;
  - **allgemeine und besondere Kennzeichnung**, insbesondere Bezeichnung des Mittels, Mengenangabe, Angaben des Verantwortlichen, Zusammensetzung, Inhalts- und Zusatzstoffe, Energiewerte und Ernährungszweck, Ort, Art und Zeitpunkt der Herstellung, Mindesthaltbarkeitsdatum und Verwendungszweck;
  - Beschaffenheit der **Verpackung**, Zulassung von **Zusatzstoffen** und **Versuche**;
  - **allgemeine Anforderungen an Betriebe**, deren Zulassung und Registrierung;
  - **Futtermittelkontrolle**, deren Vollziehung, Befugnisse und Pflichten der Aufsichtsorgane, Pflichten der Betriebsführer;
  - Gebühren, Verfall und Strafbestimmungen.

Tiergesundheit siehe XXII/A.

* Futtermittelgesetz 1999 – FMG 1999, BGBl I 1999/139 idF I 2013/189
Futtermittelverordnung 2010, BGBl II 2010/316
Futtermittel-GVO-Schwellenwertverordnung, BGBl II 2001/394
Abwasseremissionsverordnung – AEV – Futtermittelherstellung, BGBl 1995/894 idF II 2000/394
RL 90/167/EWG über Fütterungsarzneimittel
RL 96/23/EG idF RL 13/20/EU und EG-VO 09/596 über Rückstandskontrollen in Tieren und deren Erzeugnissen
RL 02/32/EG idF EU-VO 13/1275 über unerwünschte Stoffe in der Tierernährung
RL 08/38/EG idF EU-VO 14/5 über die Verwendung von Futtermitteln für besondere Ernährungszwecke
EG-VO 02/178 idF EU-VO 14/652 über Lebensmittel- und Futtermittelsicherheit
EG-VO 03/1829 idF EG-VO 08/298 über genetisch veränderte Lebensmittel und Futtermittel
EG-VO 03/1830 idF EG-VO 08/1137 über die Rückverfolgbarkeit und Kennzeichnung von genetisch veränderten Organismen und aus ihnen hergestellten Lebensmitteln und Futtermitteln
EG-VO 03/1831 idF EG-VO 09/767 über Zusatzstoffe zur Verwendung in der Tierernährung
EG-VO 04/882 idF EU-VO 14/652 über Kontrollen im Futtermittelrecht
EG-VO 05/183 idF EU-VO 12/225 über die Futtermittelhygiene
EG-VO 09/152 idF EU-VO 14/709 über Probenahmeverfahren und Analysemethoden für die Futtermitteluntersuchung
EG-VO 09/767 idF 10/939 über das Inverkehrbringen und die Verwendung von Futtermitteln
EG-VO 09/1069 idF EU-VO 13/1385 mit Hygienevorschriften für nicht für den menschlichen Verzehr bestimmte tierische Nebenprodukte

F. Vermarktungsnormen

Qualitätsregelungen

Qualität und Vielfalt der Agrarerzeugnisse in der EU sind eine ihrer größten Stärken im Wettbewerb. Sie leisten einen erheblichen Beitrag zum gastronomischen Erbe. Die Verbraucher verlangen zunehmend Erzeugnisse von Qualität und Tradition.

Die Anwendung von Qualitätsregeln für deren Vermarktung trägt zu einer Verbesserung der wirtschaftlichen Bedingungen für die Erzeugung und Vermarktung sowie der Qualität dieser Erzeugnisse bei. Sie sind daher im Interesse der Erzeuger, Händler und Verbraucher.

1. EU-Vermarktungsnormen

Für die verschiedenen Agrarerzeugnisse und Lebensmittel, wie z.B. Eier, Obst und Gemüse, Wein und Fleisch, bestehen Vermarktungsnormen, Qualitätsregelungen und Handelsklassenschemata, die sich insbesondere auf die Einteilung nach Güte- und Gewichtsklassen, die Größensortierung, die Verpackung, die Umhüllung, die Lagerung, die Beförderung, die Aufmachung, die Herkunft und die Kennzeichnung beziehen.

a) Die **Verordnung über Qualitätsregelungen** für Agrarerzeugnisse und Lebensmittel* regelt

- geschützte **Ursprungsbezeichnungen**;
- geschützte **geografische Angaben**;
- garantiert **traditionelle Spezialitäten**;
- fakultative Qualitätsangaben, wie z.B. den Begriff **„Bergerzeugnis"** oder ein **Anbau- oder Verarbeitungsmerkmal** und dergleichen.

Siehe: Lebensmittel – Qualitätssicherung XXI/G/7.

b) Die **Verordnung über eine gemeinsame Marktorganisation** für landwirtschaftliche Erzeugnisse* regelt im Titel II Kapitel I Artikel 73 ff. die Vermarktungsnormen. Die Durchführungsbestimmungen zu den Handelsklassenschemata und zur Feststellung der Preise werden von den Mitgliedstaaten erlassen.

c) Die **Verordnung über die Förderung der ländlichen Entwicklung** durch den Europäischen Landwirtschaftsfonds für die Entwicklung des ländlichen Raumes – **ELER*** – regelt in Artikel 16 die Förderungsmaßnahmen für die **neue Teilnahme von Landwirten** an **Qualitätsregelungen** für Agrarerzeugnisse und Lebensmittel.

Weitere **Vermarktungsnormen** und **Handelsklassenschemata** bestehen für

a) Geflügelfleisch (EG-VO 08/543 idF EU-VO 13/519);
b) Eier (EG-VO 08/589 idF EU-VO 13/589);
c) Obst und Gemüse (EG-VO 07/1580 idF EU-VO 11/529);
d) Schlachtkörper von Rindern, Schweinen und Schafen (EG-VO 08/1249);
e) Schweineschlachtkörper (EG-VO 06/1197);
f) Fleisch von bis zu zwölf Monate alten Rindern (EG-VO 08/566 idF EU-VO 13/565);
g) Schlachtkörper von Schafen (EG-VO 98/823 und EG-VO 08/22);
h) Fischereierzeugnisse (EU-VO 13/1379 idF EU-VO 13/1385, Kapitel III).

2. Vermarktungsnormengesetz*

Es regelt in Umsetzung der vorangeführten EU-Bestimmungen

- die **Standardisierung** landwirtschaftlicher Erzeugnisse hinsichtlich **Produktionsbedingungen** und **Beschaffenheitsmerkmalen**;
- die **Verpackung** und **Kennzeichnung** zum Zwecke der Vermarktung, wenn für diese keine unmittelbar anwendbaren gemeinschaftsrechtlichen Vorschriften bestehen.

Sein **Ziel** ist

a) eine verbesserte **Marktübersicht und Markttransparenz** durch die Standardisierung landwirtschaftlicher Erzeugnisse hinsichtlich ihrer
   - **Produktionsbedingungen**,
   - **Beschaffenheitsmerkmale**,
   - **Verpackung und Kennzeichnung** – im Rahmen eines lauteren Wettbewerbes,

b) die Förderung der Herstellung und Verbesserung von **Qualitätsprodukten** unter laufender Anpassung an den Stand der Wissenschaft und Technik.

3. Vermarktungsnormen-Verordnungen*

Aufgrund des Vermarktungsnormengesetzes bestehen Vermarktungsnormen für

- **Eier**;
- **Fischereierzeugnisse**;
- **Geflügelfleisch**;
- **Obst und Gemüse;**
- **Speisekartoffel** sowie Handelsklassenschemata für
- **Rinderschlachtkörper**;
- **Schweineschlachtkörper** und Einstufungen für
- **bis zu 12 Monate alte Rinder**.

* EU-VO 12/1151 über Qualitätsregelungen für Agrarerzeugnisse und Lebensmittel
EU-VO 13/1308 idF EU-VO 13/1310, GMO für landwirtschaftliche Erzeugnisse, Artikel 73 ff. Vermarktungsnormen
EU-VO 13/1305 idF EU-VO 14/1378 über die Förderung der ländlichen Entwicklung, Artikel 16 Förderungsmaßnahmen für die Teilnahme an Qualitätsregelungen
Vermarktungsnormengesetz – VNG, BGBl I 2007/68 idF I 2013/189

Vermarktungsnormen-Kontrollverordnung, BGBl II 2010/281
Verordnung über die Erzeugung und dieVermarktung von Bruteiern und Küken von Hausgeflügel, BGBl II 2008/123
Verordnung über Vermarktungsnormen für Eier, BGBl II 2009/365
Verordnung über Vermarktungsnormen für Fischereierzeugnisse, BGBl II 2008/263
Verordnung über Vermarktungsnormen für Geflügelfleisch, BGBl II 2011/70
Verordnung über Vermarktungsnormen für Obst und Gemüse, BGBl II 2010/431
Verordnung über die Vermarktung von Speisekartoffeln, BGBl II 2014/244
Verordnung über Handelsklassen für Rinder- und Schweineschlachtkörper sowie über die Einstufung von bis zu zwölf Monate alten Rindern – Schlachtkörper-Klassifizierungs-Verordnung, BGBl II 2011/71

G. Lebensmittelwesen

Zwischen der Lebensmittel-Urproduktion in der Landwirtschaft und dem Verbraucher besteht ein bedeutender Wirtschaftszweig, der mit modernsten technischen und wissenschaftlichen Methoden arbeitet. Er erzeugt für den unmittelbaren Genuss vorbereitete, konservierte, geschönte, standardisierte und in ihrer chemischen Natur – gegenüber dem landwirtschaftlichen Urprodukt – weitgehend veränderte, manchmal auch ungesunde Lebensmittel.

Auch Nahrungsmittelimitate, wie z.B. Topfen aus Entenfedern oder Steaks aus Fett- und Tierabfällen in Japan, die durch Farb-, Zusatz-, Geruchs- und Geschmacksstoffe erzeugt werden, sind im Aussehen für den Verbraucher nicht mehr erkennbar.

Aber auch die Gentechnik ermöglicht nicht nur ungeahnte Möglichkeiten für die Verschönung und Haltbarkeit von Nahrungsmitteln, sondern auch für die Vereinfachung in der Landwirtschaft, z.B. mit dem Ziel, Kulturpflanzen gegen Unkrautvertilgungsmittel resistent zu machen. Diese technischen Möglichkeiten in der Be- und Verarbeitung des Urproduktes macht sich teilweise auch der Landwirt – soweit es gewerbe- und hygienerechtlich (siehe: XVIII/D und XXII/B) möglich ist – zunutze.

Der Verbraucher kann den wahren Wert und Inhalt der angepriesenen, womöglichst erheblich veränderten, imitierten, gentechnisch behandelten und unter Umständen gesundheitsnachteiligen Lebensmittel oft nicht mehr erkennen und sucht nach Alternativen zur gesunden Ernährung.

Diese Situation verlangt nach einem Schutz des Verbrauchers einerseits durch Informationen über Lebensmittel und andererseits vor gesundheitlichen Gefährdungen und Irreführung. Sie stellt für den Landwirt aber auch eine Chance dar, sowohl mit seinen unverfälschten und unbehandelten Urprodukten als auch mit veredelten und weiterbearbeiteten Produkten – auch mit ökologischen/biologischen Lebensmitteln – eine Marktlücke zu schließen.

Ökologische/biologische Produktion: Siehe XXI/D/2.

1. EU-Lebensmittel-Vorschriften

Die **Bestimmungen zum Lebensmittelrecht** sind in der EG-VO 02/178 idF EU-VO 14/652 über Grundsätze, Erfordernisse und Verfahren zur **Lebensmittelsicherheit** und zur Errichtung einer Lebensmittelsicherheitsbehörde verankert. Die Verwaltung der **Ausgaben aus dem Haushaltsplan** in den Bereichen **Lebensmittelkette, Tierschutz, Tier- und Pflanzengesundheit** sowie Pflanzenvermehrungsmaterial regelt die EU-VO 14/652.

Zusätzlich zu diesen Bestimmungen gelten in Verordnungen* und Richtlinien* **spezielle Futtermittel- und Lebensmittelvorschriften** für Bereiche wie Tierernährung einschließlich Fütterungsarzneimittel, Futtermittel- und Lebensmittelhygiene, Zoonosen, tierische Nebenprodukte, Rückstände und Kontaminanten, Bekämpfung und Tilgung von Tierkrankheiten mit Auswirkungen auf die öffentliche Gesundheit, Futtermittel- und Lebensmittelkennzeichnung, Pestizide, Futtermittel- und Lebensmittelzusatzstoffe, Vitamine, Mineralsalze, Spurenelemente und andere Zusatzstoffe, Materialien, die mit Lebensmitteln in Berührung kommen, Anforderungen an Qualität und Zusammensetzung, Trinkwasser, Ionisation, neuartige Lebensmittel, genetisch veränderte Organismen etc. über

- die **Lebensmittelsicherheit** als Grundlage für ein hohes **Schutzniveau für die Gesundheit des Menschen** und die **Verbraucherinteressen** bei Lebensmitteln unter besonderer Berücksichtigung der Vielfalt des Nahrungsmittelangebots;
- Regeln für die Durchführung der **Kontrollen** im Lebensmittelrecht;
- **Informationen, Aufmachung und Verpackung** von Lebensmitteln;
- **Zusatzstoffe** (Aromen, Süßungsmittel, Farbstoffe etc.) und **Rückstände**;
- **Hygiene-Maßnahmen** und notwendige Vorkehrungen, um Gefahren unter Kontrolle zu bringen und zu gewährleisten, dass ein Lebensmittel unter Berücksichtigung seines Verwendungszwecks für den menschlichen Verzehr tauglich ist.

Fleischhygiene: Siehe XXII/B.

* RL 01/111/EG idF EU-VO 13/1021 über bestimmte Zuckerarten für die menschliche Ernährung
RL 01/112/EG idF EU-VO 14/1040 über Fruchtsäfte und gleichartige Erzeugnisse
RL 01/113/EG idF EU-VO 13/1021 über Konfitüren, Gelees und Marmeladen
RL 01/114/EG idF EU-VO 13/1021 über eingedickte Milch und Trockenmilch
RL 02/46/EG idF EU-VO 14/119 über Nahrungsergänzungsmittel
RL 03/99/EG idF RL 13/20/EU zur Überwachung von Zoonosen und Zoonosenerregern
EG-VO 96/2232 idF EG-VO 08/1334 über Aromastoffe in Lebensmitteln
EG-VO 00/1896 idF EG-VO 03/2032 über Biozidprodukte
EG-VO 01/466 über Höchstgehalte für bestimmte Kontaminanten in Lebensmitteln
EG-VO 02/178 idF EU-VO 14/652 über die Lebensmittelsicherheit
EG-VO 04/852 idF EG-VO 09/219 über die Lebensmittelhygiene
EG-VO 04/853 idF EU-VO 10/558 mit Hygienevorschriften für Lebensmittel tierischen Ursprungs
EG-VO 04/882 idF EU-VO 14/652 über Kontrollen im Lebensmittelrecht
EG-VO 04/1935 idF EG-VO 09/596 über Materialien und Gegenstände zur bestimmungsmäßigen Berührung mit Lebensmitteln
EG-VO 05/37 zur Überwachung der Temperaturen von tief gefrorenen Lebensmitteln in Beförderungsmitteln sowie Einlagerungs- und Lagereinrichtungen
EG-VO 06/1225 idF EU-VO 14/119 über den Zusatz von Vitaminen, Mineral- und anderen Stoffen zu Lebensmitteln
EG-VO 08/1333 idF EU-VO 14/1093 über Lebensmittelzusatzstoffe
EU-VO 12/528 über die Bereitstellung am Markt und die Verwendung von Biozidprodukten

2. Österreichische Lebensmittel-Vorschriften

In Umsetzung der EU-Lebensmittel-Verordnungen und Richtlinien regeln das **Lebensmittelsicherheits- und Verbraucherschutzgesetz***, das **Gesundheits- und Ernährungssicherheitsgesetz***, das **Biozid-Produktegesetz***, das **Zoonosengesetz***, das **Gentechnikgesetz***, die **Lebensmittelkennzeichnungsverordnung***, die **Schädlingsbekämpfungsmittel-Höchstwerteverordnung*** und weitere **Gesetze*** und **Verordnungen*** unter anderem die Sicherheit, Qualität, Hygiene, Kennzeichnung, gentechnisch veränderte Organismen, Rückstände sowie die bäuerliche Direktvermarktung von Lebensmitteln.

Lebensmittelbewirtschaftung: Siehe XXI/A/6.

3. Lebensmittelsicherheit – Ernährungssicherheit

a) Das **Lebensmittelsicherheits- und Verbraucherschutzgesetz*** regelt die Anforderungen an Lebensmittel und Wasser für den menschlichen Gebrauch, Gebrauchsgegenstände und kosmetische Mittel und die damit verbundene Verantwortung der Unternehmer. Insbesondere regelt es die

- Hygiene im Lebensmittelbereich, einschließlich bäuerlicher Direktvermarktung,
- amtliche Kontrolle und deren Durchführung, wie Probenahme, Beschlagnahme,
- das Verbringen, die Ein- und Ausfuhr und den innergemeinschaftlichen Handel,
- Schlachttier- und Fleischuntersuchung,
- Rückstandskontrollen von Lebensmitteln tierischer Herkunft,

- Gebühren der Kontrollen, Untersuchungs- und Sachverständigentätigkeit,
- das Österreichische Lebensmittelbuch,
- Zusammensetzung der Codexkommission,
- den ständigen Hygieneausschuss und seine Aufgaben,
- gerichtliche Strafbestimmungen (Strafrahmen 1 bis 3 Jahre Freiheitsstrafe für das Inverkehrbringen von gesundheitsschädlichen Lebensmitteln, Gebrauchsgegenständen oder kosmetischen Mitteln),
- Verwaltungsstrafbestimmungen (Strafrahmen bis zu € 20.000,–, im Wiederholungsfall bis € 40.000,– u.a. für das Inverkehrbringen von wertgeminderten, verfälschten oder für den menschlichen Verzehr ungeeigneten Lebensmitteln oder von Lebensmitteln, die mit irreführenden oder krankheitsbezogenen Angaben versehen sind oder in irreführender oder krankheitsbezogener Aufmachung).

b) Das **Gesundheits- und Ernährungssicherheitsgesetz*** schafft eine Agentur und Bundesämter für die Gesundheit und Ernährungssicherheit. Damit wird die Sicherheit, Qualität und Wirksamkeit der Ernährung, weiters von Arzneimitteln und Medizinprodukten sowie die Bekämpfung von Krankheiten angestrebt.

c) Das **Lebensmittelgesetz 1975*** gilt noch für die Überwachung und Beschlagnahme.

4. Biozid-Produkte – Zoonosen – Imitate

a) **Biozid-Produkte** sind Wirkstoffe und Zubereitungen zum Zwecke der Zerstörung und Bekämpfung von Schadorganismen (Hygiene-, Desinfektions-, Konservierungs-, Schutz- und Bekämpfungsmittel). Sie sind notwendig zur
- Bekämpfung von schädlichen Organismen für die menschliche und tierische Gesundheit,
- Bekämpfung von Organismen, die natürliche oder gefertigte Erzeugnisse schädigen.

Nur zugelassene Biozid-Produkte dürfen auf den Markt gebracht und verwendet werden, weil von ihnen ein Risiko für Mensch, Tier und Umwelt ausgehen kann.

b) **Zoonosen** – lebensmittelbedingte Infektionen und Krankheitsausbrüche: Siehe XXII/A/2.

c) **Imitate** sind Produkte, die zwar keine Lebensmittel sind, bei welchen jedoch aufgrund ihrer Form, Farbe, Größe, Aufmachung und Etikettierung, ihres Geruchs, Aussehens und Volumens vorhersehbar ist, dass sie von Verbraucher/innen, insbesondere Kindern, mit Lebensmitteln verwechselt und deshalb zum Mund geführt, gelutscht oder geschluckt werden. Diese sind – wenn dies mit Erstickungs- oder Vergiftungsgefahren oder der Schädigung des Verdauungstraktes verbunden ist – gefährliche Produkte und dürfen nicht in Verkehr gebracht werden (siehe: Produktsicherheit X/E) .

* Agentur für Gesundheit und Ernährungssicherheit – Übertragungsverordnung 2004, BGBl II 2004/356
Biozid-Produktegesetz, BGBl I 2013/105
Beikostverordnung, BGBl II 1998/133 idF II 2012/175
Diät-Rahmenverordnung, BGBl II 2006/162 idF II 2010/85
Fruchtsaftverordnung, BGBl II 2004/83 idF II 2013/206
Gesundheits- und Ernährungssicherheitsgesetz – GESG, BGBL I 2002/63 idF I 2013/80
Imitatverordnung – VO über mit Lebensmitteln verwechselbare Produkte, BGBl II 2006/365
Konfitürenverordnung 2004, BGBl II 2004/367
Lebensmittelgesetz 1975, BGBl 1975/86 idF I 2013/80 – nur 3. Überwachung, §§ 35 ff.
Lebensmittelsicherheits- und Verbraucherschutzgesetz – LMSVG –, BGBl I 2006/13 idF I 2014/67
Lebensmittelhygiene-Anpassungsverordnung, BGBl II 2006/91
Lebensmittelhygiene-Zulassungsverordnung, BGBl II 2009/231
LMSVG-Anlagen-Aktualisierungsverordnung 2015, BGBl II 2015/88
LMSVG-Kontrollgebührenverordnung – LMSVG-KoGeV, BGBL II 2007/361 idF II 2010/46
Milch-Qualitätsverordnung, BGBl 1955/145 idF 1971/492
Speisesalzgesetz, BGBl 1963/112 idF I 1999/115
Temperaturkontrollverordnung, BGBl 1996/581 idF II 2006/305

Trockenmilchverordnung, BGBl II 2004/45 idF II 2008/76
VO über tiefgefrorene Lebensmittel, BGBl 1994/201

5. Gentechnik

Mit Hilfe der Gentechnik können einerseits Lebensmittel verschönt und haltbarer gemacht werden, z.B. mit Genen für die Milchgerinnung oder mit gentechnisch veränderter Hefe (Germ) für kalorienärmeres Bier mit schönerem Bierschaum (bereits in Großbritannien) oder mit gentechnisch veränderten Paradeisern (so genannte Anti-Matsch-Tomate) oder Mais etc. Andererseits können landwirtschaftliche Kulturpflanzen gegen bestimmte Mittel resistent gemacht werden (z.B. nur Unkräuter sterben bei der Anwendung von Vertilgungsmitteln ab) und der Einsatz von Antibiotika und Hormonen in gentechnisch veränderten Pflanzen kann zu unvorhersehbaren Folgen führen. Ein Ende der Diskussion zwischen Kritikern und Befürwortern ist vorerst nicht abzusehen.

a) Einsatz in der Landwirtschaft

Der Einsatz der Gentechnik eröffnet auch im Bereich der Landwirtschaft ein enormes Betätigungsfeld und kann in der qualitativen und quantitativen Verbesserung des Ertrages, weiters im tierischen Bereich zur Krankheitsbekämpfung, Verbesserung der Leistung und Fruchtbarkeit etc. erfolgen. Diese Maßnahmen versetzen die Landwirtschaft in die Lage, effizienter und billiger zu produzieren oder die Qualität zu verbessern oder den Ansprüchen der Nachfrage besser gerecht zu werden.

b) **Gentechnikgesetz***; sein **Ziel** ist

- der Schutz des Menschen und seiner Nachkommenschaft vor Schäden, die unmittelbar oder mittelbar durch Eingriffe am menschlichen Genom, durch Genanalysen, durch Auswirkungen gentechnisch veränderter Organismen auf den Menschen oder die Umwelt entstehen können,
- der Schutz der Umwelt und insbesondere der Ökosysteme vor schädlichen Auswirkungen durch gentechnisch veränderte Organismen und
- die Anwendung der Gentechnik zum Wohle des Menschen durch Festlegung eines rechtlichen Rahmens.

Geltungsbereich:

Es gilt unter anderem für Arbeiten mit und Freisetzung von gentechnisch veränderten Organismen und für das Inverkehrbringen von Erzeugnissen, die aus gentechnisch veränderten Organismen bestehen oder solche enthalten sowie für die Kennzeichnung von Erzeugnissen, die aus gentechnisch veränderten Organismen oder deren Teilen bestehen, solche enthalten oder aus solchen gewonnen wurden.
Damit ist dieses Gesetz in Zukunft auch in der Landwirtschaft, insbesondere beim Inverkehrbringen und bei der Kennzeichnung, von Bedeutung.

c) Kennzeichnung

In der **EU** regeln die **Gentechnikkennzeichnungsverordnung*** und weitere Verordnungen* die Kennzeichnung genetisch veränderter Lebensmittel.

In **Österreich** regeln u.a. die

- **Gentechnik-Kennzeichnungsverordnung*** die Kennzeichnung von Erzeugnissen, die aus gentechnisch veränderten Organismen bestehen oder solche enthalten und deren Inverkehrbringen;
- **Saatgut-Gentechnikverordnung*** die Verkehrsfähigkeit, die Grenzwerte für Verunreinigungen und die klare Kennzeichnung jeder Kategorie von Saatgut einer gentechnisch veränderten Sorte auf jedem Etikett;
- **Freisetzungsverordnung 2005*** Inhalt, Umfang und Form von Anträgen auf Genehmigung einer Freisetzung oder des Inverkehrbringens von gentechnisch veränderten Organismen, Sicherheit und Überwachung;
- **Gentechnik-Vorsorgegesetze der Bundesländer*** Vorsorgemaßnahmen, um das un-

beabsichtigte Vorhandensein gentechnisch veränderter Organismen in anderen Produkten zu verhindern, wildwachsende Pflanzen und freilebende Tiere in ihrem ursprünglichen Bestand zu erhalten (Europa- und Naturschutz) sowie den Schutz landwirtschaftlicher Kulturflächen, die gentechnikfrei bewirtschaftet werden (ökologischer Landbau).

d) **Inverkehrbringen**

In der **EU** regelt die Verordnung über neuartige Lebensmittel und Zutaten **(Novel-Food-Verordnung)*** das Inverkehrbringen von Lebensmitteln, die genetisch veränderte Organismen enthalten. Lebensmittel, die aus genetisch veränderten Sojabohnen oder Mais stammen, dürfen in einem Mitgliedsstaat ohne Kennzeichnung nicht verkauft werden.

In **Österreich** verbietet eine Verordnung* das Inverkehrbringen von gentechnisch verändertem Mais in einer bestimmten Kombination.

* Gentechnikgesetz – GTG, BGBl 1994/510 idF I 2015/38
Gentechnik-Kennzeichnungsverordnung, BGBl II 2006/5
Gentechnik-Anhörungsverordnung, BGBl II 1997/61 idF II 1998/164
Gentechnik-Registerverordnung; BGBl II 2006/141
Freisetzungsverordnung 2005 (gentechnisch veränderter Organismen), BGBl II 2005/260 idF II 2005/320
Saatgut-Gentechnikverordnung, BGBl II 2001/478 idF II 2011/76
Futtermittel-GVO-Schwellenwertverordnung, BGBl II 2001/394
VO: Verbot des Inverkehrbringens von gentechnisch verändertem Mais, BGBl II 2008/257 idF II 2012/319 (befristet bis 30.11.2015)
Bgld Gentechnik-Vorsorgegesetz, LGBl 2005/64 idF 2013/79
Ktn Gentechnik-Vorsorgegesetz – K-GtVG, LGBl 2005/5 idF 2013/85
NÖ Gentechnik-Vorsorgegesetz, LGBl 6180-2
OÖ Gentechnik-Vorsorgegesetz 2006 – OÖ. Gt-VG 2006, LGBl 2006/79 idF 2013/90
Sbg Gentechnik-Vorsorgegesetz, LGBl 2004/5 idF 2013/106
Stmk Gentechnik-Vorsorgegesetz – StGTVG, LGBl 2006/97 idF 2013/87
Tir Gentechnik-Vorsorgegesetz, LGBl 2005/36 idF 2013/130
Wr Gentechnik-Vorsorgegesetz, LGBl 2005/53 idF 2013/34
RL 01/18/EG idF EG-VO 08/27 über die absichtliche Freisetzung genetisch veränderter Organismen in die Umwelt
RL 09/41/EG über die Anwendung genetisch veränderter Mikroorganismen in geschlossenen Systemen
EG-VO 97/258 idF EG-VO 09/596 über neuartige Lebensmittel (Novel-Food-Verordnung)
EG-VO 03/1829 idF EG-VO 08/298 über genetisch veränderte Lebensmittel und Futtermittel
EG-VO 03/1830 idF EG-VO 08/1137 über die Rückverfolgbarkeit und Kennzeichnung von genetisch veränderten Organismen und daraus hergestellten Lebens- und Futtermitteln
EG-VO 04//65 über spezifische Erkennungsmarker für genetisch veränderte Organismen

6. Lebensmittel – Verbraucherinformation

Die **EU-Lebensmittel-Informations-Verordnung – LMIV*** –, welche umfassend die bisherigen Bestimmungen – EU-Etikettierungs-Richtlinie und österreichische Lebensmittelkennzeichnungsverordnung – ersetzt, gilt in der gesamten Union.

a) Ziele

- Grundsätze für verpflichtende Informationen über Lebensmittel;
- Informationen zu Identität und Zusammensetzung, Eigenschaften und Merkmalen;
- Informationen zum umfassenden Schutz der Gesundheit und zur sicheren Verwendung und fundierten Auswahl im Interesse der Verbraucher;
- Gewährleistung des freien Verkehrs von rechtmäßig erzeugten und in Verkehr gebrachten Lebensmitteln;

b) Anwendung – Geltungsbereich. Diese Verordnung gilt:

- für **Unternehmen** und Anbieter von **Gemeinschaftsküchen**;
- für **lebensmittelproduzierende**, **ver-** und **bearbeitende Bauern**;
- **nicht** für **Privatpersonen** und deren **gelegentliche** Lieferung, Servierung und Verkauf auf Märkten und Wohltätigkeitsveranstaltungen, z.B. karitativen Dorf-, Schul- und Feuerwehrfesten – laut Erwägungsgrund 15 der VO.

c) **Verzeichnis der verpflichtenden Informationen**

Die folgenden Informationen müssen bei allen Lebensmitteln verfügbar, leicht zugänglich und dürfen nicht irreführend sein. Speziellere EU-Bestimmungen über Maße und Gewichte bleiben hievon unberührt.

- **Bezeichnung des Lebensmittels;**
- **Zutatenverzeichnis**, Menge oder Klassen von Zutaten;
- **Nettofüllmenge**;
- **Mindesthaltbarkeitsdatum** oder Verbrauchsdatum;
- gegebenenfalls: **Aufbewahrungs- und Verwendungsbedingungen**;
- **Name und Anschrift** des Lebensmittelunternehmers;
- Ursprungsland oder Herkunftsort – gilt ab 13.12.2016;
- allfällig bei Schwierigkeiten: **Gebrauchsanweisung** – spezielle Angaben;
- **Angabe des Alkoholgehaltes** für alkoholische Getränke über 1,2 Volumenprozent;
- **Nährwertangaben** und Ausnahmen hievon;
- **Kennzeichnung von Allergenen**. Allergene sind Stoffe oder Erzeugnisse, die Allergien oder Unverträglichkeiten auslösen.
- **Österreich** hat in der **Allergeninformationsverordnung*** für **unverpackte Lebensmittel** weitere Informationpflichten, z.B. über allergene Stoffe, Süßungsmittel und unmittelbar zum Verkauf verpackte Lebensmittel erlassen.
- Weitere **freiwillige Informationen**. Sie dürfen für den Verbraucher nicht irreführend, zweideutig oder missverständlich sein.

d) **Ausnahmen**

Die neue EU-Regelung lässt nicht nur die Gastronomie unberührt!

- **Fleisch**, das offen an der **Theke verkauft** wird, und solches in Fertiggerichten ist nach wie vor von **jeder Herkunftskennzeichnung befreit**.
- Bei **Faschiertem** – auch bei verpacktem – muss nur zwischen EU-Land oder Nicht-EU-Land unterschieden werden.
- Bei **Fleischwaren** (Wurst, Schinken etc.) bleibt alles wie bisher, **Herkunftsinformation gibt es keine**!

*Kritische Betrachtung: Eine Logik für eine **generelle Verbraucherinformation** – wie angekündigt – ist hier nicht erkennbar, eher verbraucherunfreundliches Lobbying!*

Tier- und Fleischkennzeichnung: Siehe XXII/C.

Preisauszeichnung: Siehe Konsumentenschutz XI/G/5.

* Lebensmittelinformationsverordnung – LMIV, EU-VO 11/1169 idF EU-VO 14/78 betreffend die Information der Verbraucher über Lebensmittel
Allergeninformationsverordnung, BGBl II 2014/175
Fertigpackungsverordnung, BGBl 1993/867 idF II 2009/115
Preisauszeichnungsgesetz – PrAG, BGBl 1992/146 idF I 2011/100
RL 98/6/EG über den Schutz der Verbraucher bei der Angabe der Preise
RL 01/83/EG idF RL 12/26/EU, Titel V betreffend Etikettierung von Arzneimitteln und Packungsbeilage
EG-VO 06/1924 idF EU-VO 11/1169: nährwert- oder gesundheitsbezogene Angaben über Lebensmittel

7. Lebensmittel – Qualitätssicherung

Zur Verhinderung des Missbrauches des Namens von speziellen, traditionellen und regionalen Agrarprodukten und Lebensmitteln bestehen besondere Schutzbestimmungen.

a) Die **EU-Verordnung über Qualitätsregelungen für Agrarerzeugnisse und Lebensmittel*** hat das Ziel,

- die Erzeuger von Agrarerzeugnissen und Lebensmitteln dabei zu unterstützen, Käufer und Verbraucher über die **Produkteigenschaften** und **Bewirtschaftungsmerkmale** dieser Erzeugnisse und Lebensmittel zu unterrichten und dabei
- einen **fairen Wettbewerb**,
- die Verfügbarkeit **zuverlässiger Informationen** über diese Erzeugnisse für die Verbraucher,
- die Wahrung der Rechte des **geistigen Eigentums** (siehe auch: XXIV) und
- die **Integrität des Binnenmarktes** zu gewährleisten.

Sie regelt

- geschützte **Ursprungsbezeichnungen** und geschützte **geografische Angaben**, das sind der Name einer Gegend oder eines Ortes, ausnahmsweise eines Landes;
- garantiert **traditionelle Spezialitäten**;
- fakultative Qualitätsangaben, wie z.B. eine **Eigenschaft einer Produktkategorie** oder **ein Anbau- oder Verarbeitungsmerkmal** oder eine Angabe, die dem Erzeugnis einen **Mehrwert mit europäischer Dimension** verleiht. Damit soll es den Erzeugern von Agrarerzeugnissen erleichtert werden, die wertsteigernden Merkmale oder Eigenschaften dieser Agrarerzeugnisse auf dem Binnenmarkt bekannt zu machen;
- den Begriff **„Bergerzeugnis"** als mögliche **fakultative Qualitätsangabe**.
  Dieser Begriff darf nur benutzt werden, wenn sowohl die **Rohstoffe** als auch das Futter für die Nutztiere **überwiegend** aus Berggebieten stammen. Bei Verarbeitungserzeugnissen muss auch die **Verarbeitung** in **Berggebieten** erfolgen. Berggebiete in der EU sind solche nach der EG-VO 99/1257.

b) Sie gilt nicht für Spirituosen, aromatisierte Weine und Weinbauerzeugnisse.
Für den **Weinsektor** gilt die EU-VO 13/1308, Artikel 92–116.

c) In **Österreich** genießen folgende Produkte den Schutz
„geschützte Ursprungsbezeichnung – g.U."

- **Waldviertler Graumohn** g.U., **Wachauer Marille** g.U., **Gailtaler Almkäse** g.U., **Tiroler Almkäse/Tiroler Alpkäse** g.U., **Tiroler Bergkäse** g.U., **Tiroler Graukäse** g.U., **Vorarlberger Alpkäse** g.U., **Vorarlberger Bergkäse** g.U., g.U.-Status beantragt: **Pöllauer Hirschbirne** (Herbstbirne) bzw.

„geschützte geografische Angabe – g.g.A."

- **Steirisches Kürbiskernöl** g.g.A., **Steirischer Kren** g.g.A., **Gailtaler Speck** g.g.A., **Tiroler Speck** g.g.A., **Marchfeldspargel** g.g.A., **Mostviertler Birnmost** g.g.A.

„garantiert traditionelle Spezialität – g.t.S" – **kein** österreichisches Produkt geschützt.

* EU-VO 12/1151 über Qualitätsregelungen für Agrarerzeugnisse und Lebensmittel
EU-VO 13/1308 idF EU-VO 13/1310 über Ursprungsbezeichnungen, geografische Angaben und traditionelle Begriffe im Weinsektor, Artikel 92–116

8. Trinkwasser

a) In der EU regelt die **Trinkwasser-Richtlinie*** die Qualität von Wasser für den menschlichen Gebrauch mit dem Ziel, die menschliche Gesundheit vor den nachteiligen Einflüssen, die sich aus der Verunreinigung von für den menschlichen Gebrauch bestimmtem Wasser ergeben, durch Gewährleistung seiner Genusstauglichkeit und Reinheit zu schützen.

b) Die **Trinkwasserverordnung*** regelt aufgrund dieser EU-Vorgabe die Anforderungen an die Qualität von Wasser für den menschlichen Gebrauch, gilt aber nicht für natürliche Mineralwässer. Trinkwasser muss geeignet sein, ohne Gefährdung der menschlichen Gesundheit getrunken und verwendet zu werden. Die VO bestimmt u.a. eine Eigenkontrolle des Betreibers einer Wasserversorgungsanlage dahingehend, dass

- die Anlage dem Stand der Technik entsprechend errichtet und erhalten wird,
- eine negative Beeinflussung des Wassers vermieden wird,
- Untersuchungen durchgeführt werden,
- Proben entnommen, Gutachten und Befunde aufbewahrt werden,
- bei Nichteinhaltung der mikrobiologischen Anforderungen Maßnahmen ergriffen werden und die Behörde informiert wird und
- die Abnehmer über die aktuelle Wasserqualität informiert werden.

Die Behörde hat die Überwachung vorzunehmen und kann Ausnahmen gewähren.

* Trinkwasserverordnung – TWV, BGBl II 2001/304 idF II 2012/359
Mineralwasser- und Quellwasserverordnung, BGBl II1999/309 idF II 2004/500
OÖ Wasserversorgungsgesetz 2015, LGBl 2015/35
RL 98/83/EG idF RL 09/596/EG über die Qualität von Wasser für den menschlichen Gebrauch – Trinkwasser-Richtlinie
RL 00/60/EG idF RL 13/64/EU zur Schaffung eines Ordnungsrahmens für Maßnahmen der Gemeinschaft im Bereich der Wasserpolitik

9. Rückstände in Lebensmitteln

Die Verwendung von Tierarzneimitteln spielt in der landwirtschaftlichen Erzeugung eine große Rolle. Mit der Festsetzung von Höchstmengen für Rückstände wird die Vermarktung von Nahrungsmitteln tierischen Ursprungs erleichtert. Unterschiedliche nationale Höchstgehalte an Rückständen von Pestiziden und pharmakologisch wirksamen Stoffen können den Handel beeinträchtigen. Im Interesse des freien Warenverkehrs, gleicher Wettbewerbsbedingungen und eines hohen Verbraucherschutzniveaus ist es daher erforderlich, Rückstandshöchstgehalte in Erzeugnissen pflanzlichen und tierischen Ursprungs festzusetzen.

a) **EU-Verordnungen*** legen daher zur Sicherstellung der Volksgesundheit u.a. fest:

- die zulässigen **Höchstgehalte an Pestizidrückständen** in oder auf Lebens- und Futtermitteln pflanzlichen und tierischen Ursprungs;
- die zulässigen **Höchstmengen für Rückstände pharmakologisch wirksamer Stoffe** (auch: Tierarzneimittelrückstände) in Lebensmitteln tierischen Ursprungs;
- die zulässigen **Höchstgehalte für bestimmte Kontaminanten** in Lebensmitteln. Kontaminanten sind Stoffe, die nicht absichtlich zugefügt, jedoch als Rückstände in Lebensmitteln enthalten sind.

b) Die **Schädlingsbekämpfungsmittel-Höchstwerteverordnung*** verbietet das Inverkehrbringen von Lebensmitteln pflanzlicher und tierischer Herkunft, wenn in oder auf ihnen bestimmte, in der Anlage der Verordnung genannte Stoffe überhaupt oder in einer bestimmten Menge vorhanden sind.

* Schädlingsbekämpfungsmittel-Höchstwerteverordnung – SchäHöV, BGBl II 2002/441 idF II 2012/175
Rückstandskontrollverordnung 2006, BGBl II 2006/110 idF II 2009/24

EWG-VO 93/315 idF EG-VO 09/596 über die Kontrolle von Kontaminanten
EG-VO 97/270 zur Änderung der Anhänge I bis IV der EG-VO 90/2377 über Höchstmengen für Tierarzneimittelrückstände in Nahrungsmitteln tierischen Ursprungs
EG-VO 05/396 idF EU-VO 13/1004 über Höchstgehalte an Pestizidrückständen in Lebens- und Futtermitteln
EG-VO 06/1881 idF EU-VO 14/696 zur Festsetzung der Höchstgehalte für bestimmte Kontaminanten in Lebensmitteln
EG-VO 09/470 über die Schaffung eines Gemeinschaftsverfahrens für die Festsetzung von Höchstmengen für Rückstände pharmakologisch wirksamer Stoffe in Lebensmitteln tierischen Ursprungs
EU-VO 10/37 idF EU-VO 14/967 über pharmakologisch wirksame Stoffe und ihre Einstufung hinsichtlich der Rückstandshöchstmengen in Lebensmitteln

10. Rohmilch – Direktvermarktung

In der **EU** regeln Richtlinien* die Einhaltung des Gefrierpunktes von unbehandelter Rohmilch sowie eingedickte Milch und Trockenmilch.

In **Österreich** regelt die **Verordnung über Rohmilch und Rohrahm*** das Inverkehrbringen von Rohmilch und Rohrahm, die für den unmittelbaren menschlichen Verzehr bestimmt sind, sowie die damit im Zusammenhang stehenden Behandlungs- und Kennzeichnungsvorschriften. Weitere Kriterien sind bestimmte Keimzahlen.

- Rohmilch und Rohrahm dürfen **nur direkt vom Tierhalter an den Endverbraucher** oder an Einzelhandelsunternehmer und von diesen direkt an den Verbraucher abgegeben werden;
- **keine** Abgabe an **Schulen und Kindergärten**;
- an Einrichtungen der **Gemeinschaftsversorgung** nur zum Zweck der Herstellung von Speisen und Getränken mit entsprechendem **Erhitzungsverfahren**;
- nur geprüfte **Milchautomaten:** Milch darf **keine hygienisch nachteilige Beeinträchtigung** erfahren;
- **Milchabgabe:** nur am Tag der Gewinnung und an 2 darauffolgenden Tagen;
- **Rohrahmabgabe:** nur am Tag der Gewinnung und am darauffolgenden Tag;
- **Kennzeichnung:** Zusätzlich zu den Bestimmungen der LMKV 1993 Hinweis: **„Rohmilch, vor dem Verzehr abkochen“, „Rohrahm, nur zur Herstellung von durcherhitzten Speisen verwenden“**.

** Rohmilchverordnung, BGBl II 2006/106
RL 89/384/EWG über die Einhaltung des Gefrierpunktes von unbehandelter Rohmilch
RL 01/114/EG idF EU-VO 13/1021 über eingedickte Milch und Trockenmilch

11. Lebensmittel – Direktvermarktung

Die **Lebensmittelhygiene-Direktvermarktungsverordnung*** regelt die Hygieneanforderungen bei der direkten Abgabe kleiner Mengen bestimmter Lebensmittel vom Bauern (= Lebensmittelunternehmer) an den Endverbraucher oder an örtliche Einzelhandelsunternehmer, die diese direkt an den Endverraucher abgeben.

Zu diesen tierischen und pflanzlichen Lebensmitteln zählen die Vermarktung von

- geschlachteten Fischen – wild lebend oder aus eigenen Aquakulturanlagen,
- pflanzlichen Erzeugnissen – gesammelte wild wachsende oder aus eigenen Anbau,
- Rohmilch und Rohrahm – von Tieren aus eigener Haltung,
- Eiern von Tieren aus eigener Haltung:
- Tierkörpern von Groß- und Kleinwild, direkt vom Jäger, frisch, nicht tiefgekühlt, nicht gehäutet und im Ganzen;
- zerlegtem Wildfleisch, direkt vom Jäger;

- insgesamt jährlich weniger als 10.000 Stück geschlachteten Hühnern, Enten, Gänsen, Puten oder 5.000 Stück geschlachteten Kaninchen aus eigener Produktion.

Dabei haben die Vermarkter folgende Vorschriften je nach Produkt einzuhalten:

- Sämtliche Primärerzeugnisse sind – soweit möglich und zumutbar – vor Kontamination zu schützen;
- die für die Abgabe und Behandlung der Produkte verwendeten Anlagen, Behälter, Transportkisten und Fahrzeuge etc. müssen rein sein;
- Mehrwegbehälter und Fahrzeuge etc. sind nach jeder Verwendung zu reinigen;
- geschlachtete Fische müssen bei Schmelzeis-Temperatur gelagert/befördert werden;
- Rohmilch/Rohrahm müssen die Vorschriften der Rohmilchverordnung (siehe: 10.) und bestimmte Keimzahl-Kriterien erfüllen,
- Eier müssen sauber, trocken, fremdgeruchsfrei bei konstanter Temperatur gelagert und befördert, wirksam vor Stößen und Sonneneinstrahlung geschützt und binnen 21 Tagen nach dem Legen an den Endverbraucher abgegeben werden;
- Großwild-Tierkörpern sind Mägen und Gedärme umgehend zu entfernen und die Tiere sind erforderlichenfalls zu entbluten;
- bei Groß- und Kleinwild-Tierkörpern ist darauf zu achten, dass das Fleisch gesundheitlich unbedenklich ist; eine kundige Person – mangels einer solchen der amtliche Tierarzt – muss den Wildkörper sobald als möglich nach dem Erlegen untersuchen; die Tierkörper müssen abgekühlt werden, Tierkörper dürfen nicht übereinander liegend gelagert oder so transportiert werden, dass sie hygienisch beeinträchtigt werden; die Vermarktung hat binnen 7 Tagen nach dem Erlegen zu erfolgen;
- bei zerlegtem Wildfleisch ist zusätzlich das Entbluten, Enthäuten, Rupfen, Ausnehmen etc. ohne Verzögerung so vorzunehmen, dass jede Kontamination des Fleisches vermieden wird; beim Transport sind die vorgeschriebenen Temperaturen einzuhalten; bei der Abgabe ist das Fleisch in geeigneter Weise zu kennzeichnen;
- Geflügel und Kaninchen müssen im Herkunftsbetrieb einer regelmäßigen tierärztlichen Kontrolle – mindestens einmal jährlich – unterzogen werden; die Tiere sind vor und nach der Schlachtung auf Tierseuchen, Zoonosen, Rückstände oder Anwendungen von Arzneimitteln zu untersuchen; das Schlachten und weitere Zurichten muss ohne Verzögerung geschehen, um jede Kontamination des Fleisches zu vermeiden. Beim Fleischtransport ist jede bedenkliche Beeinträchtigung zu vermeiden und die vorgeschriebene Temperatur einzuhalten.

* Lebensmittelhygiene-Direktvermarktungsverordnung, BGBl II 2006/108 idF II 2012/210

XXII. Veterinärwesen

Das Veterinärwesen umfasst sämtliche Maßnahmen, die zur

- Erhaltung und Verbesserung der Gesundheit und Lebensbedingungen von Tieren (Präventive Gesundheitsmaßnahmen „Gesunde Tiere für gesunde Lebensmittel"),
- Bekämpfung der sie befallenden Krankheiten und Seuchen (gemeinschaftliche Rechtsvorschriften über Tierkrankheiten),
- Kennzeichnung und Registrierung von Tieren und Fleisch (Identifizierungsmaßnahmen),
- Abwehr der aus der Tierhaltung, beim innergemeinschaftlichen Handelsverkehr, bei der Einfuhr von Tieren aus Drittländern oder bei der Verwertung der tierischen Produkte mittelbar der Volksgesundheit drohenden Gefahren,
- Untersuchung und Hygiene bei der Schlachtung und Verarbeitung und
- Entsorgung von Tierkörpern und Körperteilen erforderlich sind.

A. Tiergesundheit – Tierseuchen

1. EU-Bestimmungen

In der EU regeln zahlreiche Verordnungen, Richtlinien und Entscheidungen

a) die Tiergesundheit, Seuchenschutzmaßnahmen und Kontrollen über

- allgemeine Anforderungen, Maßnahmen und Kontrollen (RL 88/407/EWG idF RL 08/73/EG und B 11/629/EU; RL 89/662/EWG idF RL 04/41/EG);
- die Tiergesundheit (EG-VO 04/882 idF EU-VO 14/652),
- Tiere der Aquakultur (RL 06/88/EG idF RL 14/22/EU);
- Herstellung, Verarbeitung und Betrieb von Lebensmitteln tierischen Ursprungs (RL 02/99/EG idF RL 13/20/EU);
- Handelsverkehr in der EU mit Rindern und Schweinen (RL 64/432/EWG idF RL 14/64/EU), Erzeugnisse tierischen Ursprungs (RL 92/118/EWG idF RL 04/41/EG), Embryonen von Hausrindern (RL 89/556/EWG idF RL 08/73/EG), Geflügel und Bruteier (RL 09/158/EG idF B 11/879/EU), Schafe und Ziegen (RL 91/68/EWG idF RL 13/20/EU), Tiere, Samen, Eizellen und Embryonen (RL 92/65/EWG idF RL 13/31/EU und EU-VO 14/846);
- Einfuhr von tierischen Erzeugnissen (RL 97/78/EG idF RL 13/20/EU) und das Verbringen von Equiden (RL 09/156/EG idF RL 13/20/EU).

b) die Freihaltung, Verhütung, Bekämpfung und Tilgung von Tierseuchen über

- Rinderpest, vesikuläre Schweinekrankheit und Stomatitis, Teschener Krankheit, Schaf- und Ziegenpocken, Blauzungenkrankheit (RL 92/119/EWG idF RL 08/73/EG);
- Pferdepest (RL 92/35/EG idF RL 08/73/EG); Tollwut (E 89/455/EWG);
- klassische Schweinepest (RL 80/1095/EWG idF RL 87/487/EWG; RL 01/89/EG idF RL 08/73/ EG);
- afrikanische Schweinepest (ASP-RL 02/60/EG idF RL 08/73/EG und E 03/422/EG);
- Brucellose, Tuberkulose und Leukose bei Rindern (RL 77/391/EWG idF 82/400/EWG);
- Brucellose der Schafe und Ziegen (E 90/242/EWG);
- Maul- und Klauenseuche (RL 03/85/EG idF RL 13/20/EU);
- Blauzungenkrankheit (RL 00/75/EG idF RL 13/20/EU und EG-VO 07/1266 idF EU-VO 12/456);
- Aviäre Influenza bei Geflügel und Vögeln (Vogelgrippe-RL 05/94/EG idF RL 08/73/EG);
- Newcastle-Krankheit (RL 92/66/EWG idF RL 08/73/EG);
- Wassertierkrankheiten (RL 06/88/EG idF RL 14/22/EU);

- transmissible spongiforme Enzephalopathien (EG-VO 01/999 idF EU-VO 13/630).

c) Arzneimittel und die Seuchenmitteilung
- Tierarzneimittel RL 01/82/EG idF EG-VO 09/596 und EG-VO 04/726 idF EU-VO 12/1027);
- Fütterungsarzneimittel (RL 90/167/EWG, EU-VO 10/37 idF EU-VO 14/967);
- Mitteilung von Viehseuchen in der Gemeinschaft (RL 82/894/EWG idF B 12/737/EU).

2. Österreichische Tiergesundheits- und Tierseuchenbestimmungen

regeln aufgrund der EU-Vorgaben

- im **Tiergesundheitsgesetz*** veterinärpolizeiliche Maßnahmen zur Erhaltung der Gesundheit von Tieren in den Betrieben, deren Registrierung, Zulassung und Entschädigungen;
- im **Tierseuchengesetz*** (Gesetz über die Abwehr und Tilgung von Tierseuchen)
  a) Maßnahmen gegen die Einschleppung von Tierseuchen (auch Rinderseuche „BSE")
  b) Maßnahmen zur Verhinderung der Weiterverbreitung von Tierseuchen;
  c) die Entschädigung für die von der Seuchenkommission angeordneten Maßnahmen; z.B. Tötung seuchenbefallener Tiere;
  d) die tierärztliche und veterinärbehördliche Kontrolle zur Verhinderung der Einschleppung von Tierseuchen.
- im **Tierarzneimittelkontrollgesetz*** aufgrund der EU-Fütterungsarzneimittelrichtlinie* die Anwendung von Arzneimitteln bei lebensmittelliefernden Tieren, das Inverkehrbringen, Bereithalten zur Anwendung, die Fütterungsarzneimittel und die behördliche Kontrolle, wie Überwachung auch von Anwender-Betrieben (Bauernhof!), Beschlagnahme und Strafen;
- im **Tiermehlgesetz*** als Schutzmaßnahmen in Bezug auf die transmissiblen spongiformen Enzephalopathien das Verbot sowohl der Verfütterung als auch der Herstellung und des Inverkehrbringens von verarbeiteten tierischen Proteinen, Sicherstellung und Entfernung verarbeiteter tierischer Proteine, Behandlung tierischer Abfälle und die Strafen;
- im **Zoonosengesetz*** die Sicherstellung der ordnungsgemäßen Überwachung von Zoonosen, Zoonoseerregern sowie diesbezüglicher Antibiotikaresistenzen und die epidemiologische Abklärung von **lebensmittelbedingten Krankheitsausbrüchen**.
  Zoonosen sind Krankheiten und/oder Infektionen, die auf natürlichem Weg direkt oder indirekt zwischen Tieren und Menschen übertragen werden können. Zoonoseerreger sind Viren, Bakterien, Pilze, Parasiten etc., die Zoonosen verursachen können;
- in der **Rindergesundheits-Überwachungs-Verordnung*** die Überwachung und Bekämpfung in allen österreichischen Rinderbeständen folgender Krankheiten: Infektiöse Bovine Rhinotracheitis und Infektiöse Pustulöse Vulvovaginitis („IBR/IPV"), Abortus Bang („Bangseuche"), Enzootische Rinderleukose und die Überwachung der Bovinen Spongiformen Enzephalopathie („BSE");
- in weiteren **Veterinärgesetzen und -verordnungen*** die erforderlichen Maßnahmen zum Schutz vor verschiedenen Tierkrankheiten und -seuchen und zu deren Abwehr, Bekämpfung und Tilgung.

* Afrikanische Schweinepestverordnung 2005 – ASP-Verordnung 2005, BGBl II 2005/193
Aquakultur-Seuchenverordnung, BGBl II 2009/315
Bangseuchengesetz, BGBl 1957/144 idF I 2013/80
Bienenseuchengesetz, BGBl 1988/290 idF I 2005/67
Blauzungenkrankheit-(Bluetongue-)Überwachungsverordnung, BTÜ-V, BGBl II 2007/158 idF II 2010/24
Blauzungenkrankheit-(Bluetongue-)Bekämpfungsverordnung 2013, BTB-VO 2013, BGBl II 2013/287 idF 2015/87
Brucellose-Verordnung, BGBl 1995/391
Brucella-melitensis-Überwachungsverordnung, BGBl II 2002/184
BSE-Verordnung 2001, BGBl II 2001/6

BSE-Landwirtschafts-Verordnung 2004, BGBl II 2004/258
BVD-Verordnung 2007 zur Bekämpfung der Bovinen Virusdiarrhöe und Mucosal Disease bei Rindern, BGBl II 2007/178 idF II 2015/72
BG über die Bekämpfung der Dasselbeulenkrankheit der Rinder, BGBl 1949/21 idF I 2001/98
Deckseuchengesetz, BGBl 1949/22
Fuchs-Tollwutbekämpfungsverordnung 2010, BGBl II 2010/329
Fütterungsarzneimittelbetriebsordnung 2006 – FAMBO 2006, BGBl II 2006/394
Geflügelpestverordnung 2007, BGBl II 2007/309
Geflügelpest bei Wildvögeln, Schutzmaßnahmen-VO (Österreich), BGBl II 2006/76
Geflügelpest bei Wildvögeln, Schutzmaßnahmen-VO (Stmk), BGBl II 2006/67
Hormonverordnung 2009, BGBl II 2009/218
HPAI-Wildvogel-Geflügelpestverordnung 2006, BGBl II 2006/404
IBR/IPV-Gesetz, BGBl 1989/636 idF I 2007/6
MKS-Verordnung (Maul- und Klauenseuche), BGBl II 2008/199
Maul- und Klauenseuche, Satzung der EU zur Bekämpfung, BGBl 1957/197 idF 1959/167
Newcastle-Krankheit – NCD-Verordnung, BGBl 1995/466
Paratuberkuloseverordnung, BGBl II 2006/48
Rindergesundheits-Überwachungs-Verordnung, BGBl II 2013/334
Rinderleukosegesetz, BGBl 1982/272 idF I 2005/67
Rindertuberkuloseverordnung, BGBl II 2008/322 idF II 2014/279
Scarpie-Überwachungsverordnung (scarpie-freie Schaf- und Ziegenbestände), BGBl II 2006/119
Schweinepest-Verordnung 2003, BGBl II 2003/199
Tiergesundheitsgesetz – TGG, BGBl I 1999/133 idF I 2013/80
Tiergesundheitsdienst-Verordnung 2009 – TGD-VO 2009, BGBl II 2009/434
Tierseuchengesetz – TSG, RGBl 1909/177 idF BGBl I 2013/80
Tierseuchen-Untersuchungspflicht-Verordnung, BGBl II 2007/90 idF II 2012/129
Tierarzneimittelkontrollgesetz – TAKG, BGBl I 2002/28 idF I 2008/36
Tiermehl-Gesetz, BGBl I 2000/143 idF I 2001/74
Tiermehl-Gesetz-Anpassungsverordnung 2004, BGBl II 2004/294
Überwachungsprogramme-Verordnung, BGBl II 2010/102
Veterinär-Arzneispezialitäten-Anwendungsverordnung 2010, BGBl II 2010/259
Veterinärbehördliche Einfuhrverordnung 2008 – VEVO 2008, BGBl II 2008/474
Veterinärbehördliche Binnenmarktverordnung 2008 – BVO 2008, BGBl II 2008/473
Wildschweine-Schweinepestverordnung 2003, BGBl II 2004/35
Zoonosengesetz, BGBl I 2005/128
Ktn Tierseuchenfondsgesetz 1995 – K-TSFG, LGBl 1995/58 idF 2013/85
NÖ Seuchenvorsorgeabgabengesetz, LGBl 3620-3
Stmk Tierseuchenschutzverordnung, LGBl 2007/8
Stmk Gesetz zur Bekämpfung der Gamsräude, LGBl 1950/58 idF 2000/58
Tir Tierseuchenfondsgesetz, LGBl 1949/17 idF 2013/130
Vbg Tiergesundheitsfondsgesetz, LGBl 2001/26 idF 2014/37

B. Fleischuntersuchung – Fleischhygiene

Der Landwirt, der sich nicht auf den Lebendviehverkauf beschränkt, sondern seine Tiere selbst schlachtet, weiterverarbeitet und vermarktet, hat je nach Tätigkeit insbesondere

- die Grenzen der Gewerbeordnung (siehe: XVIII/D/1),
- die nachgenannten EU-Verordnungen, insbesondere über Hygiene,
- das Lebensmittelsicherheits- und Verbraucherschutzgesetz (siehe: XXI/G/3),
- die hiezu erlassene Fleischuntersuchungsverordnung 2006* und
- die Lebensmittel-Direktvermarktungsverordnung (siehe: XXI/G/11)

zu beachten.

1. EU-Bestimmungen

In der EU regeln Verordnungen und Richtlinien

a) die **Untersuchungen**, amtliche **Überwachung** und **Kontrollen**

- zur Überprüfung der Einhaltung des Lebensmittelrechts (EG-VO 04/882 idF EU-VO 14/652);
- für das Herstellen, die Verarbeitung, den Vertrieb und die Einfuhr von Lebensmitteln tierischen Ursprungs (RL 02/99/EG idF RL 13/20/EU);
- hinsichtlich bestimmter Stoffe und ihrer Rückstände in lebenden Tieren und tierischen Erzeugnissen (RL 96/23/EG idF RL 13/20/EU; EG-VO 09/470; EU-VO 10/37 idF EU-VO 14/967);
- von zum menschlichen Verzehr bestimmten Erzeugnissen tierischen Ursprungs (EG-VO 04/854 idF EU-VO 14/633).

b) die **Hygiene** bei der **Erzeugung** und **Vermarktung**

- Lebensmittelhygiene (EG-VO 04/852 idF EG-VO 09/219);
- Hygiene für Lebensmittel tierischen Ursprungs (EG-VO 04/853 idF EU-VO 14/633);
- Hygiene für Fleisch für den Inlandmarkt (RL 88/409/EWG idF RL 91/498/EWG);
- Hygiene für nicht für den menschlichen Verzehr bestimmte tierische Nebenprodukte (EG-VO 09/1069 idF EU-VO 13/1385; EU-VO 10/790);
- Ausnahmen bei frischem Fleisch (RL 91/498/EWG);
- Ausnahmen bei bestimmten Erzeugnissen tierischen Ursprungs (RL 92/120/EWG).

2. Österreichische Untersuchungs-, Hygiene- und Verarbeitungsbestimmungen

Sie regeln in Umsetzung der RL 02/99/EG und der EG-VO 04/852 bis 854 sowie des Lebensmittelsicherheits- und Verbraucherschutzgesetzes bzw. Tiergesundheitsgesetzes die Untersuchung, Hygiene und Kontrolle für die verschiedenen Tierarten.

a) **Fleischuntersuchungsverordnung 2006***. Sie enthält Bestimmungen über die

- Schlachtung von **Rindern, Schweinen, Schafen, Ziegen, Geflügel, Kaninchen** etc.;
- das Erlegen von **frei lebendem Wild** und das Fangen von **Fischen**;
- Untersuchung **vor** der Schlachtung – **Schlachttieruntersuchung**;
- Untersuchung **nach** der Schlachtung – **Fleischuntersuchung** (EG-VO 04/854)
- **Beurteilung** bzw. **Brauchbarmachung** von Fleisch;
- Verwertung von **genussuntauglichem Fleisch** und **Schlachtabfällen**;
- Anpassung der Untersuchungen in **Kleinbetrieben** und bei **Farmwild**;
- Untersuchung und Beurteilung von **Fischen** und **Fischereierzeugnissen**;
- Untersuchung zur **Lebensmittel-Direktvermarktung** nach dieser Verordnung **nur für Fischereierzeugnisse**, **nicht für Fleisch**;

- Kontrolle und amtliche Überwachung.

b) **Geflügelhygieneverordnung 2007***. Sie enthält Bestimmungen über die
- allgemeine **betriebliche Arbeitsweise, Hygiene und Kontrolle**;
- **Elterntier- und Aufzuchtbetriebe für Zuchtvögel**;
- Untersuchung für **Zuchtvögel** und **Legehennenbetriebe**;
- **Brütereien**, Küken-, Geflügel- und Jungtierlieferbetriebe;
- **Geflügelmast- und Legehennenbetriebe**;
- behördliche **Tötungsanordnungen**.

c) **Fleischuntersuchungsgebührengesetze*** der Bundesländer. Sie regeln die **Gebührenpflicht, Höhe, Fälligkeit und Bemessung** der Gebühr für die
- Schlachttier- und Fleischuntersuchung der in der EG-VO 04/854 genannten Tierarten;
- amtliche Hygienekontrolle in Schlacht-, Zerlegungs- und Wildbearbeitungsbetrieben.

* Fleischuntersuchungsverordnung 2006 – FlUVO, BGBl II 2006/109 idF II 2014/204
Fleischuntersuchungs-Laborverordnung, BGBl II 1998/342
Fleischverarbeitungs-Ausbildungsverordnung, BGBl II 2000/188 idF II 2005/177
Geflügelhygieneverordnung 2007, BGBl II 2007/100 idF II 2013/219
Lebensmittelhygiene-Anpassungsverordnung, BGBl II 2006/91
LMSVG-Aus- und Weiterbildungsverordnung, BGBl II 2008/275 idF II 2013/205
Bgld Lebensmittelkontrollgebührengesetz – LMKGG, LGBl 2008/12
Bgld Lebensmittelkontrollgebührenverordnung – LMKG-VO, LGBl 2010/84
Ktn Fleischuntersuchungsgebührengesetz – K-FUGG, LGBl 1995/34 idF 2013/85
NÖ Lebensmittelkontrollgebührengesetz, LGBl 6401-2
NÖ Lebensmittelkontrollgebührenverordnung 2010 – LMKGVO 2010, LGBl 6401/1-0
OÖ Fleischuntersuchungsgebührengesetz 2008, LGBl 2008/6 idF 2013/90
OÖ Fleischuntersuchungsgebühren-Verordnung 2008 – Oö. FlUGV 2008, LGBl 2008/47 idF 2015/47
Sbg Fleischuntersuchungsgebühren-Gesetz 2008 – FlUGG, LGBl 2009/35 idF 2013/106
Sbg Fleischuntersuchungsgebühren-Verordnung 2009, LGBl 2009/54 idF 2013/61
Stmk Fleischuntersuchungsgebührengesetz 2007 – FUGG, LGBl 2008/5 idF 2013/87
Stmk Fleischuntersuchungsgebühren-Verordnung 2010 – StFlUGV 2010, LGBl 2010/18
Stmk Geflügelhygienegebührenverordnung 2011, LGBl 2011/40
Tir Fleischuntersuchungsgebührengesetz 2007, LGBl 2007/54
Vbg Gesetz über die Erhebung einer Fleischuntersuchungsgebühr, LGBl 1994/75 idF 2013/1
Vbg Fleischuntersuchungsgebühren-Verordnung, LGBl 2008/28 idF 2015/21
Wr Fleischuntersuchungsgebührengesetz – WrFlUGG, LGBl 2007/32 idF 2009/58
Wr Fleischuntersuchungsgebührenverordnung – WrFlUGV, LGBl 2007/43

C. Tier- und Fleischkennzeichnung

1. Tierkennzeichnung

a) In der **EU** regeln Richtlinien* und Verordnungen* die

- Kennzeichnung, Registrierung und Mindestkontrollen von Rindern (Titel I der **EU-Rinderkennzeichnungs- und Rindfleisch-Etikettierungsverordnung**), Schweinen, Schafen und Ziegen;
- die Ohrmarken und Tierpässe;
- die aufgrund der veterinärrechtlichen Vorschriften erforderlichen Bescheinigungen.

b) In **Österreich** setzen die **Tierkennzeichnungs- und Registrierungsverordnung 2009*** und die **Rinderkennzeichnungsverordnung 2008*** die EU-Vorschriften wie folgt um:

- **Tierkennzeichnung und Registrierung:** Die Verordnung regelt die Registrierung von Equiden-, Kamel-, Farmwild-, Geflügel- und Kaninchenhaltungen und von Imkern, die Identifizierung und Kennzeichnung von Equiden, die Kennzeichnung von Kamelen, die Kennzeichnung, Registrierung und Verbringungsmeldung von Schweinen (auch als Heim- oder Zirkustiere gehalten), Schafen und Ziegen.
  Weitere Bestimmungen bestehen über ein Veterinärinformationssystem (VIS) mit dem elektronischen Veterinärregister, ein Betriebsregister mit Meldepflichten, die jährlichen VIS-Erhebungen und VIS-Meldepflichten, Aufzeichnungspflichten in einem Bestandsregister, Ohrmarken und Fesselbänder, elektronische und Ersatzkennzeichen, Identifizierungsdokumente für registrierte Equiden und Kontrollen. Der Tierhalter von Schweinen, Schafen und Ziegen hat die Angaben über den Betrieb und den Tierhalter dem Betreiber des VIS anzuzeigen; der Tierhalter von Equiden, Kamelen, Farmwild, Kaninchen und Geflügel hat diese Angaben der BH zu melden.
- **Rinderkennzeichnung:** Die Verordnung regelt, dass Rinder innerhalb von 7 Tagen nach der Geburt mit einer Ohrmarke mit der Bezeichnung „AT" und einem Code zu kennzeichnen sind. Ein Bestandsverzeichnis mit bestimmten Angaben ist für alle gehaltenen Tiere zu führen. In einer elektronischen Datenbank werden die gemeldeten Daten erfasst. Der Tierhalter hat Tiergeburten, Schlachtungen und Verendungen, Umsetzung von Tieren, in bestimmten Fällen den Alm- und Weideauftrieb von gekennzeichneten Tieren zu melden. Ein Tierpass ist auf Antrag für Zwecke des innergemeinschaftlichen Handels an den Tierhalter auszugeben.

2. Rindfleischkennzeichnung

a) In der **EU** regelt Titel II der **Rinderkennzeichnungs- und Rindfleisch-Etikettierungsverordnung*** die Etikettierung von Rindfleisch und Rindfleischerzeugnissen.

b) In **Österreich** setzt das **Rindfleisch-Etikettierungsgesetz*** den Titel II, Abschnitt II der vorgenannten EU-Verordnung über ein freiwilliges Etikettierungssystem um, bestimmt die AMA zur Vollziehung und regelt die Kostentragung.

* Rindfleisch-Etikettierungsgesetz, BGBl I 1998/80 idF II 2002/95
Rindfleisch-Etikettierung-Gebührenverordnung – REGV, BGBl II 1999/472
Rinderkennzeichnungs-Verordnung 2008, BGBl II 2008/201 idF II 2010/66
Tierkennzeichnungs- und Registrierungsverordnung 2009 – TKZVO 2009, BGBl II 2009/ 291 idF II 2011/35
RL 96/93 über Bescheinigungen für Tiere und tierische Erzeugnisse
RL 08/71/EG über die Kennzeichnung und Registrierung von Schweinen
EG-VO 00/1760 idF EU-VO 14/653 über die Kennzeichnung und Registrierung von Rindern und Etikettierung von Rindfleisch und Rindfleischerzeugnissen
EG-VO 03/1082 idF EG-VO 10/1034 über Mindestkontrollen zur Kennzeichnung und Registrierung von Rindern
EG-VO 04/21 idF EU-VO 13/517 über die Kennzeichnung und Registrierung von Schafen und Ziegen
EG-VO 04/911 idF EU-VO 13/519 über Ohrmarken, Tierpässe und Bestandsregister

D. Tierkörperverwertung

1. Gesetzliche Grundlagen

für die Entsorgung von tierischen Nebenprodukten (Tierkörper und Tierkörperteilen) und deren Verwertung sind

- die **EU-Verordnung 09/1069 über tierische Nebenprodukte***;
- das **Tierseuchengesetz 1909*** mit veterinärpolizeilichen Maßnahmen;
- das **Tiermaterialiengesetz*** und die **Tiermaterialienverordnung***;
- die **Landes-Tierkörperverwertungs/beseitigungs/materialien-Verordnungen***.

2. EU-Verordnung mit Hygienevorschriften für tierische Nebenprodukte*

- Sie stellt im gesamten EU-Bereich sicher, dass tierische Nebenprodukte unverzüglich **eingesammelt** und **transportiert** sowie **behandelt, verwendet** oder **beseitigt** werden.
- Sie bestimmt je nach dem Grad der von ihnen ausgehenden Gefahren **Einstufungen in 3 Kategorien** und Ausnahmen, z.B für besondere Fütterungszwecke;
- **Kennzeichnung** der Kategorie und des Transportes zur Sicherstellung der Rückverfolgbarkeit;
- **Einschränkungen** der Verwendung, vorgeschriebene Arten der Beseitigung;
- **Genehmigung** von alternativen Methoden;
- **Hygieneanforderungen** und **Eigenkontrollen**;
- das **Inverkehrbringen tierischer Neben-/Folgeprodukte** zur Fütterung, organischer Dünge- und Bodenverbesserungsmittel und anderer Folgeprodukte, wie z.B. Heimtierfutter.

3. Tiermaterialiengesetz

Es betrifft **Hygienevorschriften** für nicht für den menschlichen Verzehr bestimmte **tierische Nebenprodukte** und Materialien und dient der

- Durchführung der EG-VO 09/1069* und EU-VO 11/142*;
- Regelung der **Sammlung, Lagerung, Beförderung, Behandlung, Verarbeitung, Beseitigung, Verwendung, des Inverkehrbringens** von **tierischen Nebenprodukten** und Materialien, die nicht vom Anwendungsbereich der EG-VO 09/1069 erfasst sind.

Es enthält weiters Bestimmungen über:

- **Registrierung** und **Zulassung** von Betrieben und Unternehmern;
- **Aufzeichnungspflichten**, behördliche Kontrollen und Mängelbehebungen;
- Aussetzung/Entzug der Zulassung, Betriebsverbot, Einstellen des Betriebes;
- Kontrollbefugnisse und Duldungspflichten;
- die **Ablieferungspflicht** an einen geeigneten und zugelassenen Betrieb;
- die **Übernahmepflicht** durch einen zugelassenen Verarbeitungsbetrieb;
- Verordnungsermächtigungen des Bundesministers und Landeshauptmannes, z.B. zur Erlassung landesrechtlicher Tiermaterialien-, Tierkörperverwertungs- bzw. Tierkörperbeseitigungsverordnungen.

4. Landes-Tierkörperverwertungs/beseitigungs/materialien-Verordnungen

Sie regeln die Einsammlung, Abfuhr, Beseitigung und Verwertung von Tierkörper(teilen).

a) Ablieferungszwang

- **Körper und Körperteile** verendeter oder zum Zweck der Beseitigung getöteter Tiere,

- die nach der Schlachtung zum menschlichen Genuss für untauglich befundenen **ganzen Tiere**, **Tierteile** und **Schlachtabfälle** und
- **verdorbene Waren tierischer Herkunft**,

sind an die jeweilige Tierkörperverwertungsanstalt abzuliefern.

b) Ausnahmen

- von der Ablieferungspflicht sowie der
- Verfütterung von Schlachtabfällen sind unter bestimmten Voraussetzungen möglich.

c) Ablieferung – Sammelbehälter

Die Besitzer ablieferungspflichtiger Gegenstände – auch Landwirte – haben den Anfall der Gemeinde anzuzeigen. Die Gemeinde hat zur Einbringung Sammelbehälter aufzustellen.

d) Entgelt

Die Gemeinden bzw. Betriebsinhaber haben an die Tierkörperverwertungsanstalt für die Einsammlung, Abfuhr und Beseitigung Entgelte zu entrichten.

* Tierseuchengesetz, RGBl 1909/177 idF I 2013/80
Tiermaterialiengesetz, BGBl I 2003/141 idF I 2013/23
Tiermaterialien-Verordnung, BGBl II 2008/484 idF II 2010/141
Bgld Tiermaterialienverordnung, LGBl 2004/44 idF 2013/40
Ktn Tierkörperverwertungsverordnung 2008, LGBl 2008/69
NÖ Tiermaterialienverordnung, LGBl 6440/1-17
OÖ Tiermaterialienverordnung – Oö. TMV, LGBl 2004/43 idF 2010/14
Sbg Tierkörperbeseitigungs-Verordnung 2004, LGBl 2004/53 idF 2010/8
Stmk Tiermaterialienverordnung 2004, LGBl 2004/36
Stmk Falltierverordnung, BGBl 2006/155
Tir Tierkörperentsorgungsverordnung, LGBl 2004/37 idF 2011/72
Vbg Tierische Nebenprodukte-Entsorgungsverordnung – TNPVO, LGBl 2012/24
Wr Tiermaterialienverordnung, LGBl 2006/16 idF 2014/21
RL 97/78/EG idF 13/20/EU für die Veterinärkontrollen von aus Drittländern in die Gemeinschaft eingeführten Erzeugnissen
EG-VO 09/1069 idF EU-VO 13/1385 mit Hygienevorschriften für nicht für den menschlichen Verzehr bestimmte tierische Nebenprodukte
EU-VO 11/142 zur Durchführung der EG-VO 09/1069 und der RL 97/78/EG

XXIII. Gesellschaftsrecht

Für Landwirte, die sich z.B. zur gemeinsamen Betriebsführung, Benützung gemeinschaftlicher Anlagen oder zur gemeinsamen Vermarktung ihrer Produkte zusammenschließen wollen, stellen sich neben betrieblichen, organisatorischen und persönlichen Fragen auch solche nach den rechtlichen Rahmenbedingungen. Daher ist zu prüfen, welche Gesellschaftsform für den Einzelfall am günstigsten ist, um das gewünschte Ziel zu erreichen. Dabei sind auch die allgemein-, sozial-, steuer-, gewerbe- und förderungsrechtlichen Folgen zu bedenken und muss klar sein, dass es eine ideale Rechtsform für sämtliche Arten von Zusammenschlüssen in der Land- und Forstwirtschaft nicht gibt. In jeder beabsichtigten Gemeinschaft kann nur versucht werden, die für ihre Bedürfnisse günstigste Variante zu wählen. Um diese zu finden, müssen die Vor- und Nachteile, die Kosten und Aufwendungen der einzelnen Gesellschaftsformen näher geprüft und verglichen werden. Im Folgenden werden die für die Land- und Forstwirtschaft wichtigsten Gesellschaftsformen in groben Zügen dargestellt. Zu ihnen zählen:

- Die Gesellschaft bürgerlichen Rechts (GesbR)
- Der Verein nach dem Vereinsgesetz 2002
- Die Genossenschaft
- Die offene Gesellschaft (OG)
- Die Gesellschaft mit beschränkter Haftung (GmbH)
- Weitere Rechtsformen, wie z.B. die Aktiengesellschaft, die stille Gesellschaft, die Kommanditgesellschaft bzw. Kombinationen aus den einzelnen vorgenannten Gesellschaften, sind für die Land- und Forstwirtschaft kaum von Bedeutung.
- Die Miteigentumsgemeinschaft nach dem ABGB (§§ 825 ff.) für gemeinschaftlich errichtete und benützte Anlagen, wie z.B. Kühl-, Presshäuser, Schlacht- und Verarbeitungsräume, Maschinen und Geräte, stellt eine weitere Kooperationsmöglichkeit im Rahmen der Land- und Forstwirtschaft dar (siehe: Miteigentum V/A/4).

A. Die Gesellschaft bürgerlichen Rechts (GesbR)

Die GesbR nach den Bestimmungen des ABGB* ist in der Land- und Forstwirtschaft die gebräuchlichste und häufig verwendete Gesellschaftsform. Ehegatten, die gemeinsam Eigentümer eines landwirtschaftlichen Betriebes sind und diesen auch gemeinsam bewirtschaften, tun dies rechtlich bereits in der Form einer Gesellschaft bürgerlichen Rechts. Dieses häufig vorliegende Beispiel zeigt, dass die Gründung zwar ohne Formalitäten möglich ist, ein schriftlicher Vertrag – insbesondere bei nicht verwandten Gesellschaftern – zur Vermeidung späterer Streitigkeiten sehr empfehlenswert ist. Wegen ihrer Personenbezogenheit können Unstimmigkeiten zwischen den Gesellschaftern das Ende einer derartigen Gemeinschaft bedeuten. Jeder Gesellschafter kann mangels gegenteiliger Vereinbarung die Teilung des Vermögens und die Auflösung der Gesellschaft verlangen. Die GesbR kann zwischen einzelnen Landwirten nicht nur über die Führung der gesamten einzelnen Betriebe, sondern auch hinsichtlich einzelner Betriebssparten, z.B. die tierische oder die pflanzliche Produktion, gegründet werden.

Rechtspersönlichkeit:	Die GesbR hat keine eigene Rechtspersönlichkeit. Die einzelnen Gesellschafter müssen persönlich tätig werden oder können andere Gesellschafter bevollmächtigen.
Gründung:	Keine Formvorschrift. Der Vertrag kann zwar auch mündlich oder stillschweigend, sollte aber zweckmäßigerweise schriftlich abgeschlossen werden.
Haftung:	Jeder Gesellschafter haftet.

Gewerberecht:	Jeder Gesellschafter muss für eine allfällige gewerbliche Tätigkeit eine Gewerbeberechtigung haben.
Sozialversicherung:	Jeder Gesellschafter ist mit seinem Anteil entweder nach dem Bauernsozialversicherungsgesetz (BSVG) oder bei Ausübung eines Gewerbes nach dem gewerblichen Sozialversicherungsgesetz (GSVG) pflichtversichert.
Steuerrecht:	Die Buchführungsgrenzen sind zu beachten. Die Überschreitung dieser Grenzen verpflichtet zur Eintragung ins Firmenbuch als OG oder KG (siehe folgend: D) und zur Bilanzierung. Einkommensteuerlich wird der ermittelte Gewinn nicht der Gesellschaft, sondern jedem einzelnen Gesellschafter anteilig zugerechnet. Die GesbR tritt als eigenes Umsatzsteuersubjekt auf.
Vorteile:	Die Gründung ist ohne großen Aufwand möglich.
Nachteil:	Starke Personenbezogenheit und keine Rechtspersönlichkeit.

* ABGB, 27. Hauptstück: Von der Gesellschaft bürgerlichen Rechts, §§ 1175 bis 1216e, idF GesbR-Reformgesetz, BGBl I 2014/83

B. Der Verein

Vereine sind freiwillige, auf Dauer ausgerichtete Personenvereinigungen, deren Mitglieder durch gemeinsames Handeln einen bestimmten Zweck erreichen wollen. Es gibt wirtschaftliche, auf Gewinn gerichtete Vereine und ideelle Vereine.

Auf Gewinn gerichtete Vereine müssen nach dem Vereinspatent 1852* von der Vereinsbehörde (Sicherheitsdirektion) genehmigt werden.

Vereine nach dem Vereinsgesetz 2002* dürfen **nicht auf Gewinn gerichtet** sein, sondern müssen **ideelle Zwecke** verfolgen. Sie werden daher meistens als eine Dachorganisation gegründet, die die Organisation übernimmt, die Mitglieder informiert, berät u. dgl. Nach dem Vereinsgesetz ist eine auf Gewinn gerichtete Tätigkeit eines ideellen Vereines nur dann möglich, wenn die wirtschaftliche Tätigkeit einen Hilfsbetrieb zur Erreichung des ideellen Vereinszweckes darstellt.

Rechtspersönlichkeit:	Der Verein kann als juristische Person unter dem Vereinsnamen tätig werden.
Gründung:	Der Vereinsbehörde müssen Satzungen vorgelegt werden.
Haftung:	Es haftet der Verein mit seinem Vermögen.
Gewerberecht:	Aus gewerberechtlicher Sicht kann der Verein eine gewerbliche Tätigkeit vornehmen, wenn der Geschäftsführer eine entsprechende Gewerbeberechtigung besitzt.
Sozialversicherung:	Der Verein ist als juristische Person nicht pflichtversichert; Angestellte des Vereins sind nach dem Allgemeinen Sozialversicherungsgesetz (ASVG) pflichtversichert.
Steuerrecht:	Vereine unterliegen als juristische Personen des privaten Rechts der Körperschaftssteuer. Gemeinnützige, mildtätige oder kirchliche Vereine genießen bestimmte Vergünstigungen. Für Umsätze von gemeinnützigen Vereinen gelten die allgemeinen Bestimmungen des Umsatzsteuerrechtes.

Vorteile:	Geringe Gründungskosten; leichter Mitgliederwechsel.
Nachteile:	Vereine nach dem Vereinsgesetz können nur für ideelle Zwecke gegründet werden und dürfen nicht auf Gewinn ausgerichtet sein.

* Vereinspatent 1852, RGBl 1852/253
Vereinsgesetz 2002, BGBl I 2002/66 idF I 2015/22
Vereinsgesetz-Durchführungsverordnung – VerGV, BGBl II 2005/60 idF 2008/218

C. Die Genossenschaft

Die Genossenschaft* ist eine juristische Person mit nicht geschlossener Mitgliederanzahl, die im Wesentlichen der Förderung des Erwerbes oder der Wirtschaft ihrer Mitglieder dient. Sie ist für den Zusammenschluss einer größeren Personenanzahl sinnvoll.

Rechtspersönlichkeit:	Die Genossenschaft besitzt eigene Rechtspersönlichkeit.
Gründung:	Abschluss eines Genossenschaftsvertrages, Aufnahme in einen Revisionsverband und Eintragung ins Firmenbuch (siehe: XXIV/2) sind notwendig.
Haftung:	Genossenschaft mit beschränkter Haftung: Die Genossenschafter haften nur bis zu dem im Genossenschaftsvertrag festgesetzten Betrag. Genossenschaft mit unbeschränkter Haftung: Die Genossenschafter haften mit ihrem gesamten Vermögen.
Gewerberecht:	Ein Geschäftsführer oder Pächter muss die entsprechende Gewerbeberechtigung besitzen.
Sozialversicherung:	Ein gegebenenfalls bestellter gewerblicher Geschäftsführer ist als Dienstnehmer nach dem ASVG pflichtversichert.
Steuerrecht:	Genossenschaften sind körperschaftssteuerpflichtig. Steuerbefreiungen bestehen für Erwerbs- und Wirtschaftsgenossenschaften mit bestimmtem landwirtschaftlichen Zweck und Geschäftsbetrieb. Die Buchführungsvorschriften sind zu beachten. Leistungen einer Genossenschaft sind umsatzsteuerpflichtig. Ausschüttungen von Gewinnanteilen an die Genossenschafter unterliegen beim Genossenschafter der Kapitalertragssteuer.
Vorteile:	Leichter Mitgliederwechsel.
Nachteile:	Kosten für die Revision; die ausscheidenden Genossenschafter haben keinen Anteil am genossenschaftlichen Vermögenszuwachs.

* Genossenschaftsgesetz, RGBl 1873/70 idF BGBl I 2015/22

D. Die offene Gesellschaft (OG)

Die offene Gesellschaft (OG) ist eine unter eigener Firma geführte Personengesellschaft, bei der die Gesellschafter gesamthandschaftlich verbunden und bei keinem Gesellschafter die Haftung gegenüber den Gesellschaftsgläubigern beschränkt ist. Sie kann jeden erlaubten Zweck – einschließlich freiberuflicher und **land- und forstwirtschaftlicher Tätigkeit** – haben. Gesellschafter einer OG können natürliche und juristische Personen sein. Es ist kein Stammkapital erforderlich. Bei einer **Kommanditgesellschaft** (KG) ist die Haftung gegenüber den Gesellschaftsgläubigern auf den Betrag einer bestimmten Vermögenseinlage beschränkt (**Kommanditist**) und zumindest ein anderer Gesellschafter muss unbeschränkt haften (**Komplementär**).

Rechtspersönlichkeit:	Die OG ist rechtsfähig. Ihr müssen mindestens 2 Gesellschafter angehören. Ein Geschäftsführer ist erforderlich.
Gründung:	Der Abschluss eines Gesellschaftsvertrages ist erforderlich. Die Gesellschaft ist bei dem Gericht, in dessen Sprengel sie ihren Sitz hat, zur Eintragung in das Firmenbuch anzumelden; die Firma entsteht mit der Eintragung ins Firmenbuch.
Haftung:	Bei der OG haftet jeder Gesellschafter unbeschränkt. (Bei der KG haften die Komplementäre unbeschränkt, die Kommanditisten beschränkt mit ihrer Einlage.)
Gewerberecht:	Der Geschäftsführer benötigt eine entsprechende Gewerbeberechtigung.
Sozialversicherung:	Bei einer gewerblich tätigen OG sind alle Gesellschafter nach dem GSVG pflichtversichert. (Bei einer KG unterliegen die Kommanditisten keiner SV.) Wird ein **land- und forstwirtschaftlicher Betrieb** auf Rechnung und Gefahr einer OG geführt, ist jeder einzelne Gesellschafter Betriebsführer im Sinne des BSVG; nur solche Gesellschafter können nach dem BSVG pflichtversichert sein, die Betriebsführungsrechte an der Gesellschaft haben. (Bei einer KG sind die Komplementäre Betriebsführer und nach dem BSVG pflichtversichert, die Kommanditisten hingegen nicht.)
Steuerrecht:	Die OG ist nicht einkommensteuerpflichtig, nur die einzelnen Gesellschafter mit ihren Gewinnanteilen; die Umsatzsteuer ist von der Gesellschaft zu entrichten; weitere Einkünfte können bei einem Gesellschafter vorliegen, wenn er von der Gesellschaft Vergütungen, z.B. für Mitarbeit, erhält: diese sind einkommensteuerpflichtig. Bilanzierungspflicht besteht erst ab Erreichen eines Jahresumsatzes von € 400.000,–.
Vorteile:	Rasche und einfache Gründung; geeignet auch für die Land- und Forstwirtschaft, gleiche Behandlung der Gesellschafter.
Nachteile:	Persönlich unbeschränkte und solidarische Haftung.

* Unternehmensgesetzbuch – UGB, dRGBl S 219/1897 idF BGBl I 2015/22

E. Die Gesellschaft mit beschränkter Haftung (GmbH)

Gesellschaften mit beschränkter Haftung können nach den Bestimmungen des GmbH-Gesetzes* zu jedem gesetzlich zulässigen Zweck – mit Ausnahme von Versicherungsgeschäften und als politischer Verein – errichtet werden. Die GmbH ist eine Kapitalgesellschaft. Sie muss kein Unternehmen von bestimmter Größe sein, sondern ein Mindeststammkapital von

€ 35.000,– haben, welches aus den Stammeinlagen der einzelner Gesellschafter besteht. Jeder Gesellschafter darf nur eine Stammeinlage übernehmen, die mindestens € 70,– betragen muss. Gesellschafter können sowohl natürliche als auch juristische Personen sein.

Rechtspersönlichkeit:	Die GmbH hat als Kapitalgesellschaft und juristische Person eine eigene Rechtspersönlichkeit. Sie benötigt eine oder mehrere physische handlungsfähige Person(en) als Geschäftsführer.
Gründung:	Diese muss bei einem Notar erfolgen. Die Gesellschaft entsteht erst mit der Eintragung ins Firmenbuch (siehe: XXIV/2). Voraussetzungen für die Eintragung ist der Abschluss des Gesellschaftsvertrages, die Bestellung des Geschäftsführers und die Bestätigung der Einzahlung des Stammkapitals.
Haftung:	Jeder Gesellschafter haftet mit dem Betrag seiner Stammeinlage. Die Gesellschaft als juristische Person haftet unbeschränkt.
Gewerberecht:	Der Geschäftsführer muss die entsprechende Gewerbeberechtigung besitzen.
Sozialversicherung:	Angestellte der GmbH sind nach dem ASVG bzw. der gewerbliche Geschäftsführer nach dem GSVG pflichtversichert.
Steuerrecht:	Die GmbH ist körperschaftssteuerpflichtig. Leistungen, die von der GmbH erbracht werden, sind umsatzsteuerpflichtig. Einkommensteuerlich wird der Gewinn sowohl bei der Gesellschaft als auch bei den Gesellschaftern besteuert.
Vorteile:	Sie ist auf Gewinn ausgerichtet; eine rasche und flexible Entscheidungsfindung ist durch die Geschäftsführung möglich; das Stimmrecht besteht nach der Höhe des Anteils am Stammkapital; beschränkte Haftung.
Nachteile:	Hohe Gründungskosten; Gesellschafterwechsel bedürfen einer Änderung des Gesellschaftsvertrages. Bei jeder Änderung des Gesellschaftsvertrages ist ein Notariatsakt erforderlich.

* GmbH-Gesetz, RGBl 1906/58 idF BGBl I 2015/22

F. Weitere Gesellschaftsformen

1. Kommanditgesellschaft (KG)

Die Kommanditgesellschaft ist ebenfalls eine Personengesellschaft, wobei aber nicht alle Gesellschafter uneingeschränkt haften. Die Kommanditisten haften nur mit einer bestimmten Vermögenseinlage, die Komplementäre haften uneingeschränkt.

2. Aktiengesellschaft (AG)

Die Aktiengesellschaft hat als Kapitalgesellschaft und juristische Person eigene Rechtspersönlichkeit. Die Gründung einer Aktiengesellschaft ist sehr aufwändig und schon deshalb in der Land- und Forstwirtschaft kaum von Bedeutung.

3. Stille Gesellschaft

Die stille Gesellschaft ist eine Personengesellschaft, wobei ein oder mehrere Gesellschafter voll haften und der stille Gesellschafter nur mit seiner Einlage beteiligt ist.

4. Verein nach dem Vereinspatent 1852

Derartige auf Gewinn gerichtete Vereine müssen nach dem Vereinspatent 1852 von der Vereinsbehörde (Sicherheitsdirektion) genehmigt werden. Derartige Vereine kommen in der Praxis kaum vor.

G. Gesellschaftsformen in der Direktvermarktung

Viele Projekte im Rahmen der Direktvermarktung land- und forstwirtschaftlicher Erzeugnisse kann ein Landwirt oftmals nicht allein durchführen. Daher sind Kooperationen erforderlich, um die Vermarktung gemeinsam durchführen zu können. Es stellt sich nun die Frage, mit welchen der vorgenannten Gesellschaftsformen diese Ziele erreicht werden können. Im Folgenden werden einzelne Gesellschaftsformen mit ihren Zielrichtungen und Möglichkeiten angeführt:

1. **GesbR:**

   Mit dieser Gesellschaftsform können kleinere oder mittlere Vorhaben mit einigen (nicht zu vielen) Beteiligten durchgeführt werden. Wegen der Personenbezogenheit kann die GesbR für eine größere Anzahl von Gesellschaftern nicht empfohlen werden; insbesondere wegen großer Schwierigkeiten bei Differenzen oder Streitigkeiten.

2. **Verein nach dem Vereinsgesetz 2002:**

   Der Verein kann die wirtschaftlichen Tätigkeiten seiner Mitglieder insofern unterstützen, als er als Interessenvertretung fungiert. Der Verein ermöglicht den Zusammenschluss von Personen, die z.B. einen Bauernladen oder einen Bauernmarkt betreiben wollen. Da der Verein eine ideelle Zielsetzung hat und nicht auf Gewinn ausgerichtet sein darf, kann der Verein selbst nicht im Rahmen der Erwerbskombination tätig werden. Den Abschluss der Geschäfte müssen die Mitglieder des Vereines selbst tätigen. Der Verein hat nur den Zweck der Schaffung der Voraussetzungen für diese Tätigkeit.

3. **Genossenschaft:**

   Bei einem großen Personenkreis, bei dem der Ein- und Ausstieg aus der Mitgliedschaft leicht möglich sein soll, ist vor allem die Genossenschaft geeignet. In der Genossenschaft wird insbesondere die Schaffung von gemeinsamen Vermarktungs- und Bearbeitungsmöglichkeiten, nicht aber die Gewinnausschüttung gefördert. Zu diesem Zwecke können insbesondere Genossenschaften mit beschränkter Haftung gegründet werden.

4. **GesmbH:**

   Die GesmbH eignet sich vor allem für auf Dauer angelegte Projekte von größerem Umfang, bei denen ein Gesellschafterwechsel nicht bzw. nur ausnahmsweise zu erwarten ist.

5. **Offene Gesellschaft:**

   Diese Gesellschaftsform kann auch in der bäuerlichen Direktvermarktung gewählt werden. Mit dieser Gesellschaftsform sind auch Kooperationen zwischen Landwirten und Gewerbetreibenden möglich.

6. **Gründung von Erzeugergemeinschaften nach EU-Recht:**

   Im Rahmen der Europäischen Union eröffnen sich Möglichkeiten zur Förderung von Branchenverbänden, Erzeugerorganisationen und -gemeinschaften.

   Für deren Gründung bedarf es einer eigenen Rechtspersönlichkeit. Dafür kommen nur folgende Rechtsformen in Betracht:

   Verein – Genossenschaft – Offene Gesellschaft (OG) – Kommanditgesellschaft (KG) – Gesellschaft mit beschränkter Haftung (GmbH) – Aktiengesellschaft (AG).

   Für die Bereitstellung von Förderungsmitteln müssen bestimmte Anerkennungsvoraussetzungen und weitere Voraussetzungen erfüllt werden.

   Siehe: Branchenverbände und Erzeugerorganisationen XXI/A/4.

7. **Gesellschaft – Gewerbe:**

   Mit der Gründung einer Gesellschaft, in welcher Rechtsform auch immer, sind noch nicht allfällige **gewerberechtliche Voraussetzungen** für den Betrieb eines Gewerbes erfüllt. Vielmehr muss, je nach Gesellschaftsform, entweder jeder Gesellschafter oder bei bestimmten Gesellschaften der Geschäftsführer oder der Pächter eine Gewerbeberechtigung besitzen, soferne Tätigkeiten ausgeübt werden, die über den rechtlichen Rahmen der Land- und Forstwirtschaft und ihre Nebengewerbe hinausgehen (siehe: Landwirtschaft und Gewerbe XVIII B bis D).

XXIV. Urheberrecht

Das Urheberrecht regelt einerseits den

- **Schutz des Urhebers** an seinem **geistigen Eigentum** an **Werken der Literatur** (einschließlich Computerprogramme), der **Tonkunst** (Musik), der **bildenden Künste**, der **Filmkunst** und verwandten Bereichen und andererseits den
- **Anspruch** auf **angemessenes Entgelt** (= Tantiemen) für die Nutzung seines Werkes.

Die technischen Möglichkeiten der Vervielfältigung auf Bild- oder Schallträger (= Reprographie), insbesondere aus dem Internet, lassen viele vergessen, dass auch die Schöpfer dieser meist hochqualifizierten Werke – überwiegend Musik – existieren müssen, sonst gäbe es nichts zum „Herunterladen"! Die vielen „Gratis-Downloads" suggerieren, dass ohnehin alles nichts kosten dürfe. Vieles ist aber nicht gratis! Viele mit einfachem Mausklick heruntergeladenen „Raubkopien" verstoßen auch gegen die Urheberrechtsbestimmungen.

A. Schutzbestimmungen

1. Urheberrechtsschutz in der EU

- Die Richtlinie 1996/9/EG* betrifft den **Rechtsschutz von Datenbanken** in jeglicher Form, die aufgrund ihrer Auswahl oder Anordnung eine eigene geistige Schöpfung ihres Urhebers darstellen. Urheber ist die Person oder Personengruppe, die die Datenbank geschaffen hat. Der durch diese RL gewährte urheberrechtliche Schutz einer Datenbank erstreckt sich nicht auf deren Inhalt und lässt Rechte an diesem Inhalt unberührt.
- Die Richtlinie 2001/29/EG* schützt im Binnenmarkt den **Wettbewerb vor Verzerrung** und harmonisiert zur Erreichung dieses Zieles das Urheberrecht in den Mitgliedstaaten.
- Die Richtline 2004/48/EG* setzt Maßnahmen, Verfahren und Rechtsbehelfe zur **Durchsetzung der Rechte des geistigen Eigentums** und zu deren Sicherstellung ein. Diese müssen **fair, gerecht, wirksam, verhältnismäßig und abschreckend** sein, außerdem dürfen sie nicht unnötig kompliziert oder kostspielig sein und keine unangemessenen Fristen oder ungerechtfertigten Verzögerungen mit sich bringen.
- Die Richtlinie 2006/116/EG* regelt **die Schutzdauer des Urheberrechtes**, das 2011 von 50 auf 70 Jahre erweitert wurde. Künstler, die ihr Werk in jungen Jahren schufen, sollen nicht im Alter erleben müssen, dass der Schutz schon zu ihren Lebzeiten erlischt.
- Die Richtlinie 2009/24/EG* über den **Rechtsschutz von Computerprogrammen** verpflichtet die Mitgliedstaaten Computerprogramme als **literarische Werke** im Sinne der Berner Übereinkunft zum Schutze von Werken der Literatur und der Kunst* zu schützen. Der Begriff „Computerprogramm" umfasst auch das Material zu ihrer Vorbereitung und ihre Ausdrucksformen. Computerprogramme werden geschützt, wenn sie **individuelle Werke** als **Ergebnis der eigenen geistigen Schöpfung** ihres Urhebers darstellen.

  Ideen und Grundsätze, die einem Element – einschließlich der Schnittstellen – eines Computerprogramms zugrunde liegen, sind nicht **urheberrechtlich geschützt**.

2. Urheberrechtsgesetz*

Es setzt sämtliche EU-Richtlinien um und enthält Bestimmungen über:

- das Werk. Das sind Werke der **Literatur** – Sprachwerke aller Art einschließlich Computerprogramme, Bühnenwerke und wissenschaftliche Werke –, Werke der **bildenden Künste** – einschließlich Fotographie – und Werke der **Filmkunst**, deren Bearbeitung, Sammelwerke, veröffentlichte und erschienene Werke;
- den **Urheber**. Urheber ist der Schöpfer des Werkes und seine Erben; wer auf einem Werkstück als Urheber (z.B. Schöpfer, Autor oder Künstler etc.) bezeichnet wird, gilt als Urheber.

Mangels Urheberbezeichnung gilt der Herausgeber, mangels dessen Bezeichnung der Verleger als Bevollmächtigter des Urhebers;

- das **Verwertungsrecht. Das sind Vervielfältigung, Verbreitung, Vermietung, Verleihung, Sendung, Vortrag, Aufführung, Vorführung und Zurverfügungstellung**. Der Urheber hat das ausschließliche Recht, das Werk zu verwerten. Ohne dessen Zustimmung darf ein Werk weder feilgehalten, der Öffentlichkeit zugänglich, in Verkehr gebracht oder durch Rundfunk bzw. ähnliche Art gesendet werden.

  Bearbeitungs- oder Übersetzungsrecht: Der Urheber einer Bearbeitung/Übersetzung benötigt hierzu die ausdrückliche und ausschließliche Bewilligung des Urhebers;
- den **Schutz der Urheberschaft**. Das sind

  a) **Urheberbezeichnung, Werkschutz und Übertragung des Rechtes** durch

  b) **Werknutzungsbewilligung** – Gestattung, das Werk auf einzelne oder alle dem Urheber vorbehaltenen Verwertungsarten zu nutzen;

  c) **Werknutzungsrechte** – die ausschließliche Rechtseinräumung zur Nutzung;

  Der Umfang der Rechte richtet sich nach dem mit dem Urheber geschlossenen Vertrag.

  Das Urheberrecht ist vererblich, im Übrigen aber nicht übertragbar.
- **Vorbehalte zugunsten des Urhebers**, Auslegungsregeln, Gesamtausgaben, Vorbehalte bei Werken der bildenden Künste und Beiträge zu Sammlungen;
- **Sondervorschriften**
  - für **gewerbsmäßig hergestellte Filme**, den Filmhersteller, Urheber und Verwertungs- und Werknutzungsrechte;
  - für **Computerprogramme**, Werknutzungsrechte und Dekompilierung; der Code eines Computerprogramms darf unter bestimmten Bedingungen vervielfältigt und seine Codeform übersetzt werden;
  - für **Datenbankwerke**, Wiedergabe und freie Werknutzung;
- **Computerprogramme**. Das sind Werke im Sinn dieses Gesetzes, wenn sie das **Ergebnis der eigenen geistigen Schöpfung ihres Urhebers** sind. Sie umfassen alle Ausdrucksformen einschließlich des Maschinencodes sowie das Material zur Entwicklung des Computerprogramms.
- **Datenbankwerke**. Das sind Sammlungen von Werken, Daten oder anderen unabhängigen Elementen, die systematisch oder methodisch angeordnet und einzeln mit elektronischen Mitteln oder auf andere Weise zugänglich sind. Sie sind urheberrechtlich **geschützt**, wenn sie infolge der Auswahl oder Anordnung des Stoffes eine **eigentümliche geistige Schöpfung** sind.

  Ein Computerprogramm, das für die Herstellung oder den Betrieb einer elektronischen Datenbank verwendet wird, ist nicht Bestandteil der Datenbank. Der Urheber hat das ausschließliche Recht, ein Datenbankwerk öffentlich wiederzugeben.

  Geschützte Datenbanken: Sie genießen den Schutz, wenn für die Beschaffung, Überprüfung oder Darstellung ihres Inhalts eine nach Art oder Umfang wesentliche Investition erforderlich war. Der Investor (Hersteller) hat das ausschließliche Recht, die ganze Datenbank oder einen nach Art oder Umfang wesentlichen Teil derselben zu vervielfältigen, zu verbreiten, durch Rundfunk zu senden, öffentlich wiederzugeben und der Öffentlichkeit zur Verfügung zu stellen.
- **Beschränkungen der Werknutzungsrechte**, und zwar über **freie Werknutzungen, Vervielfältigung** zum **eigenen Gebrauch**, öffentliche Wiedergabe im Unterricht und in Beherbergungsbetrieben, Nutzung verwaister Werke, Bewilligungszwang bei Schallträgern, Nutzung von Rundfunksendungen, Schulbücher;
- die **Dauer des Urheberrechtes – Urheberregister**. Das Urheberrecht endet siebzig Jahre nach dem Tod des Urhebers, Miturhebers, ohne Urheberschaftsbezeichnung nach Schaffung

oder Veröffentlichung des Werkes. Der Name des Urhebers kann beim Urheberrechtsregister angemeldet werden.

- **Verwandte Schutzrechte**. Geschützt sind die **Verwertung** auf Bild- und Schallträgern, im Rundfunk, zur öffentlichen Wiedergabe und zur öffentlichen Zurverfügungstellung sowie Lichtbilder, Schallträger, Rundfunksendungen, Datenbanken, Briefe, Tagebücher und ähnliche vertrauliche Aufzeichnungen, Bildnisse von Personen, Pressenachrichten und Titel von Werken der Literatur und der Kunst.
- den **zivil- und strafrechtlichen Schutz** bei Verletzung dieses Gesetzes:
  a) zivilrechtlich auf Unterlassungs- und Beseitigungsanspruch; Urteilsveröffentlichung; Anspruch auf angemessenes Entgelt, Schadenersatz und Herausgabe des Gewinnes, Rechnungslegung und Auskunft;
  b) strafrechtlich auf Freiheitsstrafe bis 6 Monate bzw. Geldstrafe bis zu 360 Tagessätzen; auf Vernichtung und Unbrauchbarmachung von Eingriffsgegenständen und Eingriffsmitteln sowie die Beschlagnahme.

3. Internationale Übereinkommen

- **Nach der Berner Übereinkunft zum Schutze von Werken der Literatur und der Kunst*** aus dem Jahre 1886 genießen die Urheber und deren Rechtsnachfolger eines Verbandslandes in den übrigen Ländern für ihre Werke diejenigen Rechte, welche die Gesetze den inländischen Urhebern gegenwärtig oder zukünftig einräumen werden und haben sie das ausschließliche Recht, ihre Werke zu übersetzen etc.
- Das Übereinkommen zur **Erhaltung des immateriellen Kulturerbes*** bestimmt als Ziel dessen Erhaltung, die Gewährleistung seiner Achtung, die Bewusstseinsförderung seiner Bedeutung und seiner gegenseitigen Wertschätzung, die internationale Zusammenarbeit und Unterstützung.

B. Arten der Werknutzungen

1. Freie Werknutzungen

Diese sind in bestimmten Fällen **ohne Entgeltleistung** zulässig, z.B. im Interesse der Rechtspflege und Verwaltung, die Berichterstattung über Tagesereignisse, die nicht kommerzielle Vervielfältigung an behinderte Personen, im Schulbereich etc.

Jedermann (z.B. auch ein Verein als juristische Person) darf von einem Werk einzelne Vervielfältigungsstücke auf Papier oder einem ähnlichen Träger zum **eigenen Gebrauch** herstellen. Auf einem anderen Träger, z.B. Ton- oder Bildträger, darf dies nur eine natürliche Person, also ein Mensch!

Freie Werknutzungen gelten für **Computerprogramme und Datenbankwerke nicht!**

Jedoch darf jede natürliche Person von einem Datenbankwerk, dessen Elemente nicht einzeln mithilfe elektronischer Mittel zugänglich sind, einzelne **Vervielfältigungsstücke zum privaten Gebrauch** herstellen.

Zur Information: Die Bestimmungen, was nun an freier kostenloser Werknutzung insgesamt, insbesondere aber im Computer- und Datenbankbereich, im Einzelnen zulässig ist, **sind im Gesetz sehr differenziert, aufwändig und mit Ausnahmen** geregelt. Im Einzelfall muss daher in die §§ 40a bis 59c und die §§ 73 bis 78 Einsicht genommen werden.

2. Bewilligung und Entgelt für bestimmte Werknutzungen

Literatur und Musik sind nicht einfach da! Ebensowenig wie die Ernte des Bauern!

Sie wurden **geschaffen von Autoren und Komponisten**. Deren Werk gehört als geistiges Eigentum den Urhebern. Für die **Nutzung** gebührt ihnen ein **angemessenes Entgelt**.

AKM – Verwertungsgesellschaft

Die **Gesellschaft Autoren, Komponisten, Musikverleger,** kurz **AKM**, ist neben anderen Gesellschaften eine Verwertungsgesellschaft nach dem Verwertungsgesellschaftengesetz 2006* mit staatlicher Betriebsgenehmigung.

Sie hebt für die Nutzung der Werke ihrer Mitglieder gemäß dem Urheberrecht bei

- **öffentlichen Aufführungen, bei Sendungen**,
- **Vervielfältigungen** auf Papier/Tonträger/Festplatte oder **Online-Nutzungen** eine Bezahlung ein.

Ein Landwirt ist davon z.B. als **Buschen- oder Mostschenker** oder als **„Urlaub am Bauernhof"-Betrieb** betroffen, wenn er seine zahlenden Gäste mit Radio/TV, sonstigen Bild/Tonträgern (CD, DVD, Festplatte etc.) oder einem Musikanten erfreut.

Strittig ist die laute Musik aus dem Ausgedingezimmer oder aus der Küche, die den Altbauern oder die Köchin privat – und somit kostenlos – erfreuen soll und die Gäste gleich miterfreut oder auch nicht!

Ebenfalls betroffen im ländlichen Bereich sind **Bälle, Zeltfeste, Frühschoppen** etc.

3. Leerkassettenvergütung – Gerätevergütung – Betreibervergütung

Ist von einem veröffentlichten Werk zu erwarten, dass es vervielfältigt, kopiert oder heruntergeladen wird, so hat der Urheber Anspruch auf folgende Vergütungen:

- **Leerkassettenvergütung**, wenn **Trägermaterial** – geeignete unbespielte Bild- oder Schallträger oder hierfür bestimmte andere Bild- oder Schallträger – im Inland gewerbsmäßig **entgeltlich in den Verkehr kommt.**
- **Gerätevergütung**, wenn ein für **Vervielfältigungen** bestimmtes **Gerät** im Inland gewerbsmäßig **entgeltlich in den Verkehr** kommt.
- **Betreibervergütung, wenn ein Vervielfältigungsgerät** in Schulen, sonstigen Aus- und Weiterbildungsstätten, Forschungseinrichtungen, öffentlichen Bibliotheken oder in Einrichtungen betrieben wird, die Vervielfältigungsgeräte **entgeltlich** bereithalten.

Diese Vergütungen hebt die Verwertungsgesellschaft direkt beim Leerkassetten- bzw. Geräteverkäufer bzw. Vervielfältigungsgerätebetreiber ein, letztendlich zahlt aber der Letztverbraucher indirekt **pauschal seinen Beitrag** an den Urheber, allermeist zu Recht – aber auch dann, wenn er das Gerät, die Kassette oder Festplatte **nicht für die Reproduktion** von urheberrechtlich geschützten Werken verwendet!

Ergebnis: Die Herstellung von Kopien ist leicht möglich. Die Regelung soll dem Urheber zumindest eine pauschale Abgeltung für die Nutzung seines kopierten Werkes bringen.

* Berner Übereinkunft zum Schutze von Werken der Literatur und der Kunst, StGBl 1920/435
Übereinkommen zur Erhaltung des immateriellen Kulturerbes, BGBl III 2009/76 idF III 2015/20
Urheberrechtsgesetz – UrhG, BGBl 1936/111 idF BGBl I 2015/11
Verwertungsgesellschaftengesetz 2006 – VerwGesG 2006, BGBl I 2006/9 idF I 2013/190
RL 96/9/EG über den rechtlichen Schutz von Datenbanken
RL 01/29/EG zur Harmonisierung bestimmter Aspekte des Urheberrechtes
RL 01/84/EG über das Folgerecht des Urhebers des Originals eines Kunstwerkes
RL 04/48/EG zur Durchsetzung der Rechte des geistigen Eigentums
RL 06/116/EG idF RL 11/77/EU über die Schutzdauer des Urheberrechtes
RL 09/24/EG über den Rechtsschutz von Computerprogrammen

XXV. Rechtsschutz

A. Rechtsschutz in der Gemeinschaft (EU)

Die Rechtsordnung der Gemeinschaft stellt ein geschlossenes Rechtsschutzsystem für die Auseinandersetzungen über das Gemeinschaftsrecht und für seine Durchsetzung zur Verfügung. Zur Durchsetzung der jeweiligen Ansprüche stehen einerseits die staatlichen Gerichte und andererseits der Gerichtshof der Europäischen Gemeinschaften und das ihm beigeordnete Gericht 1. Instanz zur Verfügung.

1. Staatliche Gerichte

Der Rechtsschutz ist in erster Linie Angelegenheit der staatlichen Gerichte. Sie tragen die Hauptlast der Rechtsschutzgewährung. In bestimmten Fällen kann aber auf eine übergeordnete Instanz zur Wahrung der Einheit des Gemeinschaftsrechtes nicht verzichtet werden.

2. Europäischer Gerichtshof (EuGH)

Die Funktion der Gemeinschaftsgerichtsbarkeit erfüllt als Hauptträger der EuGH in Luxemburg. Er ist ein gemeinsames Organ der 3 Europäischen Gemeinschaften (siehe: I/A/1) und hat die Aufgabe, die Wahrung des Rechtes bei der Auslegung und Anwendung dieser Verträge zu sichern. Er hat aber keine allgemeine und umfassende Zuständigkeit, sondern die Voraussetzungen seiner Tätigkeit sind als Einzelermächtigungen in den Verträgen detailliert und abschließend aufgezählt.

Der EuGH übt einerseits eine rechtsberatende Funktion und andererseits eine rechtsprechende Funktion aus. Als rechtsprechendes Organ hat er folgende Aufgaben:

a) Vertragsverletzungsverfahren

Dieses Verfahren dient der Feststellung, ob ein Mitgliedsstaat gegen Verpflichtungen, die ihm das Gemeinschaftsrecht auferlegt, verstoßen hat.

b) Untätigkeitsklage

Mit dieser Klage kann gegen ein rechtswidriges Unterlassen eines Gemeinschaftsrechtsaktes gerichtlich vorgegangen werden.
Diese Klage ist ähnlich der Säumnisbeschwerde im österreichischen Verwaltungsrecht.

c) Vorabentscheidungsverfahren

Mit diesem Verfahren kann ein nationales Gericht, wenn es im Rahmen eines bei ihm anhängigen Rechtsstreites Bestimmungen des Gemeinschaftsrechtes anzuwenden hat, dieses Verfahren aussetzen und dem EuGH die Frage vorlegen, ob der von den Gemeinschaftsorganen erlassene Rechtsakt gültig ist bzw. wie dieser Rechtsakt und die Gemeinschaftsverträge auszulegen sind. Das nationale Gericht hat dabei eine Rechtsfrage zu stellen, auf die der EuGH mit einem Urteil antwortet. Das Vorabentscheidungsverfahren ist kein Streitverfahren zur Entscheidung eines Rechtsstreites, sondern es stellt nur einen Teil eines Gesamtverfahrens dar, welches vor einem nationalen Gericht beginnt und auch dort endet.

- Der EuGH entscheidet nur über die Gültigkeit und Auslegung des Gemeinschaftsrechtes.
- Zur Vorlage berechtigt sind alle unabhängigen staatlichen Einrichtungen zur Streitentscheidung.
- Zur Vorlage verpflichtet ist jedes Gericht, dessen Entscheidung mit Rechtsmitteln des nationalen Rechts nicht mehr bekämpft werden kann.
- Die Vorabentscheidung bindet das vorlegende Gericht und alle Gerichte, die mit der betreffenden Streitsache befasst werden. In der Praxis hat es eine erhebliche Präjudizwirkung auch für andere ähnliche Verfahren.

3. Europäisches Gericht 1. Instanz (EuG 1. Inst.)

Die einheitliche Europäische Akte von 1986 hat die Voraussetzung dafür geschaffen, dass dem EuGH ein weiteres Gericht – das Gericht 1. Instanz – beigeordnet wurde. Seine Zuständigkeit wurde wesentlich erweitert. Es ist für alle Direktklagen von natürlichen und juristischen Personen zuständig. Praktisch bedeutsam ist dies für Konkurrentenklagen im Bereiche der staatlichen Beihilfen sowie für die zahlreichen **Klagen im Agrarbereich**; auch für Schadenersatzklagen natürlicher oder juristischer Personen gegen die Gemeinschaft.

Durch den Vertrag von Maastricht sind weitere Kompetenzübertragungen möglich.

Das EU-Gericht 1. Instanz hat folgende **Aufgaben**:

a) Nichtigkeitsklage

Mit dieser Klage wird die Aufhebung von verbindlichen Rechtshandlungen des Rates und der Kommission verfolgt. Gemeinschaftsbürger und Unternehmen können Nichtigkeitsklagen nur gegen Entscheidungen erheben, die gegen sie selbst ergangen sind oder die sie unmittelbar und individuell betreffen.

b) Schadenersatzklage

Diese Klage gibt den Gemeinschaftsbürgern und Unternehmern, denen durch einen von Bediensteten der EG begangenen Fehler ein Schaden entstanden ist, die Möglichkeit, den Ersatz dieses Schadens zu verlangen.

c) Beamtenklage

Mit dieser Klage werden Streitsachen aus Dienstverhältnissen zwischen der Gemeinschaft und ihren Beamten behandelt.

4. Rechtssicherheit

Trotz Unvollkommenheit stellt die EG-Rechtsordnung einen beachtlichen Beitrag zur Lösung der politischen, wirtschaftlichen und sozialen Probleme der Mitgliedsstaaten dar.

In der EU stellt sich nunmehr oft die Frage, welche Rechtsnorm gilt, welche Bestimmung geht vor bzw. welche Bestimmung ist im Einzelfall anzuwenden. Bei EU-Verordnungen scheint die Angelegenheit an sich leicht beantwortbar zu sein, nämlich dahingehend, dass sie Vorrang vor nationalem Recht hat und direkt wirkt. Bei EU-Richtlinien hat der einzelstaatliche Gesetzgeber – in Österreich der Nationalrat bzw. die Landtage – ihre bisherige abweichende Rechtslage an die EU-Normen anzupassen. Trotzdem gehen die Rechtsmeinungen oftmals auseinander. Letztlich hat darüber bei einer Klage der EuGH in einem Vertragsverletzungsverfahren oder in einem Vorabentscheidungsverfahren (siehe: XXV/A/2a und c) zu entscheiden. Beispiel für eine divergierende Rechtsmeinung ist in Österreich derzeit der Pflanzenschutzmittel-Parallelimport.

B. Rechtsschutz in Österreich

Die Rechtsordnung räumt dem Einzelnen Ansprüche ein, welche die bisherigen Kapitel teilweise aufzeigen. Diese Ansprüche müssen nicht in jedem Fall durchgesetzt werden, insbesondere dann nicht, wenn kein Eingriff in bestehende Rechte erfolgt oder wenn sich die Beteiligten z.B. in zivilrechtlichen Angelegenheiten einigen. Wo aber ein bestehendes Recht in Frage gestellt oder verletzt wird oder jemand Rechte aufgrund von Verwaltungsvorschriften (Wasserrecht, Forstrecht, Baurecht und dergleichen) in Anspruch nehmen will, darf er allfällige Ansprüche nicht im Wege der Selbsthilfe eigenmächtig durchsetzen, sondern hat die hiezu berufenen Gerichte oder Verwaltungsbehörden anzurufen (siehe: XXVI/A/2 und 3 und B).

1. **Zivilprozess**

   In diesem gerichtlichen Verfahren sind streitige privatrechtliche Ansprüche, wie z.B. Besitzstörungen, Eigentumsansprüche, Forderungen und dergleichen, durchzusetzen. Die Entscheidung erfolgt aufgrund der rechtlichen Beurteilung und der von den Streitteilen angebotenen und vom Gericht anerkannten Beweise. Die Streitteile im Zivilprozess sind der Kläger und der Beklagte.

2. **Verfahren in Handelssachen (gewerblicher Rechtsschutz)**

   In diesen gerichtlichen Verfahren sind Streitigkeiten aus Handelsgeschäften gegen Kaufleute oder Handelsgesellschaften und -genossenschaften, aus Rechtsgeschäften von Handelsmäklern, aus Rechtsverhältnissen der Kaufleute mit ihren Prokuristen etc., aus der Veräußerung von Handelsgewerben, über das Recht der Verwendung einer Handelsfirma, zwischen den Mitgliedern einer Handelsgesellschaft, nach dem Aktien- und GmbH-Gesetz, aus Wechselgeschäften und scheckrechtlichen Rückgriffsansprüchen, aus dem Patent-, Muster- und Markenschutz, wegen unlauteren Wettbewerbes und dergleichen wie im Zivilprozess durchzusetzen.

   Firmenbuch (früher: Handelsregister)

   Die gesetzlichen Bestimmungen sind im Handelsgesetzbuch und im Firmenbuchgesetz enthalten. Das Firmenbuch besteht aus dem

   - Hauptbuch und der
   - Urkundensammlung

   und wird von den Gerichten (im Bundesrechenzentrum als Datenbank automationsunterstützt) geführt. Es gibt nur über die grundsätzlichen Tatsachen und Rechtsverhältnisse der Firma Auskunft. Zur Einsicht ist jedermann befugt.

   Das Firmenbuchgesetz enthält neben den Bestimmungen über die Eintragungen ins Hauptbuch, die Urkundensammlung weitere Verfahrensbestimmungen und solche für das ADV-Firmenbuch, wie z.B. Umstellung auf automationsunterstützte Datenverarbeitung (ADV), und die Firmenbuchabfrage.

3. **Außerstreitverfahren**

   In diesem gerichtlichen Verfahren sind außerstreitige Angelegenheiten, wie z.B. Grundbuchs-, Verlassenschafts- und Pflegschaftssachen, aber auch Grenzerneuerungen und die Einräumung von Notwegen durchzuführen. Die Beteiligten im Außerstreitverfahren sind der Antragsteller bzw. in bestimmten Fällen auch der Antragsgegner.

4. **Strafprozess und Verwaltungsstrafverfahren**

   In diesen Verfahren werden gerichtlich oder verwaltungsbehördlich zu verfolgende Ansprüche wegen Verbrechen, Vergehen oder Übertretungen durchgesetzt. Beteiligte sind der öffentliche Ankläger (Staatsanwalt oder Bezirksanwalt) und der Angeklagte bzw. der Beschuldigte.

5. **Verwaltungsverfahren**

   In diesem Verfahren trifft die Verwaltungsbehörde (Gemeinde, Bezirkshauptmannschaft, Agrarbehörde, Grundverkehrsbehörde, Landesregieurng und dergleichen) aufgrund von Parteienanträgen oder von Amts wegen nach den Bestimmungen der Verwaltungsgesetze (Wasserrecht, Forstrecht, Baurecht und dergleichen) Entscheidungen. Beteiligte sind die Parteien.

6. **Exekutions- bzw. Vollstreckungsverfahren**

   In diesem Verfahren werden gerichtliche und verwaltungsbehördliche Entscheidungen, wie z.B. Urteile, Beschlüsse, Bescheide und dergleichen, mit staatlichem Zwang (Exekution) durchgesetzt, wenn jemand einen Urteilsspruch oder einen Bescheidspruch nicht erfüllt. Beteiligte sind die betreibende Partei und die verpflichtete Partei.

Rechtsmittel

Gegen Entscheidungen der Gerichte und Verwaltungsbehörden können Rechtsmittel, wie z.B. die Berufung, der Rekurs, der Einspruch, der Widerspruch oder die Beschwerde, beim zuständigen Obergericht oder dem zuständigen Verwaltungsgericht erhoben werden. Für die Einbringung von Rechtsmitteln bestehen Fristen, die so genannten Rechtsmittelfristen, die in jeder Entscheidung am Ende in der so genannten Rechtsmittelbelehrung angeführt sind.

Rechtsfrage – Beweisfrage

Mit dem behaupteten Rechtsanspruch allein sind Rechte oftmals noch nicht durchsetzbar. Neben der Rechtslage ist als zweite Grundlage für die Durchsetzung von Ansprüchen die Beweislage ebenso wichtig. Zutreffend ist hier der Grundsatz: „Der einzelne hat nur soviel Recht, als er Beweise hat." Die überzeugteste Behauptung eines Rechtsanspruches, wie z.B. „Hier verläuft die Grenze" oder „Das ist kein Rechtsweg, sondern nur ein Bittweg" und dergleichen, hilft oft nichts, wenn die Beweise fehlen, also z.B. keine Urkunden vorhanden sind, die Zeugen verstorben oder die Vermarkungen verschwunden sind. Der Richter kann eine Entscheidung nicht allein nach der Rechtslage, sondern zusätzlich nur aufgrund der angebotenen und vorhandenen unbedenklichen Beweismittel treffen. Bei mehreren – oft gegensätzlichen – Beweisanboten hat er die einzelnen Beweismittel wie Urkunden, Zeugenaussagen, Sachverständigengutachten und dergleichen abzuwägen und die ihm unbedenklich und glaubwürdig erscheinenden Beweise aufgrund der freien Beweiswürdigung seiner Entscheidung zugrundezulegen. Bedenkliche und unglaubwürdige Beweise kann er verwerfen. Dabei kann unter anderem auch die Tagesverfassung der vernommenen Zeugen eine entscheidende Rolle spielen. So ist zu verstehen, dass die eine oder andere Entscheidung nicht immer den Wünschen beider Streitparteien entsprechen kann. Da nur einer den Prozess gewinnen kann – ausgenommen hievon ist der Vergleich –, darf der Verlierer die Rechtsordnung als solche nicht in Frage stellen und die Entscheidung des Gerichtes als falsch und ungerecht abqualifizieren. Vielmehr muss er bedenken, dass eine Entscheidung nach Abwägung aller vorgenannten Faktoren zustandekommt und vor allem, dass es eine absolute Gerechtigkeit in der menschlichen Gesetzgebung und Rechtssprechung nie geben wird.

Davon ist auch die EU-Gesetzgebung nicht ausgenommen. Aktuell zeigt die EU-Lebensmittel-Informationsverordnung – infolge Lobbying – die Unlogik, den Unsinn und die Ungerechtigkeit mancher Ausnahmen auf! Niemand käme vernünftigerweise auf die Idee, bei der Entsorgung von Tierkadavern ähnliche Ausnahmen zu schaffen, wonach z.B. verendete Tiere einer bestimmten Gattung oder Tiere in einer bestimmten Gemeinde nicht ordnungsgemäß entsorgt werden müssen. Aber: Auch hier gibt es Ausnahmen von der Ablieferungspflicht!

„Menschenwerk bleibt auch im Recht Stückwerk"

XXVI. Gerichte, Verwaltungsbehörden und Interessenvertretungen

A. Gerichte

1. **Europäische Gerichtsbarkeit – EU**
   a) **Europäischer Gerichtshof:** Zuständigkeit
   - Vertragsverletzungsverfahren
   - Untätigkeitsklage
   - Vorabentscheidungsverfahren (siehe: XXV/A/2 a–c)

   b) **Europäisches Gericht I. Instanz:** Zuständigkeit
   - Nichtigkeitsklage von Gemeinschaftsbürgern
   - Schadenersatzklage
   - Beamtenklage (siehe: XXV/A/3 a–c)

2. **Österreichische Gerichtsbarkeit – Ordentliche Gerichte**
   a) **Bezirksgericht – BG**
   - Sachliche Zuständigkeit in **Zivilrechtssachen**
     – Streitfälle bis zu einem Streitwert von € 15.000,– (Rechtsanwaltszwang ab € 5.000,–)
     – Streitfälle ohne Rücksicht auf den Streitwert:
     Vaterschaft, Unterhalt, Ehe und Partnerschaft, Grenzberichtigung, Wohnung und Ausgedinge, Besitzstörung, Miete und Pachtung, Viehmängel
     – unstreitige Angelegenheiten:
     Grundbuch, Verlassenschaft, Pflegschaft (Vormund- und Sachwalterschaft)
     – Exekutionen
   - Sachliche Zuständigkeit in **Strafsachen**
     – Vergehen, die nur mit Geldstrafe oder mit nicht mehr als einjähriger Freiheitsstrafe bedroht sind
     – Unterhaltsvergehen

   b) **Landesgericht – LG**
   In I. Instanz:
   - Sachliche Zuständigkeit in **Zivilrechtssachen**
     – alle Streitigkeiten, die nicht dem Bezirksgericht zugewiesen sind
   - Sachlich Zuständigkeit in **Strafsachen**
     – bestimmte Delikte (§ 30 ZPO) und solche mit einer mehr als einjährigen Strafdrohung

   In II. Instanz:
   Berufungsgericht für angefochtene Entscheidungen des Bezirksgerichtes in Zivilrechts- und Strafsachen

   c) **Handelsgericht**
   - Bezirksgericht für **Handelssachen** in Wien bzw. Handelssenat des Bezirksgerichtes
     – Streitfälle bis zu einem Streitwert von € 15.000,– betreffend Handelsgeschäfte, Maklergeschäfte, Kaufleute, Handelsgewerbe, Handelsfirmen, Handelsgesellschaften, Aktien- und GmbH-Gesetz, Wechsel- und Scheckgeschäfte
   - Handelsgericht in Wien bzw. Handelssenat des jeweiligen Landesgerichtes
     – Streitfälle mit einem Streitwert von über € 15.000,– über obige Streitigkeiten
     – Streitfälle ohne Rücksicht auf den Streitwert über Patent-, Muster- und Markenschutz, unlauterer Wettbewerb, See- und Binnenschifffahrt

d) **Oberlandesgericht – OLG**

Nur II. Instanz: Berufungsgericht für angefochtene Entscheidungen des Landesgerichtes in Zivilrechts- und Strafsachen

e) **Oberster Gerichtshof – OGH**

Nur III. und letzte Instanz: Berufungsgericht für angefochtene Entscheidungen des Landes- oder Oberlandesgerichtes in Zivilrechts- und Strafsachen

3. Österreichische Gerichtsbarkeit – Gerichte des öffentlichen Rechts

Sie sind seit 2014 mit dem Verwaltungsgerichtshof und 11 untergeordneten Verwaltungsgerichten zweistufig organisiert. Der bisherige Instanzenzug wurde (Ausnahme: eigener Wirkungsbereichs der Gemeinden) abgeschafft. Entscheidungen der Verwaltungsbehörden können nunmehr unmittelbar bei den Verwaltungsgerichten angefochten werden.

a) **Landesverwaltungsgerichte – LVwG**

Sie sind die zuständigen Verwaltungsgerichte I. Instanz für Angelegenheiten der Landesverwaltung, der mittelbaren Bundesverwaltung und der sonstigen Angelegenheiten (z.B. Kammern als Selbstverwaltungskörperschaften) mit Sitz in jedem Bundesland. Diese Gerichte ersetzen ab 2014 die unabhängigen Landesbehörden, z.B. Verwaltungssenate, und entscheiden über

- Bescheidbeschwerden – Beschwerden wegen Rechtswidrigkeit gegen den Bescheid einer Verwaltungsbehörde;
- Säumnisbeschwerden – Beschwerden wegen Verletzung der Entscheidungspflicht einer Verwaltungsbehörde, wenn die Verwaltungsbehörde einen Bescheid nicht in der gesetzlichen Frist erlassen hat;
- Maßnahmenbeschwerden – Beschwerden wegen rechtswidriger Ausübung unmittelbarer verwaltungsbehördlicher Befehls- und Zwangsgewalt;
- weitere Beschwerdemöglichkeiten, die ihnen durch Gesetz übertragen werden können.

b) **Bundesverwaltungsgericht – BVwG**

Es ist das zuständige Verwaltungsgericht I. Instanz für alle Aufgaben der unmittelbaren Bundesverwaltung mit Sitz in Wien und Außenstellen in Graz, Innsbruck und Linz. Öffentlichen Abgaben und die Sicherheitsverwaltung fallen nicht in seine Zuständigkeit.

Es ersetzt ab 2014 den Asylgerichtshof, das Bundesvergabeamt und andere unabhängige Bundesbehörden, die im Zuge der Verwaltungsgerichts-Reform aufgelöst wurden.

Dieses Gericht entscheidet – wie die Landesverwaltungsgerichte – über

- Bescheid-, Säumnis- oder Maßnahmenbeschwerden – siehe oben.

c) **Bundesfinanzgericht – BFG**

Es ist das zuständige Verwaltungsgericht I. Instanz für Steuer-, Zoll- und Finanzstrafsachen. Es hat seinen Sitz in Wien mit Außenstellen in Feldkirch, Graz, Innsbruck, Klagenfurt; Linz und Salzburg. Dieses Gericht entscheidet über

- Beschwerden gegen Bescheide eines Finanz- oder Zollamtes in Steuer-, Beihilfen-, Zoll- oder Finanzstrafsachen;
- Beschwerden gegen Bescheide über Landes- und Gemeindeabgaben und deren abgabenrechtliche Verwaltungsübertretungen;
- Säumnis- und Maßnahmenbeschwerden – siehe oben.

d) **Verwaltungsgerichtshof – VwGH**

Er ist ein außerhalb der ordentlichen Gerichtsorganisation stehender zentraler **Gerichtshof des öffentlichen Rechtes**. Er prüft die Verwaltungsakte auf ihre **Gesetzmäßigkeit**. Er kann erst nach Erschöpfung des Instanzenzuges im Verwaltungsverfahren angerufen werden. Die Beschwerdefrist beträgt **6 Wochen**. Beschwerden sind von einem Rechtsanwalt zu unterfertigen; sohin besteht indirekter Anwaltszwang.

e) **Verfassungsgerichtshof – VfGH oder VGH**

Er ist als zentraler **Gerichtshof des öffentlichen Rechtes** zur Entscheidung in allen **verfassungsrechtlichen Streitfällen**, unter anderem auch über Beschwerden wegen behaupteter Verletzung verfassungsgesetzlich gewährleisteter Rechte, berufen. Er kann ebenfalls erst nach Erschöpfung des Instanzenzuges innerhalb einer Frist von **6 Wochen** nach Zustellung des letztinstanzlichen Bescheides angerufen werden. Auch VGH-Beschwerden sind von einem Anwalt zu unterfertigen.

B. Verwaltungsbehörden

1. Gemeinde	Baubehörde, Gemeindestraßen, Gemeindejagd, Robotleistung etc.
2. Bezirkshauptmannschaft	Wasser-, Forst-, Gewerbe-, Jagd-, Fischerei-, Naturschutz-, Fürsorge-, Veterinärrecht, Kulturumwandlung in Wald etc.
3. Grundverkehrskommission	Landwirtschaftlicher Grundverkehr, Baugrund- und Ausländergrundverkehr
4. Agrarbehörde	Angelegenheiten der Bodenreform – Grundzusammenlegung, Flurbereinigung, Agrargemeinschaften, Wald- und Weideservituten, landwirtschaftliches Siedlungs- und Bringungsrecht, Alm- und Weideschutz
5. Landesregierung	Enteignung, bestimmte Angelegenheiten des Wasser- und Forstrechtes, Gemeindeaufsicht
6. Landeshauptmann	Mittelbare Bundesverwaltung etc.
7. Bundesministerium	Bestimmte Angelegenheiten des Wasser- und Forstrechtes etc.
8. Bundesämter und Bundesanstalten	bestehen für die Land- und Forstwirtschaft und landwirtschaftliche Bundesanstalten*, für Wald*, Lebensmitteluntersuchung, Milchwirtschaft, Agrarbiologie, Veterinärmedizin, Ernährungssicherheit, Sicherheit im Gesundheitswesen und in Form einer Agentur für Gesundheit und Ernährungssicherheit* etc.

* Bundesgesetz über die Bundesämter für Landwirtschaft und die landwirtschaftlichen Bundesanstalten, BGBl I 2004/83 idF I 2013/104
Bundesgesetz, mit dem ein Bundesforschungs- und Ausbildungszentrum für Wald, Naturgefahren und Landschaft als Anstalt öffentlichen Rechts errichtet und das Bundesamt für Wald eingerichtet wird – BFWG, BGBl I 2004/83 idF I 2013/189
Gesundheits- und Ernährungssicherheitsgesetz – GESG, BGBL I 2002/63 idF I 2013/189

C. Interessenvertretungen

1. **Internationale Vereinigung landwirtschaftlicher Produzenten – IFAP**
Diese weltweite Bauernorganisation umfasste 65 Jahre lang alle landwirtschaftlichen Berufsverbände. Sie ist 2011 glaublich wegen Entwicklungsprojekten insolvent geworden und

existiert nicht mehr. Ländervertreter versuchen nunmehr eine neue Organisation aufzubauen, um Bauernfragen in kleinerem Maßstab auf internationaler Ebene darzustellen.

2. **Verband der europäischen Landwirtschaft – CEA**

Der Verband – seit 1948 – umfasst einige Hundert nationale und regionale Landwirtschafts- und Genossenschaftsverbände. Seine Ziele sind
a) die Vertretung und der Schutz der Interessen der europäischen Landwirtschaft in wirtschaftlichen, sozialen und kulturellen Angelegenheiten,
b) die Fortentwicklung der Grundlagen der Landwirtschaft,
c) der Schutz und die Unterstützung des landwirtschaftlichen Familienbetriebes.

3. **Verband der berufständischen bäuerlichen Organisationen – COPA**

Dieser EU-Bauernverband vertritt in der EU – seit 1958 – die Interessen der Landwirtschaft.

4. **Verband der landwirtschaftlichen Genossenschaften – COGECA**

Dieser Verband vertritt – seit 1959 – die Interessen der zirka 40.000 Genossenschaften im erweiterten Europa. Er ist repräsentativer Spitzenverband und Sprachrohr für den Sektor der Agrar-, Forst-, Agrarnahrungsmittel- und Fischereigenossenschaften.
Die Sekretariate von COPA und COGECA sind zusammengelegt.

5. **Europäischer Rat der Junglandwirte in der EU – CEJA**

Die Organisation vertritt – seit 1959 mit Sitz in Brüssel – die Interessen von zirka einer Million junger Bäuerinnen und Bauern. Ihre Ziele sind
a) die Verbesserung der Bedingungen und des Umfeldes der Jungübernehmer,
b) die Verbesserung des gegenseitigen Verständnisses der Junglandwirte in der EU,
c) die Information über die Entwicklung der Gemeinsamen Agrarpolitik – GAP,
d) einen jüngeren und innovativen Agrarsektor in der EU 28 zu fördern,
e) gute Arbeits- und Lebensbedingungen für „Junglandwirte" zu schaffen.

6. **Präsidentenkonferenz der Landwirtschaftskammern Österreichs – PRÄKO**

Auf österreichischer Bundesebene vertritt die Interessen der Land- und Forstwirtschaft die Präsidentenkonferenz der Landwirtschaftskammern Österreichs in Abstimmung der Landwirtschaftskammern der einzelnen Bundesländer.
Der Wirkungsbereich der PRÄKO erstreckt sich nach ihrer Satzung auf die
a) Förderung der Land- und Forstwirtschaft und auf die
b) gemeinsame Vertretung aller land- und forstwirtschaftlichen Interessen durch Erstattung von Vorschlägen und Gutachten zu wirtschaftlichen Fragen, Gesetzes- und Verordnungsentwürfen und Beratung der Behörden in landwirtschaftlichen Angelegenheiten.
Die PRÄKO ist als Vertreter Österreichs in der COPA Vollmitglied.

7. **Kammern für Land- und Forstwirtschaft**

Die Landwirtschaftskammern der einzelnen Bundesländer sind aufgrund der LWK-Gesetze* gesetzliche Interessenvertretungen; sie vertreten die Interessen der Landwirtschaft auf Landesebene und arbeiten mit der PRÄKO eng zusammen, z.B. in der Begutachtung von Bundesgesetzen und -verordnungen, im Informationsaustausch etc.
Ihre gesetzlichen Aufgaben sind insbesondere:

a) die Wahrung der Interessen der selbstständigen Landwirte (Eigentümer, Fruchtnießer und Pächter), ihrer Angehörigen und Pensionisten durch **Beratung, Information, Vermittlung und rechtlich mögliche Vertretung**.

b) die **Mitwirkung an der Vollziehung** zahlreicher die Land- und Forstwirtschaft berührender Bundes- und Landesgesetze bzw. Verordnungen. Insbesondere sind sie kraft Gesetzes betraut:

- die **Förderungs- und Beihilfenverwaltung** im nationalen und EU-Bereich als öffentliche Aufgabe landesweise in verschiedenem Umfang durchzuführen;

- an der **Vollziehung durch Erbringung von Aufgaben**, wie z.B. Einrichtung der Berufsausbildung durch Lehrlings- und Fachausbildung, Düngungsberatung, Einrichtung eines Pflanzenschutzreferates und Durchführung des Pflanzenschutzes, Untersuchungen und Überwachung durch den Pflanzenschutzdienst, Abgabe von Stellungnahmen zu Flächenwidmungsplänen, Anerkennung von Reben und deren Überwachung, Gutachten bei Siedlungsmaßnahmen über die Eignung des Siedlungswerbers und die betriebswirtschaftlichen Verhältnisse, Anerkennungen von Züchtervereinigungen, Durchführung von Zuchtwertfeststellungen, Durchführung des Körwesens, Führung des Landesweinbaukatasters und dergleichen, mitzuwirken;
- in **Kommissionen, Beiräten, Kuratorien oder Fonds** usw. vertreten zu sein, wie z.B. im Bundesbehindertenbeirat, in der Futtermittelfachkommission, im Grundauffangfonds, in der Grundverkehrsbezirks- und -landeskommission, in der Kommission für die Feststellung der wirtschaftlichen Lage der Landwirtschaft, im Naturschutzbeirat, in der Zuchtbuchkommission, in der Preiskommission, im Raumordnungsbeirat, im Veterinärbeirat, im Produktsicherheitsbeirat bzw. das **Vorschlagsrecht** für Mitglieder im wasserrechtlichen Ermittlungsverfahren und in der Weinkostkommission auszuüben und dergleichen;
- ein **Anhörungsrecht**, wie z.B. bei der Erlassung des Bundesabfallwirtschaftsplanes, bei der Nutzungsänderung von Almen, Feststellung von Tierseuchen, Erlassung von Bodenschutzprogrammen, Ausbringung von Pflanzenschutzmitteln, bei Erlassung der Tierhaltungsverordnung, Anerkennung von Tierrassen, Neuauspflanzung von Weinreben, Einleitung des Zusammenlegungsverfahrens und dergleichen zu haben;
- ein **Informationsrecht**; wie z.B. über Daten land- und forstwirtschaftlicher Betriebsinformation, Verständigung von der Feststellung und dem Erlöschen von Bienenseuchen, Bodenschutzuntersuchungsergebnisse, Buschenschank-Untersagungsbescheide, Jagdausschreibungen, den Landwirten vorgeschriebene Entgelte für Tierkörperverwertung, Änderungen maßgeblicher Umstände für die Tieranerkennung und dergleichen zu haben.

8. Kammern für Arbeiter und Angestellte in der Land- und Forstwirtschaft
Die Landarbeiterkammern vertreten die Interessen der unselbstständigen Dienstnehmer in der Land- und Forstwirtschaft, z.B. Knechte, Mägde, Forstarbeiter, Gutsangestellte.

9. Wirtschaftskammern
Sie vertreten die Interessen der Gewerbetreibenden, Kaufleute und Handwerker.

10. Kammern für Arbeiter und Angestellte – Arbeiterkammern
Sie vertreten die Interessen der unselbstständigen Arbeiter und Angestellten.

11. Kammern für andere Berufsgruppen
z.B. Tierärztekammer, Ingenieurkammer, Notariats- und Rechtsanwaltskammer.

* Bgld Landwirtschaftskammergesetz, LGBl 2002/76 idF 2013/79
Ktn Landwirtschaftskammergesetz 1991 – K-LWKG, LGBl 1991/127 idF 2013/85
NÖ Landwirtschaftskammergesetz, LGBl 6000-15
OÖ Landwirtschaftskammergesetz 1967, LGBl 1967/55 idF 2014/31
Sbg Landwirtschaftskammergesetz 2000, LGBl 2000/1 idF 2013/106
Stmk Landwirtschaftskammergesetz, LGBl 1970/14 idF 2014/106
Tir Landwirtschaftskammer- und Landarbeiterkammergesetz, LGBl 2006/72 idF 2014/150
Vbg Landwirtschaftskammergesetz, LGBl 1995/59 idF 2013/44
Wr Landwirtschaftskammergesetz, LGBl 1957/28 idF 2013/34

Stichwortverzeichnis

Die den ca. 1600 Stichwörtern angefügten Zahlen geben die jeweilige Seitenzahl dieses Buches an. Fettgedruckte Zahlen bei mehreren Zahlenangaben beziehen sich auf die Seiten, welche den Inhalt des Stichwortes ausführlicher behandeln. Das einer Zahlenangabe beigefügte „ff" bedeutet, dass das Stichwort auch für die folgende(n) Seite(n) Geltung hat.

H

Lt. Bescheid des Amtes der Burgenländischen Landesregierung, Zl. V/1-8070/142-1996 vom 13. Dezember 1996, für den Unterrichtsgebrauch an Landwirtschaftlichen Berufs- und Fachschulen, alle Fachrichtungen, sämtliche Schulstufen, als geeignet erklärt.

Lt. Bescheid des Amtes der Kärntner Landesregierung, Zl. 10L-110/1/97 vom 13. Januar 1997, für den Unterrichtsgebrauch an Landwirtschaftlichen Berufs- und Fachschulen, alle Fachrichtungen, alle Schulstufen, in den UG Rechtskunde / Politische Bildung als geeignet erklärt.

Lt. Bescheid des Amtes der Niederösterreichischen Landesregierung, Zl. LF2-520/16-96 vom 13. Dezember 1996, für den Unterrichtsgebrauch an Landwirtschaftlichen Berufs- und Fachschulen, alle Fachrichtungen, alle Schulstufen, in den UG Politische Bildung / Rechtskunde als geeignet erklärt.

Lt. Bescheid des Amtes der Oberösterreichischen Landesregierung, Zl. Bi – 120076/97-1997 vom 22. April 1997, für den Unterrichtsgebrauch an Landwirtschaftlichen Berufs- und Fachschulen, alle Fachrichtungen, sämtliche Schulstufen, in den UG Rechtskunde / Politische Bildung als geeignet erklärt.

Lt. Bescheid des Amtes der Salzburger Landesregierung, Zl. 4/02-54/39-1996 vom 17. Dezember 1996, für den Unterrichtsgebrauch an Landwirtschaftlichen Fachschulen, 3. Schulstufe, im UG Rechtskunde als geeignet erklärt.

Lt. Bescheid des Amtes der Steiermärkischen Landesregierung, Zl. ALS-41 A5/3-97 vom 6. März 1997, für den Unterrichtsgebrauch an Land- und forstwirtschaftlichen Berufs- und Fachschulen, alle Fachrichtungen, alle Schulstufen, in den UG Politische Bildung / Wirtschaft / Recht als geeignet erklärt.

Lt. Bescheid des Amtes der Tiroler Landesregierung, Zl. III c-32/11 vom 1. April 1997, für den Unterrichtsgebrauch an Land- und forstwirtschaftlichen Berufs- und Fachschulen, sämtliche Schulstufen, im UG Rechtskunde als geeignet erklärt.

Lt. Bescheid des Amtes der Vorarlberger Landesregierung, Zl. IIa 146-1 vom 17. Juli 1997, für den Unterrichtsgebrauch an Land- und forstwirtschaftlichen Fachschulen, sämtliche Schulstufen, im UG Rechtskunde als geeignet erklärt.

Buch-Nr. **46-0445**

Posch
Rechtskunde
Leopold Stocker Verlag

ISBN 978-3-7020-1574-9

Raum für Notizen

(Gesetzesänderungen, Aktualisierungen etc.)